आधुनिक पुस्तकालय के विविध आयाम

DIMENSIONS OF MODERN LIBRARY

आधुनिक पुस्तकालय के विविध आयाम

DIMENSIONS OF MODERN LIBRARY

सुनील कुमार
M.Sc.; MLISC; M.phil (LIS)
PGDLAN; PDMSM

डिस्कवरी पब्लिशिंग हाऊस
नई दिल्ली–110 002

प्रथम संस्करण: 2007

ISBN: 978-93-5056-663-3

प्रकाशक
डिस्कवरी पब्लिशिंग हाऊस
4831/24, अन्सारी रोड, दरियागंज
नई दिल्ली—110 002
दूरभाष—23279245
फैक्स—23253475
e-mail: dphbooks@rediffmail.com
dphtemp@indiatimes.com

मुद्रक
अरोड़ा ऑफसैट प्रेस
दिल्ली-92

प्रस्तावना

वर्तमान समय में पुस्तकालय केवल पुस्तकों को एकत्रित करने के घर के रूप में ही सीमित नहीं रह गये हैं बल्कि आज वे पाठकों अथवा उपयोगकर्त्ताओं द्वारा अधिक से अधिक ज्ञान तथा बुद्धि प्राप्त करने एवं कराने की कार्यशाला माना जाता है। आज के पुस्तकालय मात्र पुस्तकों का ही संग्रह नहीं करते बल्कि अन्य परम्परागत् पाठ्य-सामग्रियों यथा-पत्र-पत्रिकाएँ, समाचार-पत्र, शोधपत्र, हस्तलिखित पुस्तक, नक्शे, चार्ट, फिल्म आदि के साथ-साथ नवीनतम प्रलेखों एवं आधुनिकतम पाठ्य-सामग्रियों जैसे—डिस्क, टेप्स, मैगनेटिक टेप्स, फ्लोपी, सीडी, डेटाबेस आदि का भी संग्रहण करते हैं।

वर्तमान समय में पुस्तकालय हमारे सामाजिक जीवन के आवश्यक अंग बन गये हैं। इसका प्रतिफल है कि पुस्तकालयों की संख्या निरंतर बढ़ती जा रही है। पुस्तकालय, पुस्तकों एवं अन्य सूचनाप्रद सामग्री का एक व्यवस्थित संग्रह है जो ज्ञान के समस्त क्षेत्र या उसके किसी एक अंश को समाहित करता है। एक पुस्तकालय सभी के लिए अथवा किसी एक समुदाय के लिए प्रतिबन्धित हो सकता है।

प्रस्तुत पुस्तक आधुनिक पुस्तकालय के स्वरूप को स्पष्ट करता है। आशा है पाठकों को पुस्तक से निश्चित रूप से लाभ मिलेगा।

—लेखक

अनुक्रम

1

पुस्तकालय संगठन

आधुनिक युग में पुस्तकालय हमारे सामाजिक जीवन के अनिवार्य अंग बन गये हैं। पुस्तकालयों की संख्या लगातार बढ़ती जा रही है। ये सार्वजनिक पुस्तकालयों की तरह स्वतन्त्र या श्रमजीवी संस्था या किसी व्यापारिक औद्योगिक संस्थान, अस्पताल, जेल, समाचार-पत्र आदि के महत्वपूर्ण अंग बनते जा रहे है। यहाँ हम सबसे पहले पुस्तकाल की परिषाभा पर विचार करेंगें, इससे पुस्तकालय का अर्थ स्पष्ट हो जायेगा।

पुस्तकालय शब्द लैटिन भाषा के शब्द (लाईब्रेरिया) से लिया गया है। 'लाइब्रेरिया' उस जगह का नाम है जहाँ पुस्तकें अथवा अन्य मुद्रित तथा लिखित सामग्री सुरक्षापूर्वक रखी जाती है। 'लाईब्रेरिया' शब्द से ही अंग्रेजी शब्द 'Library' का उद्‌भव हुआ है। पुस्तकालय शब्द पुस्तकों के उस संग्रह की तरफ संकेत करता है जो अध्ययन, शोध, सन्दर्भ तथा मनोरंजन के लिए एकत्रित अथवा संग्रहित किया जाता है।

''पुस्तकालय, पुस्तकों तथा अन्य सूचनाप्रद सामग्री का एक व्यवस्थित संग्रह है जो ज्ञान के समस्त क्षेत्र या उसके किसी एक अंश को समाहित करता है, एक पुस्तकालय सभी के लिए अथवा किसी एक समुदाय के लिए प्रतिबन्धित हो सकता है।''

इससे पता चलता है कि पुस्तकालय में ज्ञान तथा सूचनाप्रद सामग्री को व्यवस्थित तरीके से रखा जाता है। यह ज्ञान में वृद्धि के उपयोग के लिए होता है। यह सामग्री सभी विषयों से सम्बन्धित भी हो सकती है जैसे सार्वजनिक पुस्तकालयों

में विविध विषयों की सामग्री उपलब्ध होती है, जो सभी के लिए खुली होती है; और इस सामग्री में ज्ञान का कोई एक अंश या हिस्सा हो सकता है जो किसी एक समुदाय के उपयोग के लिए ही होता है जैसे Chemical Engineering Company का पुस्तकालय।

ALA Glossary of Library and information Science में पुस्ताकालय को निम्न तरह से परिभाषित किया है–

"पुस्तकालय किसी विशेष समूह को भौतिक, वाङ्गमय सम्बन्धी और बौद्धिक ज्ञान देने के लिए एक व्यवस्थित सामग्री का संग्रह होता है, जिसमें अनुभवी व प्रशिक्षित कर्मचारी होते हैं जो विशेष समूह को उनकी सूचना-जरूरतों से सम्बन्धित सेवाएँ तथा कार्यक्रम प्रदर्शित करते हैं।"

उपर्युक्त परिभाषा से पता चलता है कि ज्ञान और सूचना सामग्री के व्यवस्थित संग्रह से पुस्तकालय का निर्माण होता है। इस सामग्री में उपस्थित भौतिक, वाङ्गमय सम्बन्धी तथा बौद्धिक ज्ञान किसी विशेष समूह को दिये जाना वाला ज्ञान होता है। पुस्तकालय में कार्यरत कर्मचारी पुस्तकालय तथा सूचना विज्ञान में निपुण होते हैं जो विशेष समूह को उनकी इच्छित सूचना सम्बन्धी सेवाएँ तथा कार्यक्रम उपलब्ध कराते हैं।

आक्सफोर्ड इंग्लिश डिक्शनरी के अनुसार "पुस्तकालय एक सार्वजनिक संस्था अथवा स्थापना है, जिसका कार्य है पुस्तकों के संग्रह की देखभाल रखना तथा उनके उन पाठकों के लिए उपलब्ध कराना जिनको उनकी जरूरत हो।"

यहाँ पर पुस्तकालयों को एक सार्वजनिक संस्था का स्थान दिया गया है जिसका आशय है कि पुस्तकालय जनता के लिए हैं तथा जनता द्वारा चलाये जाते हैं और पुस्तकालय का क्र्त्तव्य है कि वह अपने संग्रह की देखभाल करे, उसकी व्यवस्था करे तथा पुस्तकों को उन उपभोक्ताओ/पाठकों को उपलब्ध कराये जिनको उनकी आवश्यकता हो।

डॉ. रंगनाथन ने लोक सम्पर्क तथा प्रचार को महत्ता देते हुए New Oxford Dictionary में दी गई पुस्तकालय की परिभाषा में संशोधन करते हुए कहा है, "पुस्तकालय एक सार्वजनिक संस्था की स्थापना है, जिसका कार्य है पुस्तकों के संग्रह की देखभाल करना तथा उनको उन पाठकों के लिए उपलब्ध कराना जिनको उनकी जरूरत हो और पड़ोस के हरेक व्यक्ति को नियमित रूप से पुस्तकालय जाने वाला तथा 'पुस्तकों का पाठक' में बदलने का कार्य करना है।"

डॉ. रंगनाथन ने भी पुस्तकालय को एक सार्वजनिक संस्था माना है। संग्रह की देखभाल, तथा व्यवस्था कर पाठकों को इच्छित सूचना प्रदान करने के साथ-साथ

इस बात पर भी जोर दिया है कि प्रचार-प्रसार के द्वारा पड़ोस के सभी मानवों का पुस्तकालय की ओर ध्यान आकृष्ट किया जाये जिससे वे पुस्तकालय में लगातार आकर पुस्तकों का ज्ञान अर्जन करने लगे। यह पुस्तकालय का दायित्त्व है।

यहाँ पर सार्वजनिक शब्द का आशय उस समुदाय से है जिसकी पुस्तकालय को सेवा करनी है अर्थात् पुस्तकालय उपभोक्ताओं को सेवा प्रदान करे। इसमें सभी तरह के प्रलेख जैसे पाण्डुलिपियाँ, मुद्रित तथा उत्कीर्ण सामग्री, पुस्तकें, सामयिक प्रकाशन, फोटोग्राफ्स, ग्रामोफोन रिकार्ड्स, टेप रिकार्ड्र्स, माइक्रोफिल्मस, आदि हैं।

पुस्तकाल के सम्बन्ध में वर्तमान विचारधारा

अपनी उत्पत्ति के आरंभिक दिनों में पुस्तकालय सामाजिक संस्थाओं के रूप में कार्य नहीं करते थे, वे किसी विशेष व्यक्ति समूह की सम्पत्ति माने जाते थे। जनसाधारण की उन तक पहुँच नहीं होती थी। पुस्तकों को तालों के भीतर रखा जाता था। परन्तु आज के युग में प्रजातान्त्रिक शासन प्रणालियाँ, समाज कल्याण सरकारें, मुद्रण कला का प्रादुर्भाव तथा विकास, पेपर तकनीक में उन्नति आदि ऐसे तत्त्व हैं जो सार्वजनिक पुस्तकालयों के प्रादुर्भाव तथा विकास के लिए उत्तरदायी हैं।

पुस्तकालयों की वर्तमान विचारधारा पुस्तकाल की सामाजिक अवधारणा है। आज पुस्तकालय सेवा संस्थाएँ हैं। पुस्तकालय मुद्रित तथा अन्य सूचनाप्रद सामग्री की सुव्यवस्था कर उसे उपभोक्ताओं को प्रदान कराते हैं। पुस्तकालयों के विकास में निम्नांकित तत्त्व सक्रिय रहते हैं–

(*i*) समाज की राजनीतिक तथा सामाजिक स्थिरता;

(*ii*) साक्षरता की ऊँची दर;

(*iii*) ऊँचा जीन स्तर;

(*iv*) स्थानीय तथा राष्ट्रीय परम्परायें;

(*v*) स्थानीय, राजकीय तथा राष्ट्रीय सरकारों द्वारा प्रोत्साहन; तथा

(*vi*) सुव्यवस्थित पुस्तक व्यापार।

Pierce Butler ने कहा है कि पुस्तकालयाध्यक्ष का मूल तत्त्व है–समाज में निहित ज्ञान का संचयन कर उसका आधुनिक पीढ़ी को सम्प्रेषण करना। यह प्रक्रिया मुद्रित रिकार्ड के द्वारा ही पूर्ण की जाती है। पुस्तकों के द्वारा ही समाज के हरेक व्यक्ति को समाज के संचयित अनुभव सम्प्रेषित होते हैं। इस सब का आशय है कि पुस्तकालय एक ऐसी संस्था है जहाँ पर पुस्तकें तथा अन्य सूचनाप्रद सामग्री उपयोग के लिए अर्जित की जाती है और यही उपयोग पुस्तकालयों का मुख्य उद्देश्य है। आधुनिक पुस्तकालय मुद्रित, दृश्य-श्रव्य सामग्री जैसे पुस्तकें, हस्तलिखित ग्रंथ,

सामयिक पत्र-पत्रिकाएँ, नक्शे, चार्ट्स, ध्वनि-अभिलेखन सामग्री, चल-चित्र, फिल्म स्ट्रीप्स, स्लाईड्स, मैगनेटिक टेपुस, रिकार्ड्स, फोनोग्राफ्स, म्यूजिक स्कोर्स, माइक्रोफिल्म-सामग्री आदि का उत्पादन तथा व्यवस्था कर उसे उन उपभोक्ताओं को प्रदान कराते हैं जिनको·उसकी जरूरत होती है। प्रलेखों में विद्यमान जानकारी तथा ज्ञान का प्रसारण करते हैं। इस तरह से पुस्तकालयों की वर्तमान विचारधारा है—सेवा प्रदान करना। पुस्तकालयाध्यक्ष को Salesmanship तथा पुस्तकालय-कर्मचारियों को Canvassing Agents की तरह कार्य करना चाहिए ताकि पुस्तकालय एक सेवा संस्था के रूप में परिवर्तित हो सके।

थोड़े में कहा जा सकता है कि आधुनिक पुस्तकालय ज्ञान तथा सूचनाप्रद सामग्री का उत्पादन कर उसे व्यवस्थित करते हैं। इस सामग्री का संरक्षण करने की बजाय उपभोक्ताओं को उपयोग के लिए प्रदान कराते हैं। ये पुस्तकालय सम्भावित पाठकों को नियमित रूप से पुस्तकालयों में जाने वाला बनाते हैं जो स्वतः पुस्तकालय का उपयोग करते हैं। यही पुस्तकालयों की वर्तमान विचाधारा है।

संगठन प्रक्रिया

किसी पुस्तकालय का संगठन, चाहे वह सामान्य हो या विशिष्ट, उयके द्वारा संचालित सेवाओं की प्रकृति एवं परिधि पर निर्भर करता हैं किसी पुस्तकालय का शुरुआती कार्य यह है कि उसमें संगृहीत पठन-सामग्री पाठकों के लिए हर समय उपलब्ध रहे तथा वे उनका पूर्ण प्रयोग कर सकें। पुस्तकालय के संगठन एवं संचालन की प्रक्रिया का उद्देश्य इस लक्ष्य की पूर्ति की और प्रयत्नशील रहना है। इस मूलभूत आधार को अभिव्यक्त करने हेतु स्वर्गीय डॉ. एस. आर. रंगनाथन ने पुस्तकालय विज्ञान के पाँच मूलभूत सूत्र प्रतिपादित किये हैं—

(1) पुस्तकें प्रयोग के लिए हैं।
(2) सभी पाठक को उसकी वांछित पुस्तक मिले।
(3) सभी पुस्तक को उसका पाठक मिले।
(4) पाठकों का समय बचे।
(5) पुस्तकालय एक संवर्द्धनशील संस्था है।

भवन निर्माण

उपर्यक्त पाँच सूत्रों के आधार पर एक आदर्श अत्याधुनिक सेवा की रूपरेखा तैयार की जा सकती है। पुस्तकालय सेवा के सन्दर्भ में शुरुआती प्रश्न पुस्तकालय भवन के लिए सही स्थान चुनने का है। एक सार्वजनिक सेवा के रूप में पुस्तकालय

से यह अपेक्षा की जाती है कि वह व्यापक क्षेत्र को उपयुक्त सेवा प्रदान करे। अतः भवन का ऐसे स्थान पर होना जरूरी है, जहाँ सभी नागरिक किसी न किसी कार्य से स्वभावतः आता ही हो। पुस्तकालय भवन का निर्माण वैज्ञानिक आधार पर नियोजित दृष्टिकोण से किया जाना दूसरा प्रश्न है।

पुस्तकालय भवन निर्माण की योजना, स्थान एवं आर्थिक साधनों की उपलब्धि पर निर्भर है। इन साधनों की कितनी भी प्रचुरता हो, यह ध्यान में रखना जरूरी है कि वर्तमान आवश्यकताओं को पूरा करें एवं भविष्य में उसकी लम्बाई, चौड़ाई एवं ऊँचाई में जरूरत के मुताबिक बढ़ोत्तरी की जा सके। पुस्तकालय भवन में जरूरी विभागों को चलाने के लिए काफी स्थान होना आवश्यक है। विभागों को मोटे तौर पर दो भागों में रखा जा सकता है–

1. सर्वाजनिक,
2. प्रशासनिक।

सार्वजनिक कक्ष में अनुवर्ग सूची कक्ष, लेनदेन विभाग, पत्र-पत्रिका विभाग, वाचनालय, सूचना कक्ष, सन्दर्भ कक्ष, बालविभाग, सभाकक्ष, प्रदर्शनी स्थल, अध्ययन कक्ष, इत्यादि शामिल रहते हैं। प्रशासनिक कक्ष में संग्रह कक्ष, समिति कक्ष, पुस्तकालयाध्यक्ष कक्ष, कर्मचारी कक्ष, जिल्दसाजी एवं आलेख कक्ष शामिल हैं। पुस्तकालय में मौजूद सामग्री एवं जरूरतों के आधार पर इन विभागों का आकार निर्भर करता है। भवन में नैसर्गिक प्रकाश पर समुचित ध्यान दिया जाना चाहिए। कर्मचारी, पाठ्य सामाग्री एवं पाठक-पुस्तकालय के तीन आधार स्तम्भ हैं। अतः इन तीनों की सुविधाएँ ध्यान में रखते हुए भवन-निर्माण होना चाहिए।

भवन-निर्माण के पश्चात् साज-सज्जा जरूरी पक्ष है। विभिन्न विभागों के लिए जुटाये गये उपकरण ऐसे हों, जिससे कार्य सुचारु रूप से चलाने में सहायता मिले। उपकरणों के तहत प्रथम स्थान उपस्करों (फर्नीचर) का है। उन्हें सुविधाजनक, आरामदेह एवं टिकाऊ होना चाहिए।

पुस्तकालय वित्त

पुस्तकालय सेवा को गतिशील रखने हेतु सुदृढ़ वित्तीय व्यवस्था की जरूरत होती है। वित्त की जरूरत पुस्तकें खरीदनें, कर्मचारयों को वेतन एवं भत्ते देने एवं पाठकों हेतु सुविधायें जुटाने के लिए होती है। पुस्तकालय की स्थापना से पूर्ण वित्तीय साधनों की व्यवस्था करना जरूरी है। पुस्तकालयों के लिए धन की व्सवस्था सम्बन्धित विभागीय अधिकारियों द्वारा की जाती है। पुस्तकालय संस्थानों द्वारा संचालित किये जाते हैं। अतः उनके समग्र बजट में पुस्तकालय के लिए अनुदान

की व्सवस्था की जाती है। व्यापारिक संस्थान, औद्योगिक प्रतिष्ठान इत्यादि विशिष्ट पुस्तकालयों को संचालन करने वाले अन्य संस्थान अपने समग्र बजट में पुस्तकालय हेतु वित्तीय प्रावधान देते हैं। आर्थिक संसाधनों की परिधि में सफल पुस्तकालय सेवा का आयोजन करना समिति का काम है। सामान्यतः पुस्तकालयों के आय के स्त्रोत पुस्तकालय शुल्क, सरकारी अनुदान, वृत्तिदान, अतिदेय शुल्क आदि हैं।

उचित सीमा के तहत आर्थिक साधन पुस्तकालयों को उपलब्ध होना चाहिए, चाहे वे शासन द्वारा जुटाये गये हों या पुस्तकालय अधिनियम को लागू करने में प्राप्त हुए हों। अधिकांश विकसित देशों में पुस्तकालय अधिनियम की स्थापना के द्वारा शुल्क वसूल करने के लिए अधिकृत किया गया है तथा इस प्रकार पुस्तकालयकी आय की अनिश्चितता अर्थाभाव को दूर करने की दिशा में सफल प्रयत्न किया जाता है।

पुस्तकालय अधिकारी

पुस्तकालय अधिकारी से हमारा आशय ऐसे संगठन से है, जो अपने क्षेत्र की पुस्तकालय सेवा के संचालन के हेतु उत्तरदायी हो।

ग्रेट ब्रिटेन में पुस्तकालय अधिकारी द्वारा चुना जाता है। जनतन्त्र में सेवा-अधिकारी एवं आर्थिक स्त्रोतों का साहचर्य अति आवश्यक है।

पुस्तकालय समिति

पुस्तकालय समिति का कार्य पुस्तकालय आयोजन की नीति तय करना है, जिसे सफल पुस्तकालय सेवा का संचालन किया जा सके तथ पुस्तकालय प्रशासन में बाधा न पड़े। समिति का सामान्य कार्य भवन, कर्मचारी तथा पुस्तकालय के अलग-अलग विभागों का नीति तय करना एवं निरीक्षण करना है। उसे लेखा तथा वित्त के परीक्षण का कार्य भी सौंप दिया जाता है। पुस्तकालय के नियमों का गठन एवं उनमें सामयिक परिवर्तन भी समिति द्वारा किया जाता है।

पुस्तकालयाध्यक्ष पुस्तकालय के सम्बन्ध में वार्षिक प्रतिवेदन समिति के समक्ष प्रस्तुत करता है। प्रतिवेदन में निर्गम के आँकड़ें पाठकों की संख्या, विशिष्ट दानदाताओं के नाम एवं पुस्तकालय सेवा में सुधार हेतु पाठकों एवं विशेषज्ञों द्वारा प्रस्तुत सुझाव शामिल रहते हैं। खरीदने हेतु अनुशासित तथा खरीद की गयी-नयी पुस्तकों की सूची भी समिति के समक्ष रखी जाती है।

पुस्तकालय प्रचार प्रविधियाँ

जिस प्रकार अनुभवी व्यापारी अपने उत्पादनों को लोकप्रिय बनाने हेतु प्रचार

प्रविधियों का प्रयोग करता है, उसी पगकार पुस्तकालय अधिकारियों को उचित प्रचार प्रविधियों द्वारा पुस्तकालय सेवा को लोकप्रिया बनाने हेतु प्रयास करना चाहिए। यह इसलिए जरूरी है, कि पुस्तकालय सेवा चाहे कितनी ही सक्षम क्यों न हो, पाठकों को स्वतः आकर्षित नहीं कर पाती। अतः पुस्तकालय व्यवस्था कि संयोजको तथा संचालकों का यह उत्तरदायित्व है कि नागरिकों की रुचि सस्ते मनोरंजनों के साधनों से हटकर पुस्तकालय की ओर अभिप्रेरित हो। यह नहीं समझना चाहिए कि एक बार पुस्तकालय की स्थापना हो जाने पर पाठक स्वतः उनकी ओर आकर्षित होते रहेंगे। पुस्तकालय प्रचार प्रविधियों के उचित प्रयोग से अनभिज्ञ नागरिकों को पुस्तकालय सेवा एवं संगृहीत सामग्री की जानकारी प्राप्त हो सकेगी तथा वे शनै–शनैः पुस्तकालय की ओर आकृष्ट होंगे।

विकसित देशों में प्रचार हेतु उचित राशि का प्रावधान पुस्तकालयों के बजट में किया जाता है। प्रचार के लिए जनमत-निर्माण के प्रायः सभी साधनों, जैसे समाचार पत्र, रेडियो, टेलीविजन, प्रदर्शनी इत्यादि का प्रयोग किया जा सकता है।

विस्तार सेवा कार्यक्रम

विस्तार सेवा कार्यक्रमों का उद्देश्य ऐसे नागरिकों को, जो पुस्तकालय के सदस्य नहीं हैं, सदस्य बनाना, उनकी उत्तम साहित्य में रुचि जागृत करना एवं पाठकों तथा पुस्तकों में स्थायी सम्बन्ध बनाना है। अविकसित एवं अद्धविकसित राष्ट्रों में साक्षरता का प्रतिशत कम है, अतः स्थानीय साक्षरता कार्यक्रमों में पुस्तकालयों को सहायता देना चाहिए। पुस्तकालय में निरक्षर एवं नवसाक्षर के लाभ हेतु कथा-गोष्ठियों, सामान्य ज्ञान सम्बन्धी वार्ता, पठन कार्यक्रम, कीर्तन, लोक-गीत आदि कार्यक्रमों का आयोजन करना चाहिए। पुस्तकालयों में नवसाक्षरों हेतु सरल, सुबोध तथा बोधगम्य साहित्य की भी व्यवस्था होनी चाहिए।

पुस्तकालय प्रणाली

पुस्तकालय हमारे सामाजिक, शैक्षिणक तथा सांस्कृतिक जीवन का अनिवार्य अंग है। बाल्यकाल से वृद्धावस्था तक हमें ज्ञान, प्रेरणा एवं मनोरंजन के लिए पुस्तकों की जरूरत पड़ती है। अपनी रुचियों, लक्ष्य तथा ज्ञानपिपासा की तृप्ति हेतु हमें पुस्तकों की ओर आकृष्ट होना पड़ता है। नगरीय व्यक्ति पाण्डित्य हेतु ग्रामीण व्यक्ति अपने व्यवसाय की समस्याओं के निवारण तथा भविष्य की योजनाओं हेतु

पुस्तकों पर निर्भर रहते हैं। व्यावसायिक संगठन, वैज्ञानिक शोध एवं औद्योगिक नियोजन के लिए पुस्तकों की हर समय जरूरत होती है। हम कहीं भी हों, किसी भी कार्य में संलग्न हों, बिना पुस्तकों के अपना कार्य नहीं चला सकते। अतः पुस्तकालय, मानव के सफल जीवन के लिए जरूरी है।

विभिन्न प्रकार के पुस्तकालय

अलग-अलग उद्देश्यों के आधार पर विभिन्न तरह के पुस्तकालयों की स्थापना जरूरी होती है। विकसित देशों में पुस्तकालय सेवा संगठित अवस्था में है। अतएव इन देशों में राष्ट्र के केन्द्रीय पुस्तकालय से लेकर खण्ड पुस्तकालयों तक पुस्तकालयों का जाल बिछा हुआ है।

स्थापना के उद्देश्य एवं उनमें संगृहीत सामग्री की विभित्रता के आधार पर अलग-अलग देशों में पुस्तकालय अनेक प्रकार के होते है।

उपर्यक्त व्याख्या से स्पष्ट है कि पुस्तकालय संगठन पुस्तकालय विज्ञान की वह शाखा है जिसके तहत पुस्तकालय विज्ञान के सिद्धान्त, पुस्तकालय की उपयोगिता, पुस्तकालयों का ऐतिहासिक विकास, पुस्तकालयों के प्रभेद, पुस्तकालय समिति एवं उसका कार्य, पुस्तकालय सामग्री, पुस्तकालय आयोजन तथा उससे सम्बन्धित समस्याओं का अध्ययन किया जाता है।

संगठन के जरूरी कदम

पुस्तकालय के संगठन को प्रभावशाली बनाने के लिए निम्नलिखित कदम उठाना चाहिए—

1. क्रियाओं का निर्माण—पुस्तकालय के उद्दश्यों का निर्धारण होने के उपरान्त सबसे पहला कदम उन उद्देश्यों की पूर्ति के लिए जरूरी क्रियाओं का निर्धारण करना है। इसके लिए जरूरी समस्त कार्यों को परिभाषित किया जाता है। इसके पश्चात् सभी कार्य को उसकी प्रकृति, आकार, उद्देश्य एवं उसके साथ निहित उत्तरदायित्व को ध्यान में रखकर उपक्रियाओं में विभाजित किया जाता है। तत्पश्चात ही उसे विभिन्न व्यक्तियों को सौंपा जाता है।

2. क्रियाओं का श्रेणीबद्ध किया जाना—इसके तहत समान प्रकार की क्रियाओं या एक दूसरे से सम्बन्धित क्रियाओं का विभागों या उपविभागों में विभाजित किया जाता है। क्रियाओं को विभागों में विभाजित करने हेतु पुस्तकालय के विशेष कार्यों जैसे पठन सामग्री उधार देना, संदर्भ सेवा देना आदि को शुरुआती आधार बनाया जा सकता है।

3. कर्मचारियों के मध्य कार्य विभाजन—क्रियाओं का वर्गीकरण हो जाने के पश्चात उनका वितरण अलग-अलग व्यक्तियों में उनकी योग्यता एवं रुचि के अनुसार किया जाता है। ऐसा करते समय प्रत्येक कर्मचारी के उत्तरदायित्व की सीमा भी तय कर दी जाती है।

4. अधिकार का सौंपा जाना—सभी कर्मचारी को जरूरी अधिकार भी सौंपे जाते हैं ताकि वह अपना उत्तरदायित्व निभा सकें। स्मरण रहे कि बिना उत्तरदायित्व के अधिकारों का सौंपा जाना सर्वथा गलत है। किस व्यक्ति को कितने अधिकार प्रदान किये जायें यह कार्य की प्रवृत्ति, उसके सम्बन्ध में उसका उत्तरदायित्व एवं पद आदि पर निर्भर करता है। वास्तव में, अधिकार एवं उत्तरदायित्व ये दोनों साथ-साथ चलते हैं—दोनों का चोली-दामन का साथ है।

5. समन्वय तथा सन्तुलन—पुस्तकालय में संगठन की स्थापना की दिशा में अन्तिम कदम जो उठाना चाहिए वह है, विभिन्न विभागों उपविभागों एवं व्यक्तियों का क्रियाओं के बीच-समन्वय तथा सन्तुलन की स्थापना। इस हेतु संगठन के अलग-अलग भागों में सम्बन्ध स्थापित करना अति आवश्यक होता है। सभी व्यक्ति को सम्पूर्ण संगठन के रूप में, उसमें उसके स्थान एवं अन्य विभागों तथा पदाधिकारियों के साथ उसके सम्बन्ध इत्यादि के बारे में अवगत करा दिया जाता है।

संगठन का महत्त्व

संगठन वह तन्त्र है जिसकी मदद से पुस्तकालय सेवाओं का संचालन, समन्वय एवं नियन्त्रण होता है। यह वास्तव में पुस्तकालय की आधारशिला है। अगर संगठन दोषयुक्त हुआ तो व्यावहारिक कार्य कठिन तथा प्रभावहीन हो जाता है। इसके विपरीत अगर अपने पाठकों की अपेक्षाओं को पूर्ण करने के लिए स्पष्टतः तर्कसंगत तथा नियोजित ढंग से पुस्तकालय सेवा कार्य प्रारम्भ करता है तो वह समझना चाहिए कि सफल पुस्तकालय सेवा की प्राथमिक जरूरत पूरी कर ली गई है।

संगठन की महत्ता निम्नांकित विवेचन से स्पष्ट हो जाती है—

1. कार्यक्षमता में वृद्धि—यदि संगठन की स्पष्ट रूप से व्याख्या की गई हो तथा यदि वह विधिवत हो तो पुस्तकालय प्रशासन सुचारु रूप से चलता है। श्रेष्ठ संगठन द्वारा पुस्तकालय के समस्त कर्मचारियों की योग्यताओं तथा गुणों में पूरा-पूरा लाभ उठाया जा सकता है। इसके विपरीत शिथिल तथा अपर्याप्त संगठन अकुशलता, विलम्ब एवं दुहराव को प्रोत्साहन देता है। यही नहीं, प्रशासन कार्य इतने छोटे -छोटे कार्यों में इस प्रकार बँट जाता है कि प्रशासनिक कुशलतापूर्वक कार्य कर ही नहीं पाता।

2. साधनों का अधिकतम उपयोग–संगठन के द्वारा मानवीय एवं भौतिक साधनों का अनुकूलतम प्रयोग किया जा सकता है।

3. विभिन्न क्रियाओं को आनुपातिक तथा संतुलित महत्त्व प्रदान करना–संगठन पुस्तकालय के विभिन्न कार्यों को आनुपातिक एवं सन्तुलित महत्त्व प्रदान करता है। इसके तहत उपक्रम की समस्त क्रियाओं को विभिन्न विभागों, उपविभागों एवं कार्यों में विभाजित किया जाता है। इससे कार्य-निष्पादन सुचारू रूप से होता है।

4. विकास को बढावा–स्वस्थ संगठन एक ऐसे ढाँचे का निमार्ण करता है जिसके तहत पुस्तकालय एवं उसके द्वारा प्रदत्त सेवाओं का स्वयंमेव विकास होता है। पुस्तकालय एक संवर्द्धनशील संस्था है जिसकी क्रियाओं का विकास तथा विस्तार होता रहता है। यह कार्य संगठन के माध्यम से ही सम्भव होता है।

5. समन्वय को आसान बनाना : स्वस्थ संगठन समन्वय को आसान बनाता है।। संगठन सम्बन्धी रचना अलग-अलग विभागों, उपविभागों, स्थितियों, कृत्यों तथा क्रियाओं के बीच समन्वय स्थापित कर ली जाती है। इससे एक तरफ तो पुस्तकालय की कार्यकुशलता में बढ़ोत्तरी होती है एवं दूसरी तरफ तय लक्ष्यों को प्राप्त कर सकना सम्भव हो जाता है।

6. कर्मचारियों का मनोबल ऊँचा उठाना : स्वस्थ संगठन की स्थिति में कर्मचारियों का मनोबल ऊँचा उठता है एवं वे मेहनत, ईमानदारी एवं निष्ठा से कार्य करने के लिए प्रेरित होते हैं।

स्वास्थ्य संगठन से जुड़ी अनिवार्य बातें

संगठन अपने आप में कोई साध्य नहीं है, यह साध्य प्राप्ति का एक साधन है। एक स्वस्थ संगठन निम्नाकित बातों पर निर्भर करता है–

1. उद्देश्यों की प्राप्ति–संगठन किसी भी इकाई के उद्देश्यों की प्राप्ति का एक अंग है। इस दृष्टिकोण से संगठन को कई विभागों, शाखाओं, उपविभागों इत्यादि में बांटा जाता है।

2. कार्यों का स्वस्थ समूहीकरण–उद्देश्यों की प्राप्ति के लिए संगठन को अत्यन्त सुविधाजनक बनाया जाता है। इसके तहत पुस्तकालय के कार्यों का इस प्रकार समूहीकरण किया जाता है जिससे किया परामर्श तथा समन्वय जो संगठन की प्रक्रियाएँ हैं, सफलतापूर्वक चलती रहें।

3. कर्तव्यों एवं जिम्मेदारियों का स्पष्ट बंटवारा–संगठन की योजना में कर्मचारियों से की ज़ाने वाली अपेक्षाओं एवं उनके उत्तरदायित्वों की समुचित व्याख्या होनी चाहिए।

4. सन्तुष्टि का विकास—संगठन इस प्रकार का होना चाहिए जिसके माध्यम से पुस्तकालय अपने कार्यकर्ताओं एवं पाठकों को पूर्ण सन्तोष प्रदान कर सके।

5. उपलब्ध साधनों का अधिक से अधिक प्रयोग—एक स्वस्थ संगठन का एक गुण यह भी है कि पुस्तकालय में उपलब्ध साधनों का उचित उपयोग हो।

6. विकास विस्तार की व्याख्या—एक स्वस्थ संगठन के लिए यह भी जरूरी है कि उसमें विकास तथा विस्तार के लिए काफी गुंजाइश हो ताकि जरूरत के मुताबिक पुस्तकालय के कार्यों का विकास किया जा सके।

7. समन्वय—एक स्वस्थ संगठन के परिचालन हेतु यह जरूरी है कि पुस्तकालय के विभिन्न विभागों एवं उपविभागों के बीच तालमेल हो।

8. कार्यान्वयन में सुविधा—स्वस्थ संगठन का एक आवश्यक तत्त्व यह भी है कि उस पर निर्भर व्यावहारिक कार्यपद्धति के कार्यान्वयन में सरलता हो।

पुस्तकालय संगठन एवं पुस्तकालय प्रशासन में अन्तर

पुस्तकालय संगठन एवं पुस्तकालय प्रशासन, पुस्तकालय-विज्ञान की दो अलग-अलग शाखाएँ होते हुए भी इतनी संयुक्त है कि दोनों में विषय सामग्री के आधार पर अन्तर पाना कठिन हो जाता है। पुस्तकालय-विज्ञान का जब प्रारम्भ हुआ था, तब दोनों शाखाएँ भिन्न नहीं थीं। बाद के समय में दोनो शाखाओं में अन्तर किया जाने लगा। पुस्तकालय संगठन को वह शाखा माना गया है जो कुशल पुस्तकालय प्रशासन के लिए मार्ग प्रशस्त करती है। अर्थात् कहा जाय कि पुस्तकालय संगठन के बाद की स्थिति है। इस प्रकार मोटे तौर पर पुस्तकालय संगठन पुस्तकालय प्रशासन पुस्तकालय संगठन के बाद की स्थिति हैं। इस प्रकार मोटे तौर पर पुस्तकालय संगठन पुस्तकालय प्रशासन का अंग सा ही प्रतीत होता है। दोनों के बीच विभेद की बहुत कम दूरी को ध्यान से रखते हुए विल्सन एवं टॉवर ने पुस्तकालय संगठन को पुस्तकालय प्रशासन का ही अंग मान लिया है। उनके अनुसार पुस्तकालय संगठन का कार्य मशीन की संरचना करना तथा प्रशासन का कार्य उसे गतिशील करना है। श्री थामस लान्दू ने 'एनसाइक्लोपीडिया ऑफ लायब्रेरियनशिप' में पुस्तकालय संगठन एवं प्रशासन को एक विषय ही माना जाता है। जेम्स डफ ब्राउन ने भी 'मैनुअल ऑफ लायब्रेरी इकानामी' नामक प्रसिद्ध पुस्तक में दोनों विषयों को अलग नहीं माना है।

उक्त चिन्तकों से अलग कतिपय चिन्तक ऐसे भी हैं जो पुस्तकालय संगठन को पुस्तकालय प्रशासन से अलग मानते हैं। इनमें प्रमुखतम हैं श्री वी. एस. हैडीकर, जिनके द्वारा पुस्तकालय संगठन विषय पर रचित पुस्तक अति प्रसिद्ध है।

पुस्तकालय संगठन का प्रारम्भ पुस्तकालय संचालन हेतु योजना बनाने से होता है। डॉ॰ रंगनाथन द्वारा पुस्तकालय संचालन हेतु निर्धारित पाँच सिद्धान्तों के आधार पर योजना निर्मित कर सफल प्रशासन की आधारशिला रखी जा सकती है। पुस्तकालय संगठन के तहत पूर्व निर्धारित उद्देश्य की प्राप्ति के लिए संगठनकाताओं को मिलकर योजनाबद्ध तरीके से काम करना होगा। इसके अतिरिक्त पुस्तकालय के संचालन के लिए नीतियों और नियमों का निर्धारण भवन हेतु स्थान को चयन, भवन निर्माण करने की योजना बनाना, पुस्तकालय सहयोग, प्रचार, फर्नीचर (उपस्कर) एवं अन्य साज-सामान की व्यवस्था करना एवं पुस्तकालयाध्यक्ष तथा उसके अधीनस्थ कर्मचारियों के नियुक्ति सम्बन्धी निणर्य लेना इत्यादि पुस्तकालय संगठन के कुछ पहलू हैं। इसके विपरीत पुस्तकालय प्रशासन के तहत वे विषय आते हैं जिनके द्वारा पाठकों की अधिकाअधिक एवं सुविधाजनक रूप से सेवा की जा सके। अतः पुस्तकालय समिति, पुस्तकालय का वार्षिक प्रतिवेदन, वित्तीय व्यवस्था, पुस्तकालय सर्वेक्षण, संग्रह परीक्षण, सेवा शर्ते निर्धारित करना इत्यांदि पुस्तकालय प्रशासन के तहत आते हैं। यदि मोटे तौर पर देखा जाये तो पुस्तक चुनाव से लेकर कर्मचारियों द्वारा सम्पत्र की जाने वाली सभी गतिविधियाँ पुस्तकालय प्रशासन के तहत आती है।

2

पुस्तकालय विज्ञान

वर्तमान समय में पुस्तकालय केवल पुस्तकों को एकत्रित करने के घेर तक ही सीमित नहीं रह गये हैं बल्कि आज वे पाठकों या उपयोगकर्त्ताओं द्वारा ज्यादा से ज्यादा ज्ञान तथा बुद्धि प्राप्त करने और कराने की कार्यशाला माना जाता है। आज के पुस्तकालय मात्र पुस्तकों का ही संग्रह नहीं करते बल्कि अन्य परम्परागत पाठ्य-सामग्रियों यथा-पत्र-पत्रिकाएँ, समाचार-पत्र, शोधपत्र, हस्तलिखित पुस्तक, नक्शे, चार्ट, फिल्म आदि के साथ-साथ नवीनतम प्रलेखों एवं आधुनिकतम पाठ्य-सामग्रियों जैसे—डिस्क, टेप्स, मैगनेटिक टेप्स, फ्लोपी, सीडी रोग, डेटाबेस आदि का भी संग्रहण करते हैं। इस प्रकार वर्तमान पुस्तकालय असीम सूचना एवम् नवीन ज्ञान के भंडार होते हैं जो वर्तमान समाज में अग्रलिखित भूमिका का निर्वाह करते हैं—

1. उद्योग एवम् व्यापार के क्षेत्र में—उद्योग तथा व्यापार से जुडी बड़ी-बड़ी कम्पनियाँ अपने यहाँ सुसज्जित आधुनिक पुस्तकालयों की व्यवस्था करती हैं, क्योंकि उन कम्पनियों में उनके स्वयं के वैज्ञानिक अनुसंधान कार्य में रत रहते हुए उन पुस्तकालयों से पुस्तकों की मदद प्राप्त करते हैं। इस तरह के पुस्तकालयों में NTPC, ONGC, BHEL, SAIL, BEL भारत पेट्रोलियम आदि प्रमुख हैं।

2. अनुसंधान के क्षेत्र में—किसी भी अनुसंधान से सम्बन्धित नवीन तथ्यों की जानकारी पुस्तकालयों में सुलभ नये सामयिक धारावाहिकों एवम् पत्रिकाओं में मिलती है जो पुस्तकालयों में ही उपलब्ध होते हैं। इस तरह अनुसंधानों को प्रोत्साहित करने में पुस्तकालयों की प्रमुख भूमिका होती है। इसलिए प्रत्येक तरह के अनुसंधान केन्द्र अपने यहाँ पुस्तकालयों की व्यवस्था अवश्य करते हैं।

3. शिक्षा के क्षेत्र में—शिक्षार्थी अपनी कक्षाओं में पढ़ाये गये पाठ्यक्रम के अतिरिक्त पुस्तकालयों में उपलब्ध पुस्तकों से ज्ञान प्राप्त करते हैं। पुस्तकालयों में शैक्षिक पाठ्यक्रमों के अलावा मानव-ज्ञान से सम्बन्धित अनेक विषयों के पुस्तक संकलित किए जाते हैं जिससे परिचय होने हेतु छात्रों में प्रेरणा तथा जिज्ञासा उत्पन्न होती है। अतः वे पुस्तकालय से अपने ज्ञान में वृद्धि करते हैं।

4. व्यवसाय के क्षेत्र में—कुछ व्यवसाय ऐसे होते हैं जिनसे सम्बन्धित ज्ञान पुस्तकों में ही विद्यमान होता है जो पुस्तकालयों में ही उपलब्ध होता है। इस तरह के व्यवसायों में वकील, डाक्टर, इन्जीनियर, पुस्तकालयी आदि तरह के व्यवसाय आते हैं। अतएव इन व्यवसायों से सम्बन्धित प्रसिद्ध व्यवसायी अपने निजी पुस्तकालय इसी उद्देश्य की पूर्ति हेतु स्थापित करते हैं।

5. आध्यात्मिक तथा भावनात्मक क्षेत्र में—पुस्तकालयों में समाज के हितार्थ कई उद्देश्यों को ध्यान में रखकर पुस्तक संगृहित किये जाते हैं जिनमें समाज के लाभार्थ ईश्वर प्रेरणा सम्बद्धी पुस्तक भी होते हैं जिनमें आध्यात्मिक तथा भावनात्मक विचारों को प्रतिपादित करने वाले पुस्तक तथा उच्च कोटि के स्थायी महत्व के किताब आदि आते हैं। इस प्रकार समाज के आध्यात्मिक क्षेत्र में पुस्तकालय अपनी भूमिका निभाते हैं।

6. सांस्कृतिक क्षेत्र में—प्राचीन पुस्तकों तथा महान विद्वानों की पाण्डुलिपियों में तत्कालीन समाज के ऐतिहासिक एवम् सांस्कृतिक कथ्य वर्णित होते हैं। इस तरह इन पुस्तकों में विद्यमान ज्ञान पीढ़ी दर पीढ़ी आगे बढ़ता रहता है।

पुस्तकाल विज्ञान के पाँच सूत्र

पुस्तकालय विज्ञान के पाँच सूत्र अग्रलिखित हैं—

1. पुस्तकें उपयोग के लिए हैं।
2. प्रत्येक पाठक/पाठिका उसका/उसकी पुस्तक।
3. प्रत्येक पुस्तक तथा उसका पाठक।
4. पाठक के समय की बचत कीजिए।
5. पुस्तकालय एक वर्धनशील तंत्र है।

पुस्तकें उपयोग के लिए हैं

यह पहला सूत्र किसी भी नियम की तरह प्रयोग के लिए सत्य है जिस पर किसी तरह का सन्देह नहीं किया जा सकता। पुस्तकें प्रयोग के लिए संकलित

की जाती हैं, इसमें संदेह नहीं हैं लेकिन व्यवहार में ऐसा नहीं किया जाता। 15 वीं तथा 16 वीं शताब्दियों एवं गत शताब्दी के पूर्वार्ध की अवधि में पुस्तकों को अलमारियों में बन्द करके रखा जाता था। और उनके प्रयोग के लिए प्रेरित करने की बजाय रोक लगा दी जाती थी। यह समय ऐसा था कि पुस्तकालयों को पुस्तकों के प्रयोग का माध्यम नहीं समझा जाता बल्कि उन्हें संग्रहीत एवं सुरक्षित रखने का एक साधन माना जाता था। इससे मात्र यह एहसास होता है कि इस विचारधारा का उद्देश्य पुस्तकों को आने वाली पीढी के लिए सुरक्षित रखना था। लेकिन वतर्मान युग में उस धारणा को बनाए रखना बहुत गलत माना गया है। वर्तमान समय की अपेक्षा उस समय प्रचुर मात्रा में पुस्तकों को मुद्रित करने के साधन नहीं थे। इसीलिए उस समय पुस्तकों के रख-रखाव के लिए तालाबन्दी होती थी और पुस्तकों का उचित प्रयोग नहीं हो पाता था। अतः पुस्तकों के प्रयोग पर इतना जोर देना सम्भव नहीं था।

परन्तु वर्तमान मुद्रालयों के प्रभाव से पुस्तकों के अत्यधिक मात्रा में उत्पादन से उक्त पुरानी परम्परा तथा विचारधारा में मूल बदलाव शुरू हुआ। परिणामतः पुस्तकें उपयोग के लिए हैं, इस विचारधारा का प्रादुर्भाव अवश्य हुआ और पुस्तकों के उपयोग का द्वार पाठकों के लिए खुल गये। परन्तु पाठकों को पुस्तकों के उपयोग के लिए बिना किसी रुकावट के अनके अधिकार स्वरूप प्रदान करने की विचारधारा को पुस्तकालयों के प्रबन्धकों द्वारा उदारतापूर्वक नहीं अपनाया गया क्योंकि किसी न किसी रूप में कोई प्रतिबन्ध अवश्य रखा गया। परन्तु उन बाधाओं को हटाने का आन्दोलन आधिकाधिक पुस्तकों को खुला प्रयोग किए जाने की दिशा में जो प्रयत्न किया गया वह हाल का है। फिर भी पुस्तकों का खुला प्रयोग सार्वभौमिक रूप से दृष्टिगोचर नही होता। विशेषकर भारत में इस विचारधारा का अब भी अभाव है, किस प्रकार से पुस्तकों का उपयोग अधिकाधिक मात्रा में प्ररित किया जाना चाहिए। जिससे पाठकों को उनका उपयोग करने में किसी प्रकार की रुकावट उत्पन्न न हो और जो पुस्तकों के उपयोग में बाधक होते हैं, उन विधियों को डॉ रंगनाथन् ने पहले सूत्र **"पुस्तकें उपयोग के लिए हैं"** के आधीन सूत्रबद्ध किया है। इस प्रकार निम्नांकित विधियों का अनुसरण करने पर बल दिया गया है। पुस्तकों के उपयोग को प्रोत्साहित करने में अग्रलिखित तत्व सहायक हैं–

पुस्तकालय की स्थिति पुस्तकों के अधिकाधिक प्रयोग में बड़ी ही सहायक सिद्ध होती है अपेक्षाकृत किसी उस पुस्तकालय को जो लोगों की पहुँच से दूर हो। कहने का आशय यह है कि पुस्तकालय की संस्थापना ऐसे स्थान पर की जानी चाहिए जहाँ पर पाठक सरलतापूर्वक पहुचँ सकें। स्थान ऐसा होना चाहिए जहाँ

अधिक-से-अधिक लोग इकठ्ठे होते हों। किसी निर्जन एवं दूरस्थ स्थान में पुस्तकालय की स्थापना नहीं की जानी चाहिए अन्यथा दूरी के कारण लोग जाना पसंद नहीं करेंगे अथवा असुविधा के कारण केवल कुछ ही लोग जा सकेंगे। परिणामतः पुस्तकों का प्रयोग बढने की अपेक्षा कम होगा पश्चिमी राष्ट्रो में पुस्तकों के प्रयोग को प्रेरित करने की दृष्टि से नगरों में सार्वजनिक स्थान हमेशा ऐसे स्थान पर होते हैं जहाँ सभी लोग आसानी से पहुँच सके, जहाँ यातायात के साधन हों, और अधिक से अधिक लोग आते हों। बड़े-बड़े सार्वजनिक पुस्तकालय पुस्तकों का प्रयोग बढ़ाने के लिए पुस्तकालय के प्रमुख भवन के अतिरिक्त अनेक स्थान पर उनकी अनेक शाखाएँ तथा पुस्तक प्रदान करने के केन्द्र संस्थापित करते हैं। जिससे उस क्षेत्र के पाठकों को पुस्तकें प्राप्त होती रहें। अमेरिका, ब्रिटेन तथा अनेक यूरोपीय राष्ट्रो में सभी बड़े नगरों तथा क्षेत्रीय पुस्तकालयों में ऐसी व्यवस्था एक साधारण बात होती है। परिणामतः पुस्तकों का प्रयोग अधिक मात्रा में होता है।

इसी प्रकार स्कूलों, कालेजों तथा विश्वविद्यालयों में पुस्तकालयों की स्थापना किसी उपेक्षित स्थान पर तथा असुविधाजनक कक्षों आदि में किये जाने से पुस्तकों का प्रयोग नहीं हो पाता है। अतः **पुस्तकें उपयोग के लिए हैं,** इस सूत्र को आदर नहीं मिलता है। पहले और कुछ विद्यालयों में अब भी पुस्तकालयों को किसी उपेक्षित स्थान पर ही रखा जाता है। जो पुस्तकों के प्रयोग में बाधक होता है। पुस्तकों का प्रयोग उतनी मात्रा में नहीं हो पाता, क्योंकि पुस्तकालय नाममात्र का होता है। अतः छात्रों के बौद्धिक विकास और पठन-पाठन की अभिरुचि को प्रेरित करने के लिए पुस्तकालयों को समुचित स्थान पर व्यवस्थित करना जरूरी है। जहाँ बैठने के लिए समुचित स्थान, मेज कुसियाँ तथा अनेक प्रकार की पाठ्य सामग्रियाँ सुलभ हों। पश्चिमी राष्ट्रों में बालकों को सबसे अधिक होनहार पाठक समझा जाता है। और उनके बौद्धिक विकास एवं शिक्षा के लिए पुस्तकालयों को एक महत्वपूर्ण एवं अनिवार्य उपकरण माना गया है। फलस्वरूप इस प्रकार की व्यवस्था पर अधिक बल दिया गया है। जिससे बालकों में पढ़ने की अभिरुचि जाग्रत हो सके और पढने की आदत विकसित हो सके। इस प्रकार स्नातक स्तर के विद्यार्थियों के लिए भी व्यवस्था की गयी है। आज वहाँ पुस्तकालय भवन सुसज्जित तरीके से होना स्कूल और कालेज के लिए गौरव का विषय माना गया है। भारत में स्कूल स्तर तक इसकी उपेक्षा होती है फलतः बालकों में पठन-पाठन की अभिरुचि कम होती है। किन्हीं-किन्हीं राज्यों में माध्यमिक विद्यालयों में अब पुस्तकालयों का होना अनिवार्य किया जाने लगा है। महाविद्यालयों तथा विश्वविद्यालयों को पुस्तकालयों के भवन निर्माण के लिए

विश्वविद्यालय आर्थिक सहायता आयोग अब उदारतापूर्वक आर्थिक सहायता देने लगा है। अतः पुस्तकों का उपयोग होता रहे और पाठकों में पठन-पाठन की अभिरुचि जागती रहे उसके लिए समुचित पुस्तकालय व्यवस्था स्थान की दृष्टि से होना अनिवार्य है।

वर्तमान में पुस्तकालयी को प्रेरित तथा संतोष प्रदान करने के लिए डॉ. रंगनाथन ने ब्रिटेन में 19 वीं सदी के पुस्तकालय क्रान्तकारी को सक्रिय बनाने तथा संसार में सर्वप्रथम ब्रिटेन में पुस्तकालय कानून पारित कराने वाले महान् विभूति एवं सांसद एडवर्ड एडवर्ड्स (Edward Edwards) के उत्साहवर्धक विचारों का उदाहरण प्रस्तुत किया है जो शिक्षापूर्ण एवं मार्गदर्शक है–''हतोत्साहित तथा कार्य की कटु आलोचना एवं छिद्रान्वेषण की भी स्थिति में पुस्तकालय को निष्पृह होकर अपने कार्य में सुख को अवश्य महसूस करना चाहिए। जिन व्यक्तियों के निर्देशन में बेहद परिश्रम का कार्य करना है, ज़ो न तो उसकी कठिनाइयों को समझ सकते हैं और न उसके परिणाम का ही मूल्यांकन कर सकते हैं, वैसी स्थिति में तो असंतोष में वृद्धि होना स्वाभाविक ही है। इस तथ्य को तो सोचना ही कठिन हो जाता है कि उत्तम कार्य के लिए प्रशंसा भी कोई वस्तु है, कोई भी यत्नशील परिश्रम कार्य जिसके लिए तुरन्त पारितोषिक मिलना चाहिए अथवा इसके अभाव को यह समझ लेना चाहिए कि उसका कोई मूल्य नहीं अथवा उसके योग्य नहीं है अथवा बिना किसी मूल्य के जाना चाहिए। फिर भी प्रथम सूत्र के उददेश्य की पूर्ति के लिए पुरस्कार या पारिश्रमिक की अभिलाषा कभी भी नहीं रखनी चाहिए। **"पुस्तकें उपयोग के लिए हैं"** इस सत्य में ही धैर्य और उत्साह बनाए रखना चाहिए। पुस्तकों से सेवा करनी है और सेवा ही एक पुस्तक का कार्यक्षेत्र है, जिसके लिए पुरस्कार नहीं है। इस उद्देश्य को दृष्टिगत रखते हुए प्रथम सूत्र को क्रियाशील करना चाहिए।

प्रत्येक पाठक और उसकी पुस्तक

प्रथम सूत्र पाठ्य-सामग्रियों के उपयोग के क्षेत्र में जहाँ एक तरह के बदलाव को उत्पन्न करता है वहाँ पर द्वितीय सूत्र "प्रत्येक पाठक/पाठिका उसका/उसकी पुस्तक" पुस्तकालय के उपयोगकर्त्ताओं के क्षेत्र में बदलावकारी भावना का सूत्रपात करता है-"पुस्तकें न केवल कुछ गिने-चुने लोगों के लिए हैं बल्कि बिना किसी भेदभाव के सभी पुस्तकों के प्रयोग के अधिकारी है।" प्रथम सूत्र पुस्तकालय को सजीव एवं सक्रिय बनाने पर बल देता है और दूसरा सूत्र पुस्तक को समस्त राष्ट्र की दस्यता के परिप्रेक्ष्य में इसकी परिधि को विस्तृत करता है। प्रथम सूत्र पुस्तक

की स्थापना का बीजारोपण करता है जो पर्याप्त उन्नत ऐव विशेष प्रकार की धारणा है और मानवता का उददेश्य के बहुत करीब लाती है।

अतः **पुस्तकें सभी के लिए चाहिए,** इस लक्ष्य की प्राप्ति के लिए डॉ. रंगनाथन ने उन सभी विधियों को सिद्धान्तबद्ध किया जिनको अपनाने से प्रत्येक श्रेणी के पाठकों को पुस्तक का उपयोग करने की सुविधा और प्रोत्साहन प्राप्त हो सकता है।

अतः पुस्तकालय पुस्तकों का एक संकलन है जो विशेष कार्यो के लिए है। वह चेतना पहले सूत्र के अनुसार उपयोगार्थ है। पुस्तकों की क्या उपयोगिता है? इनकी उपयोगिता ज्ञान सामग्री अथवा किसी सूचना की प्राप्ति में विद्यमान है। इनसे शिक्षा मिलती है। अर्थात् पुस्तकें ज्ञान प्रसार के साधन हैं। उनमें सान्त्वना, और आनन्द भी मिलता है तथा मनोरजन के साधनों में से पुस्तकें भी एक उपयोगी वस्तु हैं। विस्तार यदि पुस्तकों को शिक्षा प्रसार का एक आवश्यक उपकरण मान लिया जाय तो द्वितीय सूत्र-"व्यक्ति और उसकी पुस्तक" एक दूसरी धारणा को जन्म देती है-प्रत्येक व्यक्ति की शिक्षा की व्यवस्था। अब सवाल उजागर होता है कि क्या सभी लोग शिक्षा के पात्र हैं? इस संदर्भ में यह दिखाई पड़ता है कि इससे सूत्र की क्या धारणा को पुस्तक अधिकारियों ने पर्याप्त बिलम्ब से मान्यता दी है। "पुस्तकें सबके लिए हैं"की सफलता के लिए निम्नांकित विधियों के अनुसरण पर डॉ.रंगनाथन् ने बल दिया है।

प्रत्येक पुस्तक और उसका पाठक

तीसरा सूत्र **प्रत्येक पुस्तक और उसका पाठक** की धारणा का विवेचन करता है। पुस्तकों को आधार मानकर जो उल्लेख पहले सूत्र के परिप्रेक्ष्य में किया गया है उससे यह साम्यता रखता है और **द्वितीय सूत्र** का पूरक भी कहा जा सकता है। दूसरा सूत्र प्रत्येक पाठक को उसकी इष्ट पुस्तक को खोजने की विधियों का उल्लेख करता है वहीं तृतीय सूत्र प्रत्येक पुस्तंक का उपयुक्त पाठक खोजने पर जोर देता है और इसकी विधियों का प्रतिपादन करता है।

पहला सूत्र पुस्तकालयों की धारणा-जगत में एक क्रान्ति का संदेश देता है जिसको पूरी तरह सफल बनाने की विधियों का विवेचन तीसरे सूत्र—"प्रत्येक पुस्तक और उसका पाठक" करता है।

किन-किन विधियों से तृतीय सूत्र की विचारधारा को कार्यान्वित किया जा सकता है उसका प्रतिपादन करते हुए डॉ. रंगनाथन् ने अग्रंकित विधियों तथा साधनों का उपयोग करने की सलाह दी है।

1. मुक्त प्रवेश व्यवस्था–खुला प्रवेश व्यवस्था का अर्थ पुस्तकालय में पाठ्य-सामग्रियों के प्रयोग तथा उनके चुनाव की उस व्यवस्था से होता है जिसमें पाठकों को पुस्तकालय के किसी भी स्थान पर किसी भी संकलन को देखने, खोजने तथा चुनाव करने की पूरी स्वतंत्रता होती है जैसे किसी व्यक्तिगत पुस्तकालय में उस व्यक्ति की होती है। खुला प्रवेश व्यवस्था के महत्व तथा सुविधा का अनुभव वही पाठक कर सकते हैं जिन्होंने अवरूद्ध व्यवस्था तथा खुला प्रवेश दोनों ही अवस्थाओं में पुस्तकालय का उपयोग किया है। मुक्त प्रवेश व्यवस्था का प्रत्यक्ष परिणाम यह है कि पुस्तकों के आदान-प्रदान की संख्या को पर्याप्त मात्रा में बढ़ा देता है इससे महत्वपूर्ण इस प्रत्यक्ष का फल यह है कि पाठकों को पुस्तकों के खोज निकालने का मौका मिलता है। बंद ग्रन्थागारों तथा निधानियों में कभी भी नहीं मिलता है।

तीसरे सूत्र के परिप्रेक्ष्य में यह स्पष्ट हो जाता है कि पुस्तकों को तालेकुंजी में बन्द रखना तथा मुक्त प्रवेश को निरुत्साहित करना किसी भी पुस्तक के लिए न केवल अशोभनीय है बल्कि उसे प्रयोग करने से वंचित करना है। अधिकतर पाठकों को उनकी अभिरुचि की पाठ्य-सामग्री का ज्ञान नहीं होता है। जब उन्हें पूर्णरूप से सुव्यवस्थित ढंग से आंकलित पुस्तकों को देखने का मौका मिलता है तो उनकी सुप्त अभिरुचि जाग्रत हो उठती है।

ब्रिटेन में मुक्त प्रवेश व्यवस्था को 20 वीं सदी के आरंभ में शुरू नहीं किया गया जबकि इसके महत्व को संयुक्त राज्य अमेरिका में 19 वीं सदी के अन्तिम दशकों में ही समझ लिया गया था। अमेरिका में नियमानुसार मुक्त प्रवेश व्यवस्था पुस्तकालयों के लिए आवश्यक माना जाने लगा था और पाठकों को पुस्तकों को देखने तथा चुनाव करने की पूर्ण स्वतंत्रता प्रदान करना पुस्तकालय नियमावली का आवश्यक तत्व माना गया। चुनाव करने की पूर्ण स्वतंत्रता प्रदान करना पुस्तकालय नियमावली का आवश्यक तत्व माना गया। इस व्यवस्था से प्रारम्भ में पुस्तकों की अनेक प्रकार की हानि को पुस्तकालय के उपयोग की बढ़ती प्रवृत्ति की तुलना में नगण्य मात्र माना जाने लगा। लेकिन कहने का अर्थ यह नहीं कि पुस्तकों की हानि को इस व्यवस्था को लागू करके प्रोत्साहित करना है। ऐसा देखने को मिलता है जहाँ खुली प्रवेश की व्यवस्था नहीं है वहाँ से भी पुस्तकें गायब होती हैं। पुस्तकों की चोरी करने वालों की संख्या उनके उपयोग करने वालों से कम होती है। कुछ गिने चुने लोगों के कारण अधिकांश निष्ठावान पाठकों को इस सुविधा से वंचित करना उचित नहीं प्रतीत होता। पुस्तक प्राधिकारियों को चाहिए कि यदि पुस्तकों की हानि किसी

एक साधारण कार्यकर्त्ता के वेतन से कम है तो उसे नगण्य मानें। कभी इस प्रकार की हानि उस हानि से कम होती है जब पुस्तकें अनुपयुक्त अवस्था में अनेक कारणों, जैसे कागज का नष्ट होना, कीड़ों के द्वारा पुस्तकों को नष्ट किया जाना और वातावरण की प्रतिकूलता से पुस्तकों का नष्ट होना आदि, से नष्ट होती हैं।

निधानी आँकलन व्यवस्था—निधानियों पर पुस्तकों की व्यवस्था वैज्ञानिक तरीके से नहीं किये जाने की स्थिति में खुली प्रवेश व्यवस्था होने मात्र से तीसरे सूत्र के उद्देश्य की पूर्ति नहीं हो सकती है। साहित्य के अलावा लेखकों के अनुक्रम अथवा पुस्तकों के आकार तथा रंग के आधार पर व्यवस्थित पुस्तकों के आकलन किए जाने पर उन्हें योजना बद्ध करना कठिन है। सुव्यवस्थित तरीके से पुस्तकों को आंकलित करने की सर्वोत्तम विधि विषयानुसार आंकलन है तीसरे सूत्र विषयानुसार वर्गीकृत पुस्तकों को आंकलित करने पर बल देता है। यदि पुस्तकें वर्गीकृत क्रमानुसार रखी गयी हैं तो पाठकों को सम्बन्धित पुस्तकों को देखने तथा चुनाव करने का अवसर स्वतः मिल जाता है, अपेक्षाकृति उस व्यवस्था के जिसके अनुसार पुस्तकें अनुवर्णिक क्रम में रखी गयी हों। पाठकों का ध्यान आकर्षि करने के लिए केवल पुर. ों की विषय-वस्तु के आधार पर आकलित व्यवस्था ही पर्याप्त नहीं है बल्कि नवीनता भी इसके लिए एक प्रभावशाली तत्व है।

यह एक साधारण पद्धति है कि पुस्तकालयों में वर्तमान में नई कृतियों को पृथक ग्रन्थागार के प्रवेश द्वारा पृथक निधानियों में रखा जाता है। इससे इस तरफ पाठकों का ध्यान स्वतः आकर्षित हो जाता है। परिणामतः ऐसी कृतियों को तत्काल पाठक प्राप्त कर लेते हैं। पाठकों का ध्यान आकर्षित करने के लिए दूसरी विधि जो पुस्तकालयों में अपनायी जाती है वह है आकर्षित ढंग से पुस्तकों को पोस्टरों के साथ अलमारियों में रखना। अलमारियों के ऊपर-आवश्यक पुस्तकें, सामयिक पुस्तकें, भूली हुई पर उपयोगी पुस्तकें आदि के लेबिल लगा दिये जाते हैं। इससे पाठकों का ध्यान स्वतः आकर्षित हो जाता है इसके अतिरिक्त रैक्स भी उतने ऊँचे नहीं होने चाहिए कि पाठकों को पुस्तकों को देखने तथा उतारने में कठिनाई हो 16 1/4 फीट से से ऊँचे निधानियों को नहीं रखना चाहिए।

प्रसूची संलेख—निधानियों पर पुस्तकों की वर्गीकरण व्यवस्था समुचित होने पर भी प्रत्येक पुस्तक तथा उसके पाठक को पूर्णतः सम्बद्ध नहीं किया जा सकता जिसके लिए प्रसूची एक आवश्यक एवं पर्याप्त सहायक उपकरण है। कभी-कभी आलमारियों के अवलोकन मात्र से इष्ट पुस्तक का पता नहीं लगता जिसको प्रसूची के माध्यम से निश्चित किया जा सकता है।

प्रसूची के द्वारा सामान्य सेवा उपलब्ध करने के अलावा कुछ ऐसे प्रसूची संलेख होते हैं जो तृतीय सूत्र के उद्देश्य की पूर्ति में अधिक साधक सिद्ध होते हैं। ऐसे संलेखों में डॉ. रंगानाथन् ने माला संलेखों तथा विषय निर्देश संलेखों का प्रस्तुत किया जाना अनिवार्य बताया है।

प्रसूची की माला संलेख उस संलेख को कहते हैं जिसके द्वारा किसी पुस्तक का अतिरिक्त संलेख उसे माला अनिवार्य के नाम से प्रस्तुत किया जाता है जिससे पुस्तक सम्बन्धित होती है अर्थात् जिस माला के अधीन उसका प्रकाशन किया जाता है। इसका आकलन वगीकृत प्रसूची के अनुवर्णिक अनुक्रमणिका वाले भाग में किया जाता है। पत्रकों के अनुक्रमों में एक माला के शीर्षक के अन्तर्गत प्रस्तुत किये गये संलेख एक साथ आकलित हो जाते हैं जिससे उसे माला के नाम से प्रकाशित सभी कृतियाँ एक साथ प्रसूची में आ जाती हैं। अतः प्रसूची के अन्तर्गत माला संलेख का प्रावधान होने के कारण प्रत्येक पुस्तक को उसका पाठक मिलने में बड़ी सुविधा होती है।

इसी प्रकार विषय निर्देशि-संलेखों की भी महत्ता है। यह संलेख अनुवर्ग प्रसूची के वर्गीकृत भाग में प्रकट किया जाता है। इनका शीर्षक विशिष्ट विषय होता है और समबन्धित पुस्तक का जो, किसी दूसरे विषय के अधीन आंकलित होती है, उल्लेख किया जाता है। उक्त पुस्तक के अधीन सम्बन्धित विषय के पृष्ठों अथवा प्रकरण का संकेत कर दिया जाता है। इस प्रकार से किसी भी पुस्तक को प्रतिनिर्देशित करके अनेक विषय को शीर्षकों के आधार पर निर्दिष्ट किया जा सकता है। इस प्रकार के नियम से अनेक पुस्तकें, जिसमें किसी पाठक की इष्ट सामग्री मिल सकती है, इसके अभाव में अनुपयुक्त रह जाएगी जिन्हें पाठक इन प्रतिनिर्देशों के द्वारा प्रसूची देखने पर स्वतः प्राप्त कर लेते हैं।

सम्पुटक कृतियों का भी इस तरह से विषय निर्देश संलेखों के द्वारा हर पुस्तक को उसका पाठक खोजने में सयहायता मिलती है।

संदर्भ कार्य—खुली प्रवेश व्यवस्था, वर्गीकृत आँकलन व्यवस्था तथा विश्लेषणात्मक प्रसूचीकरण पद्धति तीन ऐसे आवश्यक साधन हैं जिनकी मदद से प्रत्येक पुस्तक के लिए उसका पाठक खोजने में सहायता मिलती है। लेकिन इस प्रकार की यांत्रिक विधियों से ही समस्या का समाधान नहीं हो जाता हैं। इनके माध्यम से व्यक्तिगत सेवा तथा पाठक सलाह जो पुस्तकालय सेवा के आवश्यक औजार है, पूरा नहीं किया जा सकता। तृतीय सूत्र-पुस्तकों का प्रचार व्यक्तियों के द्वारा किये जाने के प्रावधान पर बल दिया जाता हैं। पाठकों को प्रसूची का प्रयोग करने तथा पुस्तकों के चुनाव

के लिए कुछ पुस्तकालय स्टाफ पाठकों की सहायता करने के लिए नियुक्त करने को आवश्यक समझते हैं। इस व्यवस्था को संदर्भ कार्य तथा इस सेवा को पूरा करने वाले स्टाफ को संदर्भ स्टाफ कहते हैं जिनका कार्य पाठकों को पुस्तकालय की पाठ्य सामग्रियों की व्याख्या करना होता है वर्तमान पुस्तकालयों में इस व्यवस्था को आवश्यक एवं एक शुल्क विधि माना गया है।

जिस प्रकार से ट्रैफिक कम्पनियाँ यात्रियों को अनेक विधियों से स्थानों का मार्गदर्शन की व्यवस्था तथा प्रयास करती हैं, ठीक उसी प्रकार पुस्तकालयों में पाठकों के मार्गदर्शन के लिए संदर्भ विभाग होता है। इस विभाग के होने से पुस्तकालय स्टाफ पाठकों के समीप आते हैं और उनकी अभिरूचि आवश्यकता, क्रिया तथा प्रतिक्रिया एवं इचछा तथा इच्छा का उन्हें पूर्ण ज्ञान हो जाता है।

इस अनुभव के आधार पर संदर्भ ग्रन्थावली पाठकों को स्वतः उपयुक्त पुस्तकों से सम्बद्ध कर देता है। इस लक्ष्य की पूर्ति के लिए कुछ पश्चिमी राष्ट्रों में घर-घर जाकर सवेंक्षण करने की व्यवस्था की गयी है जिसके अध्ययन प्रत्येक परिवार के सदस्यों की अभिरुचियों को निशचित किया जाता है जिससे उन्हें इष्ट सामग्री प्रदान की जा सके।

लोकप्रिय विभागों का संचालन—इस प्रकार की व्यवस्था का उद्देश्य सम्भावित पाठकों को वस्तुतः नियमित पाठक के रूप में ढालना है। इसका पहला उपाय लोगों को पुस्तकालय के प्रति चैतन्य एवं आकर्षित करना है। समाचार पत्रों तथा मैगजीन कक्षों की सुविधा उपलब्ध करना इस दिशा में एक आवश्यक उपाय है। इन कक्षों में प्रायः अधिक लोग आते हैं। पुस्तकालय स्टाफ को इन कक्षों में जाकर पाठकों को ग्रन्थागार तथा अध्ययन कक्ष का उपयोग करने के लिए प्रोत्साहित करना चाहिए। इससे हर पुस्तक को उसका उचित पाठक मिल जाने की सम्भावना बढ़ जाती है।

प्रचार—पुस्तकालयों का प्रचार विभिन्न कारणों से अनावश्यक प्रतीत होता है। जब पुस्तकालय अपने कार्यक्षेत्र का विकास एवं प्रसार करने तथा कार्यविधि को नये स्वरूप देने का प्रयत्न कर रह हें हैं तो पुस्तकालय के कार्य एवं उद्दश्य से जन साधारध को पर्याप्त तरीके से परिचित कराना भी आवश्यक है जिसे प्रचार के माध्यम से ही किया जा सकता है।

वर्तमान में पुस्तकालय प्रचार विशेष रूप से प्रचार कला की एक विशिष्ट विधि बन गयी है। अमेरिकन पुस्तकालय एसोसियेशन के अधीन विशेष रूप से प्रचार समिति का निर्माण किया गया है जो इसके वार्षि अधिवेशन के समय एक

पबलसिटीराउण्ड टेबुल आयोजित करता है। पुस्तकालय प्रचार दो प्रकार से किया जा सकता है : (1) सामान्य प्रचार; तथा (2) व्यक्तिगत प्रचार। पहली विधि में पुस्तकों की गरिमा, जनमत, सूचना, प्रोत्साहन, शिक्षा के सर्वोत्तम साधन के रूप में पुस्तकों का सहयोग, पुस्तकालय सार्वजनिक संसथा है और प्रत्यक नागरिक के लिए है, आदि विषयों का प्रचारं पश्चिमी राष्ट्रों में समाचारी पत्रों, पत्र-पत्रिकाओं, रेडियों तथा सार्वजनिक व्याख्यान आदि के द्वारा प्रचार करने की व्यवस्था की जाती है जापान में हर वर्ष नवम्बर में पूरे राष्ट्रों से प्रचार करने की व्यवसथा की जाती है। जापान में हर वर्ष नवम्बर में करने की व्यवस्था सप्ताह मनाया जाता है। भारत में भी नवम्बर में प्रत्येक वर्ष भूपूर्व प्रधान मंत्री जवाहरलाल नेहय के जन्म दिवस के उपलक्ष में विगत कुछ वर्षों से पुस्तकालय सप्ताह मनाया जाता है।

प्रचार की दृष्टि से न्यूयार्क सार्वजनिक पुस्तकालय, अपना बुलेटिन, सार्वजनिक पुस्तकालय, रीडर्स इन्डेक्स, हारवर्ड विश्वविद्यालय पुस्तकालय—हावर्ड लाइब्रेरी नोट्स तथा मैनचेस्टर का जॉन रायलैएडफस पुस्तकालय बुलेटिन का निमित प्रकाशन करते है। जिससे अधिक लोग इन पुस्तकालयों के विषय में सूचना प्राप्त कर सकें।

प्रसार कार्य—वर्तमान पुस्तकालयों में प्रचार के साधनों के अलावा एक दूसरे प्रकार की विधि का अनुसूचीकरण किया जाता है जिसके प्रसार कार्य कहा जाता है। इस प्रसार कार्य का मुख्य उदेश्य पुस्तक का एक सामाजिक क्रियाकलान के केन्द्र के रूप में परिणित करना है जिसका कार्य पठन-पाठन को प्रेषित करना है। इसका उद्देश्य विशाल समूह को पाठक बनाना, नियमित अध्ययन की अभिरुचि जागृत करना तथा इसके लिए वातावरण तैयार करना तथा पाठकों एवं पाठ्य सामग्रियों को लाना आदि है।

प्रसार कार्य की एक विधि वह हैं जिसके अधीन सोधियत संघ की तरह, जिसका वर्णन किया जा चुका है, पुस्तकालयों को अध्ययन की संस्था के रूप में परिवर्तित करना है। भारत में प्रौढ़ शिक्षा कार्यक्रम को इसके द्वारा सफल बनाया जा सकता है। इसके द्वारा न केवल साक्षरता का प्रसारं हो सकता है बलिक ग्रामीण लोगों के व्यावसायिक ज्ञान को भी समुन्नत बनाया जा सकता है। प्रसार कार्य को सार्वजनिक व्याख्यान मालाओं के आयोजन करने के द्वारा भी पूरा किया जा सकता है। इन आयोजनों से सम्बन्धित पुस्तकों की सूची तैयार करके वितरित करना चाहिए जिससे उन पुस्तकों का प्रयोग बढ़ सके। ऐसे अवसरों पर पुस्तकों की प्रर्दशनी भी आयोजित की जानी चाहिए जिससे लोगों को पुस्तकों का अवलोकन करने का मौका मिले।

समय-समय पर नाट्यकला एवं कहानियाँ सुनाने का आयोजन तथा संगीत आदि के कार्यक्रम आयेजित करने चाहिए जिससे सथानीय बालकों के सम्पर्क में आने का मौका मिल सके। स्थानीय त्योहारों को आयोजन भी प्रसार कार्य का एक आवश्यक कार्यक्रम है। इससे आगन्तुक लोग पुस्तकालय के महत्व को समझेंगे तथा पुस्तकों के उपयोग की तरफ आकर्षित होंगे।

पुसतकों का चुनाव—तीसरे सूत्र के लक्ष्य की पूर्ति के लिए पुस्तकों का चुनाव पाठकों की अभिरुचि पर आधारित होना चाहिए। यदि पुस्तकों का चुनाव एवं संग्रह पाठकों की माँगें, संदर्भ स्टाफ के सुझाव, स्थानीय तथा राष्ट्रीय महत्व आदि तत्व पर आधारित हो तो तीसरे सूत्र के लक्ष्य प्रत्येक पुस्तक तथा उसका पाठक की समस्या का समाधान पर्याप्त मात्रा में हो सकता है।

अतः तीसरे सूत्र को सफल बनाने तथा क्रियान्वित करने के लिए इन विधियों का अनुसरण करना आवश्यक है।

पाठक के समय की बचत कीजिए

पुस्तकालय विज्ञान के चौथे सूत्र—**पाठकों के समय की बचत कीजिए** की धारणा मूलतः पाठकों की समस्या से सम्बन्धित है। पुस्तकों का प्रयोग प्रत्येक पाठक उसकी पाठ्य सामग्री, प्रत्येक पुस्तक और पाठक की धारणा को पूरी तरह कार्यान्वित करने में सफलता मिल जाने पर समय की समस्या को उपेक्षित नहीं किया जा सकता है।

वर्तमान में पाठकों के समय को बड़ा ही मूल्यवान माना जाने लगा है। सभी सुविधा उपलब्ध होने पर यदि पाठ्य-सामग्री को प्राप्त करने में पाठ्क का समय बर्बाद होता है तो यह पुस्तकालय की लोकप्रियता को कम कर सकता है। अतः' पाठकों के समय की बचत करने पर चौथे सूत्र में अधिक जोर दिया गया है जिसके लिए डॉ.रंगनाथन् ने अनेक युक्तियों का प्रतिपादन किया है जो पाठकों के समय की बचत करता है।

पाठक ज्योंहीं पुस्तकालय में प्रवेश करता है उसे पुस्तकों को लौटाना होता है। इसके बाद पुस्तकों को प्राप्त करने की समस्या उत्पन्न होती है। अवरोधयुक्त व्यवस्था के कारण पाठक को पुस्तकों का चुनाव प्रसूची की सहायता से करना पड़ता है। पुस्तकालयों में प्रसूचियाँ पत्रकों, मुद्रित ग्रन्थागार अथवा किन्हीं अन्य स्वरूपों में होती है।। अतः पहली प्रक्रिया पुस्तकों को प्रसूची से इसके बाद उन्हें कागज की स्लिप पर लिखकर ग्रन्थागार से निकलने के लिए कहना पड़ता हैं। इसमें पाइक को कुछ समय तक प्रतीक्षा करना पड़ता है। ब्रिटिश म्युजियम में, जिसकी मुद्रित प्रसूची

100 से अधिक खंड़ों में है, पाठकों को पुस्तक का विवरण प्रसूची से प्राप्त करने के बाद पश्चात उसे निकलवाने में बहुत समय तक प्रतीक्षा करनी होती है। ऐसे ग्रन्थालयों में पाठकों को उपयुक्त पुसतक प्राप्त करने में पर्याप्त समय बर्बाद करना पड़ता है। पुस्तक को ढूंढने की प्रक्रिया में अनेक त्रुटियाँ भी होती हैं–जैसे अपूर्ण विवरण, वर्तनी की त्रुटि, याचना संख्या में कमी आदि। प्रसूची में पुस्तक के अन्य आवश्यक तत्व जो पाठकों के लिए चुनाव में साधन हो सकते हैं, उनका अभाव, चुनाव में बाधक होता है। इस प्रकार उपयुक्त पुस्तक को प्राप्त करने में कम से कम आधे घंटे का समय साधारणतया नष्ट हो जाता है।

जिन देशों में लोग अधिक व्यस्त होते हैं और जहाँ समय का मूल्यांकन रुपयों में और रुपये का मूल्यांकन समय में किया जाता है वहाँ इस प्रक्रिया में कितनी राष्ट्रीय हानि अवरोध पुस्तक व्यवस्था से हो सकती है उसके परिणाम को लोग स्वतः अनुभव कर सकते हैं। अतः राष्ट्रीय अर्थव्यवस्त्था को दृष्टिगत रखते हुए घुले प्रवेश का बड़ा ही महत्व है जिसके कारण पाठकों को किसी भी सथान पर पुस्तकालय में जाकर पुसतकों का अवलोकन करने चुनाव करने तथा स्वतः प्राप्त करने में कितनी सुविधा होती है और कितना समय लगता है अतः अवरोधपूर्ण व्यवस्था की अपेक्षा ख़ुली प्रवेश व्यवस्था सर्वोंतम एवं आवश्यक है। इससे पर्याप्त समय की बचत होती है और पाठक को झुंझलाहट नहीं होती है।

खुली प्रवेश व्यवस्था मात्र से ही चतुर्थ सूत्र का लक्ष्य पूरा नहीं हो जाता । समय की बचत की दृष्टि से पुस्तकों की निधानियों पर आँकलन व्यवस्था अधिक महत्वपूर्ण तथा समय की बचत में पर्याप्त साधक सिद्ध होती है। विषयानुसार वर्गीकृत व्यवस्था किसी भी अन्य व्यवस्था की तुलना में अधिकाधिक सुविधाजनक है। उपयुक्त वर्गीकरण पद्धति के अनुसार पुस्तकों का वर्गीकरण करने के बाद उन्हें आलमारियों में आँकलित करने से अधिक पास के विषय एक साथ एक सुगम अनुक्रम में आ जाते हैं।

पुस्तकों के सापेक्ष आकलन के अलावा समय की बचत की दृष्टि से चतुर्थ यह भी निदिष्ट करता है कि उन वर्गों की पुस्तकें जिनकी माँग अधिक होती है उन्हें ग्रन्थागार में निकट रखना चाहिए। अपेक्षाकृत कम माँग की जाने वाली पुस्तकों के। इसी भाँति संदर्भ की पुस्तकों को आदान-प्रदान के स्थान के अधिक पास होना चाहिए जिससे पाठ्क उन्हें तुरन्त प्राप्त कर सकें।

वर्गीकृत व्यवस्था विषयानुसार पुस्तकें कितनी भी सापेक्ष स्थिति में आकलित क्यों न की गयी हो ज्यों ही पाठ्क पुस्तकागार में पहुंचते हैं तो पुस्तकों की विशाल पंक्तियों की आलमारी तक पहुंचने में उनका समय बर्बाद होता है।

पाठकों के समय की बचत की दृष्टि से इस अवस्था में पूरी तरह से पर्याप्त निर्देशिकाओं के पोस्टर अवश्य लगे होने चाहिए जिससे समस्त ग्रंथागार की व्यवस्था तथा पुसतकों के गणना क्रम का उन्हें ज्ञान हो सके। वर्गंक द्वार पर ही पूरे कक्ष की रूपरेखा, वर्गानुसार पुस्तकों की आकलन व्यवस्था, वर्गांक तथा उसके विषय का निर्देश होना चाहिए। निर्देश प्लेट साफ-सुधरे तथा चमकीले होने चाहिए। निधानियों की संख्या भी विषयानुसार की जानी चाहिए।

घर के लिए अध्ययनार्थ प्रदत्त पुस्तको के विवरण आदि को अभिलेख तैयार करने को **चार्जिंग कार्य** कहते है। इसके प्रतिकूल पाठकों से पुस्तकों को वापस लेने तथा उन्हें पुस्तकों के लौटाने के दायित्व से मुक्त करने की प्रक्रिया को **डिसचार्जिंग** कहते हैं।

चौथे सूत्र के प्रतिपादन के पूर्व पुस्तकों के आदान-प्रदान करने की विधयों में अनेक कठिनाइयाँ थीं तथा समय बर्बाद भी होता था। वे विधियाँ कहीं-कहीं अब भी प्रचलित हैं.। असुविधाजनक विधियों के कारण पुस्तकों के आदान-प्रदान करने में पाठकों का काफी समय नष्ट होता हैं। अतः इस दृष्टि से अनेक प्रकार के तरीके अपनाए गये जिसमें कम से कम समय लगे और पाठकों को प्रतीक्षा न करनी पड़े। पुस्तकों के आदान-प्रदान करने की विधियों का उल्लेख आगे चलकर किया जाएगा जिसमें समुचित एवं समय की बचत की दृष्टि से कौन सी विधि अच्छी है और किसका अनुसरण करना सम्भव है उसका अनुमान लगाया जा सकता है।

अब तक पाठकों के समय की बचत की समस्या तथा उसके उपाय का विवेचन पुस्तकालय में उनके प्रवेश के बाद किया गया है। परन्तु चौथे सूत्र पाठकों को पुस्तकालय तक पहुँचने के समय की समस्या का समाधान करने का भी प्रयत्न है कि पुस्तकालय का स्थान पाठकों की पहुँच के अधीन होना चाहिए जिससे उनके समय की बचत हो सके।

इस नजरिये से किसी कालेज का पुस्तकालय कालेज परिसर के केन्द्रीय स्थान पर निर्मित होना चाहिए जिससे सभी श्रेणी के पाठक सरलता से वहाँ तक पहुँच सकें। परन्तु किसी भी नगर के सार्वजनिक पुस्तकालय को किसी केन्द्रीय स्थान पर व्यवस्थित करना, जहाँ शहर के प्रत्येक कोने के लोग पहुँच सकें, उतना सरल नहीं है। परिचमी राष्ट्रों में चतुर्थ सूत्र के उद्देश्य की पूर्ति की दृष्टि से केन्द्रीय पुस्तकालय की अनेक शाखाओं तथा पुस्तकों के वितरण केन्द्रों की व्यवस्था शहर के प्रमुख भागों में की गयी है। लेकिन ग्रामीण क्षेत्रों के पाठकों को पुस्तकालय की स्थिति के कारण कठिनाइयों का सामना करना पड़ता है। प्रत्येक गाँव में पुस्तकालय संस्थापित करना

मितव्ययी प्रतीत नहीं होगा। समय के बचत के नजरिये से मात्र एक ही साधन सम्भव प्रतीत होता है कि चल वाहनों की व्यवस्था की जाय। अनुभवी स्टाफ उपयुक्त पुस्तकों का चुनाव कर चल पुस्तकालय के माध्यम से वाहनों द्वारा वितरण केन्द्रों तथा एकान्ततः स्थित गांवों में पुस्तकों के आदान-प्रदान की व्यवस्था करें। पश्चिमी राष्ट्रों में चल पुस्तकालयों की व्यवस्था का बाहुल्य है।

पाठक और पुस्तकालय स्टाफ दोनों का समय मूल्यवान है और कुशल एवं सन्तोषजनक पुस्तकालय सेवा प्रदान करने तथा प्रदान करने तथा प्राप्त करने में चौथे सूत्र कम से कम समय लगे इस पर अधिक जोर देता है। डॉ. रंगनाथन द्वारा प्रतिपादित तथ्यों का अनुसरण करने से इस दिशा में सफलता अवश्य मिलती है।

पुस्तकालय एक वर्धनशील तंत्र है

पहले चार सूत्रों की धारणा पुस्तकालयों की कार्यपद्धति, व्यवस्था तथा उनके कुशल संचालन से सम्बन्धित रही है। पाँचवां सूत्र पुस्तकालयों को एक संस्था के रूप में इसकी महत्वपूर्ण एवं स्थायी विशेषताओं के परिप्रेक्ष्य में उन सिद्धान्तों की विवेचना करता है जिससे उनके निरन्तर समायोजन में सहायता मिलती है और उनकी रूपरेखा के प्रति हमारी क्या धारणा होनी चाहिए उसके मूल तत्वों का प्रतिपादन करता है। पंचम सूत्र उन मूल तत्वों पर भीा प्रकाश डालता है जो पुस्तकालय के सुनियोजन तथा व्यवस्था तथा संगठन से सम्बन्धित होते है। पहला चार सूत्रों की धारणा स्वतः परिलक्षित हो जाती है परन्तु पाँचवां सूत्र अव्यक्त प्रतीत होता है।

पाँचवा सूत्र–**पुस्तकालय एक वर्धनशील संस्था है,** जीव विज्ञान के उस सिद्धान्त का अनुभव देता है कि सशक्त एवं विकासशील तत्वों की ही सत्ता कायम रहती है और जिनमें विकास की क्षमता नहीं होती वे जड़वत बनकर लुप्त हो जाते है। जिस प्रकार कोई जीवित और विकासशील संगठन पुराने आवरण का परित्याग कर नई अवस्था में परिवर्तित होता है उसके आकार में परिवर्तन होता है तथा नवीन रूप धारण करता है। ठीक उसी प्रकार पुस्तकालय की भी स्थिति है। अनेक प्रकार से पुस्तकालय के आकार, कार्यक्रम, समस्याओं आदि में परिणामतः वृद्धि तथा बदलाव होता है। उन्हें समझ लेना, कुशल प्रशासन व्यवस्था तथा संतोषपूर्ण सेवा आदि की दृष्टि से आवश्यक है।

किसी भी पुस्तकालय के आवश्यक अवयव पुस्तकें पाठक तथा स्टाफ होते हैं। अतः वर्तमान पुस्तकालय को इन्हीं तीन प्रमुख कारणों के कारण तीनमूर्ति कहते हैं।

किसी भी पुस्तकालय का संकलन जिसका उपयोग करने के लिए पाठक न हों तो वह आधुनिक परिप्रेक्ष्य में पुस्तकालय कहे जाने के उपयुक्त नहीं प्रतीत होता है। केवल पुस्तकों के संकलन तथा पाठकों के संयोग मात्र से बिना किसी प्रकार की सेवा व्यवस्था के लिए स्टाफ की कमी में जिनके माध्यम से पाठकों से सम्पर्क स्थापित कर वास्तविक पाठक को वास्तविक पुस्तक, समुचित समय पर प्रदान किया जाता है, तो उसे भी वास्तविक पुस्तकालय की संज्ञा नही दी जा सकती है। इस तथ्य से बहुत लोग अपरिचित होते है।

कोई भी पुस्तकालय का छोटा आकार जो आज सुविधाजनक है कुछ दिनों के बाद जब पुस्तकालय की वृद्धि होती है तो समस्यामूलक बन जाता है। अतः पुस्तकालय का आकार, रचना तथा निर्माण विधि एसी होनी चाहिए जिससे भविष्य में आवश्यकता पड़ने पर किसी भी दिशा में वृद्धि बिना सिकी बाधा के सम्भव हो सके।

किसी भी सक्रिय एवं सजीव पुस्तकालय में पुस्तकों की संख्या में वृद्धि पुस्तकालय के आकार को किस रूप में प्रभावित करती है उसे जान लेना अनिवार्य है। इससे मुख्य रूप से प्रभावित होने वाले पुस्तकालय भवन का वह भाग होता है जहाँ पुस्तकों को निधानियों पर व्यवस्थित करके आकलित किया जाता है। इसे ग्रन्थागार कहते है। इसका आकार, इसकी सापेक्ष स्थिति, पुस्तकों को आकलित अवस्था में रखने के लिए स्टैक रूप की इकाइयाँ हैं जिनमें स्टैक रूप निर्मित किया जाता है। पुस्तकों के रखने के लिए रैकों, अलमारियों, दावाजों, लेबिल होल्डर तथा अन्य वस्तुओं जो पुस्तकों की आकलन व्यवस्था से सम्बन्धित होती है उनकी जाँच संकलन की वृद्धि की दृष्टि से अनिवार्य है क्योंकि पुस्तकों के संकलन की वृद्धि के साथ स्टैक रूप में भी वृद्धि स्वाभाविक है अतः इसकी आकार रचना इस तरह की होनी चाहिए कि किसी भी समय पर बिना किसी अवरोध के विस्तार आसानी से किया जा सके। इसकी नींव इस दृष्टि से सुदृढ बनानी चाहिए। प्रत्येक रैक की इकाई समान तथा साम्य होनी चाहिए जिससे उनमें नये रैकों को स्थापित करने में कठिनाई पैदा न होने पावे तथा इनमें किसी भी प्रकार का समायोजन किया जा सके।

पुस्तकालय के अधीन दूसरा कक्ष सामयिकियों अर्थात् पत्र-पत्रिकाओं का होता है जो आकार रचना की दृष्टि से महत्वपूर्ण होता है। इसका आकार तथा इस कक्ष के फर्नीचर आदि का विचार पत्र-पत्रिकाओं की वृद्धि को दृष्टिगत रखते हुए करना आवश्यक है जिससे भविष्य में आवश्यकतानुसार विस्तार तथा समायोजन सम्भव हो सके। पत्र-पत्रिकाओं को बढते हुए मूल्यों के कारण भारत के पुस्तकालयों में इनकी संख्या पर प्रभाव पड़ा है।

पुस्तकों की वृद्धि के साथ ही साथ प्रसूची के आकार में भी विस्तार स्वाभाविक है। अतः प्रसूची कक्ष का निर्माण तथा व्यवस्था जिस स्थान अथवा कक्ष में की जाती है उसमें भी विस्तार की सम्भावना अवश्य होनी चाहिए।

पुस्तकों की वृद्धि के साथ ही साथ प्रसूची की वृद्धि पुस्तकों की वृद्धि की छः गुनी होती है।.यदि पूर्ण प्रसूचीकरण नहीं किया जाता है तो भी कम से कम चौगुनी बढ़ोतरी होती है। यदि अनुवर्ग प्रसूची की प्रथा है तो बढ़ोतरी और अधिक होगी। परिणमतः प्रसूचकरण का खर्च बढ़ना स्वाभाविक है। अतः प्रसूची के वाह्य आकार तथा प्रसूची के प्रकार को दृष्टिगत रखते हुए प्रसूची को निर्मित करना आवश्यक है।

वर्गीकरण पद्धति द्वारा पुस्तकें सुगम एवं सुविधाजनक तरीके से विषयानुसार वर्गीकृत करके रखी जाती हैं। ये वर्गीकरण योजना भी विस्तारशील एवं सुविधाजनक होनी चाहिए जिससे नई पुस्तकों को उनके सापेक्ष स्थान पर पूर्व पुस्तकों के साथ व्यवस्थिति किया जा सके। डॉ. रंगनाथन द्वार निर्मित वर्गीकरण योजना कोलन क्लासीफिकेशन इस दिशा में अद्वितीय वर्गीकरण योजना है। जिसका निर्माण डॉ. मेल्विल ड्यूवी ने किया हैं अब 18 वें संस्करण से पर्याप्त उपयोगी बना दी गयी है। अतः वर्गीकरण पद्धति का अनुसरण उसकी उपयोगिता की दृष्टि से पुस्तकालय के विस्तार के अनुसार कार्य करने में सहायक सिद्ध होती है।

पाठकों तथा पुस्तकों की वृद्धि से निम्नांकित के विस्तार पर विचार आवश्यक है जो पाठकों की बढ़ोतरी साथ स्वतः विस्तृत होने की स्थिति में आ जाते हैः (1) अध्ययन कक्ष का आकार (2) पुस्तकों के आदान-प्रदान करने की विधि तथा (3) आवश्यक सुरक्षा व्यवस्था।

जहाँ पाठकों को पुस्तकालय में बैठकर पढ़ने तथा अनेक प्रकार की आवश्यक पुस्तकें अध्ययन व्यवस्थित तरीके से रखी जाती है उसे अध्ययन कक्ष कहते हैं। जितने पाठकों को बैठकर पढ़ने तथा पुस्तकों के रख-रखाव की व्यवस्था की गयी होती है वह कालान्तर में असुविधाजनक प्रतीत होने लगती है, क्योंकि पाठकों तथा पुस्तकों की संख्या में वृद्धि होने लगती है। अतः इस कक्ष को इस तरीके से निर्मित होना चाहिए कि कुछ वर्षों तक बिना किसी विस्तार के पाठकों को बैठकर पढ़ने तथा पुस्तकों के रखने में कोई बाधा स्थानाभाव के कारण उत्पन्न न होने पाये। तदुपरांत विस्तार करने में ऐसी स्थिति उत्पन्न न हो कि विस्तार करने में कठिनाई उत्पन्न होने लगे। विस्तार आसानी से हो सके उस दृष्टि से इस कक्ष का निर्माण किया जाना चाहिए।

पाठकों तथा पुस्तकों की संख्या में बढोतरी होने पर प्रदान की जाने वाली पुस्तकों की संख्या में वृद्धि होती है। यह एक अनुभवसिद्ध तथ्य है। पुस्तकों के आदान-प्रदान करने की विधि का नियोजन करना चाहिए। जब सौ से अधिक प्रतिदिन पुस्तकों के प्रदान करने की संख्या में वृद्धि होती है तो पुरानी आदान-प्रदान की विधि का प्रयोग करने से अधिक से अधिक पुस्तकालय सहयोगियों की आवश्यकता पड़ती है। पुरानी रजिस्टर विधि जो पुस्तकों को प्रदान करने के अभिलेख के रूप में प्रयोग की जाती है असुविधाजनक सिद्ध होने लगती है।

रजिस्टर विधि से पुस्तकें प्रदान करने में पुस्तकों तथा पाठकों की संख्या को देखते हुए अधिक पुस्तकालय सहायकों की आवश्यकता पड़ेगी और जब पुस्तकों को खोजने के समय भीड़ होती है तो पुस्तकों को उपलब्ध करना एक समस्या बन जाती है। इसके विपरीत रीडर्स टिकट का प्रयोग पुस्तकों के प्रदान करने के लिए किया जाये तो बडी तीव्रता के साथ यह कार्य किया जा सकता है। रीडर्स टिकट से पाठकों का अभिज्ञान भी हो जाता है और प्रदान करने वाले पुस्तकालय सहायक का दायित्व भी पाठकों को स्थानान्तरित हो जाता है। क्योंकि टिकट पर प्राप्त पुस्तक का दायित्व पाठक का हो जाता है और टिकट को इस तरह से रखना कि दूसरा पाठक उसका दुरुपयोग न कर सके इसका भी दायित्व पाठक का ही होता है। इससे निर्धारित पुस्तकों के अलावा अधिक पुस्तक़ प्रदान करने की सम्भावना भी नहीं रहती है। टिकट के साथ पुस्तक पत्र लगा दिया जाता है। इससे दिन प्रतिदिन प्रदान की जाने वाली पुस्तकों तथा विषयानुसार प्रदत पुस्तकों की सांख्यिकी भी तैयार करने में सुविधा होती है और वापस करने में भी कम समय लगता है।

पुस्तकालय के स्टाफ में पारस्परिक सम्बन्ध बडे मधुर होन चाहिए। उनसे आपस में एक-दूसरे को सहयोग एवं सहायता की भावना प्रगाढ़ रूप से होनी चाहिए। शत्रुता तथा पारस्परिक जलन की प्रवृति बिल्कुल नहीं होनी चाहिए। ऐसी भावना होनी चाहिए कि बिना किसी पारितोषिक एवं प्रशंसा के भी सभी प्रकार का कार्य मौन रूप से किया जाये। जिन विभागों में समयानुसार स्टाफ की कार्य अवधि में परिवर्तन होने पर दूसरे स्टाफ को दायित्व लेने के कार्य के आभास पाठकों को नहीं होना चाहिए और पाठकों की सेवा भी इस बदलाव से प्रभावित नहीं होनी चाहिए।

डॉ. रंगनाथन ने इस तरह पुस्तकालय विज्ञान के पाँच सूत्रों का प्रतिपादन करके उन प्रमुख एवं मौलिक सिद्धान्तों तथा विधियों का विवेचन किया है जो वर्तमान पुस्तकालयों को शिक्षा तथा संस्कृति एवं सूचना प्रसार केन्द्र के प्रमुख

साधन एवं संस्था के रूप में व्यवस्थित करने में सहायक सिद्ध होते हैं और मार्गदर्शन करते हैं।

पुस्तकालय विज्ञान के पाँच सूत्रों की व्याख्या

पुस्तकालय विज्ञान के जिन पाँच सूत्रों की व्याख्या की गयी है उन्हें डॉ. रंगनाथन ने एक व्यापक और सार्वभौमिक परिप्रेक्ष्य में प्रतिपादित किया था। ये उपसूत्र इतने मौलिक, दूरदर्शी उपयुक्त तथा प्रभावशील हैं कि वर्तमान सूचना समाज उद्योग के समय मे भी पुस्तकालयों के बदलते आयामों में उन्हें उपयुक्त दिशा प्रदान करने एवं उद्देश्यात्मक भूमिका निभाने में उतनी ही उपादेयता रखते हैं जो 1928 ई. में इनकों विकसित करने वाले समय अपेक्षित था। मानव समाज में तब से अब तक विशाल बदलाव प्रत्येक दिशा में उत्पन्न हुआ है। ज्ञान और सूचना समाज में हमेशा महत्वपूर्ण रहा है और समाज की भौतिक उन्नति एवं समृद्धि में इन्हें बड़ा ही सशक्त साधन एवं शक्ति माना गया है। लेकिन विगत छः दशकों में न केवल इसको एक वस्तु के रूप में अधिक महत्वपूर्ण माना गया बल्कि सूचना एवं ज्ञान के अभिगम, उपलब्धता और प्रसार में भी प्रचुर विकास हुआ है। इसका मुख्य कारण सूचना प्रौद्योगिकी का प्रादुर्भाव एवं अनुप्रयोग रहा है। ज्ञान एवं सूचना के अभिप्रायः में अब समय और दूरी उतने बाधक नहीं रहे और किसी भी स्थान पर एक ही साथ कम्प्यूटर नेटवर्क एवं कम्प्यूटर के पर्दे पर असंख्य संग्रहण एवं प्रसारण ने इसे और विस्तृत एवं सरल बना दिया है। सूचना और ज्ञान को जिस अपार एवं विशाल मात्रा में प्रसारित किया जाता है और जिस वैविध्यता भी ज्यादा होती है। अभिगम एवं उपलब्धता की दृष्टि से समस्यामूलक नहीं होते हैं। तथापि प्रयोग करने और उपयोगकर्त्ताओं को पुस्तकालय एवं सूचना सेवाओं को सुलभ करने की मूल समस्या में कोई परिवर्तन नहीं हुआ है। मात्र उनके मापदण्ड स्थिति तथा विधियों में बदलाव हो गया है। अतः यह आवश्यक प्रतीत होता है कि डॉ. रगनाथन् द्वारा प्रयुक्त पद "पुस्तकें" जो ज्ञान/सूचना का प्रतिनिधित्व करते हैं उनके स्थान पर सूचना और पुस्तकालय के बदले में सूचना प्रणाली का उपयोग किया जाय जो परिवर्तनशील समाज में उपयुक्त प्रतीत होते हैं।

इस परिप्रेक्ष्य में पाँच सूत्रों की निम्नांकित वाक्याशों में अभिव्यक्ति की जानी चाहिए—

(1) प्रलेख/सूचना उपयोग के लिए है,

(2) प्रत्येक उपयोगकर्त्ता/उसका प्रलेख/सूचना

(3) प्रत्येक प्रलेखक/सूचना और उसका उपयोगकर्ता

(4) उपयोगकर्ता के समय की बचत करो

(5) प्रलेखन/सूचना पद्धति एक वधर्नशील अंग हैं

प्रथम सूत्र ''प्रलेख/सूचना उपयोग के लिए हैं'' में सम्पूर्ण सूचना स्थानान्तरण प्रक्रिया शामिल है जिसमें सूचना को एक आवश्यक संसाधन एवं उपयोगी वस्तु माना गया जो किसी भी गैर-संसाधन वस्तु को सशक्त संसाधन में बदलने की क्षमता रखती है। लेकिन इस सशक्त संसाधन से लाभ लेने के लिए इसकी सुरक्षा एवं व्यवस्था करनी पड़ती है। पूरी तरह लाभान्वित होने के लिए इसका अनेक प्रकार से उपयोग करना पड़ता है। अतः इस उपसूत्र में राष्ट्रीय विकास एवं उन्नति में सूचना एक उपादेय एवं सशक्त संसाधन है और महत्वपूर्ण भूमिका पूरी करता है, को पूर्णतः अभिकल्पित किया गया है।

दूसरा सूत्र ''प्रत्येक उपयोगकर्ता उसका प्रलेख/सूचना'' का लक्ष्य एवं संकेत प्रत्येक उपयोगकर्ता की उपयुक्त सूचना अनिवायर्ता से सम्बन्धित सामग्रियों/प्रलेखों/सूचना का संकलन, प्रसार एवं उपलब्ध करना आवश्यक है। सूचना का अधिग्रहण और आपूर्ति उपयोगकर्ताओं की श्रेणी एवं आवश्यकता करने में किसी प्रकार का भेदभाव नहीं होना चाहिए। सूचना के संग्रह एवं उपयोगकर्ताओं की सेवा के प्रति प्रलेखन एवं सूचना विशेषज्ञों /प्रबन्धकों, कर्मियों में किसी भी तरह का पूर्वाग्रह नहीं होना चाहिए। इसमें उपयोगकर्ताओं को केन्द्रबिन्दु मानकर पुस्तकालय एवं सूचना सेवाओं एवं पद्धतियों को सुसंगठित किया जाना चाहिए। इस उपसूत्र में पुस्तकालय एवं सूचना केन्द्र की व्यवस्था एक सुनिश्चित उद्देश्य की पूर्ति हेतु करने का संकेत एवं निर्देश है वह पाठक/उपयोगकर्ता की सूचना जरूरी है।

तीसरा सूत्र ''प्रत्येक प्रलेख/सूचना तथा इसका उपयोगकर्ता'' इस लक्ष्य का संकेत करता है कि हर प्रलेख/सूचना का उपयुक्त पाठक/उपयोगकर्ता जरूर मिलना चाहिए, अर्थात् जिन सूचना सामग्रियों का संग्रह किया जाता है उन्हें उपयोगकर्ता को दृष्टिगत रख कर किया जाना चाहिए जिससे उनका प्रयोग होता रहे। साथ ही यह उपसूत्र यह भी निर्दिष्ट करता है कि उपयुक्त सूचना उपयुक्त उपयोगकर्ता को प्रदान की जानी चाहिए। अपेक्षाकृत उसे ऐसे उपयोगकर्ता को प्रदान किया जाय जो उसका उपयोग करने में असमर्थ हों इससे अन्य उपसूत्रों का भी आदर होगा। सूचना के उत्पादन से लेकर उसका सदुपयोग करने तक उसे उपयोगकर्ता की आवश्यकतानुसार प्राप्त करने की व्यवस्था तथा प्रक्रियाकरण किया जाना चाहिए।

चौथा सूत्र ''उपयोगकर्ता के समय की बचत कीजिए'' से एक उपसिद्धान्त भी उत्पन्न होता है कि ''सूचना व्यवसायियों के समय की बचत कीजिए'' का आशय एवं उद्देश्य है कि ऐसी व्यवस्था पद्धति एवं सेवाओं तथा उनकी विधियों को विकसित एवं अनुसरण करना चाहिए, जिससे उपयोगकर्ताओं एवं सूचना कर्मियों को बचाया जा सके और सेवाएँ भी तीव्रतापूर्वक निष्पादित की जा सके। वर्तमान सूचना प्रौद्योगिकी इस उपसूत्र के उद्देश्य की पूर्ति में सहायक सिद्ध होती है जिसके अनुसरण से समय की बचत अधिकाधिक होती है और कार्य कुशलता और समता में वृद्धि होती है।

पाँचवां सूत्र ''प्रलेख/सूचना प्रणाली एक वर्धनशील अंग है'' से यह संकेत और निर्देश प्राप्त होता है कि सूचना व्यवस्था पद्धति एवं संस्थान वर्धनशील होते हैं जो अति आयामीय होता है। अतः सूचना संस्थानों एवं पद्धतियों को सूचना उपयोगकर्ताओं की विविध एवं बदलावशील आवश्यकताओं को दृष्टिगत रखते हुए उनकी पूर्ति हेतु स्वतः तदनुसार क्षमता विकसित करने की एक पद्धति एवं व्यवस्थागत उपागम को अपनाना चाहिए।

सूचना की अति आयामी वृद्धि एवं विकास में तथा परिवर्तनशील सूचना आवश्यकताओं एवं उपयोगकर्ताओं की भिन्नता तथा माँग की तीव्रता एवं स्तर के परिप्रेक्ष्य में किस तरह की व्यवस्था पद्धति एवं उपागम अपनानी चाहिए उसमें इस उपसूत्र से एक दिशा प्राप्त होती है।

सूचना जगत की विशालता एवं वैविध्यता और सूचना स्त्रोतों को इस तरह से एकीकृत एवं सम्बद्ध करना चाहिए कि सूचना संस्थानों के विकास एवं वृद्धि के अनुरूप इसे सुसगठित एवं स्थापित किया जा सके।

3

पुस्तकालयों के विविध प्रकार

आधुनिक युग में जबकि विश्वभर में ज्ञान-विकास का अत्यधिक प्रसार हो रहा है, यह नहीं है कि एक प्रकार का पुस्तकालय समस्त पाठकों की जरूरतें पूरी कर दे। इस दृष्टि से पुस्तकालयों के कई निर्धारित प्रकार प्रचलित हो गये हैं। किन्तु किसी पुस्तकालय को स्थापित करने से हमें उसका उद्देश्य पूर्व निर्धारित करने वालों की पठन-सम्बद्धी अभिरुचि, शैक्षणिक स्तर, आयु सीमा, वित्तीय संसाधन कई तत्वों के आधार पर होता है। अतः पाठकों की प्रकृति में पायी जाने वाली विविधता उद्देश्यों की पृथकता के आधार पर विविध तरह के पुस्तकालय स्थापित हो रहे हैं। यह बिन्दु अधिक स्पष्ट करने के आधार पर तय होता है, जिसको दृष्टि में रखकर पुस्तकालय-विशेष की स्थापना की जाती है। अतः संचय की विविधता तथा पाठकों की विभिन्न कोटियों के अनुरूप पुस्तकालय को विभक्त किया जाता है।

इस प्रकार, प्रत्येक स्थानों पर पुस्तकालयों के विविध रूप हैं, जिनमें विद्यालय, महाविद्यालय, विश्वविद्यालय पुस्तकालय शोध पुस्तकालय सार्वजनिक पुस्तकालय एवं विशिष्ट पुस्तकालय मुख्य हैं। सभी प्रकार के पुस्तकालयों के उद्देश्य सामान्य हैं। यहाँ विश्व के लिपिबद्ध विचार को संगृहित तथा सुरक्षित रखा जाता है ताकि उन्हें वर्तमान और भविष्य के पाठकों हेतु उपलब्ध कराया जा सके।

सार्वजनिक पुस्तकालय— 1. राष्ट्रीय पुस्तकालय
2. राज्य केन्द्रीय पुस्तकालय तथा सम्भागीय पुस्तकालय
3. जिला केन्द्रीय पुस्तकालय
4. प्रखण्डीय पुस्तकालय

5. पंचायत पुस्तकालय
6. ग्रामीण पुस्तकालय
7. ग्रामीण वित्तरण केन्द्र अथवा ग्राम पेटिकाएँ

शैक्षणिक पुस्तकालय– 1. शोध संस्थान
2. विश्वविद्यालय पुस्तकालय
3. महाविद्यालय पुस्तकालय
4. विद्यालय पुस्तकालय

पुस्तकालय सलाहकार समिति–भारत सरकार ने भारत में सार्वजनिक पुस्तकालयों के मात्र पाँच प्रकार बताये हैं जो इस प्रकार हैं–

1. राष्ट्रीय पुस्तकालय
2. राज्य पुस्तकालय
3. जिला पुस्तकालय
4. प्रखण्ड पुस्तकालय
5. पंचायत पुस्तकालय

विशेष पुस्तकालय– 1. शोध पुस्तकालय
2. वाणिज्य पुस्तकालय
3. विभागीय पुस्तकालय
4. चिकित्सा पुस्तकालय
5. चिकित्सालय पुस्तकालय
6. नेत्रहीनों हेतु पुस्तकालय
7. कारागार या जेल पुस्तकालय
8. नाविकों हेतु पुस्तकालय
9. दृश्य-श्रव्य पुस्तकालय
10. समाचार-पत्र पुस्तकालय (वाचनालय)
11. बाल पुस्तकालय
12. संगीत पुस्तकालय
13. अन्य पुस्तकालय

सार्वजनिक पुस्तकालय

सार्वजनिक पुस्तकालय वे हैं जिनके द्वारा समस्त वर्ग, वर्ण, रंग, लिंग, धर्म, आयु, पद, राष्ट्रीयता, एवं शैक्षणिक योग्यताओं के नागरिकों हेतु खुले रहते हैं। इन

पुस्तकालयों को जनता द्वारा जनता के हित में संचालित जनता को (University of the masses) या प्रजातंत्र की शिक्षण शालाओं (Training Schools of Democracy) के नाम से सजाया जाता है। सार्वजनिक पुस्तकालयों का लक्ष्य है जनसमुदाय को प्रबुद्ध नागरिक बनाने हेतु प्रेरित करना, उसकी प्रगति हेतु पाठ्य सामग्री संचयित करना एवं उसके संरक्षण और वित्तरण की व्यवस्था करना। स्पष्ट है कि प्रजातन्त्र को सुदृढ़ बनाने के लिए सफल पुस्तकालय-प्रणाली अत्यंत जरूरी है। पुस्तकालय जनतां को नवीनतम सूचनाएँ प्रदान कर, स्वस्थ्य जनमत बनाने में योगदान देते हैं तथा पाठकों में अध्ययन के प्रति रुचि पैदा करते हैं। इन पुस्तकालयों के समक्ष निम्नांकित आदर्श हो सकते हैं–

1. पाठकों की सहायता हेतु पुस्तक, पत्र-पत्रिका, नक्शे, मानचित्र, ग्रामोफोन रिकार्ड, माइक्रोफिल्म आदि के रूप में उपलब्ध सामग्री पुस्तकालय में जमा करना। जमा की गयी सामग्री व्यवस्थित रूप में पाठकों के प्रयोगार्थ प्रस्तुत करना तथा उनके अर्जित ज्ञान में उत्तरोत्तर वृद्धि की दिशा में प्रयास करना।
2. बाल, युवा, वृद्ध, नर-नारी के रूप में पुस्तकालय में आने-जाने वाले पाठकों को स्वशिक्षा हेतु सुविधाएँ एवं मौका प्रदान करना।
3. लोकहितकारी सामग्री का विशेष प्रचार पाठकों की सर्जनात्मक शक्ति विकसित करने के उद्देश्य से करना एवं उन्हें अपनी सभ्यता, संस्कृति, कला एवं साहित्य का ज्ञान कराना।
4. नागरिकों को छुट्टी के समय का सर्जनात्मक चिन्तन तथा मनोरंजन में प्रयोग हेतु प्रेरित करना तथा उपयुक्त वातावरण तैयार करना।
5. ज्ञान के क्षेत्र में आविष्कार, अन्वेषण शोधों पर प्रकाश डालने वाली अद्यतन पाठ्य सामग्री का विशेष रूप में संग्रहण करना तथा जिज्ञासु पाठकों को ज्ञान के विभिन्न नवदिशाओं से परिचित कराना।
6. समुदायों एवं नागरिकों के लिए आयोजित शैक्षणिक तथा सांस्कृतिक कार्यक्रमों क्रियाकलापों में हाथ बँटाना।
7. विभिन्न प्रचार कार्यक्रमों एवं प्रसार कार्यक्रमों हेतु पुस्तकालय सेवाओं को उपयोगी और सार्वजनिक बनाना। पिछले वर्षों में दिल्ली सार्वजनिक पुस्तकालयों को उनके विभिन्न प्रसार कार्यक्रमों ने पुस्तकालय सेवाओं को अत्यधिक लोकप्रिय बनाया है।
8. राष्ट्र की गतिविधियों के सम्बद्ध में पाठकों को उचित जानकारी प्रदान कर उन्हें जागरुक बनाना, तथा इस तरह राष्ट्र अथवा राज्य के लिए स्वस्थ जनमत तैयार करने में मदद करना।

9. सभी पाठक वर्गों को सामूहिक एवं निजी मदद प्रदान करना तथा आय रुचि के आधार पर उनको लाभदायी सामग्री प्रदान करना।
10. ज्ञान अन्वेषण एवं शोधकार्य में जुटे पाठकों को विशेष सहायता मुहैया करना।

राबर्ट डी.ली. ने उक्त उद्देश्यों को सहज एवं संक्षिप्त रूप में निम्नानुसार प्रस्तुत किया–

1. प्रबुद्ध नागरिकों तथा जन-जीवन की प्रगति हेतु पुस्तकों तथा अन्य सम्बन्धित अध्ययन-सामग्री का संग्रह, संरक्षण तथा संचालन कर जरूरी सहायता प्रदान करना।
2. जन-समुदाय की सेवा करना।
3. बालक, युवक, नर-नारियों में स्व-शिक्षा की भावना पैदा करना।

उपर्युक्त वर्णन के आधर पर सार्वजनिक पुस्तकालयों के सम्बद्ध में परिभाषा निम्नानुसार की जा सकती है–

सार्वजनिक पुस्तकालय वह है जिसके द्वारा क्षेत्र-विशेष में रहने वाले (समय-समय पर औरों को भी) सभी व्यक्तियों को निःशुल्क सेवा उपलब्ध हो तथा जिसके पास व्यक्तियों तथा समुदाय के विविध व्यापक हितों को यथासम्भव पूर्ण करने हेतु विशद पुस्तक संग्रह हो, जिसे वे सभी व्यक्ति को बिना किसी धार्मिक राजनीतिक तथा अन्य भेद-भाव के निःशुल्क मुहैया करा सकें।

आधुनिक समय में सार्वजनिक गंथालय विश्व भर में महत्त्वपूर्ण भूमिका निभा रहे हैं। राष्ट्रों में सार्वजनिक पुस्तकालयों का पुस्तकालय पद्धति के रूप में नियोजित विकास हुआ है। इस तरह सम्पूर्ण राष्ट्र में पुस्तकालय सेवा उपलब्ध कराने का प्रयास हो रहा है। सार्वजनिक पुस्तकालयों को नियोजित वृद्धि करने का सुझाव दिया, जिससे कि वे एक प्रणाली के रुप में संगठित होकर सम्पूर्ण देश को पुस्तकालय सेवा प्रदान करने में समर्थ हो सके। सार्वजनिक पुस्तकालय पाठकों की सेवा करते हैं। अतएव अन्य पुस्तकालयों की तुलना में इनका ज्यादा महत्व है। वे शासन एवं समाज दोनों के द्वारा चलाये जा सकते हैं। साधनों की प्रचुरता एवं पाठकों की माँग के आधार पर ये अपनी सेवाओं में उल्लेखनीय वृद्धि कर सकते हैं। कई सार्वजनिक पुस्तकालय प्रौढ़ ग्रामीण, महिला आदि पाठकों को पुस्तकालय सेवा प्रदान कर रहे हैं।

राष्ट्रीय पुस्तकालय

सार्वजनिक पुस्तकालयों की श्रेणी में सबसे ज्यादा महत्वपूर्ण स्थान राष्ट्रीय ग्रंथालय को प्राप्त है। मैकॉलविन ने इसे पुस्तकालयों का पुस्तकालय (Library of Libraries) निरूपित किया है।

राष्ट्रीय पुस्तकालय पूरे राष्ट्र को पुस्तकालय सेवा उपलब्ध कराते हैं। बड़े देशों में राष्ट्रीय पुस्तकालय की कुछ क्षेत्रीय इकाइयाँ भी होती हैं। उदाहरणार्थ भारत के कोलकाता स्थित राष्ट्रीय पुस्तकालय की तीन क्षेत्रीय इकाईयाँ चेन्नई, मुंबई और दिल्ली में स्थित हैं।

एशिया तथा प्रशांत क्षेत्र में राष्ट्रीय पुस्तकालयों के विकास के सम्बद्ध में मनीला में 1964 में आयोजित गोष्ठी में राष्ट्रीय पुस्तकालय के निम्नवत् कार्य निरूपित किये गये हैं।

1. राष्ट्र के पुस्तकालयों का मार्गदर्शन।
2. राष्ट्र में प्रकाशित प्रत्येक स्थायी संग्रहागार के रूप में कार्य करना।
3. अन्य तरह की सामग्री एकत्रित करना।
4. ग्रन्थसन्दर्भ सूची सम्बद्धी सेवाएँ मुहैया करना।
5. पुस्तकालय सहयोग संबंधी गतिविधियों हेतु संगठन-केन्द्र का कार्य करना।
6. शासन को प्रत्येक प्रकार की पुस्तकालय सेवाएँ प्रदान करना।

इन कार्यों के अतिरिक्त राष्ट्रीय पुस्तकालय के कुछ अन्य कार्य हैं, जिनके उक्त कार्यों को नहीं किया गया है। ये निम्न प्रकार हैं–

1. प्रकाशनों एवं प्रचार-प्रसार कार्यक्रमों के द्वारा देश में पुस्तकालयों के प्रति रुचि जागृत करने का प्रयास करना तथा राष्ट्र में प्रकाशित समस्त साहित्य की मासिक या वार्षिक सूची का प्रकाशन करना।
2. कापीराइटर अधिनियम के पालन में राष्ट्र के प्रकाशनों से प्रत्येक प्रकाशन की तीन बिना शुल्क वाली प्रतियाँ प्राप्त करना।

प्रांतीय पुस्तकालय

प्रत्येक राज्य अथवा प्रान्त में कार्यरत मुख्य पुस्तकालय राज्य पुस्तकालय के नाम से जाना जाता है। इस पुस्तकालय को स्थापित तथा सर्वोच्च करने का दायित्व राज्य शासन का होता है। राज्य का मुख्य पुस्तकालय होने के कारण इसे राज्य की सीमा में कार्यरत सार्वजनिक पुस्तकालयों में सर्वोच्च स्थान प्राप्त होता है। इन सभी का मुख्य कार्य राज्य के प्रत्येक सार्वजनिक पुस्तकालयों का मार्ग प्रशसत करना तथा राज्य के प्रत्येक पाठकों को पुस्तकालय सेवा प्रदान करना है।

सार्वजनिक पुस्तकालय सलाहकार समिति (भारत सरकार) के अनुरूप राज्य पुस्तकालय के निम्नांकित कार्य हैं–

1. राज्य के शासकीय, अशासकीय प्रकाशनों को व्यापक पैमाने पर जमा करना।

2. राज्य के पुस्तकालयों में उपलब्ध रचना के आधार पर एक संघ-सूची (Un Catalogue) बनाना।
3. जिला व अन्य पुस्तकालयों को समय-समय पर नयी तथा प्रारंभिक सामग्री उपलब्ध कराना।
4. विद्वानों एवं शोधकर्त्ताओं के उपयोगार्थ सामान्य, एवं विशिष्ट वाङमय सूचि का प्रस्तुतीकरण।
5. राज्य की सीमा में तथा बाहर पुस्तकों के आगत-निर्गत हेतु अन्तः पुस्तकालीय लेन केन्द्र के रूप में कार्य करना।
6. संदर्भ सामग्री रचना रूप से संचित करना तथा उच्चकोटि की पुस्तकालय सेवाएँ उपलब्ध करना।
7. राज्य के जिला व अन्य पुस्तकालयों द्वारा अपेक्षित समस्त तकनीकी एवं अन्य सूचनाएँ प्रदान करने वाले केन्द्र के रूप में कार्य करना।
8. बालकों-सम्बद्धी पुस्तकालय कार्यों को विकसित करना।
9. पुस्तक प्रदर्शनियाँ तथा (पुस्तकालयाध्यक्षों के) व्यापारिक सम्मेलन आयेजित करना।
10. राष्ट्र की पंचवर्षीय योजनाओं से जुड़ी सूचनाओं के सम्बद्ध में प्रचार-केन्द्र के रूप में कार्य करना।

संभागीय पुस्तकालय

राज्य पुस्तकालय के अधीन या राज्य पुस्तकालय के अभाव में संभागीय पुस्तकालय कार्य करते हैं। उदाहरणार्थ मध्य प्रदेश में राज्य पुस्तकालय न होकर पाँच संभागीय पुस्तकालय हैं, जिसे केन्द्रीय पुस्तकालय कहा जाता है। ये भोपाल, इन्दौर, ग्वालियर, जबलपुर एवं रीवा में स्थित हैं। ग्रंथालयों के अधीन जिला पुस्तकालय कार्य करते हैं।

जिला पुस्तकालयों

जिले का सर्वाधिक महत्वपूर्ण पुस्तकालय जिला पुस्तकालय होता है। इसका कार्य शहरी तथा ग्रामीण दोनों क्षेत्रों को पुस्तकालय सेवा मुहैया कराना होता है। ग्रामीण क्षेत्रों को पुस्तकालय सेवा प्रदान करने के उद्देश्य से जिला पुस्तकालय कतिपय विशेष व्यवस्थाएँ करता है। उदाहरणार्थ चलित पुस्तक इकाइयाँ अथवा वित्तरण केन्द्रों की स्थापना करता है। शहरी क्षेत्रों में पुस्तकालय सेवा को बृहत बनाने के उद्देश्य से प्रमुख नगरों में जिला पुस्तकालय की शाखाएँ भी कार्य करती हैं।

खण्ड पुस्तकालय

पुस्तकालय सेवा से दूरवर्ती क्षेत्रों के व्यक्ति लाभ ले सकें, इस उद्देश्य से सभी प्रखण्ड में पुस्तकालय शुरू किये जाते हैं। ये पुस्तकालय साधारणतया प्रखण्ड विकास अधिकारी तथा जिला पुस्तकालयाध्यक्ष की देख-रेख में अपना कार्य करते हैं। इन पुस्तकालय का कार्य अपने क्षेत्र के पाठकों में पुस्तकों के प्रति रुचि जागृत करना एवं उन्हें पुस्तक, पत्र-पत्रिकाओं आदि के रूप में साहित्य प्रदान करना होता है। ये पुस्तकालयों प्रचार एवं प्रसार कार्यक्रमों के द्वारा पुस्तकालय सेवा को लोकप्रिय बनाते हैं विशिष्ट पाठक वर्गों को विशिष्ट सेवाएँ प्रदान करते हैं। इस पुस्तकालय का विशिष्ट उद्देश्य पाठकों को राष्ट्र में एवं विशेषकर उनके अपने क्षेत्र में हो रहे विकास कार्यक्रमों से परिचित कराना होता है।

पंचायत पुस्तकालय

पंचायत पुस्तकालय सेवाओं के ढाँचे में प्रखण्ड पुस्तकालय से निम्नतर इकाई हैं। यह पुस्तकालय किसी पंचायत-विशेष की सीमा में रह रहे पाठक-वर्ग को पुस्तकालय सेवाएँ प्रदान करने का कार्य करता है। प्रखण्डीय पुस्तकालयों की तरह इनका उद्देश्य भी पाठ्य सामग्री के प्रति अध्ययनार्थियों की रुचि जागृत कराना है। रुचि जागृत करने के उद्देश्य से वे कुछ उपयोगी प्रसार सेवाओं का सहारा लेते हैं।

ग्राम्य पुस्तकालय

साक्षरता अभियान की सफलता हेतु यह आवश्यक है कि राष्ट्र का एक भी निरक्षर व्यक्ति ऐसा न बचे, जिसको साक्षर बनाने हेतु प्रयत्न न किया हो। भारत की ज्यादातर जनता ग्रामों में निवास करती है एवं कृषि ही भारतीय जनता की आजीविका का साधन है, इसलिए कृषकों में साक्षरता का प्रचार करना अत्यंत जरूरी है, जिससे वे राष्ट्र के निर्माण में अपनी भूमिका को पहचान सकें एवं उन्नत कृषि के विविध साधनों को अपना सकें। ग्रामीण पुस्तकालयों का संचालन पंचायत पुस्तकालय या खण्ड पुस्तकालय द्वारा किया जाता है। पुस्तकालय पद्धति के ढाँचे में ग्रामीण पुस्तकालय सबसे छोटी इकाई है। इस दिशा में कुछ अभिनव प्रयोग भी किये गये हैं। ये हैं—1. वित्तरण केन्द्रों की स्थापना, 2. भ्रमणशील ग्रामीण पेटिकाओं का परिभ्रमण। भ्रमणशील ग्रामीण पेटिकाएँ मध्य प्रदेश के 1300 से अधिक ग्रामों में रखी गयी है जिससे वे उन्नत कृषि के विविध साधनों को अपना

सकें। ग्रामीण पेटिकाओं का परिभ्रमण। गांव में किसी पेटिका में रखे साहित्य का उपयोग हो जाने पर अन्य पेटिका द्वारा उसे बदल दिया जाता है।

शैक्षिक पुस्तकालय

कोई भी शिक्षा संस्था एक उत्तम साधन सम्पन्न पुस्तकालय के बिना अधूरी है। श्री फ्रासिस केपल के अनुसार "राष्ट्र की उच्च शिक्षा प्रदान करने वाली संस्थाओं का स्तर कुल संस्थाओं में कार्यरत पुस्तकालयों में पुस्तकों, पत्र-पत्रिकाओं तथा शोध-सामग्री की पर्याप्तता के आधार पर निश्चित किया जाता है।"

एक पुस्तकालयाध्यक्ष के अनुसार"पुस्तकालय किसी भी शैक्षणिक संस्था का महत्वपूर्ण अंग है। उसे उसका हृदय निरूपित किया जा सकता है, क्योंकि उसकी शक्ति एवं प्रभाव सम्बन्धित संस्था के सामान्य स्वास्थ्य, उत्पादन शक्ति तथा उत्तरोत्तर विकास पर प्रत्यक्ष रूप से अपना प्रभाव डालते हैं।"

शैक्षणिक पुस्तकालयों के सम्बद्ध में अभिव्यक्त उक्त दो मतों से स्पष्ट हो जाता है, कि शिक्षण-संस्थाओं में पुस्तकालयों की उपादेयता विवाद से परे है। इनका प्रधान कार्य शिक्षार्थियों के द्वारा कक्षाओं में अर्जित ज्ञान को पूर्ण तथा विकसित करना तथा उसमें चिन्तन की मौलिक शक्ति करना है। इन पुस्तकालयों से पुस्तक, छात्रों तथा प्राध्यापकों को लाभ होता है। फलस्वरूप ऐसे पुस्तकालय में उन्हीं विषयों से संबंधित सामग्री होती है, जिनका पठन-पाठन संस्था द्वारा होता है अथवा जिनका सम्बद्ध पाठ्यचर्या संबंधित विषयों को सशक्त करने से होता है। अतएव जनरुचि विषयों पर नाममात्र की ही सामग्री संकलित की जाती है।

रिसर्च पुस्तकालय

ज्ञान की किसी शाखा विशेष की नयी दिशाएँ क्या हैं—इसकी सूचना शोध संस्थान के ग्रंथ से प्राप्त होती है। **क्लैप** के अनुसार, "ये वे पुस्तकालय हैं, जो जिज्ञासुओं को उनकी इच्छित सामग्री उपलब्ध कराते हैं तथा उस सामग्री को उपयोग हेतु उन्हें प्रदान करते हैं।" इन पुस्तकालयों को केवल गिने-चुने व्यक्तियों द्वारा ही उपयोग किया जाता है, किन्तु इससे इनका महत्व और बढ़ जाता है। ये पुस्तकालय विशेष का गहन अध्ययन करने वाले शोधकर्त्ताओं के हेतु हैं, अतएव इन पुस्तकालयों में विषयक-विशेष से जुड़ी सभी प्रकार की यथासम्भव उपलब्ध विशद रूप से संग्रहित की जाती है। शोधकर्त्ता को सामग्री के चुनाव की सुविधा हो, इसका सूचीकरण एवं वर्गीकरण भी बारीकी से किया जाता है। विविध शोध-संस्थानों के पुस्तकालय एवं

अन्तर्राष्ट्रीय स्तर पर करते हैं, जिससे शोधकर्त्ताओं के कार्य में सामग्री के व्यवधान न पड़े। इन पुस्तकालयों में सन्दर्भ सेवा प्रदान करने की व्यवस्था होती है। इसी प्रकार से प्रसिद्ध पुस्तकालयों की ग्रंथसंदर्भ सूचियाँ, कई प्रकाशित शोधपत्रों के माइक्रोफिल्म सामग्री में भी उपलब्ध रहती है। भारत में इण्डियन स्टेटिस्टीकल इन्स्टीट्यूट, कोलकाता; इन्स्टीट्यूट मेडिकल एजूकेशन एण्ड रिसर्च चंडीगढ़; बिड़ला इन्स्टीयूट ऑफ टेक्नालाजी एण्ड साइन्स; एग्रीकल्चरल रिसर्च इन्स्टीटयूट दिल्ली; इण्डियन इन्स्टीट्यूट ऑफ साइन्सेज बैंगलौर; इण्डियन ऑफ साइन्स धनबाद; टाटा इन्सटीट्यूट ऑफ सोशल साइन्सेज बम्बई आदि संस्थाओं से सम्बद्ध है, जो विशेष पाठ्यक्रमों का संचालन भी करते हैं। अतएव इन पुस्तकालयों का शैक्षणिक महत्त्व है।

विश्वविद्यालय पुस्तकालय

हर विश्वविद्यालय में भलीभाँति व्यवस्थित तथा साधन-सम्पन्न पुस्तकालय का होना है। विश्वविद्यालय पुस्तकालय को उसकी उपयोगिता के आधार पर, विश्वविद्यालय शिक्षा 1949 में प्रस्तुत अपने प्रतिवेदन में विश्वविद्यालय के प्रत्येक कार्यों का हृदय निरूपित किया है। आयोग ने भी विश्वविद्यालय तथा महाविद्यालय में पुस्तकालय की महत्वपूर्ण भूमिका को स्वीकारते हुए, विचार व्यक्त किया था कि विश्वविद्यालय एवं महाविद्यालयों में अध्ययनार्थ नवीन विषय प्रांरम्भ की अनुमति तब तक प्रदान नहीं की जानी चाहिए, जब तक पुस्तकालय हेतु कर्मचारी, पत्र-पत्रिकाओं की संख्या के सम्बद्ध में विश्वविद्यालय संतुष्ट न हो। इसके साथ पुस्तकालय का स्थान भी होना जरूरी है। पुस्तकालयों को कम महत्व देना अथवा महत्व न देना विश्वविद्यालय या महाविद्यालय का उद्देश्य तनिक मात्र भी पूर्ण नहीं हो सकता। पुस्तकालय महाविद्यालय या विश्वविद्यालय में आर्कषण का प्रमुख केन्द्र होना चाहिए।

राउण्ड विल्सनलुई तथा मारिस एफ टावर के अनुसार विश्वविद्यालय के उद्देश्यों की पूर्ति पुस्तकालय पर निर्भर करती है। यूनिवर्सिटी पुस्तकालय पर अपनी किताब में इस बिन्दु प्रकाश डालते हुए उन्होंने कहा है विश्वविद्यालय पुस्तकालय पुस्तकों, मूल प्रतियों, पत्रिकाओं अन्य सामग्रियों को संग्रहित तथा व्यवस्थित कर विश्वविद्यालय के प्रसार कार्यक्रम में भी हाथ बँटाता है। सन्दर्भ सेवाओं एवं वाङ्मय सूचियों के द्वारा प्रोफसरों एवं शोधार्थियों की सामग्री जुटाने में करता है।

कोठारी शिक्षा आयोग ने विश्वविद्यालय पुस्तकालय के निम्न कार्य बताये हैं—

1. शिक्षण संस्था में पढ़ाये जाने वाले विभिन्न विषयों के विभागध्यक्षों की मदद से पुस्तकालय के विकास के लिए समन्वित कार्यक्रम बनाना, जिससे उसका उचित प्रयोग हो सके।

2. केन्द्रीय पुस्तकालय के विभागीय पुस्तकालय एवं अध्ययन-गोष्टी पुस्तकालयों (Seminar Libraries) के बीच सम्पर्क-सूत्र का कार्य करना शोधार्थियों को यथेष्ट सहायता देना।
3. विश्वविद्यालय के द्वारा विशेष अध्ययन हेतु जरूरी या क्षेत्रीय महत्व के विषयों में शोधकार्य करने हेतु जरूरी साधन तथा सुविधाएँ प्रदान करना।
4. पुस्तकालय में ऐसा साहित्य संगृहित करना जिसका प्रयोग शैक्षणिक कार्यक्रमों एवं प्रयोगशील रिसर्च में किया जा सके। ऐसे साहित्य के द्वारा ही प्राध्यापकों एवं छात्रों की आवश्यकताओं की पूर्ति की जा सकती है।
5. विश्वविद्यालयों से सम्बद्ध प्राध्यापकों को सम्बन्धित विषय क्षेत्रों में हुए विकास के सम्बद्ध में सूचित करना।
6. विश्वविद्यालयों द्वारा चयनित विशिष्ट अध्ययन क्षेत्रों में हुए विकास के सम्बद्ध में सूचित करना।
7. पुस्तकों, विद्यार्थियों और विद्वानों को समीप लाना तथा ऐसी परिस्थितियाँ पैदा करना, जिनमें बौद्धिक जिज्ञासा उत्तेजित हो, अन्वेषण की प्रवृत्ति जागृत हो तथा अध्ययन आनन्द दायक हो सके।

महाविद्यालय पुस्तकालय

विश्वविद्यालय पुस्तकालय तथा महाविद्यालय पुस्तकालयों के कार्यों की समग्रता होते हुए भी, दोनों में काफी अन्तर है, जितना कि विश्वविद्यालय एवं महाविद्यालय में। विश्वविद्यालय पुस्तकालय का प्रमुख कार्य शोध की प्रवृत्ति विकसित करना एवं शोध के लिए जरूरी साधन जुटाना तथा महाविद्यालय पुस्तकालय का मुख्य कार्य शैक्षणिक कार्य को मदद प्रदान करना है।

यह शत-प्रतिशत सत्य है, कि महाविद्यालय पुस्तकालय भी विश्वविद्यालय ग्रंथालय की तरह महाविद्यालय की समस्त शैक्षणिक गतिविधियों का प्रधान केन्द्र होता है। लायल के अनुसार—महाविद्यालय पुस्तकालय का कार्य सन्दर्भ सेवा द्वारा शैक्षणिक कार्यों में मदद प्रदान करना, उनके विकास को योगदान देना तथा शैक्षणिक स्तर को उन्नत करने के उद्देश्य से विभागीय सदस्यों में पुस्तकालय सेवा सुलभ कराना एवं छात्रों को उपयोगी एवं ज्यादा पुस्तकें पढ़ने हेतु प्रेरित करना है। अमरीका के विद्यालय एवं शोध पुस्तकालयों संघ द्वारा महाविद्यालय एवं निर्धारित कार्यक्रम के अनुरूप महाविद्यालय पुस्तकालय का कार्य विद्यार्थियों में सत्साहित्य के अध्ययन एवं शोध के प्रति रुचि जागृत करना है, ताकि यह रुचि आजीवन बनी रहे। इसके

अतिरिक्त उन्हें शैक्षणिक समुदायों हेतु सिद्धान्त तथा व्यवहार में बौद्धिक सामग्री के प्रमुख केन्द्र के रूप में कार्य करना चाहिए।

श्री विलियम एम. रेडल तथा फ्रांसिस एल.डी. गुउरिच ने महाविद्यालय पुस्तकालय के निम्नलिखित कार्य निरूपित किये हैं–

1. विद्यार्थियों द्वारा अध्ययनार्थ चुने हुए पाठ्यक्रमों के लिए पुस्तकें तथा प्राध्यापकों को अध्यापन कार्य हेतु अध्ययन सामग्री मुहैया कराना।
2. सहायक अध्ययन हेतु पुस्तकें उपलब्ध कराना एवं इस तरह की पुस्तकों के उपयोग हेतु प्रेरित करना।
3. अध्ययन के सम्पूर्ण क्षेत्रों से जुड़े स्तरीय पुस्तकों का विशाल संग्रह करना एवं पाठक के प्रयोग अनुसार उन्हें सुविधापूर्वक सुलभ करना।
4. छात्र पुस्तकालय सामग्री का उचित हिस्सा कर सकें, इस कार्य में उन्हें प्रशिक्षित करना तथा शैक्षणिक कार्यक्रमों में पूर्णतया हिस्सा लेना।

विद्यालय पुस्तकालय

शैक्षणिक पुस्तकालयों में सबसे अधिक महत्वपूर्ण स्थिति विद्यालय पुस्तकालय की है। क्योंकि विद्यालय पुस्तकालय ही छात्र के प्रारंभिक शैक्षणिक जीवन में अध्ययन के प्रति रूचि जागृत कराते हैं। एक बार जागृत हो जाने पर सामान्यतया रुचि सुप्त नहीं होती। विद्यालय पुस्तकालय द्वारा लाभकारी सेवाएँ आदि प्राप्त होती रहें तो विद्यार्थी एवं अध्यापक दोनों अपना ज्यादा समय रचनात्मक या सृजनात्मक कार्यों में लगा सकते हैं। विद्यालय के ग्रंथालय को किसी ने द्वितीय अध्ययन कक्षा (Second Class room) का दर्जा दिया है, जो बड़ा ही उपयुक्त है। अपने इस रूप में पुस्तकालय विद्यार्थियों में मौलिक चिन्तन की प्रवृत्ति विकसित करने, अपनी शक्तियों का देश निर्माण में प्रयोग करने, आत्म निरीक्षण करने, जीवन उद्देश्य में किसी सीमा तक सफल हो सकता है, यह उससे सम्बद्ध पुस्तकालय को देखकर बताया जा सकता है। यदि पुस्तकालय साधन सम्पन्न होगा, तो विद्यालय के छात्र अपना सामान्य ज्ञान बढ़ा सकेंगे एवं देश के इतिहास और संस्कृति के विषय में भी यथेष्ट जानकारी प्राप्त कर सकेंगे। किन्तु यह खेद का विषय है कि हमारे देश में विद्यालयों में पुस्तकालयों की समिति अभी विशेष अच्छी नहीं है। वास्तव में विद्यालयों में अच्छे पुस्तकालयों का न होना उच्च शिक्षा अधिकारियों की रूढ़िवादिता एवं उपारदर्शिता का द्योतक है। इन पुस्तकालयों को समुचित आर्थिक सहायता प्राप्त नहीं होती तथा इन्हें कुशल तथा प्रशिक्षित कर्मचारी भी प्राप्त नहीं होते। पुस्तकालय

विद्यालय के किसी एक सीलन भरे कमरे में स्थित होता है। उनके लिए उचित स्थान एवं सामग्री नहीं होती।

वास्तव में विद्यालयों पुस्तकालयों की उपयोगिता को स्मरण रखते हुए उसके लिए पृथक् भवन होना चाहिए, जो नयनभिराम फर्नीचर से युक्त हो। पुस्तकें काँचदार अलमारियों में इस तरह नियोजित हों, कि दूर से ही छात्र आकर्षित होकर पुस्तकालय में चला आये। इन पुस्तकालयों का दायित्व छात्रों में प्रारम्भ से ही अध्ययन के प्रति रुचि उत्पन्न करना है, अतएव अच्छे जीवन, साज-सज्जा का महत्व काफी ज्यादा है। पठन-सामग्री के अलावा विद्यालय पुस्तकालय में दृश्य श्रव्य संसाधन सुन्दर चित्रावलियों एवं अन्य उपकरणों को भी जगह मिलना चाहिए।

विद्यालय पुस्तकालय के प्रमुख कार्य निम्नानुसार हैं–

1. पुस्तकें, पत्र-पत्रिकाएँ तथा दृश्य-श्रव्य सामग्री संचित करना तथा पाठकों को उपलब्ध कराना। सामग्री ऐसी हो जो पाठकों को राष्ट्र के इतिहास और संस्कृति के बारे में ज्ञान कराये, जिससे उनके सामान्य ज्ञान में वृद्धि हो। सामग्री का चुनाव पाठ्य को ध्यान में रखकर किया जाना चाहिए।
2. समय-समय पर सामयिक विषयों विविध तरह की प्रतियोगिताओं का आयोजन करके छात्रों में पढ़ने के प्रति रुचि पैदा की जा सकती है।
3. छात्रों में उद्देश्यपूर्ण एवं अध्ययन की प्रवृत्ति विकसित करना। विद्यालय में पढ़ाये गये पहलुओं पर अतिरिक्त किन्तु रोचक सामग्री अगर छात्रों को पुस्तकालय से प्राप्त होती रहे तो यह प्रवृत्ति विकसित हो सकती है। छात्रों में लाभकारी साहित्य चुनने की आदत डालना चाहिए। यह कार्य व्यक्तिगत कार्य सम्पर्क द्वारा सम्भव हो सकता है।
4. छात्रों में समाज एवं राष्ट्र के प्रति जागृति पैदा करना तथा समाज और राष्ट्र के प्रति उनके क्या दायित्व हैं, इससे उन्हें परिचित कराना।
5. विद्यार्थियों को पुस्तकालय द्वारा दी जाने वाली सेवाओं से अवगत कराना एवं उनमें जिज्ञासा की प्रवृत्ति पैदा करना करना।
6. विद्यालय के पाठ्यक्रमों को ध्यान में रखते हुए लाभदायी तथा रूचिपूर्ण सामग्री प्रदान करना, जिससे छात्रों की पाठ्यक्रम में रुचि उत्पन्न हो सके तथा उन्हें आन्तरिक ज्ञान भी मिल सके।

विद्यालय पुस्तकालय अपने दायित्वों को ठीक तरह से निभा सकें, इसके लिए यह आवश्यक होगा कि–

1. पुस्तकालय को स्वतन्त्र कक्ष या भवन प्रदान किया जाये। तरह कक्ष उपलब्ध हो तो वह विद्यालय भवन में सबसे बड़ा होना चाहिए।

2. पुस्तकालय कार्य में प्रशिक्षित अध्यापक को पुस्तकालय का प्रभारी बनाया जाय।
3. प्रभारी को केवल पुस्तकालय कार्य ही दिया जाय। इस कार्य को अध्यापन कार्य के समान ही गुरुता देना चाहिए।
4. प्रभारी को पर्याप्त जन कर्मचारी, वित्त तथा संग्रहणीय सामग्री दी जानी चाहिए। इनके बिना पुस्तकालय को अत्याधुनिक नहीं बनाया जा सकता है।
5. अंशकालिक शिक्षक पुस्तकालयाध्यक्ष के स्थान पर पूर्णकालिक प्रशिक्षित पुस्तकालयाध्यक्ष की नियुक्ति की जा सके, तो यह अच्छा होगा।

विशिष्ट पुस्तकालय

विलफ्रेड एशवर्थ द्वारा सम्पादित पुस्तक 'हैण्डबुक ऑफ स्पेशल लाइब्रेरियनशिप एण्ड इन्फार्मेंशन वर्क' के अनुसार–विशिष्ट पुस्तकालय ऐसा पुस्तकालय है, जिसमें किसी विशिष्ट विषय या विषयों पर ही पठन सामग्री उपलब्ध हो।

इस प्रकार के पुस्तकालयों का औचित्य इसलिए है, कि सार्वजनिक अथवा शैक्षणिक पुस्तकालय सामान्य पाठकों की साधारण आवश्यकताओं को पूरा कर पाते हैं। उनमें कई विषयों पर साहित्य संगृहित किया जाता है। अतएव ऐसे पाठकों के लिए जिन्हें कुछ विषयों पर अधुनातन साहित्य चाहिए, ये विशेष पुस्तकालय कार्य करते हैं। उक्त पाठक वर्ग के अतिरिक्त राष्ट्र में कुछ ऐसे पाठक वर्ग भी होते हैं, जो अपनी विशेष परिस्थितयों, सीमाओं एवं विवशताओं के कारण सामान्य पुस्तकालयों का या तो प्रयोग नहीं कर पाते या उन्हें उनमें अपने अनुकूल सामग्री नहीं मिल पाती। इन पाठकों को विशेष तरह की अध्ययन सामग्री तथा सेवाएँ विशिष्ट पुस्तकालयों द्वारा मुहैया की जाती हैं। कई बार कुछ सार्वजनिक पुस्तकालय विशेष अनुभाग की स्थापना कर कतिपय वर्गों को सेवाएँ प्रदान करने की चेष्टा करते हैं। किन्तु पुस्तकालय की सेवाओं को वर्ग-विशेष के ज्यादा अनुकूल तब ही बनाया जा सकता है, जबकि उनके लिए स्वतन्त्र पुस्तकालय हो। विशेष पुस्तकालयों के निम्नांकित भेद हैं–

अन्वेषण पुस्तकालय

विशिष्ट पुस्तकालयों के वर्ग में हम उसे अन्वेषण पुस्तकालयों को सम्मिलित कर सकते हैं जो किसी ऐसी अन्वेषण संस्था के अंग के रूप में कार्य करते हों, जिसका उद्देश्य वैज्ञानिक शोध बढ़ाना हो। ये पुस्तकालय अपने विषय से सम्बन्धित

अन्य पुस्तकालयों का पथ प्रदर्शन करते हैं। उन्हें प्रलेखन जैसी विशिष्ट सेवाएँ देते हैं। कई विशिष्ट अनुसंधानात्मक-पुस्तकालय ऐसे भी होते हैं, जिनका लाभ कुछ व्यक्ति ही उठा सकते हैं। परमाणु ऊर्जा अनुसन्धान केन्द्र, बम्बई का पुस्तकालय एक उदाहरण है।

वाणिज्य पुस्तकालय

वाणिज्य पुस्तकालय तीन तरह के होते हैं, व्यावसायिक, व्यापारिक एवं औद्योगिक। पुस्तकालयों को अगर हम मोटे तौर पर देखें, तो उनमें अधिक अन्तर नहीं दिखाई पड़ता। इन पुस्तकों को स्थापित करने का उद्देश्य राष्ट्र के औद्योगिक, व्यापारिक एवं वाणिज्यिक क्षेत्र में कार्य व्यक्तियों को उनके कार्यों में सहायता देना होता है। पुस्तकालय के द्वारा उन्हें नयी वैज्ञानिक उपलब्धियों के विषय में सूचना मिल जाती है, जिसका उपयोग वे अपने संस्थान के विकास में कर सकते हैं। पुस्तकालयों द्वारा प्रदत्त जानकारी के द्वारा इन संस्थानों के संचालन का कार्य भी हो जाता है। उधर पुस्तकालयों द्वारा प्रदत्त साहित्य से यह पता चल जाता है कि किसी व्यवसाय उत्पादन हेतु किस क्षेत्र में ज्यादा माँग है अतः उस उत्पादन को जरूरत वाले क्षेत्रों में बेचकर व्यापार बढ़ाया जा सकता है।

वास्तव में द्वितीय विश्वयुद्धोत्तर विश्व में तकनीकी क्षेत्रों में महान् बदलाव हुए और तब आवश्यक समझा गया है कि औद्योगिक संस्थानों को तकनीकी क्षेत्रों में बदलावों की सूचना पुस्तकालय या सूचना-सेवा के द्वारा मिल जाया करे।

वर्तमान समय में कई व्यापारिक प्रतिष्ठान राष्ट्रीय एवं वर्तमान स्तर पर व्यवसायी रहे हैं, तथा इन्होंने अपने संगठन पुस्तकालय एवं सूचना केन्द्र स्थापित कर लिये हैं। आल इंडिया टेक्सटाइल इण्डस्ट्रीज रिसर्च एसोसिशन, कोलकाता स्थित प्लाईवुड रिसर्च इन्स्टीटयूट आदि इस प्रकार का राष्ट्रीय संगठन है। विविध वाणिज्य प्रतिश्ठानों में औद्योगिक, व्यापारिक एवं व्यावासायिक क्षेत्रों की नवीनतम गतिविधियों से परिचित होते रहने हेतु पुस्तकालय स्थापित करने की प्रवृत्ति विकसित हो रही है।

औद्योगिक पुस्तकालय

औद्योगिक पुस्तकालय किसी औद्योगिक प्रतिष्ठान से सम्बद्ध रहता है, अतएव उसका कार्य सम्बन्धित उद्योगों के विकास तथा विस्तार हेतु सभी जरूरी सूचनाएँ और सामग्री का संग्रह करना और आवश्यकता के मुताबिक सम्बन्धित व्यक्तियों को प्रदान

करना है। इस तरह के पुस्तकालय लगभग बड़े औद्योगिक प्रतिष्ठानों से सम्बद्ध रहते हैं। भारत में कतिपय उद्योगों से सम्बन्धित प्रलेखन केन्द्र भी कार्य कर रहे हैं, जो विभिन्न देशों में हुए शोध एवं नवीन सिद्धान्तों के सम्बद्ध में उद्योगपतियों को सूचनाएँ प्रदान करते हैं। इन सूचनाओं के आधार पर ही विभिन्न उद्योगों के स्वामी अपने उद्योगों में चल रही अन्तर्राष्ट्रीय स्तर की प्रतियोगिता में सफल हो सकते हैं। इन पुस्तकालयों से प्राप्त होने वाली सूचनाओं के द्वारा प्रबन्धकों को कच्चे माल स्थानान्तरित करने, स्थानापन्न माल की तलाश करने, माल की किस्म में गुणात्मक सुधार करने आदि में सहायता मिलती है। औद्योगिक क्षेत्र के वैज्ञानिको को इन पुस्तकालयों से बड़ी सहायता मिलती है। भारत में लोहा और इस्पात, वस्त्र-उद्योग, चीनी उद्योग, जूट उद्योग आदि में ये पुस्तकालय कार्य कर रहे हैं।

व्यावसायिक पुस्तकालय

सर्वप्रथम व्यावसायिक पुस्तकालय 1914 में इंग्लैण्ड में शुरू हुआ। इस पुस्तकालय का उद्देश्य किसी व्यवसाय विशेष के विकास तथा विस्तार में अंशदान देना होता है। ये पुस्तकालय व्यावसायिक-संगठनों के संघीय कार्यालय में स्थित होते हैं। इन पुस्तकालयों में कई प्रकार की सूचनाएँ एवं सामग्री एकत्रित की जाती हैं जो व्यवसाय विशेष के विकास एवं विस्तार के लिए आवश्यक होती है। इन पुस्तकालयों के व्यवसाय विशेष पर हो रही खोजों से जुड़ी पूरी जानकारी प्राप्त हो सकती है। भारत में इस प्रकार के पुस्तकालयों की संख्या अत्यल्प है। सर्वोच्च न्यायालय और उच्च न्यायालयों के कानून विषयक पुस्तकालय, अखिल भारतीय पुस्तकालय संघ का ग्रंथालय का चैम्बर आफ कॉमर्स का पुस्तकालय व्यावसायिक पुस्तकालय की कोटि में आते हैं।

व्यापारिक पुस्तकालय

व्यापारिक पुस्तकालयों का उद्देश्य किसी व्यापारिक क्षेत्र से सम्बन्धित लाभकारी सूचनाएँ संकलित करना होता है, ताकि सम्बन्धित व्यापारियों को उनसे लाभ मिल सके। इन सूचनाओं के आधार पर व्यापारी को भविष्य में अपने व्यापार को नियोजित करने तथा सम्भावित्त हानियों से बचाने का मौका मिल जाता है। जिससे अब राष्ट्रीय एवं अन्तर्राष्ट्रीय स्तर पर किया जाता है, अतएव यह जरूरी है कि व्यापारी को व्यवसाय-विशेष से सम्बन्धित देश-विदेश की घटनाओं के सम्बद्ध में सूचनाएँ मिलती रहें। यह उल्लेखनीय है कि ये पुस्तकालय अगर उचित ढंग से

अपनी सेवाएँ संचालित करें, तो कोई देश बड़ी मात्रा में विदेशी मुद्रा प्राप्त कर सकता है। बीमा निगम, फर्टिलाइजर कार्पोरेशन ऑफ इण्डिया आदि के पुस्तकालय व्यापारिक पुस्तकालयों की कोटि में आते हैं।

मंडलीय पुस्तकालय

मंडलीय पुस्तकालय केन्द्रीय, राज्य या स्थानीय सरकार के प्रशासनिक विभागों से संबद्ध होते हैं। इनका मुख्य लक्ष्य विभाग के अधिकारियों तथा कर्मचारियों को सुचारू रूप से प्रशासन चलाने में मदद करना है। भारत सरकार के योजना आयोग का पुस्तकालय वित्त-विभाग का पुस्तकालय, लोकसभा या सरकार के विविध मन्त्रालयों से सम्बद्ध पुस्तकालय विभागीय पुस्तकालय की श्रेणी में आते हैं। इन पुस्तकालयों में ऐसी सामग्री संग्रहित की जाती है, जिसके द्वारा विभाग विशेष को सही निर्णय लेने में सुविधा हो तथा वह विविध समस्याओं का अध्ययन एवं विश्लेषण ठीक तरह से कर सके। अतः यह पुस्तकालय विभागीय अधिकारियों को नीति निर्धारित करने में सहायता प्रदान करते हैं। भारत में इस तरह के पुस्तकालय बहुत अधिक नहीं है। किन्तु जो विभाग राष्ट्रीय महत्व के है, उनमें पुस्तकालय जरूर हैं।

निदान पुस्तकालय

उपचार पुस्तकालयों में उपचार सम्बद्धी पुस्तक, पत्र-पत्रिकाएँ आदि एकत्रित किये जाते हैं। उपयोगकर्त्ताओं की दृष्टि से इनके निम्न प्रकार हो सकते हैं–

1. चिकित्सालय पुस्तकालय।
2. चिकित्सक विषय सम्बद्धी शोध पुस्तकालय।
3. मेडिकल कौंसिल तथा मेडिकल सोसाइटियों में पुस्तकालय।
4. विश्वविद्यालय एवं उपचार महाविद्यालयों के पुस्तकालय।
5. चिकित्सा विभाग का पुस्तकालय।
6. व्यावसायिक चिकित्सा पुस्तकालय।
7. औद्योगिक चिकित्सा पुस्तकालय।

चिकित्सा पुस्तकालय

चिकित्सा पुस्तकालय में पुस्तकालय मरीजों के मनोरंजन हेतु खोले जाते हैं। सामान्यतयायह चिकित्सालय से ही सम्बद्ध रहते हैं। ब्रिटिश रेड क्रास की तरफ से जएसलम में सेंट-जान द्वारा इस प्रकार की सेवा सम्बद्ध रहते हैं। ब्रिटिश रेड क्रास"

(बीमारों के लिए पुस्तकें) का नारा काफी लोकप्रिय हुआ। प्रथम विश्वयुद्ध नामक उपचार के लोकप्रिय हो जाने से चिकित्सालय पुस्तकालयों की संख्या में काफी बढ़ोतरी हो गयी। चिकित्सालय प्रणाली द्वारा मरीज को विशिष्ट प्रकार की पुस्तकों को पढ़ने हेतु दिया जाता है। इस तरह उसके ठीक होने में यह चिकित्सा पद्धति सहयोग देती है। आजकल इस बात का ध्यान रखा जाता है कि चिकित्सालय में जिस प्रकार के मरीजों की चिकित्सा के लिए प्रबन्ध हो, उन्हीं के अनुकूल पुस्तकें रखी जायें। ऐसे पुस्तकालयों में चिकित्सा मनोचिकित्सा की सहायता से किया है। इलाज की प्रक्रिया अप्रत्यक्ष होती है।

दृष्टिहीनों का पुस्तकालय

इस तरह के पुस्तकालयों में दृष्टिहीनों हेतु तैयार किया गया ब्रेल से संचित किया जाता है। इन पुस्तकालयों द्वारा अन्धों को ज्ञानवर्द्धन हेतु साहित्य प्रदान किया गया है। कई स्थानों पर धार्मिक प्रतिष्ठान, चर्च एवं नेत्रहीनों हेतु स्थापित कल्याणकारी संगठनों द्वारा ये पुस्तकालय विशेष रूप से चलाये जाते हैं। अमेरीका जैसे कतिपय राष्ट्रों में सार्वजनिक पुस्तकालय अंधों हेतु पुस्तकालय सेवा का संचालन करते हैं। भारत में राष्ट्रीय स्तर पर शिक्षा-विभाग नेत्रहीनों हेतु एक विशेष पुस्तकालय सेवा प्रदान करता है। दृष्टिहीनों के कल्याणकारी संगठनों द्वारा भी भारत में दृष्टिहीनों पुस्तकालय सेवा संचालित की जाती है।

दृष्टिहीनों का पुस्तकालय

ये पुस्तकालय जेल में स्थित कैदियों को पुस्तकालय सेवा प्रदान करते हैं। जेलों के अलावा सुधार-गृहों में भी पुस्तकालय होते हैं। इनका उद्देश्य कल्याणकारी होता है तथा इसमें ऐसा साहित्य संग्रहित किया जाता है, जिसके द्वारा कैदियों का स्वस्थ व्यक्तित्व निर्मित हो सके तथा उनसे छूटने के बाद आदर्श नाविक बन सकें।

नाविक पुस्तकालय

ये पुस्तकालय नाविकों को साहित्य प्रदान करते हैं। इन पुस्तकालयों की नाविकों के जीवन में विशिष्ट भूमिका होती है। क्योंकि यदि उन्हें पुस्तकालय सेवा प्राप्त हो तो वे देश-विदेश के सम्बद्ध जानकारी प्राप्त कर सकते हैं। ये पुस्तकालय उन्हें सांसारिक गतिविधियों से परिचित कराते हैं तथा मानसिक विकास करने में अंशदान देते हैं। इन पुस्तकालयों में मनोरंजन साहित्य के अतिरिक्त जलवाष्प

भोजन, वस्त्र, देश-विदेश के रीति रिवाज, स्वास्थ्य आदि से संदर्भित साहित्य उपलब्ध रहता है। डॉ. एस. आर. रंगानाथनू ने "फाइव लॉज ऑफ लाइब्रेरी साइंस" में इन पुस्तकालयों का महत्त्व निरूपित किया है।

दृश्य-श्रव्य पुस्तकालय

इस तरह के पुस्तकालयों में चलचित्र, ग्रामोफोन रिकार्ड एवं इन विषयों से सम्बन्धित पत्र-पत्रिकाएँ संचित की जाती हैं। अमेरीका जैसे देशों में सार्वजनिक पुस्तकालयों में भी दृश्य-श्रव्य विभाग होता है और वे चलचित्र, ग्रामोफोन रिकार्ड को प्रदान करते हैं।

अखबार पुस्तकालय

अखबार पुस्तकालय समाचार-पत्र प्रकाशित करने वाले संस्थानों में संदर्भ पुस्तकालयों के रूप में कार्य करते हैं। इन पुस्तकों में ऐसी सामग्री एकत्रित की जाती है, जिनसे किसी भी विषय की आवश्यक सूचना प्राप्त की जा सके। भारत में टाइम्स ऑफ इण्डिया प्रेस, स्टेट्समैन प्रेस आदि पुस्तकालय इस प्रकार के पुस्तकालयों के उदाहरण हैं।

बाल पुस्तकालय

इन पुस्तकालयों का उद्देश्य बालकों में पठन-पाठन के प्रति रुचि उत्पन्न करना होता है। कुछ बाल ग्रंथालयों में कौतुकालय भी होते हैं, जिनसे बालकों की कल्पनाशक्ति बढ़ सके। पुस्तकालय स्वतन्त्र रूप से भी कार्य करते हैं और किसी सार्वजनिक पुस्तकालय के हिस्से के रूप में भी भारत में दिल्ली सार्वजनिक पुस्तकालय में स्वतन्त्र बाल पुस्तकालय विभाग है। इन पुस्तकालयों में बालकों को साहित्य प्रदान करने के अलावा अन्य कोई सामुदायिक कार्यक्रमों द्वारा प्रेरणा दी जाती है।

ज्ञातव्य है कि इन पुस्तकालयों का महत्व 19वीं शताब्दी में ही स्थापित हो गया था। यहीं से बालकों की आवश्यकताओं, रुचियों, योग्यताओं एवं क्षमताओं के अनुकूल साहित्य पुस्तकालयों में संचित किया जाने लगा। पश्चिमी देशों में बाल पुस्तकालयों का काफी विकास हुआ है।

4

पुस्तकालय प्रबन्ध

किसी भी संस्था का सुचारू रूप से चलाने के लिए प्रबन्ध बहुत ही महत्वपूर्ण होता है। पुस्तकालय को भी कुशलता पूर्वक संचालित करने के लिए प्रबन्ध नितांत ही आश्यक है। प्रबन्ध में नियोजन, अनुसंधान, विश्लेषण एवं प्रयोग आदि बातों पर अधिक बल दिया जाता है एवं यह अवलोकन, तर्क एवं सिद्धांतों के निर्माण से सम्बन्धित होता है। प्रबन्ध के द्वारा साधनों का आदर्शतम समन्वय करके न्यूनतम लागत पर अधिकतम लाभ एवं सेवा प्राप्त की जाती है।

प्रबन्ध के नियम

प्रबन्ध के कुछ मूल नियम हैं जिनके पालन से ही पुस्तकालय में उसके उद्देश्यों की पूर्ति की जा सकती है। ये नियम हैं–

1. मानकीकरण–मानकीकरण प्रबन्ध का एक अनिवार्य अंग है। मानक कार्य मानक विधियों को अपनाये बिना तय नहीं किये जा सकते हैं। कर्मचारियों के कार्य करने की दशाओं का भी मानकीकरण अनिवार्य है। अनुसंधान के पश्चात् ही विभिन्न क्षेत्रों में मानक तय किये जाते हैं। मानकीकरण ही सफलता की कुंजी माना जाता है।

2. वैज्ञानिक चयन–कर्मचारियों का चुनाव तथा प्रशिक्षण वैज्ञानिक होना चाहिए। दूसरे शब्दों में कर्मचारियों का चुनाव करते समय उनकी क्षमता, रुचि, प्रकृति एवं चरित्र पर विशेष ध्यान देना चाहिए एवं चुनाव के बाद उन्हें उचित ट्रेनिंग भी देना चाहिए उनकी तकनीकि शिक्षा का भी समुचित होना चाहिए।

3. कार्य सम्बन्धी अनुमान—यह नियम इस बात का ज्ञान कराता है कि सभी कर्मचारी को कितना कार्य करना चाहिए। इससे कर्मचारी को अपने कार्य का ज्ञान होता है कि वह निर्धारित कार्य से कम कार्य कर रहा है अथवा अधिक। काफी कार्य का निर्धारण ज्यादातर सावधानी के साथ प्रयोगों द्वारा होना चाहिए।

4. प्रयोग—प्रयोग प्रबन्ध के आधार होते हैं। कर्मचारियों की भिन्न क्रियाओं की जाँच तथा उनका विश्लेषण प्रयोगों द्वारा ही किया जा सकता है उनमें सुधार करके कार्यक्षमता बढ़ाई जा सकती है। किसी कार्य को सम्पन्न करने के कई ढंग हो सकते हैं और कई ढंगों में से सबसे उत्तम ढंग को ज्ञात करना प्रयोगों पर ही निर्भर करता है।

5. योजना—किसी भी कार्य को योजनाबद्ध तरीक से किया जाय तो वह काफी सफल होता है। इसलिए वैज्ञानिक प्रबन्ध की सफलता हेतु योजना होना अनिवार्य हैं जिसमें विशेष कार्य तथा विभाग हेतु योजना तैयार की जाती है।

6. प्रभावपूर्ण संगठन पद्धति—वैज्ञानिक प्रबन्ध का मूल उद्देश्य साधनों का सर्वोत्तम उपयोग कर अधिक से अधिक लाभ प्राप्त करना होता है तथा यह सब तब ही सम्भव हो सकेगा जब कर्मचारियों का संगठन समुचित पद्धति के माध्यम से व्यवस्थित किया गया हो। पुस्तकालय में रेखीय संगठन प्रणाली उपयुक्त बताई गयी है।

7. काम का उचित बंटवारा—प्रबन्ध का नियम यह भी है कि पुस्तकालय के प्राधिकरण द्वारा कर्मचारियों के मध्य कार्य का उचित विभाजन किया जाना चाहिए।

8. समन्वय—पुस्तकालय में सुप्रबन्ध के लिए यह जरूरी है कि अधिकारियों तथा कर्मचारियों के मध्य सभी पहलू पर समन्वय का भाव होना चाहिए न कि आपस में टकराव का।

9. कर्तव्य का वैज्ञानिक विभाजन—कर्मचारियों के चयन, प्रशिक्षण आदि के बाद उनकी क्षमता तथा योग्यता के अनुसार कार्य दिया जाना चाहिए एवं उत्तरदायित्व भी तय कर देने चाहिए।

10. स्वच्छ वातावरण—पुस्तकालय के वातावरण का कर्मचारियों के स्वास्थ्य तथा कार्यक्षमता पर प्रभाव पड़ता है अतएव पुस्तकालय का वातावरण स्वच्छ होना जरूरी है। स्वस्थ वातावरण हेतु स्वच्छ वायु, पर्याप्त स्थान, प्रकाश, उचित तापमान, जल पान गृह, आराम गृह इत्यादि की व्यवस्था होनी चाहिए।

वैज्ञानिक प्रबन्ध की उपादेयता

वैज्ञानिक प्रबन्ध किसी संगठन की प्रबंधन सम्बन्धी समस्याओं को सुलझाने

में वैज्ञानिक सिद्धान्तों तथा उनकी प्रक्रियाओं का अनुप्रयोग करना होता है। वैज्ञानिक प्रबन्ध में वैज्ञानिक विधि का उपयोग किया जाता है तथा वैज्ञानिक पद्धति परम्परागत विधियों के विपरीत उपयोग तथा अनुसंधान पर आधारित होती है जिसमें समझ, उपयोग तथा परीक्षण तथा अनुसंधान के आधार पर निष्कर्ष निकाले जाते हैं एवं उन निष्कर्षों को संगठन में क्रियान्वित किया जाता है।

1. वैज्ञानिक प्रबन्ध वास्तविक तथ्यों एवं तर्कों को विकसित करने में सहायता करता है—पुस्तकालयों का यह कर्त्तव्य तथा उत्तरदायित्व होता है कि वह समाज के व्यक्तियों को उनके द्वारा कर के रूप में दिए गए धन के बदले में पुस्तकालय सेवाओं के रूप में ज्यादा से ज्यादा लाभ प्रदान करे। पुस्तकालय वर्धनशील संस्था होती हैं इसलिए वर्ष-प्रतिवर्ष इसके संचालन हेतु वित्त की जरूरत होती है। पुस्तकालय के लिए वित्त देने वाला चाहे पाठक हो, सरकार हो या कोई संस्था हो यह जानना चाहता है कि अतिरिक्त धन की माँग क्यों की जा रही है एवं उसकी माँग के सम्बन्ध में क्या तथ्य एवं तर्क हैं। वैज्ञानिक प्रबन्ध लागू होने से पुस्तकालय संचालक के पास निश्चित उपयुक्त तथ्यों तथा तर्कों का पर्याप्त आधार प्राप्त हो जाता है। इस प्रकार वैज्ञानिक प्रबन्ध पुस्तकालय संचालक को उपयुक्त तथा तर्क संगत तथ्य एवं तर्क प्राप्त करने में मदद करता है।

2. वैज्ञानिक प्रबन्ध दैनिक कार्यों की क्षमताओं को विकसित करने में भी मदद करता है—पुस्तकालय के अधिकतर दैनिक कार्य द्विआवर्ती तथा यान्त्रिक प्रकृति के होते हैं दूसरे शब्दों में जिनमें दुबारा होने की सम्भावना रहती है। इस प्रकार दैनिक कार्य इस कारण से गुणात्मक विश्लेषण हेतु सुधार किए जाने के लिए उद्यत रहते हैं। दूसरे शब्दों इनमें सुधार की जरूरत रहती है। इन कार्यों में निम्न प्रक्रियाओं को शामिल किया जाता है। जैसे—ग्रन्थों के क्रयादेश करना, ग्रंथों का आदान-प्रदान करना आदि। वैज्ञानिक प्रबन्ध की सहायता से इन कार्यों के करने की क्षमता में बढोत्तरी की जा सकती है।

3. वैज्ञानिक प्रबन्ध, कर्मचारी प्रबन्ध एवं वित्तीय प्रबन्ध का एक उपादेय उपकरण होता है—वैज्ञानिक प्रबन्ध में कार्यों का विश्लेषण करना प्रधान सिद्धांत होता है और कार्य विश्लेषण कार्य विभाजन की एक कुंजी की तरह होता है। कार्य विश्लेषण के द्वारा ही पुस्तकालय अधिकारी एक कर्मचारी से क्या और कितना कार्य करने की अपेक्षा करता है एवं अपनी बुद्धिमत्ता तथा उपयोगिता के बल पर सभी कर्मचारी द्वारा किए गये का एक मापक गज (Measure Yard) की तरह उनका मापन करने में सफ़ल होता है।

इस प्रकार वैज्ञानिक प्रबन्ध पुस्तकालय के संचालन में पुस्तकालय अधिकारियों की दृढ़ वित्तीय आधारों पर मदद करता है वह विश्लेषण के माध्यम से कार्य के सभी अंश का मूल्य जानता है एवं इस प्रकार वह पुस्तकालय में कार्यों के सम्पादन हेतु कार्य योजना बनाकर व्यर्थ के कार्यों का परित्याग कर सकता है एवं कर्मचारियों द्वारा प्रदत्त सेवाओं की क्षमता में बढ़ोत्तरी करता है जिससे वह अपने पाठकों को पूर्ण सन्तुष्टि प्रदान कर सके।

प्रबन्ध के कार्य

किसी संस्था का प्रबन्ध अगर सैद्धान्तिक आधारों पर खड़ा किया जाता है तो उसका प्रबन्ध कुशलता पूर्वक उचित रूप से चलता रहता है। इसलिए प्रबन्ध की व्याख्या का कार्य कई विशेषज्ञों ने किया है। एक विशेषज्ञ के अनुसार किसी संस्था का प्रबन्ध उसमें होने वाली सामान्य प्रक्रियाओं तथा कार्यों का एक समूह होता है। यदि इन समस्त प्रक्रियाओं तथा कार्यों को ठीक तरह से सम्पन्न किया जाय तो संस्था का प्रबन्ध सुचारू रूप से चलता है। प्रबन्ध के कार्यों को **गुलिक** एवं **हेनरी फेयोल** ने बड़े ही वैज्ञानिक ढंग से पारिभाषित किया है और इन कार्यों को प्रदर्शित करने हेतु पोस्डकार्ब (P.OSDCORB) शब्द का प्रयोग किया है जिसका हर अक्षर प्रबन्ध के विभिन्न कार्यों को प्रदर्शित करता है।

1. नियोजन—पुस्तकालय के प्रबन्ध का अनिवार्य कार्य पुस्तकालय के लक्ष्य तथा आदर्श को तय करना होता है। इन उद्देश्यों को प्राप्त करने के लिए अनिवार्य विधियों तथा साधनों का प्रारम्भ करने से पूर्व उनका नियोजन करना अनिवार्य होता है। नियोजन का मुख्य उद्देश्य कम से कम व्यय में अधिक से अधिक कार्य सम्पन्न कराना होता है पुस्तकालय का नियोजन करने में स्थानीय कर्मचारियों से स्थिति, स्थान, भाषा, शिक्षा का स्तर, पुस्तकालय का आकार एवं मूल उद्देश्य आदि पर पूर्व विचार करना जरूरी होता हैं जिससे पुस्तकालय की व्यवस्था सुनियोजित ढंग से हो सके एवं सन्तोषजनक ढंग से कुशल पुस्तकालय सेवा प्रदान की जा सके।

2. संगठन—पुस्तकालय संगठन का उद्देश्य प्रशासन के स्वरूप को इस प्रकार से व्यवस्थित करना होता है ताकि पुस्तकालय अपने उद्देश्य की प्राप्ति में सफल हो सके। पुस्तकालय की संगठनात्मक प्रणाली ऐसी होनी चाहिए कि पुस्तकालय के समस्त कर्मचारियों को समन्वित अवस्था में सूत्रबद्ध किया जा सके जो वैज्ञानिक पद्धतियों पर आधारित हो जिसके कार्य ज्यादा कुशलता पूर्वक ढंग से पूरा हो सके। पुस्तकालय संगठन के तहत एक सुदृढ़ संगठन प्रणाली की आवश्यकता होती है।

3. स्टाफ—सभी संस्थाओं की भाँति की पुस्तकालय की कार्यकुशलता उसके कर्मचारियों पर ही पूर्ण रूप से आधारित होती है। अतएव कर्मचारियों की नियुक्ति के समय किसी निर्धारित नियुक्ति नीति पर अमल करना जरूरी है। नियुक्त कर्मचारियों में अपने नियुक्त पद के अनुसार कार्यपद्धति में दक्षता, क्षमता एवं कार्य करने की पर्याप्त अभिरुचि का होना जरूरी है तथा साथ ही कर्मचारियों में निष्ठा, उत्साह, पारस्परिक सहयोग तथा सद्भाव का होना की जरूरी है।

4. निर्देशन—प्रशासनिक सफलता प्राप्त करने हेतु पुस्तकालय में कुशल निर्देशन अति आवश्यक है। कर्मचारियों की कार्यकुशलता एवं सामन्जस्य काफी कुछ पुस्तकालय के नेतृत्व या पुस्तकालयी पर होता है। कर्मचारियों के तहत आत्म विश्वास, उत्साह एवं नैतिक आचरण का विकास करना सफल निर्देशक का कार्य है। पुस्तकालय में सही समय पर उचित निर्णय लेना एवं उनका क्रियान्वयन करना पुस्तकालयी का कार्य है। अतः सफल प्रबन्ध हेतु यह जरूरी है कि पुस्तकालयी में निर्देश देने की क्षमता हो।

5. समन्वय—पुस्तकालय में समन्वय का आशय दो तरह से लिया जाता है—कर्मचारियों में आपस में समन्वय एवं पुस्तकालय के प्रत्येक विभाग में समन्वय। पुस्तकालय के हर कर्मचारी एवं विभागों में आपस में समन्वय तभी स्थापित किया जाता है जब प्रमुख प्रशासनिक अधिकारी को हर प्रकार के कार्य एवं उनकी प्रक्रियाओं का पूर्ण ज्ञान हो और अपने प्रभाव से प्रबन्ध तन्त्र को इस ढंग से कार्यान्वित करे जिससे किसी भी विभाग में अनावश्यक हस्तक्षेप न करना पड़े। यह बहुत कुछ संगठन की प्रकृति एवं स्वरूप पर निर्भर करता है।

6. प्रतिवेदन—पुस्तकालय के पुस्तकालयी का यह कर्त्तव्य होता है कि वह समय-समय पर सभी विभागों के प्रभारियों से प्रतिवदेन प्राप्त करता रहे जिससे कर्मचारियों तथा विभागों द्वारा सम्पन्न किये गये कार्य की मात्रा तथा गुणवत्ता का अनुमान लगा सके। प्राप्त प्रतिवेदनों से हर कर्मचारी के कार्य करने की क्षमता तथा दक्षता का आँकलन करने में भी सहायता प्राप्त होगी। अन्त में पूरे वर्ष में पुस्तकालय द्वारा किये गये क्रियाकलापों का पूर्ण प्रतिवेदन पुस्तकालयी को अपने अधिकारियों के अवलोकनार्थ बनाना पड़ता है।

7. बजट—पुस्तकालय के प्रबन्ध के लिए धन की जरूरत होती है इसलिए समुचित धन-व्यवस्था के बिना पुस्तकालय का कार्य सुचारूरूप से नहीं चल सकता। प्रत्यक्ष रूप से पुस्तकालय कोई उत्पादन अथवा आर्थिक लाभ पहुँचाने वाली संस्था नहीं होती। अतः इसके लिए धन की व्यवस्था करना अति आवश्यक होता है।

जिसके लिए बजट तैयार करना पड़ता है। बजट तैयार करने का प्रमुख उद्देश्य प्राप्त धन का उपयुक्त मद में प्रयोग करना होता है। अनावश्यक व्यय पर नियन्त्रण रखना एवं आवश्यक वस्तुओं या कार्यों पर मितव्ययतापूर्वक व्यय करना है। परमावश्यक व्यय पाठ्य-सामग्री का क्रय होता है। पाठ्य-सामग्रियों का चुनाव बड़ी सावधानी से करना चाहिए जिससे जरूरी तथा उपयोगी सामग्री ही पुस्तकालय में आ सके।

प्रबन्ध की प्रमुख विचारधारायें

प्रबन्ध के क्षेत्र में आधुनिक समय में प्रयोग किए जाने वाले विचार, सिद्धांत एवं तकनीकियों को स्पष्ट करने के लिए कई विधियाँ विकसित की जा चुकी है। लगभग पिछले 25 वर्षों में प्रबन्ध विषय पर प्रकाशित शिक्षाविदों के लेखों की बाढ़-सी आ गई है जिसके परिणामस्वरूप नवीन विधियाँ विकसित हो चुकी हैं एवं पुरानी विधियों में कतिपय नवीन परिवर्तन जोड़कर अर्थ लगाये जा चुके हैं। उनमें से कुछ महत्वपूर्ण विधियों की रूपरेखा यहाँ प्रस्तुत की जा रही है जिन्हें प्रबन्ध की प्रमुख विचार-धारायें कहते हैं।

1. अनुभववादी सम्प्रदाय—प्रबन्ध के प्रति अनुभववादी दृष्टिकोण उन विद्वानों ने अपनाया है जो कि प्रबन्ध को अनुभव का अध्ययन (Study experience) मानते हैं। इनके मतानुसार अनुभव का अध्ययन करके कुछ आसान नियम बनाये जाते हैं। इस पद्धति में प्रायः घटनाओं द्वारा हुए अनुभव का अध्ययन कर प्रबन्ध का विश्लेषण किया जाता है। यह पद्धति इस विश्वास पर आधारित है कि प्रबन्धकों द्वारा समस्याओं को सुलझाने में उनके द्वारा किये गये प्रयासों का विश्लेषण कर इनका ज्ञान विद्यार्थियों तथा व्यावहारिक व्यक्तियों को हस्तान्तरित किया जाता है। इस तरह का अध्ययन विशिष्ट प्रकरणों या निर्णयों के अध्ययन द्वारा किया जाता है।

2. मानव-व्यवहार सम्प्रदाय—मानव-व्यवहार सम्बन्धी सम्प्रदाय इस बात पर जोर देता है कि चूँकि प्रबन्ध का आशय व्यक्तियों से काम लेने से है अतः इसका अध्ययन कर्मचारियों एवं प्रबन्धकों के अन्तर्सम्बन्धों पर केन्द्रित होना चाहिए। इसको मानव सम्बन्ध (Human Relations), एवं व्यावहारिक सम्बन्ध (Behavioural Relations) भी कहा जाता है एवं नेतृत्व दृष्टिकोण (Leadership Approach) के नाम से भी जाना जाता है। यह दृष्टिकोण या सम्प्रदाय प्रबन्ध के मानवीय पहलुओं पर अधिक बल देता है इसलिए इसके तहत इस बात पर बल दिया जात है कि प्रबन्ध की समस्याओं को हल करने के लिए मनोविज्ञान, सामाजिक मनोविज्ञान, समाजशास्त्र एवं मानवशास्त्रों द्वारा बताई गई प्रणालियों को अपनाकर

हम उन मानवीय समस्याओं का उचित समाधान ढूंढ सकते हैं जो प्रबन्ध के समय सामने आती हैं। इस विचारधारा का प्रारम्भ 1879 ई. माना जाता है।

3. सामाजिक प्रणाली सम्प्रदाय—इस सम्प्रदाय के प्रर्वतक चैस्टर बर्नार्ड थे। इन्होंने प्रबन्धकीय कार्यों तथा प्रविधियों के विश्लेषण में सामाजिक विचारधारा का उपयोग आरम्भ किया। उन्होंने प्रयोग व्यक्ति से आरम्भ किया एवं सहकारी संगठित प्रयासों की तरफ अग्रसर हुए एवं कार्मकारी कार्यों पर समाप्त किया। इन्होंने संगठन सम्बन्धी ढांचे का तर्कपूर्ण ढंग से विश्लेषण किया तथा बताया कि प्रबन्धकीय समस्याओं के हल हेतु समाजशास्त्र के सिद्धांतों का प्रयोग कैसे किया जा सकता है। उनके विचार में संगठन ऐसी प्रणाली है जिसमें सभी कार्यकलापों में सोच समझकर सामन्जस्य स्थापित किया गया हो।

स्वभाव में अत्यधिक सामाजिक होने के कारण यह सम्प्रदाय वही कुछ करता है जो कि समाजशास्त्र द्वारा किया जाता है।

4. निर्णय लेना वाला सम्प्रदाय—यह विधि इस विश्वास पर आधारित है कि प्रबन्धक निर्णय लेते हैं अतएव हमको निर्णय लेने पर ही केन्द्रित रहना चाहिए। इस प्रकार यह नियम निर्णय लेने को आधार मान कर चलता है। किसी भी कार्य को करने के सम्भावित विकल्पों में से किसी एक को चुनाव करना निर्णय कहलाता है। विकल्पों के मूल्यांकन की प्रक्रिया से भी आगे अपना दृष्टिकोण व्यापक करके अनेक विद्वान निर्णय नियम का प्रयोग संगठन ढाँचे के स्वभाव की जाँच करने, व्यक्तियों तथा समूहों की मनोवैज्ञानिक तथा सामाजिक प्रतिक्रियाएँ जानने, निर्णय के लिए बुनियादी सूचना का विकास करने एवं लक्ष्यों, सम्प्रेक्षण व्यवस्था तथा प्रेरणाओं के सन्दर्भ में नियम सम्बन्धी घटकों के महत्त्व का विश्लेषण करने में करते हैं।

प्रबन्ध विचार के मतकेन्द्र

प्रबन्ध विश्लेषण के लिए कई सारी विधियों, शोधकार्यों में तालमेल एवं विचारों में अन्तर के कारण प्रबन्ध क्या है? प्रबन्ध की नयी विधियों ने निश्चय ही इस जटिलता को समाप्त कर दिया है। ये विभिन्न विधियाँ प्रबन्ध के सम्बन्ध में विविध मतकेन्द्र या सम्प्रदाय कहे जाते हैं ये मतकेन्द्र अथवा सम्प्रदाय निम्न हैं—

1. निर्णय सिद्धांत विचारधारा (Decision Theory)
2. क्रियात्मक शोध (Operations Research)
3. गणितीय विचारधारा (Mathematics Theory)
4. सम्प्रेक्षण विचारधारा (Communication Theory)

5. शास्त्रीय विचारधारा (Classical Theory)
6. सामाजिक प्रणाली विचारधारा (Social System Theory)
7. मानव-व्यवहार विचारधारा (Human Behaviour)
8. अनुभववादी विचारधारा (Empirical Theory)

मानव व्यवहार विचारधारा

प्रबन्ध के क्षेत्र में मानवीय व्यवहार दृष्टिकोण इस बात पर जोर देता है कि प्रबन्ध से आशय व्यक्तियों (मानव) से काम लेने से है अतएव इसका अध्ययन कर्मचारियों के आंतरिक सम्बन्धों पर केन्द्रित होना चाहिए। इसे **मानवीय सम्बन्ध या नेतृत्व दृष्टिकोण** (Leadership Approach) के नाम से भी जाना जाता है। यह दृष्टिकोण प्रबन्ध के मानवीय मूल्यों पर अधिक बल देता है इसीलिए इसके तहत इस बात पर जोर दिया जाता है कि प्रबन्ध की समस्याओं का समाधान करने हेतु मनोविज्ञान, सामाजिक मनोविज्ञान, समाजशास्त्र एवं मानव शास्त्र द्वारा बताये गये सिद्धांतों, नियमों एवं उनके व्यावहारिक उपयोगों का अध्ययन अनिवार्य है। इन्हीं विषयों के द्वारा बताई गई प्रणालियों को अपनाकर हम उन मानवीय समस्याओं का उचित समाधान ढूंढ़ सकते हैं जो कि प्रबन्ध करते समय सामने आती हैं। इस विचारधारा का शुरू 1879 से माना जाता है जब **विल्हेम विंड्ट** (Wilhem Windt) ने मानवीय समस्याओं के अध्ययन हेतु प्रयोगशाला स्थापित की थी।

अन्य संस्थाओं की तरह ही पुस्तकालय भी एक सामाजिक संस्था है जिसमें विभिन्न स्तर, पदों, एवं श्रेणियों के कई कर्मचारी कार्य करते हैं। पुस्तकालयी पुस्ताकलय का एक तरह से प्रबन्धक ही होता है जिसके सामने प्रबन्ध की कई समस्याएँ समय-समय पर सामने आती रहती हैं। वह अपने आपको पुस्तकालय के कार्यों का उत्तरदायी मानकर पुस्तकालय का संगठन और प्रबन्ध उत्तम से उत्तम व्यवस्था के अनुसार करता रहता है। उसके सम्पूर्ण प्रयास के बाद उसे वह सफलता नहीं मिल पाती है जो सर्वोत्तम सेवा के रूप में प्रतिफल प्रदान करे। वही पुस्तकालयी प्रबन्ध के क्षेत्र में सबसे अधिक सफल हो पाता है जो पुस्तकालय में वैज्ञानिक सिद्धांतों पर प्रबन्ध की व्यवस्था करता है। वैज्ञानिक प्रबन्ध में कतिपय विचारधाराएँ हैं जिनमें से सर्वोत्तम विचारधारा को लागू कर प्रबन्ध व्यवस्था की जा सकती है।

पुस्तकालय में मानव-व्यवहार सम्बन्धी प्रबन्ध व्यवस्था हमारे विचार से आज के समय में सबसे सटीक तथा लाभदायक हो सकती है क्योंकि इसमें पुस्तकालय के कर्मचारियों में आंतरिक सम्बन्धों को ज्यादा महत्व दिया जाता है अगर

कर्मचारियों को ज़्यादा महत्व दिया जायेगा तो वे कार्य के प्रति सन्तुष्ट रहेंगे जिससे उनके मनोबल, कार्य करने क्षमता तथा दक्षता में भी बढोत्तरी होगी एवं साथ ही वे कार्य को समर्पित भाव से सम्पन्न कर पुस्तकालय को अपने उद्देश्य प्राप्त करने में सहायक सिद्ध होंगे। इस प्रकार हम कह सकते हैं कि पुस्तकालय प्रबन्ध व्यवस्था में मानव-व्यवहार विचारधारा का लागू करना अत्यन्त उत्तम तो रहता ही है साथ ही पुस्तकालय के लिए भी उपादेय रहता।

पुस्तकालय प्रबन्ध के प्रमुख चरण

नियोजन प्रबन्ध का एक प्रमुख कार्य होता है जिसका उद्देश्य निर्धारित लक्ष्य की प्राप्ति हेतु पहले से ही यह तय करना होता है कि पुस्तकालय में आने वाले समय में क्या करना है? जब पुस्तकालय में नियोजन किया जाता है तो उसमें भविष्य हेतु कार्यवाही का प्रक्षेपण किया जाता है जिससे वान्छित परिणामों को प्राप्त करने हेतु एक सुसंगत, समन्वित परिचालनों की संरचना प्राप्त करने का प्रयास किया जाता है। इस प्रकार पुस्तकालय की योजना तैयार करना एक आसान कार्य नहीं है। अतएव इस कार्य हेतु समुचित मात्रा में अध्ययन, मनन एवं विश्लेषण की जरूरत होती है। पुस्तकालय का नियोजन करते समय एक निश्चित क्रम का पालन करने से आसानी होती है। नियोजन के इस निश्चित क्रम को अवस्थाएँ या चरण कहते हैं जो निम्नलिखित होते हैं–

नियोजन के विभिन्न चरण

1. नियोजन की जरूरत–किसी भी पुस्तकालय की योजना बनाना दूसरे शब्दों में नियोजन करना एक आसान कार्य नहीं है। इसके लिए सर्वप्रथम यह जरूरी है कि पुस्तकालय में नियोजन की जरूरत तथा महत्ता को अच्छी तरह पहले समझा जाय। अगर नियोजन की जरूरत को समझे बिना ही इसे एक दिन दैनिक कार्य की तरह तैयार किया जायेगा तो इससे पूरा लाभ नहीं उठाया जा सकता।

2. उद्देश्यों का निर्धारण करना–पुस्तकालय नियोजन की जरूरत तथा महत्ता को समझने तथा स्वीकार करने के बाद नियोजन के उद्देश्यों तथा लक्ष्यों का निर्धारण करना है। ये उद्देश्य स्पष्ट रूप से निश्चित किये जाने चाहिए। योजना की सफलता बहुत कुछ स्पष्ट रूप से उद्देश्यों को तय करने पर निर्भर करती है क्योंकि उद्देश्य ही योजना का आधार होते हैं एवं बिना इसके योजना निरर्थक एवं निरूद्देश्य सिद्ध होगी।

3. आवश्यक आधारों को निश्चित करना—योजना के उद्देश्यों की पूर्ति हेतु योजना की तैयारी करनी पड़ती है एवं उसके लिए उचित आधार तय करने और एकत्र करने की जरूरत होती है जिसके लिए तथ्य प्राप्त करने होते हैं। तथ्यों तथा आंकड़ों का अध्ययन तथा उचित विश्लेषण करने के लिए सारभूत तथ्य जमा करने होते हैं। विद्यमान पुस्तकालय नीतियों तथा व्यवस्थाओं का अध्ययन करके यह देखना होता है कि क्या उनमें कुछ बदलाव की जरूरत है या किन्हीं नवीन नीतियों सिद्धांतों एवं आधारों को तय करना होगा आदि। इस प्रकार इस चरण के अन्तर्गत उन सभी जरूरी आधारभूत तथ्यों को एकत्रित करना होता है जिनकी सहायता से योजना तैयार की गई है।

4. वैकल्पिक कार्यविधियों का ज्ञानप करना—योजना के जरूरी आधारों को तय करने के उपरान्त यह ज्ञात करना होता है कि पूर्व में निर्धारित उद्देश्यों की प्राप्ति के लिए किन-किन विधियों को उपयोग में लाया जाता था। यह ज्ञात करना अत्यन्त आवश्यक होता है। व्यवहार में हम यंह देखते हैं कि किसी भी कार्य को हम भिन्न-भिन्न तरीकों से सम्पन्न कर सकते हैं। अतः निश्चित उद्देश्यों की प्राप्ति हेतु भी यह देखना होता है कि उन्हें अब किन-किन तरीकों से प्राप्त किया जा सकता है। इस प्रकार वैकल्पिक कार्य-विधियों का पता लगाना पुस्तकालय नियोजन का अलग चरण है।

5. वैकल्पिक कार्यविधियों का मूल्यांकन—सम्भावित वैकल्पिक कार्यविधियों का पता लगाने के पश्चात उनका सापेक्ष दूसरे शब्दों में एक दूसरी की तुलना के रूप में मूल्यांकन करना होता है। इसके लिए उन हर विधियों का गुण-दोषों के आधार पर विवेचन करना होता है। यह करते समय पुस्तकालय-योजना के उद्देश्य को स्मरण में रखना अत्यन्त जरूरी होता है। यह कार्य अति महत्वपूर्ण होता है।

6. सर्वोत्तम कार्यविधियों का चयन—इसके बाद पुस्तकालय के नियोजन का अगला चरण यह निर्णय लेना होता है कि योजना के निर्धारित उद्देश्यों की पूर्ति के लिए कौन-सी कार्य-विधि सर्वोत्तम रहेगी। चुनाव करने का यह निर्णय अति महत्वपूर्ण होता है। अगर इस कार्य में कोई गलती या चूक हो जाय तो वान्छित सफलता नहीं मिल सकती है। यह कार्य आसान कार्य नहीं है क्योंकि सर्वोत्तम कार्य-विधि का निर्णय करते समय एक विधि से दूसरी विधि से ज्यादा उत्तम एवं श्रेष्ठ है। ऐसी स्थिति में पुस्तकालय के निर्णायक तत्वों को ध्यान में रखकर ही कोई निर्णय लेना चाहिए।

7. विस्तृत योजना की तैयारी—कार्यविधि का चुनाव कर लेने के बाद पुस्तकालय के सभी साधनों को ध्यान में रखते हुए विस्तृत तथा स्पष्ट योजना का निर्माण करना होता है। इसके तहत पुस्तकालय के विविध विभागों की भिन्न-भिन्न योजना तैयार करनी पड़ती है। योजना निर्माण करते समय सम्भावित सभी कठिनाइयों, समस्याओं तथा सीमाओं का ख्याल भी रखना होता है।

पुस्तकालय वित्त प्रबन्ध

किसी भी संस्था की तरह पुस्तकालय के सुव्यवस्थित संचालन हेतु धन अर्थात् वित्त एक अति आवश्यक एवं महत्वपूर्ण यंत्र होता है जिसकी व्यवस्था न होने पर पुस्तकालय के संचालन को गति प्रदान नहीं की जा सकती है। इसलिए पुस्तकालय हेतु वित्त एक उत्प्रेरक शक्ति होती है। जो पुस्तकालय की सम्पूर्ण मशीनरी के सुसंचालन के लिए अत्यंत आवश्यक होती है। पुस्तकालयों के सुसंचालन के लिए वित्त की व्यवस्था करने के कार्य को पुस्तकालय की वित्तीय व्यवस्था अथवा वित्तीय प्रबन्ध कहते हैं। पुस्तकालय का वित्तीय प्रबन्ध पुस्तकालय प्रबन्ध की वह शाखा हैं जिसमें पुस्तकालय के संचालन के लिए आय के रूप में वित्त की प्राप्ति एवं उस उपार्जित वित्त के प्रबन्ध करने से सम्बन्धित होता है। पर्याप्त वित्तीय व्यवस्था के कमी के कारण कोई भी पुस्तकालय अपना विकास एवं उन्नति करने में सफल नहीं हो सकता है इसलिए पुस्तकालय के लिए वित्त की व्यवस्था करना अत्यंत आवश्यक होता है।

पुस्तकालय एक सार्वजनिक संस्था होती है जो सार्वजनिक धन से ही संचालित की जाती है। पुस्तकालय प्राधिकरण या अधिकारियों को पुस्तकालय की प्रकृति तथा जरूरतों को स्पष्ट रूप से समझ लेना जरूरी होता है जिससे समुचित पुस्तकालय सेवा प्रदान करने लिए समुचित एवं पर्याप्त वित्त की उपलब्धता की व्यवस्था की जा सके। वित्तीय व्यवस्था के लिए वित्तीय साधनों की पूर्व में ही व्यवस्था कर लेना जरूरी होता है। पूर्व में ही पुस्तकालय के लिए वित्त व्यवस्था करने के कुछ सिद्धान्त होते हैं।

पुस्तकालय अर्थ व्यवस्था के सिद्धान्त

पुस्तकालय के लिए वित्त की व्यवस्था करने हेतु कुछ सिद्धान्त होते हैं जिन पर अमल करना अत्यंत आवश्यक होता है। ये सिद्धान्त निम्न होते हैं—

(1) व्ययकारी प्रतिष्ठान—पुस्तकालयों में किसी भी तरह की प्रत्यक्ष रूप से

कोई आय नहीं होती है, जैसा कि अन्य संस्थानों में होता है। अतएवं यह आयकारी संस्था तो नहीं होते पर व्ययकारी अवश्य होते हैं। कर्मचारियों के वेतन, पाठ्य-सामग्री की खरीद तथा अन्य व्ययों के लिए धन की जरूरत होती है इसलिए इनके संचालन में मात्र व्यय ही होता है। इनके माध्यम से प्रत्यक्ष रूप से कोई आय नहीं होती है। पर पुस्तकालयों की आय परोक्ष रूप से पुस्तकालय द्वारा प्रदत सेवाओं के रूप में होती है। अतः पुस्तकालय के लिए वित्त व्यवस्था का ध्यान रखना जरूरी होता है।

(2) बढ़ने वाल संस्थाएं—पुस्तकालय की प्रकृति वर्धनशील होती है। डा. रंगानाथन् का पंचम सूत्र भी यही निर्देश देता है। दूसरे शब्दों में पुस्तकालय के हर क्षेत्र में दिन-प्रतिदिन, वर्ष प्रतिवर्ष वृद्धि होती रहती हैं। पुस्तकालय में पाठ्य सामग्री में बढ़ोत्तरी-पत्र-पत्रिकाओं में बढ़ोत्तरी समयानुसार नवीन सेवाओं और कार्यों में वृद्धि, पुस्तकालय के आकार में वृद्धि, कर्मचारियों की संख्या में बढोत्तरी के साथ-साथ पुस्तकालय के उपयोगकर्त्ताओं में जरूरत होना भी स्वाभाविक है और इन सभी में वृद्धि के साथ-साथ पुस्तकालय के बजट में भी बढ़ोत्तरी होना स्वाभाविक है। अतः पुस्तकालय की वित्त का प्रावधान करने से पहले इस बात पर भी विचार करना आवश्यक होता है।

(3) पुस्तकालय में वित्त की जरूरत हमेशा—पुस्तकालय एक वर्धनशील संस्था ही नहीं होते है वे एक बार स्थापित हो जाने के बाद स्थायी हो जाते हैं और इनमें हमेशा धन की मांग बनी रहती है। क्योंकि निरन्तर उपादेय उत्तम पुस्तकालय सेवा प्रदान करने के लिए धन की मांग जरूर बनी रहती है। इसके अलावा यदि कोई पुस्तकालय पाठ्य-सामग्री न खरीदे, न ही कोई अन्य व्यय करे फिर भी पुस्तकालय कर्मचारियों के वेतन हेतु तो धन की जरूरत अवश्य पड़ती है जो प्रति माह देना आवश्यक है इसलिए पुस्तकालय की वित्त व्यवस्था के लिए इस बात भी विचार करना जरूरी होता है।

(4) वित्तीय निरूपण का सिद्धान्त—पुस्तकालय की विवध सेवाओं एवं क्रियाकलापों को सुचारू रूप से चलाने के लिए जरूरी धन की मात्रा का सही-सही अनुमान लगाने का कोई सुनिश्चित एवं विश्सनीय इस स्थिति में नहीं है। तरीका अनिश्चित सम्भावनाओं तथा अनुमान के आधार प्राथमिकताएं निधार्रित करने की जरूरत होती है। किस सेवा या सुविधा को कब और कितना महत्व दिया जाय, यह प्राथमिकता के आधार पर निश्चित किया जाता है। प्राथमिकताओं में सदैव बदलाव होता रहता है और समय-समय पर उनका क्रम भी बदलता रहता है। प्राथमिकताओं को सुनिश्चित करने एवं पुस्तकालय की वित्त के स्रोतों को निश्चत करने हेतु वित्तीय

साधन जुटाने के लिए कुछ सिद्धान्तों को अपनाना होता है जिससे पुस्तकालय व्यवस्था लगातार गतिशील रहती है। ये सिद्धान्त ही वित्त निरूपण के सिद्धान्त कहे जाते है।

(5) प्रति व्यक्ति प्रणाली—इस सिद्धान्त के अनुरूप पुस्तकालय में निश्चित किया जाता है कि किसी क्षेत्र, प्रदेश या राष्ट्र में पुस्तकालय सेवा प्रदान करने के लिए प्रतिव्यक्ति कितना न्यूनतम खर्च करना होगा। न्यूनमत खर्च निधार्रित करने का आधार उपयोगकर्त्ताओं के समुदाय का शैक्षणिक तथा सांस्कृतिक स्तर एवं विकास पर निर्भर करता है। उच्च स्तर के उपयोगकर्त्ताओं को उच्चस्तर की जबकि अविकसित समुदाय हेतु सामान्य पाठ्यसामग्री से ही कार्य चल जाता है अतः समुदाय को ध्यान में रखते हुए वित्तव्यवस्था का निर्धारण प्रतिव्यक्ति प्रणाली से ज्ञात किया जा सकता है। डॉ. रंगानाथॅन ने इस सिद्धान्त के अनुसार किसी विश्वविद्यालय में 20 रु. से 150 रु. तक प्रति छात्र अध्यापक खर्च करने का प्रावधान निर्धारित किया है।

पुस्तकालय की आय के विविध स्रोत

किसी संस्था के सुसंचालन के लिए धन या वित्त एक जरूरी उपकरण होता है। वित्त की व्यवस्था करने को ही वित्त-व्यवस्था कहते हैं। पुस्तकालय के भवन निर्माण, ग्रन्थों की खरीद, कर्मचारियों के वेतन, बिजली, पानी, बैठने की व्यवस्था आदि सभी के लिए धन की जरूरत होती है। अतः धन प्राप्त करने के साधन भी होते हैं, दूसरे शब्दों में जिन साधनों से पुस्तकालय की वित्त-व्यवस्था की जाती है उन्हें आय के स्रोत कहते हैं।

पुस्तकालय एक लाभकारी संस्था होती है। पुस्तकालय की सेवाएँ अति उपयोगी तथा लाभदायक होते हुए भी इनसे प्रत्यक्ष रूप से वित्त की प्राप्ति नहीं होती है बल्कि उसकी सेवाओं का लाभ अदृश्य रहता हैं तथा दीर्घकाल के बाद अप्रत्यक्ष रूप से प्राप्त होता है। अतः पुस्तकालय की आय के ठोस साधन तय होना जरूरी होता है। जो निम्न होते है—

(1) शासकीय धन—देश की राष्ट्रीय सरकार एवं प्रान्तीय सरकारें पुस्तकालयों के लिए अधिकाधिक धन उपलब्ध कराती है। जो पुस्तकालय प्रांतीय सरकारों के अधीन होते है उन्हें प्रान्तीय सरकारें एवं स्थानीय पुस्तकालय स्थानीय शासन के द्वारा संचालित किये जाते हैं। सरकार द्वारा पुस्तकालय को उतनी ही वित्तराशि का अनुदान देना चाहिए जितनी राशि पुस्तकालय दर से प्राप्त होती है लेकिन विद्वानों

का मत है कि सरकारी अनुदान अधिकाधिक मिलना चाहिए। पुस्तकालयों हेतु सरकार को निम्न प्रकार धन उपलब्ध कराना चाहिए–

स्रोत	**प्रतिशत**
कर्मचारियों का वेतन	50%
पुस्तकालय भवन के लिए	50%
पुस्तकों के लिए	कुछ नहीं

(2) पुस्तकालय शुल्क–पुस्तकालयों में पाठकों से कुछ शुल्क पुस्तकालय शुल्क अथवा अन्य तरह से वसूल की जाती हैं। जैसे–स्कूलों, कॉलेजों तथा विश्वविद्यालयों में प्रतिमाह छात्रों से पुस्तकालय फीस ली जाती है तथा किसी-किसी पुस्तकालय में जमानत राशि के रूप में भी शुल्क ली जाती है। इस तरह पुस्तकालय शुल्क भी पुस्तकालय वित्त व्यवस्था के लिए एक प्रमुख स्रोत के रूप में होती है।

(3) फन्ड एवं दान–पुस्तकालय एक लोक कल्याणकारी संस्था होती है उनका उद्देश्य लोक का कल्याण करना ही होता है। अतएव अनेक परोपकारी एवं समाजसेवी व्यक्ति तथा संस्थायें पुस्तकालयों की स्थापना तथा उनके संचालन के लिए दान के रूप में धनराशि प्रदान करते हैं। इस दिशा में कारनेगी महोदय द्वारा दिए गये दान विशेष रूप में उल्लेखनीय हैं। कई व्यक्ति तथा संस्थाएँ अपनी संचित धनराशि से धर्मार्थ फन्ड की स्थापना कर देते हैं जिससे अनेक लोक कल्याणकारी संस्थाओं को धन की प्रतिमाह प्राप्ति होती रहती है। इस प्रकार के दान पुस्तकालयों को यदा-कदा ही प्राप्त होते हैं इसलिए इस स्रोत पर पुस्तकालय आश्रित नहीं रहते हैं।

(4) दण्ड तथा जुर्माना शुल्क–पुस्तकालय के कार्य को सुचारू रूप से चलाने के लिए पुस्तकालय के नियमों में कतिपय अर्थदण्ड इत्यादि का प्रावधान किया जाता है यथा पाठकों द्वारा ग्रन्थ को निर्धारित तिथि तक वापस न करने के कारण उन पर प्रतिदिन के हिसाब से कुछ अर्थदण्ड वसूल किया जाता है। अक्सर पाठक इतने आलसी होते हैं कि वे ग्रन्थ का अध्ययन करने के पश्चात् भी उसे निश्चित अवधि के अन्दर नहीं लौटा पाते हैं अतएव ग्रन्थ पर प्रतिदिन दण्ड बढ़ता है। इस प्रकार प्राप्त अर्थदण्ड से भी काफी वित्त एकत्रित हो जाता है।

(5) अन्य स्रोत–पुस्तकालयों में आय के उपरोक्त प्रमुख स्रोतों के अलावा कुछ छोटे-मोटे अन्य स्रोत भी होते हैं। जैसे–रद्दी की बिक्री से आय, सेमीनार, हॉल का किराया, किसी प्रकाशन से प्राप्त आय आदि। यद्यपि इनसे प्राप्त आय उपर्युक्त स्रोतों से प्राप्त आय की अपेक्षा अल्प ही होती है। पुस्तकालय का धन बैंकों आम जमा रहता है अतः उसकी ब्याज से भी आय होती है।

पुस्तकालय खर्च के प्रमुख मद

पुस्तकालय में कई कर्मचारी विभिन्न पदों पर कार्य करते हैं उनके वेतन प्रदान करने के लिए धन की जरूरत होती है जो पुस्तकालयों के खर्च का प्रमुख मद होता है। कर्मचारियों के वेतन पर प्रतिमाह खर्च किया जाता है जो आवर्ती व्यय कहलाता है। पाठ्य-सामग्री के बिना किसी भी पुस्तकालय की कल्पना नहीं की जा सकती है। सार्वजनिक पुस्तकालयों में तो केवल पुस्तके ही क्रय की जाती हैं जबकि विश्वविद्यालय पुस्तकालयों तथा शोध पुस्तकालयों में पुस्तकों के साथ-साथ पत्र-पत्रिकाओं का खरीद किया जाना भी अत्यंत आवश्यक होता है। इसके अलावा पुस्तकालय में अन्य खर्च भी होते हैं जैसे–बिजली खर्च, फर्नीचर व्यवस्था, स्टेशनरी, पत्राचार, टेलीफोन एवं अन्य आकस्मिक व्यय आदि। पुस्तकाल खर्च के प्रमुख नदों के अग्रलिखित बिन्दुओं के तहत स्पष्ट किया जा सकता है।

(1) पुस्तकालय कर्मचारियों का वेतन–पुस्तकालय के पाठकों को उत्तम सेवा प्रदान करने के लिए प्रशिक्षित, योग्य, परिश्रमीं एवं सेवाभावी तथा निष्ठावान कर्मचारियों का होना अत्यंत आवश्यक होता है। जिन्हें वेतन प्रदान करने के लिए धन की आवश्यकता होती हैं कर्मचारियों के वेतन पर प्रतिमाह खर्च किया जाता हैं जो आवर्ती (Recurring) खर्च कहलाता है कर्मचारियों के वेतन पर कितना धन खर्च किया जाय यह विचारणीय प्रश्न होता हैं। डॉ. रंगानाथन ने कर्मचारियों के वेतन पर पुस्तकालय का कुल बजट का 50% धन व्यय करने का सुझाव दिया है। उनका कहना है। कि यदि कर्मचारियों को अच्छा वेतन प्रदान किया जाय तो वे अच्छी सेवा प्रदान कर सकेंगे।

(2) पुस्तकें तथा पत्र-पत्रिकाएँ–किसी भी पुस्तकालय की कल्पना पुस्तकों के बिना नहीं की जा सकती है। ग्रन्थ तो पुस्तकालय के आधार ही हैं। पुस्तकालय में अगर ग्रन्थ नहीं हैं तो वह पुस्तकालय नहीं है। अतः ग्रन्थों की खरीद करने के लिए पुस्तकालयों में धन की व्यवस्था करना अत्यंत आवश्यक होता है। अब प्रश्न फिर वही आता है कि कुल खर्च का कितना भाग पाठ्य-साम्रगी के क्रय पर खर्च किया जाय। डॉ. रंगानाथन् ने सार्वजनिक पुस्तकालयों में कुल बजट का 50% पाठ्य-सामग्री पर व्यय करने का सुझाव प्रस्तुत किया था तथा शैक्षिक पुस्तकालयों में 40% खर्च करने का सुझाव दिया था। बचे हुए 10% में जिल्दबन्दी तथा अन्य छोटे-मोटे कार्यों पर खर्च करने का सुझाव दिया।

(3) अन्य व्यय–उपरोक्त मदों के अलावा पुस्तकालय के विद्युत व्यवस्था, फर्नीचर, स्टेशनरी, पत्राचार आदि आकस्मिक व्यय के लिए भी वित्त का प्रावधान करना पड़ता है।

पुस्तकालय खर्च के आकलन का आधार

पुस्तकालयों में धन प्रमुख रूप से दो प्रकार के मदों में खर्च किया जाता है--आवर्ती व्यय तथा अनावर्ती व्यय। कर्मचारियों के वेतन एवं ग्रन्थों के क्रय पर किया गया व्यय आवर्ती व्यय एवं अन्य मदों पर किया गया व्यय अनावर्ती व्यय है। पुस्तकालयों में आवर्ती व्यय (Recurring Expenditure) अनुमानित करने की निम्न विधियाँ है–

(1) प्रति व्यक्ति पद्धति इस पद्धति के तहत पुस्तकालय में प्रति पाठक पर निश्चित धनराशि प्रतिवर्ष व्यय करने का प्रावधान किया जाता है जिसमें खर्च की जाने वाली निश्चित धनराशि का निर्धारण लागत लेखाविधि से निकाला जाता है। पुस्तक के खरीद करने से लेकर प्रयोगकर्ता के हाथों में पहुँचने तक लगने वाले कुल व्यय की धन राशि को 100 से भाग देने पर जो लब्धांक प्राप्त होता है वह उस पुस्तक का लागत व्यय माना जाता है। मान लो किसी महाविद्यालय में 1000 छात्र हैं इतने छात्रों के लिए 40 रुपये प्रति पुस्तक तथा 50 रुपये प्रति पत्रिका के हिसाब से 1500 रुपये एवं 500 पत्रिकाओं का कुल लागत खर्च 8500 रुपये आता है। इस धन में 1000 का भाग देने पर लब्धांक 85 आता है। यह धनराशि व्यय छात्र पर ग्रन्थों के लिए व्यय की जानी चाहिए।

डॉ. रंगानाथन् ने सन् 1965 ई. में प्रति छात्र पर 20 रुपये और प्रति अध्यापक पर 300 रुपये या प्रति छात्र पर 50 रुपये के हिसाब से 1000 छात्रों हेतु 50,000 रुपये वर्ष में व्यय करने का अनुमान किया था। विदेशों में यह कई गुना अधिक है। पैरी रिपोर्ट ने 3000 पूर्व स्नातक, 1000 शोध छात्र एवं 500 अध्यापकों पर हर वर्ष 98.005 पौण्ड व्यय करने की संस्तुति की थी। पर विगत वर्षों में पुस्तकों के मूल्यों में तथा अन्य व्ययों में काफी बढोत्तरी हुई है। आजकल उसे जरूर ध्यान रखना चाहिए।

अनावर्ती व्यय का हिसाब निकालने के लिए आवश्यकताओं और खरीदी जाने वाली वस्तुओं की दर को ध्यान में रखकर कुल खर्च आँका जाता है।

(2) अनुपात पद्धति–चूंकि पुस्तकालय किसी भी विश्वविद्यालय या महाविद्यालय का केन्द्र बिन्दु कहा जाता है इसलिए उनका यह दायित्व है कि वे पुस्तकालय के विकास हेतु अपने बजट में से निश्चित अनुपात के अनुसार पुस्तकालय के संचालन के लिए धनराशि तय करें। अनुपात का यह प्रतिशत कम से कम होता है। जितने धन का अनुपात निश्चित किया गया है। उतना धन जरूर

ही उपलब्ध कराना चाहिए। इस विधि से विविध विद्वानों, संस्थाओं एवं समितियों ने प्रतिशत का अनुपात निम्नानुसार निश्चित किया है–

(a) विश्वविद्यालय शिक्षा आयोग (1948)–6.5% (40 रुपये प्रति छात्र पर व्यय)

(b) शिक्षा आयोग (1965)-6.5% से लेकर 10% तक (25 रुपये प्रति छात्र 300 रुपये प्रति शिक्षक)

(c) अखिल भारतीय पुस्तकालय सम्मेलन–6% से लेकर 10% तक

(d) विश्वविद्यालय अनुदान आयोग–6% से लेकर 10% तक

(e) विश्वविद्यालय ग्रन्थाललियों की संगोष्ठी (जयपुर)–10%

परन्तु व्यवहार में यह देखा जाता है कि भारत के ज्यादातर विश्वविद्यालय अपने पुस्तकालयों पर बहुत कम खर्च करते हैं। मात्र केन्द्रीय विश्वविद्यालय जैसे–अलीगढ़ विश्वविद्यालय, बनारस हिन्दू विश्वविद्यालय, दिल्ली विश्वविद्यालय आदि आज जिस गति से मँहगाई में बढोत्तरी हो रही है। उसे ध्यान में रखते हुए अपने पुस्तकालयों पर खर्च करती है।

(3) विस्तार पद्धति–इस पद्धति में आवर्ती व्यय के प्रत्येक मदों पर लगने वाले खर्चों को जोड लिया जाता है यथा–वेतन, ग्रन्थों का क्रय, संरक्षण कार्य आदि पर लगने वाला खर्च। कुल जोड़ी हुई धनराशि को समरूप हिस्सों में विभाजित कर एक भाग को कर्मचारियों के वेतन पर और दूसरा भाग अन्य मदों में खर्च किया जाय। कर्मचारियों के वेतन पर लगने वाले खर्च का आँकलन यूजीसी के स्टाफ फार्मूला तथा उसके द्वारा स्वीकृत नये वेतनमानों के अनुसार किया जाता है।

भारत सरकार की पुस्तकालय सलाहकार समिति ने इसी प्रणाली को सार्वजनिक पुस्तकालय के लिए स्वीकार किया था।

पुस्तकालय खर्च के अनुमान तीनों पद्धतियों में से अन्तिम अर्थात् विस्तार पद्धति निर्विवाद रूप से स्वीकृत की गई है। पर किसी विश्वविद्यालय पुस्तकालय के संदर्भ में डॉ. रंगानाथन् का परामर्श है। कि स्नातक तथा स्नातकोत्तर छात्रों की जरूरतों की पूर्ति करने हेतु आवर्ती व्यय का अनुमान प्रतिव्यक्ति प्रतिवर्ष की विधि से ही करना चाहिए तथा शिक्षक एवं शोध छात्रों के लिए आवर्ती व्यय का अनुमान विस्तार विधि से करना चाहिए।

बजट

किसी भी पुस्तकालय में ग्रन्थों तथा सामयिक प्रकाशनों के खरीद, कर्मचारियों के वेतन, स्टेशनरी, फर्नीचर, साज-सज्जा एवं अन्य आकस्मिक खर्च आदि के लिए

धन (वित्त) की जरूरत होती हैं। जब धन की जरूरत है तो उसको प्राप्त करने की व्यवस्था करना भी परमावश्यक है। चूंकि किसी भी पुस्तकालय की आय एवं खर्च छोटा-मोटा कार्य नहीं है अतः इसके लिए पहले से ही आगामी वर्ष की आय एवं खर्च की योजना का आँकलन करना पड़ता है। आय एवं खर्च के इस वार्षिक अनुमान को ही हम पुस्तकालय बजट (Library Budget) कहते हैं। अतः किसी भी पुस्तकालय में बजट उसके आगामी वर्ष में होने वाली आय एवं व्यय का आँकलित लेखा होता है। विल्सन एन्ड टॉबर के शब्दों में आय-व्यय (बजट) एक निश्चित समय हेतु पुस्तकालय की अनुमानित आय तथा व्यय का वित्तीय लेखा है।

According to Oxford Dictionary–Budget is the annual estimate of revenue and expenditure of the library.

According to Wilson and Tuber–Budget is the finacial statement of estimate of revenues and expenditure of an institution for a definite period of time.

उद्देश्य एवं उपयोगिता–पुस्तकालय एक सार्वजनिक संस्था होती है जिसके संचालन के वित्त की व्यवस्था करना अति आवश्यक होता है। पुस्तकालय प्रतिवर्ष अपनी आय एवं व्यय का आँकलन करके उसको नियोजित रूप में संचालित करने हेतु अपने बजट का निर्माण करते हैं। बजट में कुछ प्रमुख शीर्षकों के तहत आय तथा व्यय का विवरण अंकित किया जाता है। नियोजित आय तथा व्यय हेतु बजट का निर्माण जरूरी है। इसके माध्यम से आय का सर्वश्रेष्ठ प्रयोग सम्भव हो सकता है तथा साथ ही जरूरी एवं उपयोगी मदों पर ही धनराशि खर्च होती है। बजट का प्रमुख उद्देश्य आय तथा व्यय का सन्तुलन स्थापित करना और आय को नियोजित करना एवं आय को नियोजित रूप में तर्कसंगत ढ़ग से व्यय करना हैं। बजट के द्वारा यह पहले से ही ज्ञात हो जाता है कि कितनी धनराशि किन-किन मदों में खर्च होना प्रस्तावित है। पुस्तकालय के लिए बजट का निर्माण जरूरी हैं–

(1) पुस्तकालय में बजट के द्वारा आय एवं व्यय का अनुमान पहले से ही हो जाता है।

(2) बजट से ही पुस्तकालय की आय एवं व्यय में सन्तुलन स्थापित होता है।

(3) बजट के द्वारा ही पुस्तकालय को धन प्राप्त होता है तथा बजट के ही अनुसार खर्च किया जाता है अतः दोनों में नियंत्रण बना रहता है।

(4) बजट के द्वारा जरूरी तथा उपयोगी मदों पर ही धनराशि व्यय होती है।

(5) बजट प्रस्तुत किये जाने से पुस्तकालय प्राधिकरण तथा अधिकारियों को पुस्तकालय की आय एवं व्यय का पहले से ही विवरण प्राप्त होता है।

(6) बजट पुस्तकालय का माँग पत्र होता है अर्थात् बजट में दिखाई गई समस्त आय या धनराशि को पुस्तकालयी प्राप्त करने के लिए अधिकृत होता है।

(7) बजट के द्वारा ही धन को नियोजित ढ़ग से खर्च किया जाता है अर्थात् जिस मद के लिए धन की व्यवस्था की जाती है उसी मद में खर्च करने का पुस्तकालयी अधिकारी हो जाता है।

(8) किसी नयी जरूरत के लिए बजट में पहले से ही प्रावधान करना होता है।

(9) पुस्तकालय के स्तर की दृष्टि से भी बजट का निर्माण जरूरी होता है।

बजट की विशेषताएँ

पुस्तकालय के लिए बजट बनाते समय कुछ विशेष बातों का स्मरण रखना जरूरी होता है जिन्हें बजट की विशेषताएँ या लक्षण कहते हैं। यदि इन विशेषताओं को स्मरण में रखकर बजट का निर्माण किया जाता हैं तो वह बजट जरूर ही एक आदर्श बजट हो सकता है। आदर्श बजट में निम्न विशेषताएँ होती हैं।

(1) **लक्ष्य आधारित**–किसी भी पुस्तकालय का बजट पुस्तकालय के उद्देश्य या लक्ष्यों को ध्यान में रखकर बनाना चाहिए तथा साथ ही आय एवं व्यय के उद्देश्य एवं लक्ष्यों पर भी ध्यान रखना चाहिए।

(2) **समय पर**–आदर्श बजट वही कहलाता है जो अपने निर्धारित समय पर बनाकर तैयार कर लिया जाता है तथा पुस्तकालय प्राधिकरण के समक्ष यथा समय पर रख दिया जाता है। जिससे उसमें माँगी आय की व्यवस्था करने की योजना प्रारम्भ की जा सके।

(3) **निर्धारित अवधि**–आदर्श बजट का प्रमुख लक्षण यह है कि वह एक निर्धारित समयाविधि अर्थात् अधिकांश रूप से एक वर्ष के लिए बनाया जाना चाहिए।

(4) **विभाजित बजट**–बजट यदि विभाजित बनाया जाय तो उत्तम रहता है इसके लिए **विभागकार** ही आय एवं खर्च का विवरण प्रस्तुत करता है। क्योंकि इससे पुस्तकालयों के विभिन्न विभागों के कार्यां एवं सेवाओं का विश्लेषण बड़ी सहजता से किया जा सकता है।

(5) **सही तथ्यों पर आधारित**–पुस्तकालय के बजट में आय एवं खर्च का सत्य विवरण तथा तथ्यों को प्रस्तुत करना चाहिए जिससें आगे कोई परेशानी न हो।

(6) **गत वर्ष पर आधारित**–बजट पिछले वर्ष की आय एवं खर्च को ध्यान में रखकर ही बनाना चाहिए।

(7) आय के ठोस साधन–बजट में दिखाये गये वित्त के स्रोत ठोस होने चाहिए जिनसे धन प्राप्त होने की पूर्ण सम्भावना हो। ऐसे स्रोत नहीं दिखाने चाहिए जिनसे आय प्राप्त ही न हो सके।

(8) व्यय से सम्बन्धित उचित कारण–बजट में यदि किसी मद में खर्च ज्यादा दिखाया गया है तो साथ ही उसमें उसका उचित कारण भी प्रस्तुत करना चाहिए।

(9) पुस्तकालय सेवाओं पर प्रभाव–बजट में ऐसी कोई बात या प्रावधान नहीं करना चाहिए ताकि पुस्तकालय द्वारा प्रदत्त सेवाओं पर है प्रतिकूल प्रभाव पड़े। जैसे–किसी भी कर्मचारी द्वारा रिप्रोग्राफी की सेवाएँ प्रदान की जाती हैं तो उसकी सेवाओं को खत्म करने का प्रावधान नहीं होना चाहिए इससे रिप्रोग्राफी सेवा को बन्द कर देना पड़ जायेगा।

(10) वार्षिक प्रतिवेदन हेतु जरूरी–चूंकि बजट के साथ पुस्तकालय का वार्षिक प्रतिवेदन नत्थी किया जाता है जिससे अधिकारीगण पुस्तकालय में किये गये कार्म तथा सेवाओं का भी अवलोकलन कर सकें एवं पुस्तकालय के लिए बजट का प्रावधान करते समय विचार कर सकें।

पुस्तकालय बजट का व्यय निर्धारण

पुस्तकालयों में खर्च के तीन प्रमुख मद हैं जिनमें पुस्तकालय की सम्पूर्ण आय को व्यय किया जाता है। अब प्रश्न उठता है कि व्यय के इन तीनों प्रमुख मदों में कुल बजट कितना फीसदी धन खर्च करना चाहिए। इनके निर्धारण के लिए पृथक-पृथक सिद्धान्त है।

(क) कर्मचारियों का वेतन–किसी भी पुस्तकालय को सुचारू रूप से चलाने हेतु शिक्षित, प्रशिक्षित, योग्य, कर्मठ तथा निष्ठावान कर्मचारियों की जरूरत होती है। यदि पुस्तकालय के लिए सर्वगुण सम्पन्न कर्मचारी की जरूरत होती है तो उन्हें उसी के अनुरूप वेतन व वेतनमान तथा दूसरी आर्थिक सुविधाएँ भी मिलनी चाहिए। पर वास्तव में तो पुस्तकालय कर्मचारियों के वेतन की तरफ ध्यान नहीं दिया जाता है विशेष कर भारतवर्ष में तो इस ओर उदासीनता ही दिखाई पड़ती है। पुस्तकालयों में पाठ्य-सामग्री के खरीद के लिए तो व्यवस्था की जाती है परन्तु कर्मचारी के वेतन की ओर ध्यान नहीं दिया जाता हैं जो कि बहुत जरूरी हैं क्योंकि यदि पुस्तकालय में स्टाफ ही अपने वेतन से सन्तुष्ट नहीं रहेगा तो वह किस प्रकार ग्रन्थों का सीधा सम्बन्ध पाठकों के साथ जोड़ने में सफल होगा। डॉ. रंगानथन् के अनुसार तब तक

ऐसी सन्तोषजनक पुस्तकालय सेवा प्रदान नहीं की जा सकती जो जन साधारण में पठन-पाठन की प्रेरणा के क्षय को रोकने के लिए समर्थ हो सके, जब तक कि पुस्तकालय वार्षिक बजट का आधा भाग कर्मचारियों के वेतन के लिए सुरक्षित नहीं रख दिया जाता। कर्मचारियों के वेतन निर्धारण करने के मुख्य सिद्धान्त निम्न हैं–

सार्वजनिक पुस्तकालय के लिए

(1) सन् 1962 में ग्रेट ब्रिटेन में कुल बजट का 44 प्रतिशत धन कर्मचारियों के वेतन पर खर्च किया जाता था।

(2) इसी समय में ग्रेट ब्रिटेन में ही 16000 आबादी वाले नगरों में स्थापित सार्वजनिक पुस्तकालयों में कुल बजट का 50 प्रतिशत कर्मचारियों के वेतन पर खर्च करने का सुझाव दिया गया था।

(3) संयुक्त राज्य अमेरिका के पुस्तकालयों में 1957 में कुल बजट का 70 प्रतिशत कर्मचारियों के वेतन पर खर्च किया जाता था।

(4) डॉ. रंगानाथन् ने 1950 में अपने प्रतिवेदन में कुल बजट का आधा भाग सार्वजनिक पुस्तकालयों में कर्मचारियों के वेतन पर खर्च करने का सुझाव दिया था जिसे 1957 में पुस्तकालय परामर्शदयी समिति ने भी स्वीकृत किया था।

(5) दिल्ली पब्लिक लाइब्रेरी ने अपने पुस्तकालय के कर्मचारियों के वेतन पर विभिन्न कई सत्रों में निम्न प्रकार व्यय किया–

1963-64 में कुल बजट का 47.6%

1964-65 में कुल बजट का 46.9%

1965-66 में कुल बजट का 52.2%

(6) भारत के राष्ट्रीय पुस्तकालय, कलकत्ता में सन् 1973-68 में कुल व्यय का 65.3% स्टाफ के वेतन एवं भत्तों पर व्यय किया गया था।

(7) उपर्युक्त विभिन्न प्रकार के तथ्यों को ध्यान में रखकर निष्कर्ष रूप में यह कहा जाता है कि भारतीय सार्वजनिक पुस्तकालयों में पुस्तकालय के कुल बजट का आधा हिस्सा सभी कर्मचारियों के वेतन पर जरूर व्यय किया जाना चाहिए।

शैक्षणिक पुस्तकालय के लिए–

(1) डॉ. रंगनाथन विश्वविद्यालय पुस्तकालय में कर्मचारियों के वेतन पर कुल बजट का 50% खर्च करने का सुझाव देते है।

(2) यूजीसी द्वारा स्थापित पुस्तकालय समिति (1957) ने भी कुल बजट का 50% के वेतन पर व्यय करने की संस्तुति की थी।

(3) दिल्ली विश्वविद्यालय के पुस्तकालय में कर्मचारियों के वेतन पर विभिन्न सत्रों में निम्न प्रकार व्यय किया गया।

1963-64 में कुल बजट का 52%

1964-65 में कुल बजट का 26.4%

1965-66 में कुल बजट का 29.56%

1966-67 में कुल बजट का 31.2%

(4) उपर्युक्त विभिन्न प्रकार के तथ्यों को ध्यान में रखकर निष्कर्ष के रूप में यह कहा जा सकता हैं कि भारतीय शैक्षणिक पुस्तकालयों में पुस्तकालय के कुल बजट का 50% कर्मचारियों के वेतन पर खर्चा किया जाना चाहिए।

(ख) अध्ययन-सामग्री पर खर्च—ग्रन्थों तथा पाठ्य-सामग्री के बिना किसी भी पुस्तकालय की कल्पना नहीं की जा सकती है क्योंकि ग्रन्थ पुस्तकालय के आधार पर होते हैं। पाठ्य-सामग्री के क्रय करने हेतु पुस्तकालयों में धन का प्रावधान करना जरूरी होता है। अब प्रश्न उठता हैं कि पुस्तकालय में ग्रन्थ एवं अन्य पठनीय-सामग्री क्रय करने के लिए कुल बजट का कितना भाग खर्च किया जाना चाहिए।

सार्वजनिक पुस्तकालय के लिए—

(1) ग्रेट ब्रिटेन के सार्वजनिक पुस्तकालयों में 1932 में पाठ्य-सामग्री के खरीद एवं संरक्षण पर निम्न प्रकार खर्च किया गया—

पुस्तकों पर कुल बजट का	17%	
पत्रिकाएँ एवं समाचार पत्र	4%	कुल व्यय 27.7%
जिल्दबंदी पर खर्च	6.7%	

(2) ग्रेट ब्रिटेन में ही सार्वजनिक पुस्तकालयों पर ही 1961-62 में पाठ्य-सामग्री की खरीद एवं उसके संरक्षण पर निम्न प्रकार खर्च करने का सुझाव दिया गया था।

पुस्तकों पर कुल बजट का	23.75%	
पत्र-पत्रिकाएँ	2.50%	कुल व्यय 30%
जिल्दबंदी पर खर्च	3.75%	

संयुक्त राज्य अमेरिका के पुस्तकालयों में 1957 में ग्रन्थों पर किये जाने वाले कुल धन का निम्नानुसार खर्च किया गया है।

पुस्तकें	79.7%	
पत्र-पत्रिकाएँ	7.25%	कुल व्यय 100%
जिल्दबंदी	13.1%	

(4) संयुक्त राज्य अमेरिका में ही 50, 000 जनसंख्सया वाले नगरों के पुस्तकालयों में ग्रन्थों तथा अन्य पाठ्य-सामूग्री एवं उनके जिल्दबंदी पर कुल धन का 18% खर्च सुरक्षित किया गया था।

(5) डा. रंगानाथन ने भारतीय सार्वजनिक पुस्तकालयों में सन् 1950 में कुल धन का 50% पाठ्य-सामग्री पर खर्च करने का सुझाव दिया था जिसमें पुस्तकें, पत्र-पत्रिकाएं एवं उनकी जिल्दबंदी का खर्च शामिल था।

(6)दिल्ली पब्लिक लाइब्रेरी में सन् 1965-66 में पाठ्य-सामग्री के क्रय पर कुल खर्च का निम्नानुसार किया गया है–

पुस्तकों पर	23.54%	
पत्र-पत्रिकाएँ	0.70%	
जिल्दबंदी पर	5.97%	कुल व्यय 30.65%
ग्रामोफोन रिकार्डस इत्यादि।	0.44%	

(7)उपरोक्त विविध प्रकार के तथ्यों को ध्यान में रखकर निष्कर्ष रूप से यह कहा जा सकता है कि भारतीय जन ग्रन्थालयों में पुस्तकों पत्र-पत्रिकाओं एवं जिल्दबंदी पर खर्च करने का निम्नानुसार सुझाव दिया जाता है–

पुस्तकों पर	22.5%	
पत्र-पत्रिकाएँ	5.0%	कुल व्यय 35%
जिल्दबंदी	7.5%	

शैक्षणिक पुस्तकालय के लिए–

(1)डॉ. रंगानाथन विश्वविद्यालय ग्रंन्थालय में पुस्तकों एवं अन्य पाठय-सामग्री पर कुल बजट का 40% एवं जिल्दबंदी पर 10% व्यय करने का सुझाव दिया था।

(2) दिल्ली विश्वविद्यालय पुस्तकालय में विभिन्न वर्षों में पुस्तकों तथा पत्र-पत्रिकाओं पर निम्नवत खर्च किया गया था।

1963-64 में कुल व्यय का 37.53%

1964-65 में कुल व्यय का 66.40%

19655-66 में कुल व्यय का 62.90%

1966-67 में कुल व्यय का 58.32%

(3)उपर्युक्त समस्त तथ्यों पर विचार करने के बाद शैक्षणिक ग्रंन्थालयों में कुल खर्च का पुस्तकों, पत्र-पत्रिकाओं तथा जिल्दबंदी पर निम्न प्रकार व्यय करने का सुझाव दियां जाता है।

पुस्तकों पर	25%	
पत्र-पत्रिकाएँ	10%	कुल व्यय 40%
जिल्दबंदी पर	5%	

(ग) अन्य विविध व्यय—गंन्थालयों में मुख्य रूप से कर्मचारियों का वेतन एवं पाठ्य-सामग्री की खरीद केवल दो ही मद होते हैं। इनके अलावा प्रत्येक पुस्तकालय में व्यय की कुछ अन्य मद भी होते हैं जैसे—पुस्तकालय में प्रकाश की व्यवस्था करने हेतु, फर्नीचर इत्यादि हेतु, लेखन-सामग्री, जल की व्यवस्था आदि। यद्यपि पुस्तकालय के प्रकार के अनुसार ही इन अन्य मदों में विभिन्नता होती है। इसलिए साधारणतया कुल बजट 10% से 20% तक अन्य मदों पर व्यय करना उचित होता है।

बजट निर्माण प्रक्रिया

प्रत्येक पुस्तकालय चाहे छोटा हो या बड़ा बजट से ही संचालित किया जाता है। अधिकतर ग्रन्थालयों में पुस्तकालयी एवं पुस्तकालय का वरिष्ठ स्टाफ अधिकारियों के निर्देशों एवं नियमों के अनुसार ही बजट का निर्माण करते हैं। बजट का निर्माण होने के बाद उसे अधिकारियों के पास प्रस्तुत करने से पहले अगर आवश्यक हुआ तो ग्रन्यथालय समिति द्वारा पुनर्निरीक्षत, संशोधित किया जाता है तथा उसका अनुमोदन किया जाता है।

पुस्तकालयों में बजट बनाने की कुछ नियमावलियाँ होती हैं जिनमें होती है तथा जो अधिकांश ग्रन्थालयों द्वारा प्रयोग में लाई जाती हैं, कुछ नयी विधियाँ भी विकसित हुई जो आजकल कुछ आधुनिक ग्रन्थालयों में उपयोग में लाई जा रही हैं। बजट निर्मित करने की कुछ विधियाँ निम्नांकित होती हैं—

1. लाइन प्रति लाइन बजट
2. प्रोग्राम बजट
3. परफोर्मेन्स बजट
4. प्लानिंग—प्रोग्रामिंग बजट पद्धति
5. शून्य आधारित बजट

1. लाइन-प्रति-लाइन बजट—सबसे सामान्य प्रकार का बजट लाइन-प्रति-लाइन बजट होता है। इस प्रकार के बजट में खर्च के मदों को विस्तृत भागों में बांट दिया जाता है, जैसे—पुस्तकें एवं सामयिकी, वेतन एवं भेते, उपकरण तथा साज-सज्जा तथा आकस्मिके खर्च आदि तथा जिन्हें पुनः उपवर्गों में विभक्त किया जाता है।

बजट निर्मित करने की यह सामान्य तथा परम्परागत विधि है जिसमें पिछले वर्ष के प्रत्येक मद के व्यय पर वर्तमान खर्च का अनुमान लगवाया जाता है तथा जिसमें खर्च के प्रत्येक मद में पिछले वर्ष की अपेक्षा 5% से 10% तक की वृद्धि मानकर यह प्रदर्शित किया जाता है कि वर्तमान प्रोग्राम उतने ही जरूरी हैं जिस प्रकार पिछले वर्ष थे। इस नियम में पुस्तकालय के क्रिया कलाप, गतिविधियों तथा सेवाओं का मूल्यांकन नहीं किया जाता है तथा भविष्य के लिए भी कोई नयी योजना प्रस्तुत नहीं की जाती है। इस विधि से बजट निर्मित करने का सबसे प्रमुख लाभ यह होता है कि यह विधि बने बजट प्रस्तुत करने एवं समझने में अन्य विधियों की अपेक्षा सरल है।

यह विधि यह सुनिश्चित करती है कि बजट में जिन मदों में व्यय हेतु धन उपलब्ध कराया गया है वह उन्हीं मदों में खर्च किया गया है अथवा नहीं। इस विधि में एक मुख्य कमी यह होती है कि इसमें प्रदर्शित मदों में किसी भी प्रकार का परिर्वतन नहीं किया जा सकता है। व्यय उसी प्रकार किया जाता है जिस प्रकार पिछले वर्ष किया गया था। कहने का तात्पर्य यह है कि इस प्रकार के बजट में लचीलापन नहीं होता है अर्थात जो धन जिस मद में व्यय हेतु प्रदर्शित किया जाता है उसे उसी मद में खर्च किया जा सकता है अन्य था किसी मद में नही किया जा सकता है। अतः वितीय नियमों के अनुसार एक मद का धन दूसरे मद में व्यय करना सम्भव नहीं होता है, जैसे—बजट में उपकरणों के क्रय हेतु दिखाया गया धन यदि किसी कारणवश उपकरणों पर व्यय नहीं किया जा सकता है तो वह अन्य किसी मद पर भी खर्च नहीं किया जा सकता है।

2. प्रोग्राम बजट—पुस्तकालय के विभिन्न क्रिया-कलापों अथवा प्रोग्राम के अनुसार बजट निर्मित करने का एक नवीन विचार का प्रादुर्भाव हुआ। इसमें पुस्तकालय के व्यय के व्यक्तिगत मदों के आधार पर व्यय का अनुमान नहीं लगाया जाता है बल्कि बजट निर्माण की इस विधि में मुख्य केन्द्र बिन्दु पुस्तकालय के क्रिया-कलाप होते हैं तथा धनराशि का प्रावधान प्रोग्राम अथवा पुस्तकालय सेवाओं के आधार पर निश्चित किया जाता है जिन्हें ग्रंन्थालय में आयेजित करने की योजना होती है। उदाहरण के लिए जिन्हें यह कहा जा सकता है कि यदि किसी विश्वविद्यालय पुस्तकालय में सामयिक चेतना सेवा (CAS) की व्यवस्था करने का निश्चय किया जाता है तो उस सेवा के आयोजन में अर्थात् स्टाफ, सामग्री, प्रकाशन तथा अन्य अतिरिक्त कार्य में जो व्यय अनुमानित किया जायेगा वह इस प्रकार का बजट कहलाता है। ऐसा बजट प्रोग्राम में आई लागत के आधार पर बनाया जाता

है तथा प्रतिवर्ष इस प्रकार के बजट में यह पहले से ही निश्चित करना पड़ता है कि क्या प्रारम्भ किये गये प्रोग्राम को निरन्तर जारी रखना है या संशोधित करना है उसमे कुछ परिर्वतन करना है अथवा बिलकुल ही समाप्त करना है। इन बातों पर विचार करके ही प्रोगाम बजट तैयार किया जाता है।

प्रोग्रामिंग बजट बनाने हेतु कोई भी पुस्तकालय अपने कार्यों अथवा प्रोग्रामों को विभिन्न वर्गों में विभाजित कर लेते हैं जो पुस्तकालय की संगठनात्मक संरचना के आधार पर विभाजित किये जा सकते हैं, जैसे कि प्रशासनिक सेवाएँ आदि। इसमें से प्रत्येक प्रकार की सेवा को ग्रंन्थालय के विभिन्न विभागों द्वारा व्यवस्थित किया जा सकता है। इन विभागो द्वारा किये जाने वाले कार्यों अथवा प्रोग्रामोंसं सम्बनधित तुलनात्मक आँकड़े वर्तमाने तथा प्रस्तावित व्यय के बारे मेंप्रस्तुत किये जाते हैं। इस प्रकार प्रोग्रमिंग बजट में प्रत्येक विभाग के क्रिया-कलापों के लिए धनराशि एवं उसके व्यय का प्रावधान किया जाता है जिससे इस विधि में पुस्तकालय के विभिन्न विभागों के प्रभारियों को अपनी आवश्यकताओं को मापने तथा उनके व्यय पर निगरानी रखने का अवसर प्राप्त होता है।

3. परफोर्मेन्स बजट—बजट निर्माण भी यह विधि प्रोग्रमिंग बजट के समान ही होती हैं मात्र अंतर यह होता है कि इसमे प्रोग्राम की अपेक्षा पुस्तकालय की उपलब्धियों (Performance) पर अधिक बल दिया जाता है। इसमें व्यय का आधार पुस्तकालय के क्रिया-कलाप होते हैं जिनमें कर्मचारियों की कार्य करने की क्षमता पर अधिक जोर दिया जाता है। इसमें पुस्तकालय में किसी निश्चित समय में ग्रन्थलय के सभी क्रिया-कलापों से सम्बन्धित परिणात्मक तथ्यों के संग्रह की आवश्यकता होती है तथा लागत-लाभ विश्लेषण आदि प्रबन्ध की तकनीकियाँ पुस्तकालय की उपलब्धियों तथा स्थापित सिद्धान्त का मूल्यांकन करने के लिए उपयोग में लाई जाती हैं। उदाहरण के लिए, जैसे—पुस्तकों की संख्या, वर्गीकृत तथा सूचीकृत पुस्तकों की संख्या, इनके प्रक्रियाकरण कार्य में लगने वाला समय आदि पर तथ्य एवं आंकड़े मानव शक्ति तथा कार्यों को करने के लिए उपकरण सामग्री के निर्धारण के लिए संगृहीत किये जाते हैं।

बजट निर्माण की यह विधि गुण की अपेक्षा परिणाम की माप करती हे जिसको धनराशि के रूप में मापना अत्यंत ही कठिन कार्य होता है। वास्तव में पुस्तकालय जैसी एक सेवाकारी संस्था के लिए बजट का निर्धारण पुस्तकालय सेवाओं से उसके उपयोगकर्ताओं को कितनी सन्तुष्टि मिलती है इस बात के आधार पर किया जाता है।

4. प्लानिंग-प्रोग्रामिंग बजट पद्धति—बजट निर्माण करने की यह एक अन्य विधि है जिसमें बजट उपर्युक्त दोनों विधियों **प्रोग्रामिंग बजट** तथा **परफार्मेन्स बजट** की विशेषताओं को सम्मिलित करके बनाया जाता है। इस विधि का केन्द्रबिन्दु प्लांनिग योजना पर होता है। यह विधि पुस्तकालय के उदेश्यों एवं लक्ष्यों को लेकर प्रारम्भ होती है तथा प्रोग्रामों एवं सेवाओं तथा उन्हें प्रोजेक्ट के रूप में क्रियान्वित करने तथा आवश्यक सामग्रियों को अन्तिम रूप में बजट के माध्यम से प्रदर्शितकरने में सम्बन्ध स्थापित है।

5. शून्य आधारित बजट—विचारों की दृष्टि से शून्य आधारित बजट उपरोक्त प्रोग्रामिंग बजट के समान ही होता है। इस प्रकार के बजट में वर्तमान वर्ष से पहले अर्थात् भूतकाल में क्या हुआ है? इस पर ध्यान न दिया जाकर वर्तमान सामयिक गतिविधियों पर अधिक ध्यान दिया जाता है। इस प्रकार की बजट विधि में प्रत्येक प्रोग्राम अथवा क्रिया-कलाप का विस्तृत विवरण प्रस्तुत किया जाता है तथा उसके लिए वितीय व्यवस्था पिछले वर्ष का सन्दर्भ दिये बिना प्रसतुत की जाती है। दूसरे शब्दों में वित की माँग प्रत्येक वर्ष नवीन सिरे से की जाती है। पिदले वर्ष के व्यय से इस प्रकार के बजट में कोई सम्बन्ध स्थापित नहीं किया जाता है।

बजट निर्मित करने की इन विधियों का प्रादुर्भाव अभी-अभी कुछ समय पहले हुआ है तथा इस प्रकार के बजट बनाने वाले यह तर्क देते हों विधियाँ परम्परागत विधियों से उत्तम हैं। वास्तव में इन विधियों के द्वारा प्रस्तुत किये गये बजट पुस्तकालय सम्बन्धी आवश्यकताओं, गतिविधियों एवं सेवाओं का एक पूर्ण विवरण प्रदर्शित करते हैं।

भारत में अधिकांशतः सभी पुस्तकालय परम्परागत विधियों से बजट का निर्माण करते हैं केवल हाल के ही कुछ वर्षों में बजट निर्मित करने की नवीन विधियों की ओर कुछ पुस्तकालयों का ध्यान आकर्षित हुआ है। इसमें एक बात ध्यान देने की है कि अधिकतर ग्रन्थालयों के कार्य एवं सेवाओं में कोई परिर्वतन नहीं होता है जो एक बार प्रारम्भ हो जाती हैं वे निरन्तर चलती रहती हैं और किसी भी सूरत में बन्द नहीं की जा सकती हैं।

5

पुस्तकालय वर्गीकरण

पुस्तकालय विज्ञान में पुस्तकालय वर्गीकरण का अपना महत्त्व है। प्राचीन काल में संपात्ति के आधार पर समाज वर्गों में विभजित था। इस विभाजित वर्गीकरण का अंग्रेजी अर्थ 'Classification' होता है तथा इसी आधार पर Classi's शब्द से पुस्तकालय विज्ञान वर्गीकरण वर्ग पृथक नहीं है।

पुस्तकालय में पुस्तकों तथा अन्य प्रकार की अध्ययन-सामग्री का संग्रह किया जाता है। उसके उपयोग की सुविधा पुस्तकालय के उपयोगकर्त्ताओं को दी जाती है। अतः यह आवश्यक है कि उन सब पुस्तकों तथा अन्य अध्ययन सामग्री को ऐसी विधि से व्यवस्थित करके रखा जाए जिससे पुस्तकालय के कर्मचारियों एवं उपयोगकर्त्ताओं को दिक्कत न हो। पुस्तकालय-विज्ञान के दो सिद्धान्तों ने इस बात पर बल दिया है कि पाठकों को उनकी अभीष्ट पुस्तकें मिलनी चाहिए तथा उनका समय नष्ट नहीं होना चाहिए। इन सिद्धान्तों की पूर्ति के लिए अनेक टेक्निकल विधियों को अपनाया गया है। पुस्तकों का वर्गीकरण भी एक टेक्निकल विधि है। यह स्वयं कोई साध्य नहीं है, लेकिन यह पुस्तकालय-विज्ञान के सिद्धान्तों की पूर्ति का एक साधन है। पुस्तकालय-विज्ञान की मान्यता है कि पुस्तकों को विषय के अनुरूप क्रमशः रखा जाए तथा प्रत्येक विषय का क्रम मनमाने ढंग से न हो बल्कि प्रमाणिक और अनुभूत हो। हर विषय से सम्बन्धित उसके उपविषयों की अध्ययन सामग्री भी उसी के साथ एक क्रम में हो। इस प्रकार यह बात स्पष्ट हो जाती है कि पुस्तकों को इस प्रकार विषय के अनुसार व्यवस्थित करके रखने की कोई प्रमाणिक विधि का निर्माण करना पुस्तकालय-कर्मचारियों के वश की बात नहीं है। अलग-अलग करके अपनी-अपनी

मनमानी विधि बनानी भी नहीं चाहिए। इस प्रकार पुस्तकालय-विज्ञान के अन्तर्गत 'पुस्तकालय-वर्गीकरण' नामक एक शाखा स्थापित की गयी।

पुस्तकालय का अर्थ 'पुस्त्कालय-वर्गीकरण' शब्द में है पुस्तकालय में संगृहीत होने वाली अध्ययन सामग्री अर्थात् पुस्तकें, समाचार-पत्र एवं पत्रिकाएँ तथा अन्य सामग्री। उन सबका वर्गीकरण कैसे किया जाए? यह इस शाखा के तहत आता है। इस शाखा को दो पक्षों में रखते हैं—एक तो सिद्धान्त और दूसरा प्रयोग।

सिद्धान्त पक्ष के तहत वर्गीकरण के सामान्य सिद्धान्तों, वर्गीकरण का उद्देश्य, ज्ञानक्षेत्र का वर्गीकरण, पुस्तक-वर्गीकरण की प्राचीन परम्पराओं, विषय के अनुसार वर्गीकरण की प्रमुख पद्धतियाँ एवं उनका तुलनात्मक अध्ययन आदि आता है।

प्रयोग पक्ष के तहत पुस्तक-वर्गीकरण की पद्धतियों में से किसी एक अनुभूत एवं प्रामाणिक पद्धति का विशेष अध्ययन और उसके अनुरूप प्रयोगात्मक वर्गीकरण के नियमों के आधार पर पुस्तकों का वर्गीकरण करना अभीष्ट होता है।

वर्गीकरण का तात्पर्य

वर्गीकरण की अंग्रेजी क्लासीफिकेशन है। अंग्रेजी का क्लासीफिकेशन शब्द लैटिन भाषा के क्लासिस (classis) शब्द से बना है। इस पद (term) का प्रयोग रोम में प्राचीन काल में सम्पत्ति तथा महत्व की दृष्टि से मनुष्यों की समूहों या क्रम के भेद को स्पष्ट करने की प्रक्रिया के लिए किया जाता था।

सामान्य रूप से वर्ग शब्द का आशय ''सदृश वस्तुओं'' के समूह या विभाग से है। वर्ग का आशय हमारे लिए वस्तुओं का एक समूह है, जिसमें किसी समान गुण या विशेषता के आधार पर वस्तुओं को शामिल किया जाता है। वर्ग के तहत एकत्रित हर वस्तु में कम से कम एक सामान्य विशेषता या गुण की उपस्थिति अनिवार्य होती है। वर्ग चिरस्थायी एवं अपरिवर्तनीय न होते हुए भी उपयोगी और विकासमय होता है।

प्राचीन काल में द्वैतात्मक प्रथा (dichotmic system) प्रचलित थी; जिसके अनुसार विभाजन केवल दो वर्गों में किया जाता है। उदाहरण :

धनी एवं गरीब

बड़ा एवं छोटा

दास एवं स्वामी

ब्लिस ने वर्गीकरण के तीन चरण बताये हैं—(1) विभाजन करना (2) वर्गीकरण करना और (3) वर्गीकरण। पहले चरण में वस्तुओं को किसी समूह या वर्ग में रखने के लिए किसी सादृश्य अथवा समानता के आधार पर उनका विभाजन किया जाता

है। दूसरे चरण में बहुत-सी वस्तुओं में से उनकी किसी भी विशेषता के आधार पर वर्ग या उपवर्ग की रचना की जाती है। तीसरे चरण में सभी समूहों और उपसमूहों को, किसी उद्देश्य एवं अभिरुचि या कुछ सिद्धान्तों तथा नियमों को दृष्टि में रखकर क्रमबद्ध किया जाता है। वास्तव में वर्गीकरण प्रधान रूप में एक मानसिक प्रक्रिया है। जब हम किसी वस्तु को क्रमवत रखते हैं तो यह प्रक्रिया उस पर आधारित होती है, जिसकी धारणाओं की शृंखला हमारे मस्तिष्क में होती है।

फिलिप्स के अनुसार, ''वर्गीकरण आवश्यक रूप से एक मानसिक प्रक्रिया है और सोचने की एक विधि है; हम किसी वस्तु को अपनी धारणा अथवा विचार के अनुसार किसी समूह में रखते हैं अथवा पृथक् करते हैं। पृथक् करने या समूह में रखने की इस मानसिक प्रक्रिया को पृथक्करण (Abstraction) कहते हैं।''

सेयर्स (W.C.B. Sayers) के अनुसार, ''यह हमारे प्रत्यक्षीकरण और तर्क-शक्ति का अभ्यास है, जिसके आधार पर हम वस्तुओं को किसी सादृश्य के अनुसार एक क्रम में रखते हैं; और भिन्नता के अनुसार उन्हें एक-दूसरे से पृथक् करते हैं।''

इस परिभाषा के अनुसार वर्गीकरण का आशय न केवल एक सदृश या समान विशेषताओं वाली वस्तुओं को एक साथ समूह में रखना है, बल्कि उनके विभिन्न भागों को, जो एक सदृश हों, सादृश्य के अनुसार क्रमबद्ध श्रेणी में हर समूह के साथ रखना भी है। इस दृष्टि से वर्गीकरण न केवल वस्तुओं का सामान्य समूहीकरण है, बल्कि उन्हें एक सुव्यवस्थित एवं तर्गसंगत क्रमबद्ध शृंखला में रखना भी है, जिससे उनके आपसी सम्बन्ध को निश्चित किया जा सके।

फिलिप्स ने पुनः वर्गीकरण की परिभाषा को स्पष्ट करते हुए कहा कि वर्गीकरण पृथक् करने और एक समूह में रखने की प्रक्रिया है; इसके द्वारा एक सी वस्तुएँ एकत्र की जाती हैं और भिन्न प्रकार की वस्तुएँ पृथक् की जाती हैं। प्रकृति की जटिल भिन्नताओं तथा व्यक्तिक्रम में क्रम व्यवस्था स्थापित करने के लिए वर्गीकरण सम्भवतः सर्वोत्तम एवं सरलतम विधि है। यह पृथक्करण की प्रक्रिया है, जिसके द्वारा विचारों या वस्तुओं को उनमें निहित किन्हीं सादृश्य गुणों के आधार पर अव्यवस्थित समूह से अलग किया जाता है और एक साथ एक क्रम में रखा जाता है।

हुक्सले ने वर्गीकरण की बड़ी ही महत्वपूर्ण एवं व्यापक परिभाषा दी है, जिसमें जेवन्स ने कुछ बदलाव किया; फिर जास्ट ने उसमें कुछ बातें शामिल करके उसे पूर्णत्व प्रदान किया।

इनके अनुसार, ''वस्तुओं के वर्गीकरण का तात्पर्य उन्हें उनकी सदृशता अथवा समानता के अनुसार वास्तविक या आदर्श क्रमबद्ध व्यवस्थापन का मुख्य उद्देश्य मस्तिष्क को उन वस्तुओं की विशेषताओं को समझने और स्मृति में उनकी धारणा

बनाए रखने के कार्य में सुविधा प्रदान करना है तथा साथ ही उनका अभिलेख इस प्रकार प्रस्तुत करना है, जिससे आवश्यकता पड़ने पर सरलता और शीघ्रता से उनको प्रस्तुत किया जा सके और दूसरा उद्देश्य है उनका एक साथ क्रमवत रखने के नियम अथवा सिद्धान्त तथा आपसी सम्बन्ध एवं सहयोग की विशेषताओं तथा परिस्थितियों का निरूपण करना।"

जेवन्स ने विज्ञान एवं वर्गीकरण के आपसी सम्बन्ध को स्पष्ट करते हुए कहा है कि विज्ञान किसी वस्तु के स्वरूप का भेदन करता है और वर्गीकरण उनको एक साथ निकटतम अवस्था में रखने का कार्य करता है, चाहे वह विचारों की अवस्था हो अथवा स्थान के सामीप्य की अवस्था हो। इस तरह हर विज्ञान किसी न किसी रूप में वर्गीकरण विज्ञान होता है।

वर्गीकरण की जो परिभाषा सेयर्स ने संक्षेप में दी है, वह अपने में लगभग पूर्ण है। सेयर्स के अनुसार, वर्गीकरण द्वारा समान वस्तुओं को उनके सादृश्य की मात्रा के अनुसार एक साथ कमवत रखना है और उनकी भिन्नता के अनुसार उनको पृथक् करना है।

वर्गीकरण की प्रकृति और उसका उद्देश्य

वर्गीकरण की परिभाषा से ही यह स्पष्ट होता है कि यह एक ऐसी प्रक्रिया है, जो भयंकर व्यक्तिक्रम तथा अव्यवस्था की स्थिति में भी क्रम तथा व्यवस्था स्थापित करने में समर्थ एकमात्र महत्वपूर्ण एवं सफल साधन एवं विधि है। यह समान रूप से विचारों या वस्तुओं के क्रम स्थापित करने में सहायक होता है।

यद्यपि डॉ. रिचर्डसन का कहना है कि "प्रकृति ने स्वयं सभी वस्तुओं को पहले से ही क्रमवत उत्पन्न किया है। ये क्रम एक-दूसरे से पृथक् होते हैं। मनुष्य को केवल वर्गीकरण का क्रम ज्ञात करना पड़ता है और उसका अभिलेख रखना पड़ता है।"

वर्गीकरण का मुख्य उद्देश्य एवं कार्य मस्तिष्क को वस्तुओं को समझने तथा उसकी विशेषताओं को स्मृति में धारण करने में सुविधा प्रदान करना है। हर प्रकार का वर्गीकरण प्रज्ञाशक्ति और स्मृति को सहायता प्रदान करना है। इसके बिना किसी वस्तु को ज्ञात करना या उसे समझना सरल नहीं है। हमारे विचारों या स्मृति में किसी न किसी रूप रूप में वर्गीकरण की प्रक्रिया चलती रहती है।

पुस्तकें ग्रन्थालयों की आधार शिला है और ग्रन्थाललियों का आधार है वर्गीकरण जिसके अभाव में दोनों की उपयोगिता असम्भव है। वर्गीकरण न केवल पुस्तकों की व्यवस्था-फलकों (Shelves) पर सुचारू रूप में एक क्रमबद्ध श्रृंखला में व्यवस्थित

करने की सुविधा प्रदान करता है, बल्कि प्रसूची को कार्यरत करने में भी इसका बड़ा भारी योगदान होता है।

वर्गीकरण ज्ञान की कुंजी है। ग्रन्थालयों में ज्ञान पठनीय सामग्री में निहित रहता है, जो विभिन्न स्वरूपों (forms) में होती है। अगर सामग्री वर्गीकृत अवस्था में न हो तो ग्रन्थालयों में अव्यवस्था और भ्रम का साम्राज्य हो जायेगा। किसी भी वांछित कृति को प्राप्त करना कठिन हो जाएगा। सेयर्स ने कहा कि वस्तुओं के व्यतिक्रम और अव्यवस्था से व्याप्त भ्रम और कठिनाइयों का निवारण करने तथा क्रम और सुव्यवस्था की स्थापना के लिए ही वर्गीकरण परम्परा अथवा पद्धति का आविष्कार किया गया है। विशेषकर ग्रन्थालय-व्यवस्था के सन्दर्भ में वर्गीकरण द्वारा, एक विषय से सम्बन्धित पुस्तकों को क्रमानुसार व्यवस्थित करने में बड़ी सहायता मिलती है। पुस्तकों को अपेक्षित अवस्था में रखने का वर्गीकरण ही एक मात्र साधन महत्वपूर्ण विधि है। वर्गीकरण से पुस्तकों को प्राप्त करने की सुविधा होती है और कम से कम समय लगता है। संकलन की स्थिति के विषय में भी इसके द्वारा ही सही जानकारी हो सकती है।

वर्गीकरण का प्रमुख उद्देश्य हर विषय को उसके अपने वर्ग में पूर्णतया अलग तथा विशिष्ट (individualized) बना देता है।

वर्गीकरण एवं विभाजन

इन दोनों पदों को स्पष्ट समझना जरूरी है, जिससे उनका मूल भेद ज्ञात हो सके। वर्गीकरण के तहत वस्तुओं अथवा विचारों को उनके सादृश्य के आधार पर समूहों अथवा वर्गों में व्यवस्थित किया जाता है; और उन्हें शामिल करके एक बड़े समूह अथवा वर्ग का निर्माण किया जाता है। परन्तु विभाजन में इसके विपरीत होता है।

विभाजन के तहत किसी एक वर्ग अथवा समूह को कुछ गुणों के होने अथवा न होने के आधार पर या उन गुणों की भिन्न-भिन्नं मात्रा होने के कारण उनको उपविभागों या उपवर्गों में विभाजित किया जाता है। ठीक इसी प्रकार उस उपवर्ग को पुनः दूसरे उपवर्ग में विभाजित किया जाता है। जब तक कि उनका विभाजन असम्भव या अनावश्यक न हो जाए, तब तक यह क्रम जारी रह सकता है।

वर्गीकरण की प्रक्रिया में कम सामान्य की ओर से अधिक सामान्य या कम विस्तार से अधिक विस्तार की ओर अग्रसर होते हैं। विभाजन में अधिक सामान्य से कम सामान्य या अधिक विस्तार से कम विस्तार की ओर अग्रसर होते हैं। इस

तरह से वर्गीकरण अगमनात्मक होता है और विभाजन निगमनिक होता है। ज्ञान के सम्पूर्ण क्षेत्र के समावेश के लिए सामान्य वर्गीकरण और इसके किसी एक भाग के समावेश के लिए एक विशेष वर्गीकरण की जरूरत होती है। परम्परा की दृष्टि से वर्गीकरण दो प्रकार के होते हैं–

(1) नैसर्गिक वर्गीकरण और

(2) कृत्रिम वर्गीकरण

जिन विचारों अथवा गुणों के आधार पर सदृशता और भिन्नता को निश्चित किया जाता है और जिस आधार पर वस्तुओं को एक साथ व्यवस्थित करते हैं तथा अलग करते हैं उसे विभाजन-सिद्धान्त या विशेषता कहते है या एक-दूसरे से अलग किया जाता है, उसे नैसर्गिक वर्गीकरण कहते हैं, उदाहरण के लिए, वस्त्रों के बंडल का विभाजन वस्त्रों में प्रयुक्त वस्तु, रंग, आकार या बारीकी, जो इनकी विशेषताएँ हैं, के आधार पर विभिन्न समूहों अथवा समूहों में किया जा सकता है। अगर विभाजन प्रयुक्त वस्तुओं के आधार पर किया जाता है तो रेशमी, सूती एवं ऊनी, तीनों प्रकार में वस्त्र अपने प्रयुक्त वस्तुओं के आधार पर एक-दूसरे से अलग किए जा सकते हैं। इस तरह के समूहीकरण में वस्त्रों की मौलिक विशेषता के आधार पर विभाजन किया जाता है। अतः इसे नैसर्गिक वर्गीकरण कहते हैं।

उनमें से कोई भी वस्त्र किसी भी वस्तु से बना हो सकता है, जिसका एक ही रंग हो सकता है या कई रंग भी हो सकते हैं। आकार और बारीकी की दृष्टि से वे वस्त्र एक जैसा अथवा भिन्न प्रकार के हो सकते हैं। अगर विभाजन भिन्न-भिन्न वर्गों में रंग, आकार तथा बारीकी के अनुसार होता है तो विभाजन के आधार संयोगवश रंग, आकार अथवा बारीकी जैसी कृत्रिम विशेषताएँ हैं, जो संयोगवश कैसी भी हो सकती हैं। क्योंकि ये विशेषताएँ न तो मौलिक हैं, न चिरस्थायी ही। अतः इन विशेषताओं के आधार पर वस्तुओं की समूहीकरण करना कृत्रिम वर्गीकरण कहलायेगा। इस तरह का विभाजन अथवा समूहीकरण बाह्य गुणों अथवा आकस्मिक समानता अथवा असमानता के आधार पर होता है। यह समानता वस्तुओं के कार्य, आकार या उद्देश्य में होती है। इस तरह की विशेषताओं के आधार पर किया गया वर्गीकरण सुविधा और उपयोगिता को ध्यान में रखते हुए किया जाता है, जो व्यवहार में सहायक होता है। कृत्रिम वर्गीकरण की परिभाषा सेयर्स ने इस तरह की है–

इस तरह कृत्रिम वर्गीकरण वह है जिसमें व्यवस्थापन के लिए वस्तुओं के आकस्मिक गुणों को आधार बनाकर वर्गीकरण किया जाता है।

फिलिप्स के अनुसार नैसर्गिक एवं कृत्रिम वर्गीकरण की परिभाषा इस तरह है–

"सैद्धान्तिक वर्गीकरण के तहत वस्तुओं की अत्यन्त महत्त्वपूर्ण विशेषताओं तथा सम्बन्धों के आधार पर पारस्परिक रूप से अनन्यता एवं सामूहिक रूप से निःशेषी समूहों की योजना को संविन्यस्त करने का प्रयत्न किया जाता है। इस श्रेष्ठतम आकलन व्यवस्था को स्थापित करने के लिए जितना ही सूक्ष्मतम दृष्टिकोण किसी वर्गीकरण में रखा जाता है उतना ही अधिक प्राकृतिक वर्गीकरण कहलाने के योग्य होता है।.इस आदर्श से अगर कोई वर्गीकरण विचलित होता है, जैसा कि जरूरीत के अनुसार किसी व्यावहारिक उद्देश्य से किया जाता है, तो उसे कृत्रिम वर्गीकरण कहेंगे।"

वर्गीकरण की विधियाँ

उपविभागों के लिखित विवरण को अनुसूची कहते हैं, जिसमें पदों की शृंखला लम्बवत्, स्तम्भ में मुद्रित की हुई होती है। सेयर्स के अनुसार, अनुसूची पदों में समस्त ज्ञान का विवरण अथवा अभिलेख है।

इस तरह, किसी वर्गीकरण योजना के तहत ज्ञान-जगत के भिन्न-भिन्न विभक्त वर्ग आदि पदों में मुद्रित अथवा लिखित रूप में, पेश कर दिए जाते हैं, तो उस योजना को वर्गीकरण-अनुसूची कहते हैं।

डॉ. रंगथाथन् के अनुसार, अनुसूची किसी वर्गीकरण योजना का शब्द-भण्डार अथवा शब्द-कोष है, जिससे हर वर्गांक का आशय सहज अथवा प्रचलित भाषा में प्राप्त होना है। इसके क्रम की व्यवस्था समूहों के क्रमानुसार होती है।

पदावलियों तथा वर्गांकों से युक्त वर्ग-योजना को वर्गीकरण अनुसूची कहते हैं इसे संक्षेप में डॉ. रंगनाथन् ने स्पष्ट किया है।

ज्ञान के विभाजन की विधियों को मौटे तौर पर उनकी प्रक्रियाओं के अनुसार तीन समूहों में रखा जा सकता है–

(1) तार्किक वर्गीकरण

(2) दार्शनिक वर्गीकरण तथा

(3) वैज्ञानिक वर्गीकरण

इन तीनों विधियों तथा उनकी प्रक्रियाओं के स्पष्टीकरण के लिए संक्षेप में व्याख्या करना जरूरी है। ये विधियाँ ज्ञान के वर्गीकरण या विभाजन की प्रक्रिया में उन विशेषताओं तथा सिद्धान्तों को स्पष्ट करने में सहायक होती हैं; जिन पर हम ग्रन्थालय वर्गीकरण को आधारित करते हैं; जिसके द्वारा वस्तुतः ज्ञान का विषय विभाजन होता है और पाठ्य सामग्री को सुविधाजनक क्रम में व्यवस्थित किया जाता है।

(1) तार्किक वर्गीकरण—तार्किक या तर्कसंगत वर्गीकरण उसे कहते हैं, जिसमें केवल तर्क (logic) को ही विभाजन का आधार माना जाता है अथवा जहाँ तर्क ही प्रमुख आधार होता है। इसमें ज्यादातर यूनानी तर्क-शास्त्री पारफिरी द्वारा प्रतिपादित पारफिरी के वृक्ष के अनुकरण पर ही द्वैतात्मक विभाजन का द्विशाखित वर्गीकरण की प्रक्रिया होती है। आगे चलकर इसको उदाहरण सहित पूर्ण स्पष्ट किया जायेगा।

(2) दार्शनिक वर्गीकरण—दार्शनिक वर्गीकरण वह योजना है, जिसके तहत दार्शनिक अपने अनुसन्धान और उपलब्धियों को चरम यथार्थ के रूप में व्यवस्थित करते हैं और उसके आधार पर अपनी बुद्धि एवं विचारधारा के अनुसार जगत की व्याख्या करते हैं।

(3) वैज्ञानिक वर्गीकरण—वैज्ञानिक वर्गीकरण के तहत वस्तुओं के विभाजन की समूहों की ऐसी योजना प्रस्तुत की जाती है जो प्रमुख विशेषताओं और उनके वास्तविक सम्बन्धों पर आधारित होती है और साथ ही परस्पर अनन्य और निःशेषी होती है।

ज्ञान-वर्गीकरण और ग्रन्थ-वर्गीकरण के प्रमुख एवं जरूरी भेदों की व्याख्या अगले अध्याय में की जाएगी।

वर्गीकरण की विशेषताएँ एवं उपसूत्र

वर्गीकरण की आधारशिला किस प्रकार की होनी चाहिए और पदों तथा समूहों का विभाजन किन-किन मौलिक एवं उपयोगी सिद्धान्तों पर होना चाहिए, इसका विवेचन व्याख्यात्मक रूप से किया जा चुका है। परन्तु उन प्रक्रियाओं तथा सिद्धान्तों एवं विशेषताओं को स्पष्ट करने तथा वर्गीकरण योजना को सुदृढ़ एवं उपयोगी बनाने की दृष्टि से अनेकशः नियमों एवं उपनियमों या उपसूत्रों (Canons) का प्रतिपादन किया गया है, जो वर्गीकरण की संरचना तथा उनके मौलिक आधार को परखने के लिए कसौटी का काम करते हैं।

साधारणतः वर्गीकरण की दृष्टि से विभाजन के निम्न सिद्धान्त तर्क के आधार पर प्रतिपादित किए गए हैं—

(1) समूहों की सृष्टि के लिए वर्गीकरण का प्रत्येक चरण केवल एक ही निश्चित सिद्धान्त पर आधारित होना चाहिए। अर्थात् जिन विशेषताओं के आधार पर वर्गीकरण किया जाता है उनका विभाजन के प्रत्येक चरण में निरन्तर एकरूपता के साथ प्रयोग होना चाहिए।

(2) समकक्ष समूहों को पारस्परिक रूप से अवश्य ही अनन्य और पूर्ण तथा निःशेषी होना चाहिए।

समकक्ष वर्ग वे वर्ग हैं, जो एक ही क्रम, श्रेणी या मात्रा (degree) के होते हैं।

द्रव्य के उदाहरण में सजीव अथवा प्राणी की प्राप्ति व्यावर्तक गुण सजीव को शरीरी में शामिल करके हुई है। इसमें जीवधारी अन्य प्रकार के शरीर से अलग हो जाते हैं, जो शरीर रहित समूह में शामिल हो जाते हैं। कहने का आशय यह है कि जो वर्ग और उपवर्ग विभाजन से प्राप्त होते हैं, उन्हें अपने में पूर्ण होना चाहिए और दो समूहों को आपस में टकराना नहीं चाहिए।

जब दो विशेषताओं का प्रयोग एक ही चरण पर विभाजन या समूहों के निर्माण के लिए होगा, तो असंगित व्याप्त हो जाएगी और परिणामतः प्रति विभाग या प्रतिवर्गीकरण पैदा हो जाएगा। प्रति वर्गीकरण का आशय है—किसी विषय के उपविभागों में दो विशेषताओं का प्रयोग करना, जिससे भ्रम पैदा हो जाता है। इसके फलस्वरूप एक ही विषय से सम्बन्धित वर्ग भिन्न-भिन्न विषयों के साथ चले जाते हैं। प्रति वर्गीकरण तर्कसंगत नहीं है। परन्तु अधिकांशतः व्यावहारिक अनुसूचियों में सैद्धान्तिक की अपेक्षा प्रति वर्गीकरण के दृष्टान्त अधिक मिलते हैं; जिनके सम्बन्ध में सेयर्स का मत है कि प्रति वर्गीकरण उतने भ्रामक नहीं होते, न उनसे उतनी कठिनाई ही होती है, जितना उपसूत्रों और सिद्धान्तों का अक्षरशः परिपालन करने से पैदा ज्यादातर हो जाती है। सामान्य वर्गीकरण में प्रति विभाग उद्देश्य की पूर्ति की दृष्टि से एक जरूरी पहलू हो जाता है, जो ब्लिस के वर्गीकरण का एक निश्चित और जरूरी अंग है। पदों का प्रयोग निश्चित रूप से संदिग्धता रहित और एकरूप होना चाहिए। किसी जरूरी एवं विस्तृत वर्गीकरण योजना के तहत पदों के व्यापक अर्थ तथा प्रयोग की व्याख्या एवं परिभाषा जरूरी है, जिससे संदिग्धता की स्थिति पैदा ही न हो सके।

(3) समकक्ष समूहों को सामूहिक रूप से निःशेषी होना चाहिए, अर्थात् उन्हें परतम प्रजाति का समव्यापी होना चाहिए।

इसका आशय यह है कि अनुसूची के तहत ऐसे हर विषय का उल्लेख एवं विवरण होना चाहिए जो उपलब्ध हैं या कालान्तर में जिनके उपलब्ध होने के सम्भावना हो। परन्तु पूर्णरूपेण निःशेषता विशेष वर्गीकरण में ही सम्भव है, जिसमें एक ही विषय का वर्गीकरण विशद रूप से हो, यथा कोई वर्गीकरण केवल रसायनशास्त्र भौतिकी या मनोविज्ञान के किसी एक विषय के लिए ही निर्मित किया गया हो।

वैसे तो इसमें भी यह पूर्णरूपेण सम्भव नहीं है, क्योंकि मनुष्य के ज्ञान के साधन सीमित हैं और वह ज्ञान की प्रत्येक शाखा से अवगत भी नहीं हो सकता। किसी सामान्य वर्गीकरण की पूर्णरूप से संतोषजनक एवं निःशेष रचना

एक व्यक्ति के सामर्थ्य से परे है। केवल ज्ञात वस्तुओं और विचारों का ही वर्गीकरण सम्भव है।

अतः वर्गीकरण के तहत सभी वस्तुओं तथा विचारों को अंकित कर देना चाहिए और कालान्तर में उत्पन्न होने वालों के लिए स्थान का प्रावधान होना चाहिए, जिससे उनका सन्निवेश सम्भव हो सके। कहने का आशय यह है कि अनुसूची में वर्द्धनशीलता, लचीलापन और संग्राहकता की विशेषताएँ जिस वर्गीकरण में जितनी ही अधिक होंगी, उतना ही वह पूर्ण, व्यापक एवं उपयोगी होगा।

ये तीनों विशेषताएँ औपचारिक रूप से तो वर्गीकरण के लिए आधारशिला की भाँति अनिवार्य हैं, परन्तु व्यावहारिक दृष्टि या सैद्धान्तिक मूल्य की दृष्टि से इतनी महत्वपूर्ण नहीं है। इसके व्यवहारिक तथा सैद्धान्तिक पक्ष उस उद्देश्य या प्रयोजन पर आधारित हैं जिसके लिए वर्गीकरण किया जाता है। वर्गीकरण के उद्देश्य पर ही विभाजन की विधियाँ आधारित होती हैं और उपसमूहों का विस्तार भी इसी से निर्धारित होता है।

सैद्धान्तिक वर्गीकरण तथा किसी समूह के उपवर्ग निम्नांकित चार नियमों पर आधारित हैं–

1. विभाजन के हर चरण पर विशेषताओं के प्रयोग में एकरूपता होनी चाहिए;
2. सभी वर्ग पारस्परिक रूप से पृथक एवं अनन्य होने चाहिए और पदों का प्रयोग निरन्तर बिना किसी संदिग्धता के होनी चाहिए;
3. विभाजन अवश्य ही निःशेषी होनी चाहिए; तथा
4. वर्गीकरण के उद्देश्य की दृष्टि से जरूरी एवं उपयोगी विशेषताओं का ही प्रयोग होना चाहिए।

वर्गीकरण के उपसूत्र

अब तक वर्गीकरण के स्वरूप एवं प्रक्रियाओं का निर्धारण करने तथा उन्हें पूर्णरूप से स्पष्ट करने के लिए विविध परिभाषाओं और दृष्टान्तों को प्रस्तुत किया गया, जिससे वर्गीकरण के वास्तविक स्वरूप और आशय एवं प्रकृति तथा उद्देश्य को सैद्धान्तिक और व्यवहारिक दृष्टि से भलीभाँति समझा जा सके। सैद्धान्तिक और व्यावहारिक दृष्टि ने वर्गीकरण को सुव्यवस्थित एवं उपयोगी बनाने तथा इसकी प्रक्रिया को वैज्ञानिक रूप से कार्यान्वित करने के लिए अनेक ग्रन्थालय-विज्ञानवेत्ताओं ने वर्गीकरण उपसूत्रों का प्रतिपादन किया है, जो वर्गीकरण सिद्धान्त की आधारभूत शिलाएँ हैं, जिनके अनुसरण से वर्गीकरण बहुत सुव्यवस्थित एवं सुदृढ़ हो जाता

है, जो अत्यन्त ही उपयोगी सिद्ध होता है। जिन सिद्धान्तों का विवेचन हो चुका है और जिन उपसूत्रों का वर्णन किया जाएगा, उनका वास्तविक महत्व आगे चलकर ज्ञान-वर्गीकरण एवं ग्रन्थ-वर्गीकरण के परिप्रेक्ष्य में स्पष्ट किया जाएगा।

उपसूत्रों का प्रतिपादन अनेक ग्रन्थालय-विज्ञानवेत्ताओं ने भिन्न-भिन्न ढंग से किया है जो वर्गीकरण योजनाओं के लिए कसौटी पर काम करते हैं। वास्तव में ये वर्गीकरण सिद्धान्त के मूलाधार हैं। रिचार्डसन ने इन्हें कसौटी की संज्ञा दी है, जो पाँच प्रकार की हैं। ब्लिस ने इन उपसूत्रों को सिद्धान्त की संज्ञा दी है जिनकी संख्या 32 है। सेयर्स तथा डॉ. रंगनाथन् ने इन्हीं उपसूत्रों के नाम से लोकप्रिय किया है।

सेयर्स कुल मिलाकर 29 उपसूत्रों को प्रतिपादन किया है, जिनमें से वर्गीकरण सिद्धान्त से सम्बन्धित उपसूत्र निम्नांकित हैं–

1. विभाजन पदों के अधिक विस्तार तथा अल्प आशय या गहनता की ओर से पदों के अधिक आशय तथा अल्प विस्तार की ओर चलते हैं।
2. प्रक्रिया को अनुक्रमिक होना चाहिए, प्रत्येक पद को अपने पहले वाले पद के सुगम संक्रम में होना चाहिए और सम्पूर्ण को विधिवत् समवर्गीय होना चाहिए।
3. जिन विशेषताओं के आधार पर विभाजन होता है, उनको वर्गीकरण के उद्देश्य की पूर्ति के लिए आवश्यक एवं उपयोगी होना चाहिए।
4. विशेषताओं के अनुरूप होना चाहिए।
5. पदों को पारस्परिक रूप से अनन्य एवं पृथक् होना चाहिए।
6. विभाजन की परिगणना सम्पूर्ण और निःशेषी होनी चाहिए।

डॉ. रंगनाथन् ने उपसूत्रों की रचना और उनका प्रतिपादन मौलिक रूप से किया है, जो वर्गीकरण के मूलतत्व हैं। कोई भी वर्गीकरण जो इन उपसूत्रों के सिद्धान्त पर आधारित है, निश्चय ही सुव्यवस्थित एवं सुदृढ़ होगा और अत्यधिक कार्यशील होगा।

इन उपसूत्रों को उनकी व्यवहारिकता तथा उस सन्दर्भ में उपयोगिता की दृष्टि से छह कोटियों में रखा जा सकता है। हर कोटि वर्गीकरण-पद्धति में सन्निहित छह धारणाओं से सम्बन्धित है, जिनका प्रतिपादन डॉ. रंगनाथन् ने वर्गीकरण के उन पहलुओं एवं तत्वों को स्पष्ट करने के लिए किया है, जो वर्गीकरण पद्धति की अनुसूची की रचना और उद्देश्य को प्रभावित करते हैं–

उपसूत्रों के प्रकार–

(1) विशेषताएँ
(2) वर्ग-विन्यास
(3) वर्ग-शृंखला
(4) संसर्ग-अनुक्रम
(5) पारिभाषिक पदावली
(6) अंकन

इन छह कोटियों के उपसूत्रों की कुल संख्या 22 है। प्रथम चार धारणाएँ विचार धरातल में निहित हैं। पारिभाषिक पदावलियों की धारणा शाब्दिक धरातल से सम्बन्धित है तथा अंकन की धारणा अंकन-धरातल से सम्बन्धित है।

विशेषताओं का उपसूत्र—सभी विचारों एवं वस्तुओं में कुछ न कुछ गुण होते हैं। गुण एक या अनेक हो सकते हैं। समस्त विचारों और वस्तुओं का नाम पदार्थ अथवा द्रव्य है पदार्थों में निहित गुण के आधार पर उन्हें अलग किया जाता है और इन्हीं गुणों के आधार पर समानता और असमानता का भेद निश्चित किया जाता है, जो वर्गीकरण प्रक्रिया का जरूरी आधार है।

डॉ. रंगनाथन् ने विशेषताओं की दृष्टि से सात उपसूत्रों का प्रतिपादन किया है—

(1) पृथक्करण उपसूत्र—इस उपसूत्र के अनुसार, विशेषता में यह क्षमता होना चाहिए कि वह इस आधार पर किसी भी विचार या वस्तु को कम से कम दो समूहों में विभक्त कर सके।

उदाहरणार्थ—मान लीजिए, किसी एक कक्षा में विद्यार्थियों को विभाजित करना है; अगर सब समान स्तर के हैं तो विभाजित करना सम्भव नहीं है। फिर भी निम्नांकित विशेषताओं को आधार मानने पर उनका विभाजन सरल हो जाएगा—

(क) लिंग भेद
(ख) बौद्धिक स्तर
(ग) अध्ययन का विषय।

उक्त विशेषताओं के आधार पर एक ही कक्षा के विद्यार्थियों का समूह—(क) छात्र-छात्राओं, (ख) तीव्र बुद्धि एवं मन्द बुद्धि, तथा (ग) भूगोल या इतिहास पढ़ने वाले—इन समूहों में विभक्त हो जायेगा; अतः इस सूत्र के अनुसार, वर्गीकरण में समूहों को उपभागों में बाँअने के लिए प्रावधान होना चाहिए। डॉ. रंगनाथन् ने अपने कोलन क्लासीफिकेशन में हर वर्ग के विभाजन के लिए पृथक्करण की विशेषता की विधिवत अनुसरण करने का समुचित प्रावधान किया है। हर मुख्य

वर्ग की अनुसूची के प्रारम्भ में विषय के उपविभागों के लिए प्रयुक्त विशेषताओं की क्रमबद्ध शृंखला उल्लिखित है, जिसके प्रयोग के लिए जरूरी निर्देश भी हैं।

(2) संलग्नता उपसूत्र—इस उपसूत्र का सिद्धान्त यह है कि किसी भी विषय के विभाजन के तहत एक ही उपविभाग या उपवर्ग के लिए दो विशेषताओं का प्रयोग नहीं होना चाहिए। अगर दो विशेषताओं का प्रयोग करने से वर्ग एक ही होता है तो दोनों का प्रयोग एक साथ नहीं होना चाहिए।

उदाहरण—व्यक्तियों के किसी समूह या वर्ग का विभाजन करते समय जन्मतिथि और आयु को आधार मानकर विभाजन किया जाए तो विभाजन एक ही होगा। इसी प्रकार पुस्तकों के संस्करण तथा प्रकाशन की तिथि को आधार मानकर विभाजन करने से वर्ग एक ही होगा। अतः इस तरह का प्रयोग नहीं होना चाहिए जो अव्यावहारिक हो।

(3) सम्बद्धता उपसूत्र—इसके अनुसार हर विशेषता को वर्गीकरण के उद्देश्य से सम्बद्ध होना चाहिए। विशेषताएँ ऐसी होनी चाहिए, जिससे वर्गीकरण का जो उद्देश्य हो, उसमें वे सहायक बन सकें।

उदाहरण—अगर पाठकों की सुविधा के लिए पुस्तकों का वर्गीकरण करना है तो पुस्तकों का विषय, उनकी भाषा और प्रकाशन-तिथि तथा लेखक एक विशिष्ट और अत्यन्त उपयोगी आधार हो सकते हैं— पुस्तक के आकार जिल्द, और मुद्रण के प्रकार की अपेक्षा ये विशेषताएँ अधिक महत्वपूर्ण हैं।

(4) निर्धायता उपसूत्र—इस उपसूत्र के अनुसार विशेषताओं का चयन ऐसा होना चाहिए, जिसे आसानी से निश्चित या तय किया जा सके।

उदाहरण—अगर मनुष्यों के समूह का वर्गीकरण करना है तो मृत्यु की तिथि को विभाजन की विशेषता का आधार मानना तर्कसंगत नहीं है क्योंकि मृत्यु की तिथि निश्चित करना आसन नहीं है। इसी प्रकार डॉ. मिलविल ड्यूवी ने अपने दशमवलव वर्गीकरण (Decimal Classification) में उच्चकोटि के लेखक और लघुकोटि के लेखक (major author and mino author) को एक विशेषता मानकर उनका विभाजन किया है। यह न तो तर्गसंगत ही है और न चिरस्थायी ही , क्योंकि कौन उच्च कोटि का लेखक है और कौन लघुस्तर का, यह निश्चित करना सरल नहीं है। जो आज छोटा है, वही कल लोकप्रियता पाकर प्रमुख एवं उच्चकोटि का लेखक माना जा सकता है।

डॉ. रंगनाथन् के कोलन क्लासीफिकेशन (Colon Classification) में इस तरह के किसी विभाजन का प्रावधान नहह है, जो तर्गसंगत न हो। यहाँ लेखकों की जन्मतिथि को आधार माना गया है।

(5) **स्थायित्व उपसूत्र**–जब तब वर्गीकरण के उद्देश्य में कोई बदलाव न लाया जाए, तब तक विशेषताओं को स्थाई और सुनिश्चित होना चाहिए। क्योंकि विशेषताओं में बिना किसी उद्देश्य के बदलाव लाने से अव्यवस्था होने की आशंका बनी रहेगी।

उदाहरण–साहित्य में तहत नाटक उसका एक अंग है या एक स्वरूप भी कहा जा सकता है। विभाजन की दृष्टि से इसको रूप-विभाजन (form division) के तहत निर्धारित किया जाता है। साहित्य में नाटको को रूप-विभाजन के आधार पर एक स्वरूप मानकर विभाजित करना ही स्थायी एवं एक सुनिश्चित विधि है। परन्तु नाटक, गद्य और पद्य दोनों में होते हैं और कुछ में मात्राओं का अन्तर होता है, जो एक शैली (style) मात्र है जो साहित्य के विभाजन की दृष्टि से उपयोगी विशेषता नहीं है और न तो स्थाई और उपयोगी ही है; अतः यह विशेषता विभाजन का आधार नहीं हो सकता।

(6) **सम्बद्ध अनुक्रम**–वर्गीकरण योजना में विशेषताओं की अनुसूची की क्रमबद्धता वर्गीकरण के उद्देश्य से सम्बद्ध होनी चाहिए। साहित्य में भाषा रूप विधान, काल एवं लेखक विशेषताओं का क्रम है– डेसिमल क्लासीफिकेशन में साहित्य का विभाजन उक्त क्रम के आधार पर ही किया है। कोलन क्लासीफिकेशन में भी भाषा रूप विधान एवं लेखक तथा उनकी कृतियों के अनुक्रम को विशेषताओं का आचार चुना गया है। दोनों पद्धतियों में ये क्रम वर्गीकरण के उद्देश्य से सम्बद्ध है। यद्यपि इसमें 24 प्रकार की विशेषताएँ उपलब्ध हैं, परन्तु उनका विस्तृत विवरण यहाँ पाठकों की दृष्टि से उपयोगी या सुविधाजनक नहीं होगा।

(7) **अनुरूपता उपसूत्र**–इसके अनुसार निश्चित की हुई विशेषताओं के प्रयोग के अनुक्रम का अनुसरण अनुरूपता के साथ निरन्तर होना चाहिए। न केवल विशेषताओं के प्रयोग में अनुरूपता होनी चाहिए, बल्कि जिस अनुक्रम में उनका प्रयोग होना है, उनमें भी अनुरूपता जरूरी है। कहने का आशय यह है कि यह एक प्रकार का सामान्य नियम है, जिसके अ नुसार किसी एक विशेष अवस्था अथवा उद्देश्य के परिप्रेक्ष्य में ठीक उन्हीं विशेषताओं के अनुक्रम का अनुसरण जरूरी है।

डेसिमल क्लासीफिकेशन में इतिहास के विभाजन में भौगोलिक और कालक्रम में दो की अपेक्षा चार विशेषताओं–(1) भौगोलिक, (2) सांविधिक अंग, (3) समस्या, (4) कालक्रम को एक उद्देश्य का आधार माना गया है। इन विशेषताओं के अनुक्रम का दोनों पद्धतियों में अक्षरशः अनुसरण किया गया है। इनका अनुसरण न होने से वर्गीकरण की अनुरूपता नष्ट हो जाएगी और व्यक्तिक्रम और अव्यवस्था की स्थिति पैदा होने लगेगी।

वर्गीकरण को उपयोगी एवं सुविधाजनक बनाने की दृष्टि से इन विशेषताओं के उपसूत्रों का पालन जरूरी है, जिसके आधार पर वर्गीकरण योजना की रचना होनी चाहिए।

पुस्तकालय वर्गीकरण की परिभाषा

वर्गीकरण की प्रवृत्तियों का वर्णन संक्षेप में किया जा चुका है। वर्गीकरण का प्रादुर्भाव ग्रन्थालयों की स्थापना के साथ ही साथ हुआ, लेकिन 1876 में अंकन क्षेत्र में क्रान्ति आने से वर्गीकरण का महत्व बढ़ गया और ग्रन्थालय विज्ञान के क्षेत्र में ग्रन्थ-वर्गीकरण पद्धति विशद् अध्ययन तथा अध्यापन का विशिष्ट एवं महत्वपूर्ण विषय बन गई। ग्रन्थालयों में विशाल पुस्तक-संकलन तथा उनकी व्यवस्था की समस्या के कारण वर्गीकरण प्राणालियों को अधिक महत्व दिया जाने लगा।

प्रारम्भ में वर्गीकरण पद्धति की जरूरत का अनुभव ग्रन्थालयों में फलकों पर पुस्तकों की क्रमबद्ध व्यवस्था कायम रखने के लिए किया जाता था। यद्यपि पुस्तकों की व्यवस्था के तहत निकटतम विषयों के पारस्परिक सम्बन्ध के आधार पर पुस्तकों को एक क्रमबद्ध शृंखला में रखने का उद्देश्य निहित था। मुख्यतः यह प्रक्रिया फलकों की व्यवस्था तक ही सीमित थी। इसे मात्र परम्परागत वर्गीकरण कहा जा सकता है। इसमें वर्गीकरण को सूचना-पुनप्राप्ति की विधि या युक्ति के रूप में प्रयोग लाए जाने पर बल नहीं दिया जाता था। वर्गीकरण के इस उद्देश्य का समर्थन ह्यूम और ब्राउन ने किया है। ह्यूम ने ज्ञान-वर्गीकरण की अपेक्षा ग्रन्थ-वर्गीकरण पर अधिक जोर दिया; और ब्राउन ने कार्यशील, व्यावहारिक एवं सुविधाजनक पद्धति का समर्थन किया है। परन्तु आज ग्रन्थालय वर्गीकरण का ग्रन्थालयों में उपयोग पुस्तकों की क्रमबद्ध यान्त्रिक व्यवस्था करने तक सीमित न रखकर सूचना पुनप्राप्ति तथा प्रलेखन और सन्दर्भ ग्रन्थ-प्रसूची के क्षेत्र में भी व्यापक स्तर पर किया जाने लगा है। इस कारण इसका महत्व और बढ़ गया है।

ग्रन्थालय-विज्ञानवेत्ताओं ने जो परिभाषाएँ निश्चित की हैं, विषय को स्पष्ट करने की दृष्टि से यहाँ उनका उल्लेख किया जा रहा है–

(1) रिचार्डसन के अनुसार, ग्रन्थ-वर्गीकरण अधिकतम प्रयोग में लाई जाने वाली पुस्तकों को उन वर्गों में एक साथ रखना है, जिसके अन्तर्गत उसको एक साथ अधिक प्रयोग में लाया जाता है।

(2) कटर के अनुसार, ग्रन्थ-वर्गीकरण अपरिवर्तित अथवा समान विषयों पर लिखित पुस्तकों को एकत्रित करने का कार्य सम्पन्न करता है।

(3) ह्यूम के अनुसार, ग्रन्थ-वर्गीकरण साहित्य में ज्ञान के अन्वेषण की एक यान्त्रिक

क्रिया है, जिससे समय की बचत होती है। पुस्तकें विषय-वस्तु हैं और उनमें से ज्ञान को कम से कम समय लगाने वाली युक्ति से खोजकर प्राप्त कर लेना वर्गीकरण का मुख्य उद्देश्य है।

(4) जेवन्स ने यद्यपि ग्रन्थ-वर्गीकरण की प्रक्रिया में तर्क-शास्त्रीय नियमों के अनुसरण को तर्कसंगत विवेकशून्यता कहा है, तथापि उसने वर्गीकरण को ग्रन्थालयों में संग्रहीत एवं सुरक्षित ज्ञान की कुंजी माना है।

वर्गीकरण की सहायता से ग्रन्थालयी पुस्तकों को फलकों पर क्रमानुसार व्यवस्थित करता है तथा उनको कम से कम समय में पाठकों को उपलब्ध कराता है। ज्ञान को सूक्ष्मतम विषयों के समूहों तक विभक्त करने में वर्गीकरण से सहायता प्राप्त होती है। साथ ही वर्गीकरण अनुसन्धान-कार्य को भी गतिशील बनता है।

(5) हॉक्स के अनुसार, ग्रन्थ-वर्गीकरण एक ऐसी व्यवस्था है जिसके द्वारा ग्रन्थों का आकलन सम्बद्ध प्रकरणों, विषयों तथा विज्ञान के आधार पर, उनकी घटती हुई सादृश्यता के अनुक्रम में लगभग तार्किक क्रम से अथवा विषय-विशिष्टता के अभाव में उसके रूप विधान के अनुसार फलकों पर व्यवस्थित किया जाता है, क्योंकि इस प्रकार की व्यवस्था का प्राथमिक उद्देश्य हैं—लाभकारी अध्ययनीय ग्रन्थों को अधिकाधिक लाभोपलब्धि की दृष्टि से एक ही स्थान पर क्रमानुसार एकत्रित करना।

(6) मान के अनुसार, ग्रन्थ-वर्गीकरण साधारणतया एक सदृश वस्तुओं को एक साथ व्यवस्थित करना है और अधिक स्पष्ट रूप से वस्तुओं के सादृश्य अथवा असादृश्य के आधार पर उनको क्रम से रखने की व्यवस्था है।

सामान्यतः वर्गीकरण वस्तुओं के समूहीकरण और पृथक्करण की प्रक्रिया है; लेकिन ग्रन्थ-वर्गीकरण इसके अलावा कुछ और भी है; यह एक प्रकार से कुछ पुस्तकों को बाह्य आकार के साथ सामंजस्य रखते हुए ज्ञान का वर्गीकरण है।

(7) सेयर्स के अनुसार, ग्रन्थ-वर्गीकरण पुस्तकों को फलकों पर क्रमपूर्ण अवस्था में व्यवस्थित करना है, अथवा पुस्तकों को पाठकों के लिए अधिकतम उपयोगी बनाने की प्रक्रिया है।

(8) ब्लिस ने ग्रन्थालय वर्गीकरण की परिभाषा करते हुए कहा है कि पुस्तकों का वर्गीकरण ज्ञान का संगठन है। यह विभिन्न प्रकार से उपयोगी एवं सम्भावित आवश्यकताओं के लिए पुस्तकों को एकत्रित करने एवं प्रतिस्थापित करने की क्रिया है।

(9) मिल के अनुसार, ग्रन्थ-वर्गीकरण सात्यि में ज्ञान के अन्वेषण के लिए समय को बचाने की यान्त्रिक क्रिया है।

(10) मेरिल के अनुसार, ग्रन्थ-वर्गीकरण पुस्तकों को उनके समुचित स्थान पर क्रमवत व्यवस्थित करने की कला है।

(11) डॉ. रंगनाथन् की ग्रन्थालय-वर्गीकरण की परिभाषा उपयोगिता, कार्य एवं उद्देश्य की दृष्टि से अत्यन्त आधुनिक एवं पूर्ण है। डॉ. रंगनाथन् के अनुसार, "ग्रन्थालय वर्गीकरण किसी पुस्तक के विशिष्ट विषय के नाम को क्रमिक संख्याओं की अधिमान्य कृत्रिम भाषा में अनुवाद करना, और पुनः पुस्तक की विषय-वस्तु के अतिरिक्त कुछ अंगों का प्रतिनिधित्व करने वाले क्रमिक संख्याओं द्वारा उसी विषय से सम्बन्धित अनेकशः पुस्तकों को एक इकाई के रूप में पृथक् करना है।"

उपर्युक्त परिभाषाओं से यह स्पष्ट होता है कि समस्त विषयों या वस्तुओं को अनेक समान गुणों के आधार पर वर्ग विशेष में एकत्रित करना ही वर्गीकरण है। वर्गीकरण मानव के हर क्षेत्र में किसी न किसी रूप—चेतन या अचेतन रूप में प्रयोग में लाया जाता है। इस प्रक्रिया का प्रयोग क्रमबद्ध व्यवस्था के लिए होता है, जिसमें व्यतिक्रम और अव्यवस्था की शंका बिलकुल न रहे।

व्यवहारिक रूप से वर्गीकरण का प्रयोग जब ग्रन्थालय व्यवस्था के क्षेत्र में करते हैं तो इसका उद्देश्य ग्रन्थालय में संकलित पठनीय सामग्री का विधिवत, विषयों के अनुसार क्रमबद्ध अवस्था में आकलन करना है और सूचना पुनप्राप्ति की सुविधा प्रदान करना है। पठनीय सामग्री की सुव्यवस्था एवं अधिकाधिक प्रयोग तथा ग्रन्थालय की उपयोगिता बढ़ाने की दृष्टि से इसका अद्वितीय महत्व है।

ग्रन्थ वर्गीकरण अथवा ग्रन्थालय वर्गीकरण वस्तुतः एकार्थी पद और विषय हैं; अतः इन शब्दों अथवा पदों के प्रयोग से भ्रम नहीं होना चाहिए।

ग्रन्थालय वर्गीकरण में तर्कशास्त्र के विभाजन के नियमों एवं आधारभूत दार्शनिक सिद्धान्तों का अनुसरण हुआ है, परन्तु इनका योगदान सीमित ही रहा है। उन सिद्धान्तों और नियमों को समग्र रूप से ग्रन्थालय वर्गीकरण का आधार मानना अधिक उपयोगी एवं सुविधाप्रद नहीं सिद्ध होता, क्योंकि ग्रन्थालयों में ज्ञान का वर्गीकरण पुस्तकों में निहित ज्ञान के अनुसार होता है, जो किसी व्याख्या वर्णन के रूप में होते हैं। ग्रन्थालय-वर्गीकरण योजना में उल्लिखित तमाम समूहों का सम्बन्ध उनके उपसमूहों से ठीक वैसे ही रूप में नहीं होता, जैसा कि एक प्रजाति का उसकी उपजाति के साथ होता है। ग्रन्थालय जैसा कि एक प्रजाति का उसकी उपजाति के साथ होता है। ग्रन्थालय वर्गीकरण के वर्ग पुस्तकों और प्रलेखों के

वर्ग होते हैं, जिनकी विशेषता का आधार उनकी विषय-सामग्री होती है। इसमें पुस्तकों तथा प्रलेखों का बाह्य आकार प्रमुख रूप से उनके समूहों को प्रभावित करता हे, जिनके विषय आपस में अतिव्यापी होते हैं। ग्रन्थालय वर्गीकरण में व्यावहारिक पहलू तथा उद्देश्य की पूर्ति की दृष्टि से अन्तर्वेश और कृत्रिम आधारों का प्रयोग किया जाता है। अतः ग्रन्थालय वर्गीकरण कृत्रिम वर्गीकरण होता है। यद्यपि ग्रन्थालय वर्गीकरण पद्धतियों में वैज्ञानिक एवं तर्कशास्त्रीय वर्गीकरण के सिद्धान्तों तथा मौलिक आधारों का भी समुचित प्रयोग किया गया है।

वर्गीकरण के मुख्यतः चार तथ्य महत्वपूर्ण हैं–

(1) वर्गीकरण किसी पदार्थ का हीं किया जाता है। जितनी भी वस्तुएँ एवं विचार हैं, उनकी समष्टि को पदार्थ या द्रव्य कहते हैं जो इनका सामूहिक नाम है। हर का वर्गीकरण किया जाता है।

(2) संसार की कोई ऐसी वस्तु नहीं है जिसमें कोई गुण न हो। सादृश्य एवं असादृश्य के ही आधार पर वर्गीकरण किया जाता है। वस्तुओं की विशेषताओं से ही सादृश्य और असादृश्य का आभास होता है, जो इनका वर्गों या समूहों में आकलन करने में सहायता करते हैं।

(3) वर्गीकरण एक मानसिक प्रक्रिया है। हम गुणों और विशेषताओं को मन के भाव से निश्चित करते हैं, जो स्वतः प्रवृत्त होने लगता है। अतः वर्गीकरण मानसिक प्रक्रिया द्वारा ही सम्भव हो सकता है।

(4) वर्गीकरण किसी न किसी उद्देश्य की पूर्ति के लिए किया जाता है। तर्कशास्त्रियों और दार्शनिकों में प्रचलित वर्गीकरण पदार्थ का ज्ञान उपलब्ध करने के लिए होता है और ग्रन्थालय वर्गीकरण ग्रन्थ-व्यवस्था एवं संगठन के लिए प्रयुक्त होता है, जिससे ग्रन्थालयों से संकलित पाठ्य-सामग्री उपयोग में लाई जाए और ग्रन्थालय लोकप्रिय हों।

ग्रन्थालय वर्गीकरण–कार्य क्षेत्र; उद्देश्य एवं कार्य

पुस्तकों के वर्गीकरण का प्रमुख आधार उनका विशिष्ट विषय रहा है।

विषयानुसार वर्गीकरण की प्रधानता आरम्भ से ही रही है, सुविधा की दृष्टि से इसे ही सर्वोत्तम वर्गीकरण-विधि माना गया है। ग्रन्थालयों में सभी प्रकार की पाठ्य-सामग्री की क्रमबद्ध व्यवस्था और आकलन का आधार वर्गीकरण ही है, जिससे कार्य तीव्र यान्त्रिक गति से होने लगता है।

ग्रन्थालयों में तीन प्रकार के ऐसे कार्य हैं, जिनमें वर्गीकरण का प्रयोग प्रमुख रूप से होता है–

1. ग्रन्थालयों में फलकों पर पुस्तकों को व्यवस्थित करना तथा उनके क्रमबद्ध आकलन को स्थिर रखना और पाठकों द्वारा लौटाई गई पुस्तकों को पूर्ववत निर्धारित स्थान पर व्यवस्थित करना तथा प्रतिदिन के पुस्तकों के आदान-प्रदान की सांख्यिकी को ठीक रखना मात्र वर्गीकरण की सहायता से ही सम्भव है।
2. वर्गीकृत सूची द्वारा अभिलिखित ज्ञान की क्रमबद्ध व्यवस्था करके पाठ्य-सामग्री को सुलभ करने में सहायता करना, जो न केवल वर्गीकृत आकलन का प्रावधान है, बल्कि वर्णगत अनुक्रम का भी आकलन है जिसमें वर्गीकरण बड़ा ही सहायक सिद्ध होता है।
3. सन्दर्भ एवं सन्दर्भ ग्रन्थ-सूची सेवा क्षेत्र में पाठकों के सूचनार्थ उनके विषय की मात्रा का विश्लेषण करने और तत्पश्चात् उसको विशिष्ट विषय के तहत निश्चित करने में भी वर्गीकरण का अत्यधिक योगदान है।
4. प्रलेखन सेवा के क्षेत्र में सूचना पुनर्प्राप्ति के लिए वर्गीकरण की सहायता ली जाती है।

उद्देश्य एवं कार्य

उपयोगिता और उद्देश्य की दृष्टि से ग्रन्थालय वर्गीकरण द्वारा निम्नांकित कार्य एवं उद्देश्य पूरे होते हैं—

1. पुस्तक तथा अन्य पाठ्य-सामग्री सहायक एवं सुविधाजनक क्रमबद्ध अवस्था में फलकों पर व्यवस्थित हो जाती है; जिससे पाठकों और अनुसंधान में रत विद्यार्थियों तथा ग्रन्थालयियों को बड़ी सहायता मिलती है। डॉ. सेवेज ने बताया है कि पाठकों तथा ग्रन्थालयियों के लिए सुविधाजनक क्रमबद्ध रूप से पुस्तकों की व्यवस्था करना ही ग्रन्थालय वर्गीकरण का प्रमुख उद्देश्य है।

2. नवीन संकलित पुस्तकों तथा लौटाई गई पुस्तकों को यथावत क्रम से रखने में ग्रन्थालय वर्गीकरण से ही सुविधा प्राप्त होती है। इस विधि से उक्त कार्य शीघ्र ही सम्पन्न हो जाता है। फलकों के क्रम को निरन्तर सुव्यवस्थित रखने में भी यह युक्ति बड़ी उपयोगी है।

3. सेयर्स ने पुस्तकों को ग्रन्थालयों की आधारशिला और वर्गीकरण को ग्रन्थालयियों की आधारशिला माना है। इससे प्रकट होता है कि वर्गीकरण के अभाव से न तो ग्रन्थालय के उद्देश्य की पूर्ति सम्भव होगी, न डॉ. रंगनाथन् द्वारा प्रतिपादित-ग्रन्थालय विज्ञान के प्रथम चार नियमों का ही पालन हो सकेगा। जो

इस प्रकार है–

(1) पुस्तकें उपयोग के लिए;

(2) प्रत्येक पाठक की पुस्तक;

(3) प्रत्येक पुस्तक का पाठक;

(4) पाठक एवं ग्रन्थालयियों के समय की बचत।

रिचार्डसन मत भी ऐसा ही है कि पुस्तकों का संग्रह उपयोगार्थ किया जाता है और उपयोगार्थ ही उनकी व्यवस्था की जाती है; तथा ग्रन्थालय वर्गीकरण का उद्देश्य ही उपयोग को गतिशील करना है।

3. वर्गीकरण के आधार पर ही ग्रन्थालय के संकलन की स्थिति का अनुमान लगाया जा सकता है, और सभी विषयों का समान रूप से प्रतिनिधि संकलन करने में भी इसी से सहायता प्राप्त होती है।

4. प्रसूचीकरण की दृष्टि से भी ग्रन्थालय वर्गीकण का बड़ा महत्व है, जिसे क्रियाशील बनाने में इसका ही एकमात्र योगदान रहता है। पुस्तकों का विश्लेषण करने में तथा वर्गीकृत संलेखों को सूची के तहत प्रस्तुत करने में इससे सुविधा मिलती है, उक्त विधियों से पाठकों को विविध प्रकार की पुस्तकों से अवगत होने तथा उनका उपयोग करने का अवसर मिलता है।

5. ग्रन्थालय के संकलन के प्रदर्शन एवं पुस्तकों के आदान-प्रदान का सर्वोत्तम साधन वर्गीकरण ही है। कीले के अनुसार, वैज्ञानिक वर्गीकरण से निम्न उद्देश्यों की पूर्ति होती है–

(अ) पुस्तकों की ऐसी क्रमबद्ध व्यवस्था, जिससे पाठकों तथा ग्रन्थालयियों के समय की बचत हो और पुस्तकों के आदान-प्रदान में सुविधा हो।

(ब) फलकों पर पुस्तकों को पुनः अपने निर्धारित स्थान तक पहुँचने की प्रक्रिया में कोई कठिनाई न हो।

(स) पुस्तकों के चयन एवं संकलन में आसानी हो।

6. वर्गीकरण पुस्तकों का वार्षिक सत्यापन निधाय सूची द्वारा सम्पन्न करने में सुविधा प्रदान करता है!

7. भिन्न-भिन्न प्रकार के सांख्यिकीय आंकड़ों को प्रस्तुत करने तथा प्रदान की गई पुस्तकों को समुचित एवं सही विवरण रखने में इससे बड़ी सहायता मिलती है।

8. प्रसूची और सन्दर्भ-ग्रन्थ सूची के निर्माण में इससे बड़ी ही सहायता मिलती है।

वर्गीकरण के ही आधार पर ग्रन्थालयों में संकलित सम्पूर्ण ज्ञान का संप्रेषण और प्रदर्शन प्रसूची के माध्यम से किया जाता है; साथ ही ज्ञान के भिन्न-भिन्न समूहों तथा विषयों के आपसी महत्व उनकी सीमा, उनके अनेकानेक मुख्य पक्षा तथा क्र इत्यादि का विवरण भी वर्गीकरण की सहायता से ही सूची के माध्यम से प्रस्तुत किया जाता है।

9. डॉ. रंगनाथन् में ग्रन्थालय वर्गीकरण के प्रमुख उद्देश्य इस तरह निर्धारित किए हैं–

(अ) ग्रन्थालय में उपलब्ध अमुक पुस्तक की माँग होने पर उसके स्थान को तत्काल निर्धारित करना।

(ब) पाठकों द्वारा लौटाई गई पुस्तकों को यथा पूर्व-निर्धारित स्थान पर पुनः पहुँचा देना।

(स) नवीन संकलन की पुस्तकों के लिए सम्बन्धित पुस्तकों के समूह में स्थान निर्धारित करना तथा व्यवस्थित कर देना।

10. एक विधि के रूप में वर्गीकरण का सबसे बड़ा उद्देश्य समय की बचत करना और अमुक पाठक को उसकी अभीष्ट पुस्तक प्रदान करना है।

ग्रन्थालय वर्गीकरण के अन्य उद्देश्य एवं कार्य

ग्रन्थालयी शिल्प तथा विज्ञान का मुख्य लक्ष्य उपयोगकर्ताओं/अध्येताओं तथा पाठ्य-साम्रगियों में सम्पर्क स्थापित करना होता है जो ग्रन्थालय की सुव्यवस्था पर आधारित होता है। सुव्यवस्था तभी सम्भव करना होता है जो ग्रन्थालय की सुव्यवस्था पर आधारित होता है। सुव्यवस्था तभी सम्भव है जब प्रलेखों की क्रमव्यवस्था तथा स्थापना सुगम, सहायक, क्रमबद्ध तथा यन्त्रवत पद्धति के अनुसार की गई है। इसका मूल आधार ग्रन्थालय वर्गीकरण पद्धति है।

ग्रन्थालयों में इसका उपयोग प्रलेखों की क्रमव्यवस्था तथा उनकी पुनप्राप्ति तथा यन्त्रवत आकलन को निष्पादित करने के अतिरिक्त निम्नांकित कार्यों हेतु इसका उपयोग किया जाता है–

(1) वांगमय सूचियों प्रसूचियों तथा संघ प्रसूचियों के संकलन तथा निर्माण में वर्गीकरण पद्धति का उपयोग किया जाता है जिससे प्रलेखों की जानकारी तथा पुनप्राप्ति में सुविधा होती है।

(2) ग्रन्थालयों में व्यवस्थित प्रलेखों के स्थान को ज्ञात करने में प्रसूचियों की क्रामक संख्या अति जरूरी होती हैं जो वर्गीकरण के आधार पर निर्मित किया

गया होता है जिसके अभाव में प्रसूचियों की सफलता एवं उपयोग सम्भव नहीं हो सकता है।

(3) विषय-शीर्षकों के निर्माण, विशेषकर शृंखला विधि में वर्गीकरण पद्धति की भूमिका अद्वितीय होती है। विषय शीर्षक तालिकाओं को भी वर्गांकों के अनुसार प्रस्तुत किया गया होता है।

(4) वर्गीकृत प्रसूचियों के संलेखों के आकलन का आधार ही वर्गीकरण पद्धति के अंकन ही होते हैं जिस पर इनकी सफलता आधारित होती है।

(5) अध्येताओं के लिए अध्ययन तालिकाओं के संकलन तथा निर्माण में वर्गीकरण में सहायता प्राप्त होती है।

(6) सूचना सामग्रियों का भी वर्गीकरण करने में इससे सुविधा प्राप्त होती है तथा सन्दर्भ प्रदेशों को भी वर्गीकरण करने में तथा उनको ज्ञात करने में इसका उपयोग किया जाता है।

(7) आदान-प्रदान की जाने वाली पुस्तकों के अभिलेखों को क्रमबद्ध रखने तथा इसकी सुव्यवस्था में वर्गीकरण सर्वाधिक उपयोग में लाया जाता है।

पुस्तकालय वर्गीकरण के सामान्य सिद्धान्त

साधारण रूप में 'वर्गीकरण' का अर्थ होता है किसी समानता के आधार पर एक समान वस्तुओं का समूह बनाना तथा असमान वस्तुओं को पृथक कर देना। इसप्रकार यह कहा जा सकता है कि वर्गीकरण पृथक करनेवाली तथा साथ ही समूह बनानेवाली एक विधि है। यह समान वस्तुओं को इकट्ठा करती है और असमान वस्तुओं को अलग करती है।

'वर्गीकरण' का सदैव विकास मानव की विचार शक्ति के विकास के समानान्तर होता रहा है। यह 'वर्गीकरण' मुख्यतया तर्कशास्त्र का विषय है। तर्कशास्त्र में वर्गीकरण करने की दो विधियाँ हैं : एक तो विशेष का सामान्य में और दूसरा सामान्य का विशेष में। हम कमल को मनुष्य कहते हैं। कमल विशेष है और मनुष्य सामान्य। इसलिए कमल को मनुष्य वर्ग में रखना वर्गीकरण की प्रयन विधि है। यदि हम वस्त्र को रेशमी-वस्त्र, ऊनी वस्त्र और सूती वस्त्र आदि वर्गों में बाँटते हैं, तो इसमें वस्त्र सामान्य है तथा रेशमी वस्त्र, ऊनी वस्त्र और सूती वस्त्र आदि विशेष। वर्गीकरण की यह दूसरी विधि है। तर्कशास्त्र में पहली विधि को वर्गीकरण और दूसरी विधि को विभाग कहते हैं। वास्तव में हम दोनों विधियों से एक ही लक्ष्य पर पहुँचते हैं। अन्तर सिर्फ इतना है कि पहली विधि में नीचे से ऊपर को चलना पड़ता है और दूसरी विधि में ऊपर से नीचे।

सामान्य रूप में 'वर्गीकरण' शब्द से दोनों विधियों का बोध होता है और व्यावहारिक रूप में कोई अलगाव नहीं माना जाता।

पुस्तकों के वर्गीकरण में तर्कशास्त्र के नियमों को आधार माना गया है। अतः तर्कशास्त्रियों की वर्गीकरण सम्बन्धी विचारधारा जानना आवश्यक है।

विभिन्न परिभाषाएँ : वर्गीकरण शब्द का अंग्रेजी पर्याय 'Classification' है। जिसकी उत्पत्ति लैटिन शब्द 'Classis' से हुई है। इसका प्रयोग वर्ग की जानकारी के लिए किया जाता है।

'वर्गीकरण वह प्रक्रिया है जिसमें पदार्थ की उसकी समानता और असमानता के आधार पर मानसिक दृष्टि से एकत्रित किया जाता है, जिससे हमारे कुछ उद्देश्यों की पूर्ति हो।'

'वर्गीकरण' की यह परिभाषा तर्कशास्त्र में दी गयी है। इसमें चार बातों का वर्णन है—

1. वर्गीकरण पदार्थ का किया जाता है—इस सृष्टि में जितनी भी वस्तुएँ एवं विचार हैं उन सबका सामूहिक नाम 'पदार्थ' है।

2. किसी समानता या असमानता के आधार पर वर्गीकरण किया जाता है—पदार्थों को स्वयं जानने एवं दूसरों को समझाने के लिए उनके विभिन्न रूपों के अनुसार उनके नाम रखते हैं। उसके पश्चात् उनमें मौजूद गुणों के आधार पर कुछ जोड़ दिए जाते हैं। इस तरह उनमें अलगाव पैदा हो जाता है। उदाहरणार्थ—'लाख सूती चादरें' कहने से पहले तो 'चादर' शब्द से एक विशेष वस्त्र का बोध होता है। फिर 'सूती' विशेषण से—जो कि मैटीरियल है—सभी अन्य मैटीरियल वाली चादरों में से केवल 'सूती' का बोध होता है। उसके बाद 'लाल' शब्द जुड़ जाने से, सूती चादरों में से सिर्फ लाल रंग वाली चादरों का ही बोध होता है। इस तरह यह स्पष्ट हो जाता है कि पदार्थ में विद्यमान कुछ गुणों या विशेषताओं से ही समानता और असमानता आँकी जाती है। इसी को इस पदार्थ का गुण कहा जाता है चादरों से मैटीरियल, रंग, आकार और स्वच्छता आदि गुण वर्तमान हैं। इन्हीं से समानता देखकर अलगाव तथा समूहन किया जा सकता है।

3. वर्गीकरण एक मानसिक प्रक्रिया है—ऊनी, सूती, नीली, लाल, बड़ी, पीली, छोटी, सफेद और गन्दी आदि जो गुण समानता और असमानता का आधार होता है, यह मन का एक 'भाव' है। इसी 'भाव' के आधार पर वर्गीकरण किया जाता है। इसलिए वर्गीकरण एक मानसिक प्रक्रिया है।

4. किसी-न-किसी उद्देश्य से वर्गीकरण किया जाता है—तर्कशास्त्री लोग पदार्थ का वर्गीकरण उनका ज्ञान प्राप्त करने की दृष्टि से करते हैं। लेकिन संसार के अन्य

लोग वस्तुओं का वर्गीकरण अपने-अपने उद्देश्य के अनुकूल विधि से करते हैं। चादरों का वर्गीकरण तर्कशास्त्री अचेतन पदार्थ में कर लेंगे लेकिन व्यापारी अपने तथा अपने ग्राहकों की सुविधा के उद्देश्य से मैटीरियल, रंग, आकार और स्वच्छता आदि के आधार पर करेगा और उनके पृथक समूह बना लेगा। धोबी चादरों के एक गट्ठर की धुलाई करके जब देना होगा उसके क्रम से अत्यावश्यक सामान्य आदि के आधार पर करेगा। इस तरह वर्गीकरण करने के अपने-अपने उद्देश्य होते हैं।

वर्गीकरण के प्रकार

1. स्वाभाविक वर्गीकरण 2. कृत्रिम वर्गीकरण।

1. स्वाभाविक वर्गीकरण—वस्तुओं की ज्यादा समानता और असमानता के आधार पर साधारण ज्ञान की प्राप्ति के लिए किए गए मानसिक संकलन को 'स्वाभाविक-वर्गीकरण' कहते हैं। जैसे, चादरों का वर्गीकरण उनके मूल गुण के आधार पर किया जाए तो ऊनी चादरें, सूती चादरें, रेशमी चादरें आदि होंगे। इसी तरह यदि पौधों का वर्गीकरण उनकी उत्पत्ति, उनकी प्रकृति तथा अन्य स्वाभाविक गुणों के आधार पर वनस्पति शास्त्रियों की भाँति किया जाए तो अपुष्प वनस्पति, स्थाणु वनस्पति आदि होंगे। यह 'स्वाभाविक वर्गीकरण' होगा।

2. कृत्रिम वर्गीकरण की परिभाषा निम्न तरह से है—वस्तुओं को समानता के आधार पर विशेष उद्देश्य से व्यावहारिक सुलभता के लिए किए गए मानसिक संकलन को 'कृत्रिम वर्गीकरण' कहते हैं।

उदाहरण के लिए—चादरों का वर्गीकरण यदि उनके रंग, आकार तथा स्वच्छता के आधार पर किया जाए तो यह 'कृत्रिम वर्गीकरण' होगा। इसी तरह पेड़, पौधों का वर्गीकरण यदि उनमें वर्तमान औषधि तत्वों या वन सम्पत्ति के तत्त्वों के आधार पर किया जाए तो वह 'कृत्रिम वर्गीकरण' होगा।

तर्कशास्त्री लोग अपने उद्देश्य के लिए पदार्थों का केवल 'स्वाभाविक वर्गीकरण' करते हैं।

'पुस्तक-वर्गीकरण' भी कृत्रिम वर्गीकरण की श्रेणी में आता है चूँकि उपयोगकर्त्ता की व्यावहारिक सुविधा के उद्देश्य से पुस्तकों का वर्गीकरण किया जाता है जिससे पुस्तकालय-स्टाफ और पाठक दोनों को पुस्तकों के लेन-देन और रख-रखाव में आसानी हो और समय की बचत हो।

पद—जब हम किसी शब्द या कुछ शब्दों के द्वारा किसी पदार्थ को स्वयं समझते हैं और दूसरे को समझाते हैं तो ऐसे शब्द या शब्दों के समूह को पद कहते हैं।

उदाहरण के लिए–

चादरें	मनुष्य
सूती चादरें	सुन्दर मनुष्य
लाल चादरें	धनी मनुष्य
स्वच्छ चादरें	विद्वान् मनुष्य

पदबोध

पद दो बातों का बोध कराता है–

1. उस नाम से समझे जानें वाले सभी व्यक्ति।

2. वे धर्म जिनकी वजह से वे सभी व्यक्ति उस 'पद' से समझे जाते हैं। जब हम किसी 'पद' को सुनते हैं, कहते हैं या लिखते हैं तो सबसे पहले हमको उस 'पद' से उन सभी व्यक्तियों का बोध होता है जो उस पद से जाने जाते हैं। इस बोध (ज्ञान) को 'व्यक्तिबोध' या 'द्रव्यबोध' कहते हैं। इसको 'पद का विस्तार' भी कहते हैं क्योंकि इससे यह मालूम होता है कि अमुक 'पद' से समझे जानेवाले व्यक्तियों का विस्तार कितना है। यथा–ऊपर 'चादरें' पद दिया हुआ है। 'चादरें' पद से संसार की समस्त चादरों का अर्थात् चादर जाति का बोध होता है। इसलिए यह बोध 'चादर' पद का व्यक्तिबोध हुआ।

'पद' से उसमें रहनेवाले धर्मों का भी बोध हमको होता है। इस बोध को 'स्वभाव बोध' या पद की गहनता भी कहते हैं। यथा–'चादर' पद से उसमें मौजूद मूल तत्त्व (ऊन, सूत आदि), रंग, आकार और स्वच्छता आदि धर्मों का बोध होता है। उसी तरह 'मनुष्य' पद से उसका मूल धर्म (विवेकशीलता और प्राणितत्त्व) तथा सुन्दरता, अमीरी, विद्वत्ता आदि धर्मों का बोध होता है जो उसमें संभव है और पाये जाते हैं। यह स्वभाव बोध या पद की गहनता हुआ।

धर्म–पद में तीन तरह के धर्म या गुण पाये जाते हैं–

स्वभाव धर्म

स्वभाव सिद्ध धर्म

आकस्मिक धर्म

किसी पद में जो स्वाभाविक या स्थायी धर्म पाया जाता है अर्थात् जिसके न रहने पर उस पद से उसका बोध नहीं हो सकता, वह उस पद का 'स्वभाव धर्म' है। यथा– 'मनुष्य' पद का स्वभाव धर्म 'विवेकशीलता और प्राणितत्त्व' है। 'चादर' का धर्म उसका मूल तत्त्व ऊन, सूत आदि हैं जिसके न रहने पर 'चादर' का अस्तित्त्व न रह सकेगा।

जो धर्म, स्वभाव धर्म का कोई अंग न होते हुए भी उसी से सिद्ध होता है, वह 'पद' का 'स्वभाव सिद्ध धर्म' कहलाता है। उदाहरण के लिए जलचर प्राणी होना मछली का स्वभाव धर्म है और 'पानी में साँस ले सकना, मछली का स्वभाव सिद्ध धर्म है चूँकि उसका यह धर्म जलचर होने से सिद्ध है। इसी तरह 'चादर' पद से उसकी 'आवरण क्षमता' उसका स्वभाव सिद्ध धर्म है।

किसी 'पद' में स्वभाव धर्म और स्वभावसिद्ध धर्म को छोड़कर अन्य जो धर्म पाए जाते हैं वे आकस्मिक धर्म कहलाते हैं। उदाहरण के लिए 'मनुष्य' में उसका आकार, बौद्धिक स्तर, रंग-रूप, वेदना, क्रियाशील, भार, शरीर के अंग आदि। इसी तरह 'चादर' में उसका रंग, आकार, स्वच्छता आदि आकस्मिक धर्म है।

इस तरह जब हम किसी 'पद' को सुनते हैं, बोलते हैं या लिखते हैं, तो उस 'पद' का व्यक्तिबोध और उसका स्वभाव बोध दोनों का बोध होता है। व्यक्ति बोध से 'पद' की जाति का बोध होता है और स्वभाव बोध से उस 'पद' में विद्यमान तीनों तरह के धर्मों का बोध होता है। व्यक्तिबोध और स्वभावबोध दोनों एक दूसरे पर आश्रित हैं। किसी पद को सुनने पर उसका 'स्वभावबोध' हुए बिना उसका 'व्यक्तिबोध' नहीं हो सकता।

ह्रास-वृद्धि—पद के व्यक्तिबोध और स्वभावबोध विपरीत दिशा में कम-ज्यादा हैं। अर्थात् जब एक बढ़ता है तो दूसरा घट जाता है और जब दूसरा घटता है तो पहले में वृद्धि होती है। इसको वृद्धि-ह्रास का सिद्धान्त या घटने-बढ़ने का नियम कहा जाता हैं। उदाहरणार्थ—

चादर

स्वभावबोध	**व्यक्तिबोध**
'क'=मूलतत्व 'सूत'	'ख'=संसार की सब सूती चादरें
'क'+लाल	'ख'=संसार की सब सूती चादरें —अन्य रंगों की चादरें
'क'+लाल+छोटी	'ख'=संसार की सब सूती चादरें —अन्य रंगों की चादरें —बड़ी चादरें
'क'+लाल+छोटी+ स्वच्छ	'ख'=संसार की सब सूती चादरें —अन्य रंगों की चादरें —बड़ी चादरें

'ख'=संसार की सब सूती चादरें
—अन्य रंगों की चादरें
—बड़ी चादरें
—गन्दी चादरें

उपर्युक्त क्रम में 'चादर' का स्वभाव बोध 'क' माना गया है व्यक्ति बोध 'ख' पहले में क्रमशः वृद्धि होने पर दूसरे में 'ह्रास' होता गया। 'पद' के स्वभाव बोध में 'लाल' (रंग) जुड़ने से व्यक्तिबोध में अन्य रंग घट गया। इसी तरह 'छोटी' (आकार) बढ़ने पर उसका विपरीत धर्म (गुण) 'बड़ी' व्यक्तिबोध में घट गया।

अब इसके विपरीत पक्ष को देखिए जिसमें व्यक्ति बोध में वृद्धि होने से स्वभाव बोध में ह्रास होता है।

स्वच्छ—छोटी-लाल-सूती-चादरें

व्यक्ति बोध	स्वभाव बोध
'क'=संसार की सब ऐसी सूती चादरें	'ख'= स्वच्छता-छोटापन-ललाई सूतीपन
'क' + गन्दी चादरें	'ख'= स्वच्छता
'क' गन्दी चादरें + बड़ी चादरें	'ख'= स्वच्छता-छोटापन
'क' गन्दी चादरें + बड़ी चादरें + अन्य रंगों की चादरें	'ख'= स्वच्छता-छोटापन-ललाई

यहाँ पर पद के स्वभाव बोध में ज्यों-ज्यों एक-एक धर्म या गुण लोप होते गए वैसे-वैसे व्यक्तिबोध में नए-नए धर्म सम्मिलित होते गए।

पहली तालिका को नीचे की ओर देखने से प्रतीत होगा कि जैसे-जैसे पद के स्वभावबोध में एक-एक गुण लोप होते गए वैसे-वैसे व्यक्ति बोध में नए-नए प्रकार के धर्म भी सम्मिलित होते गए।

उसी प्रकार दूसरी तालिका के नीचे की ओर से देखने से मालूम होता है कि जैसे-जैसे पद के व्यक्तिबोध में एक-एक तरह के गुण लुप्त होते गए वैसे-वैसे स्वभाव बोध में नए-नए गुण भी सम्मिलित किये जाने लगे।

इस पद के दोनों 'बोधों' के परस्पर वृद्धि-ह्रास (घटने-बढ़ने) का नियम चार प्रकार से हुआ—

1. स्वभावबोध में वृद्धि होने से व्यक्ति बोध में ह्रास होता है।
2. व्यक्तिबोध में वृद्धि होने से स्वभाव बोध में ह्रास होता है।

3. स्वभावबोध में ह्रास होने से व्यक्ति बोध में वृद्धि होती है।
4. व्यक्तिबोध में ह्रास होने से स्वभाव बोध में वृद्धि होती है।

इस नियम को संक्षेप में इस तरह समझा जा सकता है कि पद जितना खास होता जाएगा उसका स्वभावबोध उतना ही बढ़ता जाएगा। उदाहरण के लिए–

चादर	चादरत्व
सूती	चादरत्व + सूत की बनी होना
लाल	चादरत्व + सूती + लाल रंग
बड़ी	चादरत्व + सूती + लाल रंग + बड़ी
स्वच्छ	चादरत्व + सूती + लाल रंग + बड़ी + स्वच्छ

'चादर' एक जाति है जिसकी उपजाति 'सूती' है। व्यक्ति बोध की दृष्टि से 'चादरों' में 'सूती' भी शामिल है तथा स्वभाव बोध की दृष्टि से सूतीपन में चादरत्व भी शामिल है।

व्यक्ति बोध की दृष्टि से एक 'जाति' में उसकी 'उपजाति' लेकिन है, किन्तु स्वभाव बोध की दृष्टि से 'उपजाति' में 'जाति' अन्तर्निहित है।

पदों के परस्पर सम्बन्ध छः प्रकार से हो सकते हैं–

(क) जाति उपजाति
(ख) सजाति-सजाति
(ग) दूरस्थ जाति
दूरस्थ उपजाति
(घ) आसन्न जाति
आसन्न उपजाति
(ङ) महाजाति
(च) अन्त्य जाति

(क) जाति-उपजाति–जब दो पक्षों में ऐसा परस्पर सम्बन्ध हो कि पहले का व्यक्तिबोध दूसरे के व्यक्तिबोध को अपने तहत कर ले तो पहला दूसरे के सम्बन्ध में 'जाति' है और दूसरा पहले के सम्बन्ध में 'उपजाति' है। जैसे 'भारतीय-पंजाबी' पशु-घोड़ा, वस्त्र-चादर इत्यादि पदों में यही जाति-उपजाति सम्बन्ध है।

'वस्त्र' पद का व्यक्तिबोध 'चादर' पद के व्यक्तिबोध को अपने तहत कर लेता है क्योंकि 'वस्त्र' पद से समझे जाने वाले सभी वस्त्रों में 'चादर' पद से समझे जानेवाले व्यक्ति के तहत हैं। अतः 'चादर' पद के सम्बन्ध में 'वस्त्र' पद जाति है और 'वस्त्र' पद के सम्बन्ध में 'चादर' पद उपजाति है।

(ग) किसी धर्मी को उसके अलग-अलग धर्मों में बाँटकर रखना अभिधार्मिक विभाग (Metaphysical Division) कहलाता है। यथा–

मनुष्य–रूप, वेदना, ज्ञान, मोटाई, लम्बाई, रंग, वजन आदि।

पुस्तक–मोटाई, विषय, चौड़ाई, लम्बाई, रूप, रंग, उपयोगिता आदि।

चादरें–आकार, रंग, स्वच्छता आदि।

व्यावहारिक वर्गीकरण करने में अपने उद्देश्य के अनुसार किसी भी धर्म (गुण) को विभाजक धर्म मानकर उसके अनुसार वर्ग बनाया जा सकता है। विभिन्न विभाजन धर्मों की सम्बद्ध योजना बनाकर वर्गीकरण किया जा सकता है, उसमें आवश्यकतानुसार शारीरिक और अभिधार्मिक विभाग भी बनाया जा सकता है। उदाहरण के लिए–चादरों का वर्गीकरण, उनके रंग, आकार और स्वच्छता के विभाजक धर्मों द्वारा किया जाए तो वह अभिधार्मिक विभाग होगा।

सेयसे सिद्धान्त–इन तार्किक नियमों के आधार पर आचार्य श्री वरविक सेयर्स महोदय ने वर्गीकरण के निम्नलिखित छः नियम/सिद्धान्त बताए हैं–

1. विभाजन पद के व्यापक विस्तार और कम परिधि से कम विस्तार और अधिक परिधि की ओर बढ़ता है।
2. यह विधि क्रमशः होनी चाहिए, हर पद अपने आगे आने वाले पद में उत्तर रखता हो और सब आपस में सबंधित हों।
3. विभाजन के आधार के रूप में चुने हुए गुण या विभाजक धर्म वर्गीकरण के उद्देश्य के लिए आवश्यक हों।
4. प्रयुक्त पद आपस में एक-दूसरे से पृथक हों।
5. गुण अविरुद्ध एक से होने चाहिए।
6. भागों के परिगणन पूरे होने चाहिए।

लाल सूती छोटी चादरें

उक्त उदाहरण में चादरों का समूह है जिसका वर्गीकरण एक वस्त्र व्यापारी को करना है। वह अपनी तथा अपने ग्राहकों की सुविधा के उद्देश्य से वर्गीकरण के निमित चार विभाजक धर्मों को चुनता है। ये सभी उसके उद्देश्य के लिए जरूरी तथा अनुकूल हैं। पहले वह 'तत्त्व' के अनुसार चादरों के वर्ग बनाता है। परिणामतः तीन वर्ग बनते हैं। फिर वह उनमें एक वर्ग को लेकर 'रंग' नामक दूसरे विभाजक धर्म के अनुसार तीन विभाग बनाता है। तीसरे क्रम में वह एक विभाग लाल सूती चादरों का 'आकार' के अनुसार अनुभाग करता है। अन्त में वह चौथे विभाजक धर्म

'स्वच्छता' के आधार पर एक अनुभाग के उप-अनुभाग करता है। इस प्रक्रिया में वर्ग, विभाग, अनुभाग, उप-अनुभाग (प्रविभाग) को क्रमशः क्लास, डिवीजन, सेक्सन और सब-सेक्शन भी कहा जाता है।

इस प्रकार हम इस निष्कर्ष पर पहुँचते हैं कि कृत्रिम या व्यावहारिक वर्गीकरण में अपने उद्देश्य और आवश्यकता के अनुसार तीनों तरह के धर्मों में से किसी भी प्रकार के धर्म को 'विभाजक धर्म' के रूप में अपनाया जा सकता है। दूसरे यह कि व्यावहारिक वर्गीकरण विभाजक धर्मों की एक सम्बद्ध योजना के अनुसार अपनी आवश्यकता के अनुरूप कई क्रमों तक किया जा सकता है।

डॉ. रंगनाथन का सिद्धान्त

पुस्तकालय-विज्ञान के भारतीय आचार्य डा. रंगनाथन का यह मत है कि वर्गीकरण में 22 नियमों का पालन किया जाना चाहिए। उन नियमों को उन्होंने उपसूत्र कहा है, और उनको अग्रलिखित छः श्रेणियों में रखा है--

1. धर्म	Characteristics
2. वर्ग-पंक्ति	Arrays of Classes
3. वर्ग-शृंखला	Chain of Classes
4. आनुवंशिक व्यवस्थापन	Filiatory Arrangement
5. परिभाषिक पदावली	Terminology
6. अंकन	Notation

वर्गीकरण के उपसूत्र

क्रम संख्या

धर्म

1	1.	पृथक्करण	Differentiation
2	2.	सहगामिता	Concomitance
3	3.	सुसंगति	Relevance
4	4.	सुनिश्चितता	Ascertainability
5	5.	स्थायित्व	Permanence
6	6	सम्बद्ध अनुक्रमता	Relevant Sequence
7	7.	अविरोध	Consistency

वर्ग-पंक्ति

8	निःशेषता	Exhaustiveness
9	ऐकान्तिकता	Exclusiveness
10	अनुकूल क्रम	Helpful Sequence
11	अविरुद्ध क्रम	Consistent Sequence

वर्ग-शृंखला

12	1.	वितति अवरोह	Decreasing Extension
13	2.	संक्रमण	Modulation

आनुवाशिक कक्षा

14	1.	अधीनस्थ वर्ग	Subordinate Classes
15	2.	समकक्ष वर्ग	Co-ordinate Classes

पारिभाषिक पदावली

16	1.	प्रचलन	Currency
17	2.	संयतता	Reticence
18	3.	परिगणन	Enumeration
19	4.	प्रसंग	Context

अंकन

20	1.	सापेक्षता	Relativity
21	2.	अभिव्यक्ति	Expressiveness
22	3.	मिश्रित अंकन	Mixed Notation

धर्म

1. हर प्रयुक्त विभाजक धर्म ऐसा होना चाहिए जो पृथक्करण कर सके अर्थात् विभाज्य को कम-से-कम दो भागों में विभाजित कर सके।
2. दो विभाजक धर्म सहगामी नहीं होने चाहिए।
3. प्रत्येक विभाजक धर्म वर्गीकरण के उद्देश्य के अनुरूप (सुसंगत) होना चाहिए।

4. प्रत्येक विभाजक धर्म ठीक तौर पर सुनिश्चित या निर्धार्य होना चाहिए।
5. प्रत्येक विभाजक धर्म परिभाष्य होना चाहिए। जब तक कि वर्गीकरण के उद्देश्य में कोई परिवर्तन न हो उस विभाजक धर्म को स्थायी (अपरिवर्तनीय) होना चाहिए।
6. वर्गीकरण में प्रयुक्त होनेवाले विभिन्न विभाजक धर्मों का अनुक्रम भी वर्गीकरण के उद्देश्य से सम्बद्ध एवं अनुकूल होने चाहिए।
4. पद्धति के विभाजक धर्म और जिसमें कि उनका प्रयोग होगा, वे दोनों निर्धारित होने चाहिए तथा अविरोध रूप में दृढ़तापूर्वक उनका पालन किया जाना चाहिए।

वर्ग-पंक्ति

1. वर्गों की प्रत्येक पंक्ति से विभाज्य वर्ग अपने सामान्य अव्यवहित क्षेत्रों में पूर्ण रूप से निःशेष हो जाना चाहिए।
2. वर्गों की पंक्ति में सभी वर्ग आपस में एक दूसरे के निषेधक होने चाहिए।
3. किसी भी पंक्ति में वर्गों का क्रम तब तक किसी अनुकूल सिद्धान्त (काल, विकास, आप्त, अनुवर्ण आदि) के अनुसार ही होना चाहिए न कि मनगढ़ंत, जब तक कि उस सिद्धान्त के अनुसरण करने से अपेक्षाकृत ज्यादा मुख्य सिद्धान्त का बोध न हो।
4. जबकि विभिन्न पंक्तियों में वही या उसके समान वर्ग उद्भूत हों तो उनका क्रम इस तरह की सब पंक्तियों में जैसे था उसी तरह होना चाहिए, जहाँ तक कि मुख्य सिद्धान्त की समानता के अनुसरण करने से किन्हीं अन्य मुख्य सिद्धान्तों का बोध न होता हो।

वर्ग-शृंखला

1. शृंखला में प्रथम कड़ी से अन्तिम कड़ी की ओर जाने में वर्गों की गहनता (इन्टेनशन) बढ़ना चाहिए और पद का विस्तार (इक्सटेन्शन) घटना चाहिए।
2. शृंखला की अन्तिम कड़ी और प्रथम कड़ी के बीच में जितने क्रम पड़ते हों उनमें से प्रत्येक क्रम का वर्ग बनाते समय उन सभी वर्गों की एक शृंखला बनानी चाहिए।

आनुवांशिक कक्षा

किसी वर्ग के सभी अधीनस्थ वर्गों को वे चाहे जिस शृंखला में उद्भूत हुए हों, अपने मूल वर्ग से तथा आपस में भी किसी अन्य वर्ग से वियुक्त हुए बिना अपने जनक वर्ग का अनुगमन करना चाहिए।

2. पंक्ति के वर्गों में कम समान जातीय वाला कोई वर्ग महत्तर समान जातीयता वाले वर्गों के बीच में नहीं आना चाहिए।

पारिभाषिक पदावली

1. वर्गीकरण पद्धति में वर्गों को प्रकट करनेवाला हर पद जिस क्षेत्र का हो उस क्षेत्र के विशेषज्ञों द्वारा मान्य और प्रचलित होना चाहिए।
2. वर्गीकरण पद्धति में वर्गों को प्रकट करनेवाले 'पारिभाषिक पद' आलोचनात्मक नहीं होने चाहिए।
3. हर पद का अर्थ (व्याख्या) वर्गों के परिगणन के द्वारा शृंखलाओं में निश्चित होना चाहिए, जो कि वर्ग के द्वारा शृंखलाओं की प्रथम सामान्य शृंखला के रूप में प्रकट किया गया हो।
4. हर पद का अर्थ उसकी प्रारम्भिक कड़ी से संबद्धि निम्नतर क्रम से विभिन्न वर्गों के प्रकाश में निर्धारित होना चाहिए जैसा कि वर्ग में 'पद' के द्वारा प्रकट किया गया हो।

वर्गीकरण के फायदे

वर्गीकरण चाहे स्वाभाविक हो या कृत्रिम हो उससे अग्रलिखित लाभ होते हैं--

1. इससे वस्तुओं का ज्ञान स्पष्ट रूप से हो जाता है। इसमें प्रत्यक्ष वस्तु अथवा तत्परिवर्तन सन्निहित रहते हैं। यदि वर्गीकरण न हो तो प्रत्येक वस्तु के स्पष्टीकरण के लिए उसकी व्याख्या करनी पड़ती है।
2. इससे वस्तुओं का आपसी सम्बन्ध तथा उनका स्पष्टीकरण सरलतापूर्वक हो जाता है।
3. वर्गीकृत वस्तुओं में जरूरी समानता होने के कारण उनमें आपसी सम्बन्ध स्पष्ट रहता है। इस प्रकार वर्गीकृत पदार्थों (वस्तुओं एवं विचारों) के ज्ञान का पूरा लेखा वास्तविक और सत्य ज्ञान की खोज में मददगार होता है।
4. इससे वस्तुओं के स्मरण रखने में सहायता मिलती है, चूँकि वर्गगत वस्तुओं को स्मरण रखना एक वस्तु के स्मरण रखने की अपेक्षा सरल होता है।
5. इससे स्मृतिगत वस्तुओं के ऊपर एक तरह का अधिकार सा रहता है और आवश्यकता पड़ने पर वे स्मृति से प्राप्त की जा सकती हैं।

6

पुस्तकालय सूचीकरण

सूची की अंग्रेजी Catelogue हैं जो ग्रीक भाषा के Catelogue शब्द से बना है जिसमें Cate का तात्पर्य है विषय-वस्तु और logues का तात्पर्य क्रम से है। इस तरह सूचीकरण ऐसी कार्य व्यवस्था है जिसमें विषय-वस्तुओं का विन्यास किसी तर्कपूर्ण अथवा क्रम या किसी सुनियोजित योजना के अनुरूप किया जाता है। साधारणतः कैटलॉग का आशय मात्र सूची अथवा पुस्तक गणन है, लेकिन वास्तविक रूप से पुस्तकालय सूची का आशय किसी पुस्तकालय अथवा किसी स्थान विशेष के पुस्तकालयों की पुस्तकों तथा दूसरे प्रलेखों की उस सारणी से यह जो किसी मान्यता प्राप्त क्रम व्यवस्था के अनुसार सुनियोजित तरीके से पुस्तकों तथा दूसरे पाठ्य सामग्रियों के अभिज्ञान तथा पुस्तकालय में उनके स्थान को ज्ञात करने के उद्देश्य से निर्मित की गई हो। अलग अलग विद्वानों ने पुस्तकालय सूचीकरण की परिभाषा अलग अलग रूप में दी है। यहाँ कुछ प्रमुख परिभाषा को प्रस्तुत किया जा रहा है।

मार्गेरेट एस. टेलर के अनुसार, "सन्दर्भ ग्रन्थ-सूची किसी विषय विशेष अथवा विषयों से सम्बन्धित पुस्तकों अथवा पाण्डुलिपियों की सारणी होती है। सूची भी एक सारणी होती है, परन्तु इसका क्षेत्र मात्र किसी संग्रह विशेष तक ही सीमित होता है।"

सी. ए. कटर के अनुसार, "सूची पुस्तकों की एक सारणी है जो किसी पूर्व निश्चित योजना के अनुसार व्यवस्थित होती है। संदर्भ ग्रन्थ सूची और सूची में

यह भेद है कि यह किसी पुस्तकालय या किसी संग्रह की पुस्तकों की सारणी होती है।"

उपर्युक्त परिभाषाएँ सूची की सबसे सरल परिभाषाएँ हैं, लेकिन सूची मात्र पुस्तकों की सारणी मात्र नहीं होती है, बल्कि इसका एक निर्धारित उद्देश्य और सुनिश्चित योजना होती है जिसे सुनिश्चित सिद्धान्तों और नियमों के अनुसार निर्मित किया जाता है।

जेम्स डाफ ब्राउन ने अपनी पुस्तक में सूची की परिभाषा बड़े ही उत्तम तरीके से की है जो इसके उद्देश्य को परिलक्षित करती है। ब्राउन के अनुसार सूची "एक व्याख्यात्मक तर्कपूर्ण ढंग से व्यवस्थित पुस्तकों तथा उनकी विषय-वस्तु की परिगणना तथा कुंजी है। यह किसी पुस्तकालय विशेष की पुस्तकों तक ही सीमित होती है।"

ऑक्सफोर्ड इंगलिश डिक्शनरी के अनुसार, "वर्तमान व्यवस्था सूची केवल सारणी अथवा पुस्तकगणना से अलग होती है, क्योंकि सूची से सुव्यवस्था अथवा विधिवत् वर्णानुक्रमिक अन्य किसी क्रमानुसार किया जाता है। अक्सर इसमें संक्षिप्त विवरण, वर्णनात्मक अथवा अभिज्ञान साधन, स्थान, निर्देश, विषयानुसार, व्यवस्था, तिथि, मूल्य अथवा इस तरह के दूसरे तथ्य वर्णित होते हैं।"

ब्राउन की परिभाषा सूची के बहुत आवश्यक तथ्य तथा उद्देश्य को प्रकट करती है जिसके अनुसार सूची किसी पुस्तक के अभिज्ञान तथा पुस्तकालय में उनका स्थान ज्ञात कराने के साथ ही साथ पुस्तक की विषय-वस्तु का भी वर्णन करती है। सूची का दूसरा महत्वपूर्ण कार्य लेखकों के तत्सम्बन्धित रचनाओं अथवा एक ही विषय से सम्बन्धित विषयों को एक साथ पास लाना एवं किसी पुस्तक का दूसरी उन्हीं विषयों तथा समान विषयों से सम्बन्धित पुस्तकों का सम्बन्ध प्रस्तुत करना होता है।

डी. एम. नारिस ने ऑक्सफोर्ड डिक्शनरी की परिभाषा को संशोधित किया है उनके अनुसार, "पुस्तकालय सूची किसी पुस्तकालय विशेष अथवा संग्रह की पुस्तकों तथा अन्य सामग्रियों की एक सारणी है जिसकी व्यवस्था किसी मान्यता प्राप्त क्रमानुसार की गयी होती है और जिसमें किसी निर्धारित रूप में ग्रन्थ सम्बन्धी विशिष्ट सूचनाएँ प्रदान की गयी होती हैं।"

ग्रन्थात्मक सूचना के अधीन शीर्षक के अलावा लेखकों का नाम, सम्पादक, चित्रलेखक, अनुवादक, संस्करण, प्रकाशन का विवरण पृष्ठादि एवं तत्सम्बन्धित व्याख्यात्मक अधिसूचन आदि शामिल किये जाते हैं जिनको किसी मान्य सूचीकरण नियमावली के अनुसार निर्धारित क्रमानुसार प्रस्तुत किया जाता है।

"सूची पुस्तकालय के पाठ्य सामग्रियों के विवरण का विधिवत् व्यवस्थित अभिलेख है।"

सूचना-प्रसार तथा पुस्तकालय की सामग्री से पाठकों को परिचित कराने के एक प्रभावकारी साधन के रूप में सूची के महत्व को स्पष्ट करते हुए **एल. जॉली** ने कहा है कि "सूची संप्रेषण का एक साधन है। इसका कार्य इसके अधीन अभिलिखित पुस्तकों के सम्बन्ध में पूर्ण विवरण का प्रसार करना है।"

इन परिभाषा के आलोक में यह कहा जा सकता है कि पुस्तकालय सूची पुस्तकालय की पाठ्य सामग्रियों का एक अभिलेख है जो किसी निश्चित मान्यता प्राप्त योजना एवं सूचीकरण नियमावली के अनुसार सुव्यवस्थित किया गया है और इसका निर्माण किसी एक निर्धारित कार्य एवं उद्देश्य की दृष्टि से किया जाता है।

सूची की एक पूर्ण परिभाषा इस तरह दी जा सकती है—पुस्तकालय सूची किसी पुस्तकालय विशेष या किसी स्थानीय पुस्तकालयों की पुस्तकों तथा दूसरी पाठ्य सामग्रियों की एक सारणी है जिसमें पुस्तकों के संलेखों को किसी पूर्व निश्चित एवं सुनियोजित योजना के अनुसार व्यवस्थित किया जाता है। सन्दर्भ ग्रन्थ सूची और सूची में यह भेद है कि सूची वह सारणी है जो किसी पुस्तकालय विशेष अथवा किसी स्थानीय या किसी राष्ट्र के पुस्तकालयों के संकलन का अभिलिखित विवरण प्रस्तुत करती है तथा उन सामग्रियों के प्रयोगा हेतु उनका संचार करती है। सुव्यवस्थित पुस्तकालय एक तरह की अत्यन्त उच्च कोटि की वाङ्मयात्मक व्यवस्था है जिसके प्रयोग के लिए पाठक तथा इसके मध्य एक मध्यस्थ होना आवश्यक है। इसे पुस्तकालय सूची के माध्यम से निष्पादित करता है। इसलिए सूची को पुस्तकालय के व्याख्याकार के रूप में पाठकों के लिए एक महत्वपूर्ण साधन माना गया है। पुस्तकालय का ज्यादा प्रयोग किया जाना सूची की विशेषता और गुण निर्भर करता है। सूचीकरण पाठ्य सामग्रियों के संलेखों को प्रकट करने को विधिवत किया जाना चाहिए। सूची कार्य-पद्धति को जॉली ने एक विद्वत्तापूर्ण प्रक्रिया बताया है और कहा है कि—"पुस्तकालय विज्ञान और कला का सूचीकरण की तुलना में ऐसा कोई दूसरा क्षेत्र नहीं है जिसमें इतने अधिक नेतृत्व एवं कल्पना की अनिवार्यता पड़ती हो और जो वास्तविक विद्वत्ता का इतना अधिक कार्यक्षेत्र प्रदान करता हो।"

वर्तमान सूचीकरण

वर्तमान समय में सूची जिस रूप और अर्थ में प्रयोग की जाती है वह एक बहुत उन्नत कला है जिसके सिद्धान्तों तथा युक्तियों को पहले समझा नहीं गया

था। वर्तमान सूचीकरण पर प्राचीन सूचीकरण की कोई छाप दिखाई नहीं पड़ती है। सैद्धान्तिक दृष्टिकोण से प्राचीन प्रसूचियों के संकलन का अनुकरण अवशेष नहीं रहा है। मध्यकालीन युग में वर्तमान सूचीकरण जैसी कोई वस्तु नहीं थी, और न तो उत्थानकाल में कोई विधि वर्गीकरण काल से ही प्राप्त हुई। मात्र ग्रन्थों को उनके प्रणेता के नाम से निर्दिष्ट करने की युक्ति पश्चिमी जगत् ने ग्रीक से सीखी। अतः सूचीकरण कला तथा प्रविधि वर्तमान युग की देन है।

प्रसूचिंयों के अनेक तरहों में अनुलेखक सूची का प्रचलन तथा प्रयोग व्यापक रूप से पुस्तकालयों में रहा है, जो 13वीं तथा 14वीं शताब्दियों में प्रारम्भ की गयी थी। अनुलेखक के वर्णानुक्रमानुसार आंकलन पद्धति को 16वीं शताब्दी में शुरू किया गया था। लेकिन कहीं-कहीं पर अनुवर्ग सूची तथा सर्वानुवर्णी सूची का भी प्रयोग होता रहा है। सर्व सामान्य प्रयोग के लिए सूची नियमावली का अभाव रहा है और प्रसूचियों के निर्माण के लिए कुछ विशिष्ट पुस्तकालयों ने अपने प्रयोग के लिए कुछ निश्चित सूचीकरण नियमावलियों को बना लिया था। प्रसूचियों को बनाने में एकरूपता और सार्वभौमिकता स्थापित करने के लिए हाल ही में राष्ट्रीय तथा अन्तर्राष्ट्रीय स्तर प्रयत्न किये गये हैं। यहाँ कुछ प्रमुख सूची का संक्षिप्त विवरण प्रस्तुत किया जा रहा है।

1. ब्रिटिश म्युजियम की प्रसूचियाँ—इसका संकलन **मैटी, हारपर** तथा **असाइकफ** ने दो खण्डों में "Librorum impressorum qui in Musco Britannico adservantur Catalogus" के नाम से किया था। इतिहास के नजरिये से यह पहला सामान्य बृहत्तर अनु-लेखक सूची है। इसका दुबारा संशोधन 1807-10 के मध्य किया गया और 1813-19 के मध्य सात खण्डों में इसका संशोधित संस्करण प्रकाशित किया गया।

1834 में ब्रिटिश म्युजियम के ट्रस्टियों ने तत्कालीन अध्यक्ष **बेकर** को नई अनुलेखक सूची की योजना प्रकाशित करने के लिए प्रकट करने का आदेश दिया जिसका पहला भाग 1841 में प्रकाशित हुआ।

1830 में **सर अन्थनी पनिज्जी** अतिरिक्त सहायक पुस्तकालयी के पद पर चुने गये थे, कालान्तर में प्रधान पुस्तकालयी का पद ग्रहण किया, को इस नई सूची के संकलन कार्य का निरीक्षण करने का कार्यभार प्रदान किया गया। इससे एक बड़ी भारी **विवादग्रस्त समस्या** पैदा हुई थी। परिणामस्वरूप पनिज्जी के ज्ञापन देने पर इस नई सामान्य सूची के प्रकाशन का कार्य 1881 तक बिल्कुल बन्द रहा और इस मध्य जाँच आयोग के माध्यम से तमाम जाँच कार्य चलता रहा। इन

प्रसूचियों का पुनः प्रकाशन शुरू हुआ और प्रकाशन कार्य 1900 तक जारी रहा। 1881 से 1905 तक की प्रकाशित सूची 95 भागों की है और इसके 15 अनुपूरक खण्ड हैं। इन सूची की प्रतियाँ शीघ्र ही अलभ्य हो गयीं।

इस सूची का दुबारा प्रकाशन 1930 में नये शीर्षक "British Museum General Catalogue of Printed Books" से शुरू किया गया जिसे 1954 में 51 खण्डों के प्रकाशन के बाद बन्द कर दिया गया और इस तरह मात्र A से DEZW तक अक्षरों का प्रकाशन हो पाया। नये संस्करण का प्रकाशन 'ऑफसेट लीथोग्राफी' के द्वारा पूर्ण करने का कार्य 1958 में सार्वभौमिक अध्ययन का अस्तित्व पत्र के रूप में उपलब्ध किये जाने के उद्देश्य से शुरू किया गया। इस तरह से प्रकाशित ब्रिटिश म्युजियम की सूची बहुत उपादेय सिद्ध हुई है। इसमें 1955 तक के संग्रह के संलेख प्रस्तुत किये गये हैं। 1959 में 52वें खण्ड के प्रकाशन का कार्य शुरू किया गया। 1-55 खण्डों का प्रकाशन पुनः किया जा रहा है। 1966 तक प्रकाशित खण्डों की संख्या 263 तक पहुँच गयी है जिसमें WORK तक के अक्षरों का समावेश उपलब्ध है और इसमें 40 लाख संलेखों का वर्णन किया गया है जो ब्रिटिश म्युजियम की आखिरी सूची है। प्राच्य प्रकाशित ग्रन्थों तथा पाण्डुलिपियों की पृथक् प्रसूचियाँ भी उपलब्ध हैं। ब्रिटिश म्युजियम की प्रसूचियाँ बहुत बड़ी एवं संसार की सबसे पहली सूची है जो ग्रन्थात्मक साधन के रूप में प्रयोग में लायी जा सकती है। अनुलेखक प्रसूचियों का सर्वोत्तम नमूना ब्रिटिश म्युजियम की ही प्रसूचियाँ हैं।

2. लन्दन पुस्तकालय की प्रसूचियाँ—यह सबसे पहले 1847 में प्रकाशित की गयी। प्रमुख सूची का नया संस्करण दो खण्डों (1913-14) के अनुपूरक भाग सहित 1920, 1929 और 1953 में क्रमशः प्रकाशित किया गया। इस सूची की पद्धति सर चार्ल्स हरबर्ट राइट माध्यम से बनायी गयी पद्धति पर आधारित है और इसकी मुख्य योजना ब्रिटिश म्युजियम की योजना तथा व्यवस्था से प्रभावित है। पृथक् रूप से विषयों की अनुक्रमणिकाएँ चार खण्डों में उपलब्ध हैं जिनका प्रकाशन 1909 से 1955 के मध्य किया गया है। यह सूची मुख्यतः अनुलेखक सूची है जिसके संलेखों को लेखक और शीर्षक के अनुवर्णिक क्रम में व्यवस्थित किया गया है।

इसकी स्थापना 1841 में थामस कारलाइल ने की थी जिसका मुख्य कारण था ब्रिटिश म्युजियम की सेवाओं से कारलाइल सन्तुष्ट नहीं थे। इस पुस्तकालय की स्थापना में कारलाइल का तत्कालीन कुछ प्रसिद्ध एवं प्रभावकारी लोगों से मदद एवं सहयोग मिला जिसमें ग्लैस्टोन, क्लेरण्डन तथा हाटन आदि मुख्य थे।

3. बोडेलियन पुस्तकालय सूची—इसका संकलन एवं निर्माण **बोडले** के निर्देशन में **थामस जेम्स** ने किया था। इस सूची का दूसरा संस्करण 1620 में पुनः प्रकाशित किया गया था जिसे लेखकों के कुलनाम के अनुसार अनुवर्णिक क्रमानुसार आंकलित किया गया था। यह पहला सामान्य पुस्तकालय सूची रही है। इसका भी श्रेय जेम्स को ही है। जबकि इस सूची में सूचीकरण तथा संकलन के लिए किसी नियम का उपयोग नहीं किया गया है लेकिन इसमें अनेक सिद्धान्तों का अनुसरण किया गया है।

1635 ई. में जेम्स ने एक विषय-सूची बनायी जो 1620 की सूची का एक परिशिष्ट रहा है। 1674 में तीसरे अधिकृत सूची का प्रकाशन किया गया जिसका संकलन **हॉइड** ने किया था। इसमें सूचीकरण की कुछ नियमावलियों का वर्णन किया गया है, जिनको अपनाया गया है। 1738, 1849 तथा 1859 में दूसरी प्रकाशित प्रसूचियों का प्रकाशन किया गया जिसमें ब्रिटिश म्युजियम की नियमावलियों को अपनाया गया है। इस सूची का स्वरूप गार्डबुक की तरह है। 1882 में बोडेलियन पुस्तकालय के लिए एक विशिष्ट नियमावली का संकलन **निकोलसन** ने किया था।

पूर्ण रूप से नई सूची का प्रकाशन 1923 में किया गया। 1933 में नई नियमावली का भी प्रकाशन किया गया। 1878 में **निकोलसन** ने वर्गीकृत सूची का संकलन शुरू किया था। इसे कालान्तर में खत्म कर विषय-सूची के कुछ विभागीय पुस्तकालयों के लिए बनाया गया। **बोडेलियन पुस्तकालय** वस्तुतः ऑक्सफोर्ड विश्वविद्यालय, ब्रिटेन का केन्द्रीय पुस्तकालय है जिसके अनेक विभागीय पुस्तकालय हैं। वर्तमान में इसकी प्रसूचियाँ संघ सूची की तरह मार्क टेप्स के रूप में बनाई जा रही हैं।

4. प्रसियन राज्य पुस्तकालयों की प्रसूचियाँ—इसका प्रकाशन 1931 में आरंभ किया जो सहकारी सूचीकरण का सर्वोत्तम मॉडल है। यह संघ सूची मुख्य रूप से अनुलेखक सूची है जिसकी वर्णानुक्रम व्यवस्था है जिसमें प्रसियन पुस्तकालयों, बेवेरियन राज्य पुस्तकालय-म्युनिख और राष्ट्रीय पुस्तकालय वियना की संकलित रचनाओं को शामिल किया गया है। यह सूची ब्रिटिश म्युजियम की सामान्य सूची की विधि के अनुसार संकलित रचनाओं को शामिल किया गया है। 1944 में युद्ध के कुपरिणाम से इसका प्रकाशन समाप्त हो गया जो 1936 से "der deutcher gesamt.-Katalog" के नाम से प्रसिद्ध था।

5. अमेरिकन लाइब्रेरी एसोसिएशन की प्रसूचियाँ—इसका प्रकाशन समय-समय पर 1893 से प्रकाशित होते रहे हैं। सही मायने में ये प्रसूचियाँ किसी पुस्तकालय या किसी सामूहिक पुस्तकालयों के संकलन का प्रतिनिधित्व नहीं करतीं, बल्कि प्रकाशित सूची के पृष्ठों के एक सर्वोत्तम पुस्तकालय सूची के नमूने का कार्य करती हैं जिसमें विधियों, प्रविधियों तथा विन्यास व्यवस्था का अनुसरण आदि सूचीकारों का प्रकाशन 1893-1941 के मध्य में समय-समय पर प्रकाशित किया है और 1904 के संस्करण को न्यूयार्क स्टेट लाइब्ररी और लाइब्रेरी ऑफ काँग्रेस ने ए. एल. ए. पब्लिशिंग बोर्ड के तत्त्वाधान में दो भागों में "A. L. A. Catalog: 8,000 volumal for a popular library , with notes." के नाम से प्रकाशित किया है। पहला भाग अनुवर्ग सूची के रूप में है जिसके वर्गीकरण का आधार डेसमल क्लासीफिकेशन है और दूसरा भाग सर्वानुवर्णी सूची के रूप में है। ए. एल. ए. सूची को प्रथम सामान्य ग्रन्थ चुनाव का साधन कहा जा सकता है जिसका निर्माण अमरीकी लोक पुस्तकालयों के सहयोग से किया गया है।

इसके सूक्षम प्रेक्षण से यह प्रकट होता है कि पुस्तकालयों के संग्रह की बढ़ोत्तरी के कारण प्रकाशित प्रसूचियों को अतिथि नहीं रखा जा सकता और मूल सूची के प्रकाशन के उपरान्त हमेशा अनुपूरक खण्डों को प्रकाशित किया गया है जिससे नये संग्रह का ज्ञान प्राप्त किया जा सके। इस प्रक्रिया में बहुत ज्यादा धन और समय तथा परिश्रम की आवश्यकता पड़ती है। 20वीं शताब्दी के प्रारम्भ में प्रकाशित प्रसूचियाँ खर्चीली महसूस होने लगीं और मितव्ययिता तथा प्रसूचियों को अतिथि रखने के लिए पत्रक प्रसूचियों का प्रचलन प्रचुर मात्रा में प्रयुक्त किया जाने लगा। अनुसंधित्सुओं तथा विद्वानों के प्रयोग की दृष्टि से प्रकाशित सूची सन्दर्भ के लिए पुस्तकात्मक साधन के रूप में निस्सन्देह महत्वपूर्ण तथा आवश्यक हैं।

6. संयुक्त राज्य पुस्तकालयों की प्रसूचियाँ—संयुक्त राष्ट्र अमेरिका में सर्वानुवर्णी प्रसूचियों की प्रकाशित प्रसूचियों के सबसे अच्छे नमूने उपलब्ध हैं जिसमें मुख्य रूप से बोस्टन एथेनियम पुस्तकालय की पाँच खण्डों की सूची है जिसे कटर ने 1874-1882 के मध्य बनाया था। इन्डेक्स कैटलॉग ऑफ दी लाइब्रेरी ऑफ यू. एस. सरजन जनरल्स ऑफिस जिसका नियोजन तथा श्रीगणेश तत्कालीन सरजन लाइब्रेरियन बिलिंग्स ने 1880 में किया था, तथा पियबॉडी इन्स्टीट्यूट, बाल्टीमोर लाइब्रेरी कैटलॉग जिसका संकलन 13 खण्डों में 1883-1905 के मध्य किया गया आदि सर्वानुवर्णी प्रसूचियों के अनुकरणीय नमूने हैं जिनके अधीन विश्लेषणात्मक

संलेखों तथा प्रति निर्देशों की भरमार है। इन प्रसूचियों के अलावा दूसरे लोक पुस्तकालयों की प्रसूचियाँ भी उत्तम तरह की हैं। जिनमें कारनेगी पिट्सबर्ग; जनरल कैटलॉग ऑफ दी बुक्स ऑफ डेटरायट जिसका संकलन 1888 में किया गया तथा न्यूयार्क स्टेट लाइब्रेरी की सूची जिसका प्रकाशन 1856 में हुआ आदि भी हैं। संयुक्त राष्ट्र की सर्वानुवर्णी प्रसूचियों के अलावा दूसरी प्रसूचियाँ जो उन्हीं युक्तियों के अनुसार पुस्तकालयियों के माध्यम से बनाई गयी हैं, उसके नमूने ग्रेट ब्रिटेन में मिलते हैं जिनमें प्रमुख रूप से बिरनिंघम रिफरेन्स लाइब्रेरी कैटलॉग तथा लिवरपूल रिफरेन्स कैटलॉग हैं जिनका प्रकाशन 1872 में किया गया जो प्रोफेसर जीवट के माध्यम से उत्पादन नियमानुसार संकलित किया गया था।

दूसरे सर्वानुवर्णी प्रसूचियों के नमूने लिवरपूल पब्लिक लाइब्रेरीज कैटलॉग नान-फिक्शन—चार खण्डों की 1925-1959, ब्रिस्टल पब्लिक लाइब्रेरी, ऐनुयल कैटलॉग—पाँच खण्डों की 1962 में प्रकाशित तथा संयुक्त राष्ट्र की मेट्रोपोलिटन म्युजियम ऑफ आर्ट न्यूयार्क कैटलॉग और कोलम्बिया युनिवर्सिटी लाइब्रेरी सर्विस डिक्शनरी कैटलॉग आदि बहुत लोकप्रिय नमूने हैं।

पुस्तकालय सूची का उद्देश्य

वर्तमान पुस्तकालयों में पाठ्य सामग्रियों का संकलन तथा व्यवस्था ज्ञान प्रसार के लिए किया जाता है और पुस्तकालयों तथा पुस्तकालयों के दर्शन एवं कला का उद्देश्य पढ़ने की प्रवृत्ति जाग्रत करना भी है। इस लक्ष्य को पूर्ण करना सूची का प्रमुख उद्देश्य है। पाठकों के जरूरत के अनुसार पुस्तकों की प्राप्ति के लिए पुस्तकालय सूची का अहम उद्देश्य है जिनसे पाठक उपयुक्त पुस्तकों का चुनाव कर सकता है। 1876 में **सी. ए. कटर** ने सूची के जिन उद्देश्यों का निर्धारण किया था वे आज भी पर्याप्त, प्रचलित और आवश्यक माने जाते हैं। **कटर** ने अपने **'रूल्स फॉर ए डिक्शनरी कैटलॉग'** में निम्नांकित उद्देश्य निर्धारित किये हैं जिसे किसी भी पुस्तकालय सूची में पूर्ण करने की क्षमता निहित होनी चाहिए—

1. किसी व्यक्ति को यदि किसी पुस्तक के लेखक, शीर्षक अथवा विषय का ज्ञान होने पर उसे उस पुस्तक को प्राप्त कराना है।

2. किसी लेखक विशेष के माध्यम से लिखित, किसी विषय विशेष से सम्बन्धित अथवा किसी अमुक प्रकार की साहित्य के ऊपर जितनी भी सामग्री ग्रन्थालय में उपलब्ध हो, उसे पेश करना।

3. किसी पुस्तक के संस्करण विशेष तथा उसके साहित्यिक अथवा विषयानुसार विशेषता की दृष्टि से चुनाव करने में सहायता प्रदान करना।

कटर के तीसरे उद्देश्य का आशय सूची के अधीन प्रलेखों के विवरण का वर्णन करने से है जिससे किसी रचना के विभिन्न संस्करणों का ज्ञान प्राप्त हो सके और साथ ही प्रलेखों की विषय-वस्तु तथा विशेषताओं का वर्णन करके उनके वरण में सहायता प्रदान करना है। सामान्यतः सूची का उद्देश्य रूप से पुस्तकालय में पुस्तकों तथा अन्य प्रलेखों के स्थान का ज्ञान कराना है। इस दृष्टि से सूची एक **'प्राप्त करने की तालिका'** है जो पुस्तकालय में किसी पुस्तक तथा दूसरे वर्णित सामग्री की पहचान कराती है, खोजती है तथा स्थान निर्धारित करती है।

पुस्तकालय सूची के उद्देश्य को निम्न बिन्दुओं के तहत भी व्यक्त किया जा सकता है–

1. अध्ययन तथा अनुसन्धान के लाभ के लिए पुस्तकों तथा अन्य प्रलेखों की ग्रन्थात्मक विशेषताओं को अभिज्ञप्त करना तथा उन्हें उपलब्ध करना है। लेखक का पूरा नाम, शुद्ध शीर्षक, संस्करण, मुद्रणादि तथा पृष्ठादि पुस्तकात्मक विशेषताओं का समुचित वर्णन सूची संलेख में रचनाओं के तरह के अभिज्ञानार्थ किया जाना अनिवार्य है।

2. यह पुस्तकों तथा अन्य पाठ्य सामग्रियों की शीघ्रतापूर्वक पुनर्प्राप्ति तथा निश्चित करने में सहायता प्रदान करती है। इस उद्देश्य की पूर्ति करने का दूसरा स्रोत व युक्ति वर्गीकरण पद्धति है जिसकी सहायता से ग्रन्थों को निधानियों पर क्रम पूर्ण रूप से व्यवस्थित किया जाता है। इस व्यवस्था पद्धति में मात्र एक ही अनुक्रम सम्भव होता है और कोई अन्य दूसरा अनुक्रम असम्भव है। सूची इस कार्य के पूरक के रूप में सहायक होती है और संलेखों के विभिन्न अनुक्रमों के माध्यम से सम्पूर्ण पुस्तकालय के संकलन का ज्ञान पाठकों को कराने में सहायक सिद्ध होती है।

3. पुस्तकालय में उपलब्ध किसी लेखक, सम्पादक, अनुवादक की सभी रचनाओं तथा एक विषय की अनेक रचनाओं को एक ही साथ व्यवस्थित करने में मदद करना है। कोई भी पाठक बड़ी सरलता से किसी लेखक अथवा विशिष्ट विषय की सभी रचनाओं का ज्ञान सूची के माध्यम से अत्यंत शीघ्र प्राप्त कर सकता है।

4. किसी उपलब्ध पुस्तक का संस्करण तथा अनुवादक आदि विवरण का ज्ञान सुलभ करती है जिससे ग्रन्थ के वरण में सुविधा प्राप्त कर सकता है।

अन्त में हम यह कह सकते हैं कि पुस्तकालय सूची को ऐसे तरीके से बनाया जाना चाहिए जिससे विभिन्न तरह से किसी तरह की जानकारी या प्रश्नोत्तर प्रदान किया जा सके और निधानियों को किसी भी तरह की व्यवस्था अपनाने पर भी पुस्तकों तथा अन्य पाठ्य सामग्रियों का अभिज्ञान तथा पुनर्प्राप्ति में सुविधा प्राप्त हो सके।

पुस्तकालय सूची के कार्य

पुस्तकालय सूची के प्रमुख कार्य अग्र हैं–

1. किसी रचना के लेखक और शीर्षक ज्ञात होने पर संकलन के अधीन शीघ्रतापूर्वक तथा ठीक तरह से यह निश्चित कर देना कि वह रचना उपलब्ध है या नहीं; यदि है तो वह किस स्थान पर सुलभ हो सकती है।

2. किसी अमुक विषय पर कौन सी रचनाएँ तथा अन्य पाठ्य-सामग्री पुस्तकालय में उपलब्ध है, किस स्थान पर वे सुलभ हो सकती हैं। वास्तव में सूची के कार्यों का विवेचन जो कुछ भी किया गया है वह **सी.ए. कटर** के माध्यम से प्रतिपादित सूची के उद्देश्यों का किसी न किसी रूप में संशोधन तथा विस्तार मात्र है, लेकिन संक्षेप में निम्नांकित कार्यों को पूर्ण करने की क्षमता पुस्तकालय सूची में अवश्य होनी चाहिए।

3. सूची संलेखों को इस तरह से विन्यास करना चाहिए कि पुस्तकालय में उपलब्ध किसी लेखक विशेष की सभी रचनाएँ एक ही तथा उसी नाम के अन्तर्गत एक स्थान पर सुलभ हो जाएँ।

4. किसी उपलब्ध रचना अथवा सामग्री को पाठक अनेक तरह के तरीकों से पूछ सकता है अथवा उन्हें ज्ञात करने का प्रयास कर सकता है। अतः सूची की प्रत्येक पुस्तक का संलेख उसके लेखक, शीर्षक, चित्रलेखक, अनुवादक, सम्पादक, संकलनकर्ता, माला अथवा अन्य किसी दूसरे व्यक्ति या समष्टि के अधीन प्रकट करना चाहिए जिसके अधीन पाठक उन्हें देख सकें।

5. आजकल विशेषकर विज्ञान और तकनीकी के क्षेत्र में पाठकों की माँग विषयानुसार ज्यादा हो गयी है। उच्च शैक्षणिक संस्थाओं में अधिकांशतः अपेक्षाकृत किस लेखक विशेष अथवा शीर्षक के विषयानुसार पाठकों की माँग ज्यादा होती है। अतः **विषय संलेखों** को इस तरह विन्यस्त करना चाहिए कि सम्बन्धित विषयों को समन्वित किया जा सके और एक ही विशिष्ट विषय की रचनाएँ एक साथ आकलित हो जायँ।

6. पुस्तकालय में उपलब्ध पुस्तकों तथा अन्य पाठ्य-सामग्री का अभिज्ञान प्राप्त करने के लिए सूची को ग्रन्थात्मक विवरण तथा क्रमांक-संख्या प्रदान करना चाहिए जिससे पुस्तकों का स्थान ज्ञात हो सके अथवा उनको प्राप्त करने में आसानी हो।

डॉ. एस. आर. रंगनाथन ने सूची के कार्य एवं उद्देश्य को पुस्तकालय विज्ञान के सूत्रों के प्रसंग में निम्न तरह से वर्णन किया है–

1. हर पाठक को उसका अथवा उसके इष्ट प्रलेख को बताना।

2. हर प्रलेख का उसका पाठक प्राप्त करना।

3. पाठक के समय की बचत करना और इस कार्य के लिए कार्यरत सदस्यों के समय की बचत करना।

मार्गेरेट मन ने सूची के अग्रलिखित कार्य सुनिश्चित किये हैं–

1. पुस्तकालय में उपलब्ध प्रत्येक रचना का अभिलेख उसके लेखक, शीर्षक, अनुवादक, सम्पादक, चित्रलेखक, टीकाकार, माला या किसी अन्य व्यक्ति, समष्टि या नाम जिसके माध्यम से किसी पुस्तक को प्राप्त की सम्भावना पाठक रख सकता है उसे प्रस्तुत करना। विवरण की मात्रा पुस्तकालय की आवश्यकता पर भी निर्भर करती है।

2. पुस्तकों के लेखक संलेखों को इस तरह व्यवस्थित करना जिससे किसी भी लेखक की सभी रचनाएँ एक ही नाम से एक साथ एक स्थान पर प्राप्त की जा सकें। इसके लिए उस विधि को अपनाना चाहिए जिससे पाठक के लिए यह सम्भव हो सके कि वह किसी रचना विशेष को प्राप्त कर सके या किसी लेखक विशेष की साहित्यिक रचनाओं का ज्ञान प्राप्त हो सके जो उस पुस्तकालय में उपलब्ध है।

3. पाठकों को एक संलेख से दूसरे संलेख की ओर निर्दिष्ट करने के लिए **प्रति निर्देशों** का प्रयोग सूची के अधीन अवश्य करना चाहिए।

4. हर रचना तथा उसके किसी रचना के अंश को उस रचना के विशिष्ट विषय के अधीन उसका अभिलेख प्रस्तुत करना।

5. **विषय संलेख** को इस तरह से व्यवस्थित करना जिससे एक जैसे के विषय एक ही स्थान पर एक साथ आ सकें तथा सम्बन्धित विषय समन्वित हो जाएँ।

6. जब आवश्यक हो तो **शीर्षक** का भी अभिलेख प्रस्तुत करना।

7. प्रत्येक रचना का विवरण शीर्षक, **मुद्रांकन-विवरण** तथा **पृष्ठादि** तथा जहाँ कहीं आवश्यक हो **अधिसूचन** आदि से प्रस्तुत करना चाहिए।

8. **क्रमांक-संख्या** जिसके माध्यम से ग्रन्थों को प्राप्त करने के लिए उनके स्थान को ज्ञात करते हैं उसका भी वर्णन करना।

मिस ए. जी. मुज ने वर्तमान प्रसूचियों के अनुसार प्रमुख रूप से सूची के चार कार्य बताये हैं जिससे पाठक को ठीक सूचना उपलब्ध होती है–

1. वर्तमान नियमावलियाँ जिनके अनुसार सूची किसी रचना का संलेख प्रकट करती है उसका ज्ञान पाठक को प्राप्त होने पर क्या वह पुस्तकालय में उपलब्ध है बताना; 2. पूर्ण पुस्तकात्मक विवरण का वर्णन करना; 3. किसी भी लेखक विशेष की सभी रचनाओं की सारणी प्रस्तुत करना; 4. पुस्तकालय में उपलब्ध सभी रचनाओं की पृथक् विषयानुसार पूर्ण सारणी प्रस्तुत करना। सैद्धान्तिक एवं व्यावहारिक सूचीकरण कला के प्रमुख विशेषज्ञ सेमूर लुबेट्जकी ने इस तथ्य पर बल दिया है कि पुस्तकालय सूची न केवल इस दृष्टिकोण से निर्मित की जानी चाहिए कि– 1. पुस्तकालय में किसी लेखक विशेष के नाम से कोई अमुक सामग्री अथवा पुस्तक है या नहीं; बल्कि 2. रचना तथा लेखक को अभिज्ञप्त करना चाहिए तथा लेखक की अनेक रचनाओं तथा किसी रचना के अनेक संस्करणों तथा अनुवादों को एक साथ सम्बद्ध भी किया जाना चाहिए।

सूची सादृश्य दूसरे अभिलेख

पाठकों की जानकारी और सुविधा के लिए नाना तरह की प्रसूचियों को बनाया जाता है जिनका प्रयोग करने से पुस्तकालय में उपलब्ध पुस्तकों तथा अन्य प्रलेखों का विवरण ज्ञात किया जा सकता है। पुस्तकालय में उपलब्ध पाठ्य-सामग्रियों का प्रयोग के लिए उनको प्रस्तुत करने के लिए अनेक विधियों का अनुसरण किया जाता है जिनमें सूची तथा वर्गीकरण अत्यन्त प्रभावकारी हैं। वर्तमान विशिष्ट पुस्तकालयों में पाठक सूची को पत्रक अनुक्रमणिका मात्र समझते हैं और सूची को संचिका का एक रूप मानते हैं। इन पुस्तकालयों में सूची के सादृश्य अन्य प्रकाशित सारणियों अनुक्रमणिका सारांश सेवा तथा वाङ्मय-सूचियों का उपयोग अत्यधिक मात्रा में किये जाने के कारण सूचीकरण के स्थान पर अनुक्रमणिकाकरण का प्रयोग अत्यधिक लोकप्रिय हो गया है।

वाङ्मयसूची

वाङ्मयसूची को लेखक ने अपनी रचना में स्पष्ट किया है जिसमें सूची व इसके कार्यों तथा उद्देश्य का अवलोकन किया जा सकता है। जॉन जे. बॉल के

अनुसार, "सूची संलेखों का संकलन है जो पुस्तकालय में उपलब्ध सामग्रियों का अभिलेख है और उनका विवरण तथा निर्देशिका प्रस्तुत करती है।" बॉल ने सूची को पाठ्य-सामग्रियों—प्रायः पुस्तकों की सारणी कहा है और "वाङ्मयसूची पाठ्य-सामग्रियों की वह सारणी है जो उपलब्ध है और कहीं भी सुलभ हो सकती है।"

सन्दर्भ ग्रन्थ सूची भी पुस्तकों, पाण्डुलिपियों, अभिलेखों, चित्रलेखों आदि की एक सारणी है जिसका संकलन सूची पद्धति के अनुसार किया जाता है। लेकिन इसका क्षेत्र कोई लेखक विशेष अथवा कोई विषय विशेष होता है। जिसकी रचनाओं की सारणी प्रस्तुत की जाती है और यह किसी पुस्तकालय अथवा संकलन विशेष तक ही सीमित नहीं होती है। सन्दर्भ ग्रन्थ-सूची के अधीन सारणीकृत पुस्तक अथवा अन्य सामग्री किसी भी पुस्तकालय में अथवा संसार के किसी राष्ट्र में हो सकती है। सूची की तरह सन्दर्भ ग्रन्थ-सूची में भी संलेख होते हैं जो सूची संलेखों की तुलना में संक्षिप्त अथवा विस्तृत हो सकते हैं। लेकिन उनमें आकार सम्बन्धी वस्तुओं का वर्णन रहता है। सन्दर्भ ग्रन्थ-सूचियों को अनेक विधियों से विन्यस्त किया जाता है। जैसे—उनको लेखक के नाम के वर्णानुक्रमानुसार, विषयानुसार, कालक्रमानुसार, विषयों के विभाजन के अनुसार आकलन व्यवस्था को अपनाया जा सकता है।

अनुक्रमणिका

साधारण तौर पर सूची और अनुक्रमणिका को एक ही समझा जाता है, जैसे दोनों एक-दूसरे के समानार्थक हों। लेकिन दोनों एक-दूसरे से पृथक हैं और उनका कार्य भी अलग है। वर्तमान विशिष्ट पुस्तकालयों में सूचीकरण एवं अनुक्रमणिकाकरण दोनों एक ही अर्थ में प्रयुक्त किये जा रहे हैं। सूची पुस्तकालय में संगृहीत किसी अमुक पुस्तक अथवा सम्पूर्ण संग्रह का विवरण प्रस्तुत करने का एक प्रमुख साधन है जबकि अनुक्रमणिका मात्र ठीक उसी विवरण को प्राप्त करने में सहायता करती है जिसे कोई पाठक विशेष रूप से चाहता है। अनुक्रमणिका सूची की अनुपूरक है और उसके कार्य को पूरा करती है। विभिन्न लेखकों की रचनाओं की तालिका सूची है लेकिन किसी पुस्तक के अधीन किसी विषय की सन्दर्भ सारणी अनुक्रमणिका है।

इ. जे. काट्स के अनुसार, "सामान्यतः सूची संलेख और अनुक्रमणिका संलेख में भेद यह है कि पहले में किसी विषय से सम्बन्धित प्रलेख का कुछ वर्णनात्मक विवरण शामिल रहता है जबकि अनुक्रमणिका संलेख मात्र उस विषय के स्थान को निश्चित करने के लिए होता है।" अनुक्रमणिका पत्र-पत्रिकाओं में प्रकाशित

आलेखों की एक सारणी होती है जिसे "Periodical Index" कहते हैं। ग्रन्थों में अनेक विषयों या प्रयुक्त पदों की अनुक्रमणिका प्रस्तुत की जाती है जिसका उद्देश्य पाठक को पुस्तक के अधीन वर्णित सभी सूचनाओं की पूरी तरह बिना किसी रुकावट के परिचित कर देना है।

विधान सूची

अवलोकन के पुस्तकालयों में विधान-सूची का प्रयोग मूल रूप से पुस्तक की गणना एवं निधाय नियन्त्रण के उद्देश्य से किया जाता है जिससे संग्रह का वार्षिक निरीक्षण का कार्य सम्पूर्ण किया जाता है। **कटर** के अनुसार, "निधाय-सूची किसी पुस्तकालय की पुस्तकों की संक्षिप्त पुस्तक गणना है जिसके संलेखों का आकलन निधायों पर व्यवस्थित ग्रन्थों के क्रमानुसार होता है। यह प्रायः कार्यालय के प्रयोग के लिए होता है। बिना किसी विश्लेषण के इसको किसी पुस्तकालय की विषय-सूची माना जा सकता है।"

निधान-सूची का संकलन प्रत्येक पुस्तक के संलेख के पत्रकों को पुस्तकों के क्रमांक-संख्या के अनुक्रमानुसार किया जाता है जिसमें प्रत्येक पुस्तक के लेखक, शीर्षक, संस्करण, खण्डों की संख्या, प्रतियों की संख्या तथा क्रमांक संख्या का नियमानुसार वर्णन किया गया होता है।

निधाय-सूची के पत्रकों की क्रम व्यवस्था वही होती है जो पुस्तकों का निधायों पर क्रम निर्धारित होता है। निधाय-सूची में पुस्तक की कीमत का वर्णन करने की प्रथा भी कहीं-कहीं प्रचलित है। निधाय-सूची का एक काफी उपयोगी अभिलेख है जो वर्गीकार तथा सूचीकार को उचित मदद प्रदान करती है, विशेषरूप से उस परिस्थिति में जब सूची के पत्रक समाप्त हो जाते हैं।

परिग्रहण रजिस्टर

यह पुस्तकालय का बहुत ही आवश्यक अभिलेख होता है जिसमें दिन-प्रतिदिन प्राप्त पुस्तकों का काल-क्रमानुसार वर्णन किया जाता है। यह पुस्तकालय के संग्रह के पहले का कार्य पूरा करता है, जिसे एक मानक परिग्रहण रजिस्टर के रूप में रखा जाता है। कम से कम 2500 तथा अधिकतम 5000 पुस्तकों का एक परिग्रहण रजिस्टर होता है जिसमें हर ग्रन्थ की क्रमिक संख्या होती है।

इस रजिस्टर में हर पुस्तक को प्राप्त की जाने की दिनांक से लेकर पुस्तकालय से किसी कारणवश हटा देने तक का पूर्ण विवरण दिया हुआ होता है। परिग्रहण

रजिस्टर में सभी पुस्तकों का संक्षेप में पूरा विवरण प्रकट होता है जिसके लिए इसमें दिनांक, परिग्रहण संख्या, लेखक, शीर्षक, प्रकाशन का स्थान, प्रकाशन वर्ष, खण्ड तथा पृष्ठांक, आकार, जिल्द, साधन, मूल्य, वर्गांक, ग्रन्थ संख्या तथा रिमार्क के अलग-अलग खाने होते हैं।

कुछ पुराने किस्म की एवं जहाँ पर प्रशिक्षित पुस्तकालयियों की कमी है और वर्तमान पुस्तकालय विज्ञान के प्रविधियों तथा साधनों का उपयोग नहीं किया जा सका है वहाँ परिग्रहण रजिस्टर ही सूची के कार्य के लिए उपयोग किया जाता है एवं सूची का प्रयोग परिग्रहण रजिस्टर के लिए किया जाता है।

सूचीकरण का क्षेत्र

यों तो देखने में सूचीकरण का कार्य सरल लगता है लेकिन यह उतना सरल नहीं है। पुस्तकालय का संग्रह और दिन-प्रतिदिन का संकलन ही सूचीकरण की कठिनाई का अकेला कारण नहीं है। छोटा संग्रह भी विलक्षण ग्रन्थों का हो सकता है। कठिनायी का कारण ग्रन्थों का अन्दरूनी स्वरूप है जिसमें ज्ञान विद्यमान होता है और उसे प्रकट और संचार करने के लिए सूचीकरण को अच्छी तरह समझ कर सूची के मध्य से इस तरह प्रस्तुत करना है जिससे पाठक जिसकी खोज में आता है, उसे वही वस्तु मिल जाय। ज्ञान का जिस तरह, जिस गति से, जितने विभिन्न रूपों और आकारों में विकास हो रहा है उस पर नियन्त्रण प्राप्त करना कठिन कार्य है। इससे भी कठिन कार्य है, प्रकाशित अवस्था में उपलब्ध ज्ञान राशि को ज्ञात करना। यह कार्य ग्रन्थालयियों का है कि सुलभ ज्ञान में पाठकों को परिचित करायें और उनके प्रयोग के लिए विधियों का निर्माण करें। इन लोगों ने भी अन्य विशेषज्ञों की तरह अपनी समस्याओं का अध्ययन किया है और प्रकाशित ज्ञान को प्राप्त करने के लिए विभिन्न युक्तियों तथा साधनों को विकसित किया है।

इन युक्तियों तथा साधनों की पृष्ठभूमि में एक 'विज्ञान' तथा 'तकनीक' है जो वर्तमान ग्रन्थालयों का हृदय है और ग्रन्थालयियों की सफलता की कुंजी है जिसमें सूचीकरण अत्यन्त महत्वपूर्ण है। इनके कमी में ग्रन्थों तथा अन्य पाठ्य-सामग्रियों में विद्यमान ज्ञान का सर्वेक्षण सम्भव नहीं है। जब तक वैज्ञानिक रीति तथा सतर्कता से ग्रन्थों की निधाय-व्यवस्था एवं संचरण तथा प्रसार नहीं किया जाता, तब तक पुस्तकालयों को क्रियाशील नहीं बनाया जा सकता। इसलिए इस उद्देश्य से सूचीकरण विधि का विधिवत् अध्ययन आवश्यक है।

पुस्तकालय सूची का निर्माण एक बार मजबूत सिद्धान्तों एवं निर्धारित नियमावलियों के अनुसार हो जाने पर इसकी कार्यशीलता एक उपादेय साधन के

रूप में हमेशा के लिए सुनिश्चित हो जाती है। एक सुव्यवस्थित तथा उत्तम तरह की सूची पुस्तकालय के पूरे संग्रह की कुंजी होती है और पाठकों की संख्या बढ़ा देती है तथा पुस्तकालय को लोकप्रिय बना देती है। इससे पाठक और पुस्तकालयियों के समय तथा द्रव्य की बचत होती है। इससे पुस्तकालय की पाठ्य-सामग्री सुरक्षित रहती है।

किसी भी पुस्तकालय का नाम उसके विशाल संग्रह, भव्य भवन एवं आर्थिक रूप से मजबूत होने से नहीं होता है, बल्कि उसकी उपादेयता से होता है। अतः एक उत्तम सूची पुस्तकालयों की आवश्यकता है जिसका मूल्य ऐतिंहासिक नजरिये से भी है। क्योंकि सूची पुस्तकालय का एक मूल ऐतिहासिक प्रलेख है, और एक ऐसा साधन है जो ग्रन्थालय की स्थिति का ज्ञान प्राप्त करने के लिए सबके लिए पहले प्राप्त है अतः इसके नियोजन और प्रावधान पर काफी ध्यान देना चाहिए।

सूचीकरण का भौतिक स्वरूप

बाह्य स्वरूप—पुस्तकालय वर्धिष्णु है इस नियम से यह ज्ञात होता है कि पुस्तकालय सूची बढ़ती रहेगी, तदनुसार पुस्तकालय सूची के भौतिक स्वरूप में अनेक बदलाव होते आये हैं, यह प्रक्रिया अभी खत्म नहीं हुई है। सूची का जिल्दबद्ध-पुस्तक स्वरूप काफी समय तक प्रचलित रहा, डॉ. रंगनाथन के अनुसार इसे लेपित-कागज स्वरूप माध्यम से बदल दिया गया क्योंकि जिल्दबद्ध-पुस्तक स्वरूप में यह संभव नहीं था कि नयी प्रविष्टियों को उसमें अंतर्वेशित किया जा सके और उन्हें सही जगह रखा जा सके। इस स्वरूप में प्रविष्टियां लिखित, टंकित या कागज की पट्टी पर प्रकाशित हो सकती हैं जिन्हें जिल्दबद्ध-पुस्तक के पृष्ठों पर एक क्रम से चिपका दी जाती हैं। चिपकाने में यह ध्यान रखा जाता है कि मध्य में इतनी जगह छोड़ दी जाय जिससे भविष्य में प्रविष्टियों को सरलता से अंतर्वेशित किया जा सके। यदि किसी स्थल पर सूची का कोई हिस्सा अत्यधिक संकलित हो जाता है तो पट्टियों को उठा लिया जाता है और उन्हें पुनः वितरित किया जाता है। लेकिन इस स्वरूप के अनुरक्षण में समय और श्रम अधिक लगने के कारण इसे भी अनाबद्ध-पुस्तक स्वरूप में बदल दिया गया।

विकास के पहले चरण में प्रत्येक पत्र में छह प्रविष्टियाँ हुआ करती थीं। यह स्वरूप सुविधाजनक पाया गया और इसमें यह संभव था कि बिना कठिनाई के इसे अद्यतन रखा जा सके। लेकिन एक पत्र में एक से ज्यादा प्रविष्टि रखने पर उनके क्रमों में कभी-कभी गड़बड़ी पैदा हो जाती थी। इस गड़बड़ी को सुधारने

के लिए पत्र का आकार उतना ही रखा गया जिसमें एक पत्र के लिए एक प्रविष्टि आ सके। फिर एक वह स्थिति भी आ गई जब छोटे-छोटे पत्रों का उपयोग काफी आसानीवर्द्धक महसूस होने लगा। तब इस स्वरूप को पत्रक स्वरूप सूची में बदल दिया दिया गया।

एक लम्बे अनुभव के बाद कार्ड (पत्रक) का आकार 12.5 सेमी.×7.5 सेमी. ठीक समझा गया। सर्वत्र इस आकार को अपनाया गया और यही आकार प्रचलित भी है। कार्ड का घनत्व 0.0025 सेमी. होता है। एक कार्ड पर एक ही प्रविष्ट बनाई जाती है। अनाबद्ध-पत्र खाता के अतिरिक्त 'कार्ड-पद्धति पुस्तकालय व्यवसाय का औद्योगिक समुदाय के लिए एक वर्णन योगदान है।

उपरोक्त भौतिक स्वरूपों के अलावा दूसरे स्वरूपों का विकास हुआ है जिनका वर्णन करना आवश्यक है। ऐसे स्वरूपों में सर्वदर्शी सूचक, छिद्रित कार्ड (पूर्णरूपेण यंत्रीकृत)' माइक्रोफिल्म। चुम्बकीय फीता, चुम्बकीय डिस्क, कम्प्यूटर आदि हैं। सर्वदर्शी सूचक ऐसे कार्ड के बने होते हैं जिनके कोर कुछ मोटे होते हैं जो दिखाई पड़ जाते हैं या वे एक फ्रेम के रूप में होते हैं जिनमें 0.62 सेमी. चौड़ी छोटी-छाटी पट्टियाँ होती हैं जो एक दूसरे के ऊपर-नीचे मढ़ी रहती हैं। माइक्रोफिल्म, चुम्बकीय फीता, चुम्बकीय डिस्क आदि अनेक भौतिक स्वरूप हैं जिनमें सूची को बदल दिया जाता है। इनसे सूचनाओं के उपायोजन के लिए विशेष तरह के यन्त्र की आवश्यकता होती है, जिनकी लागत काफी होती है।

कम्प्यूटर में प्रविष्टियों को संचित किया जा सकता है। नयी प्रविष्टियों का अन्तर्वेशन एवं अनिवार्य प्रविष्टियों का निष्काषण भी कम्प्यूटर माध्यम से प्राप्त हो जाता है। इससे पुस्तकाकार, कार्ड या शीफ के रूप में सूची अद्यतन रूप में प्रकाशित भी की जा सकती है। कम्प्यूटर को स्वयं भी खोज के रूप में प्रयोग किया जा सकता है, तथा इसके माध्यम से छिद्रित कार्ड (यांत्रिक), माइक्रोफिल्म, चुम्बकीय फीता तथा चुम्बकीय डिस्क के रूपों में सूची को बनाया जा सकता है। 1960 ई. से ही विकसित राष्ट्रों में कम्प्यूटर द्वारा बनाई सूचियों का उपयोग सामान्य होता जा रहा है। पुस्तकालय सूची के निर्माण के संबंध में इनका महत्व पूर्ण निहितार्थ है।

भौतिक स्वरूप को अपनाने के विषय में विवेचन—सूची के भौतिक स्वरूप को अपनाने के सम्बन्ध में अग्रलिखित अनिवार्यताओं पर ध्यान देना चाहिए—(i) इसे अद्यतन रखा जा सके अर्थात् आवश्यकतानुसार प्रविष्टियाँ रखी जा सकें या हटाई जा सकें; (ii) एक ही शीर्षक या अग्रपरिच्छेद की समस्त प्रविष्टियाँ एक साथ आ

सकें; (iii) यह पाठकों तथा पुस्तकालय कर्मचारियों दोनों की पहुँच में (**अभिगमों के अन्तर्गत**) समान रूप से हो; (iv) इसे पुस्तकालय के अन्दर या बाहर आसानीपूर्वक देखा जा सके। यदि पाठक चाहे तो उसे अपने घर ले जाकर भी देख सकता है। यह पक्ष **सुवाह्यता** से संबंधित है; (v) यह ऐसा हो जिससे प्रविष्टियों को सरलता से देखा जा सके और उनका सुविधापूर्वक व्यवहार किया जा सके; (vi) यह ऐसा हो जिसके निर्माण तथा अनुरक्षण में थोड़ा खर्च लगे; (vii) इसका आकार सघन होना चाहिए जिससे यह कम जगह घेरे; (viii) यह ऐसा हो जिसकी प्रतिरचना **पुनः प्रस्तुति** प्रक्रिया माध्यम से तैयार की जा सके अर्थात सूची की दूसरी प्रति सरलता से प्राप्त की जा सके; तथा (ix) जो तीव्रता से खोजने में सहायक हो।

भौतिक स्वरूपों की तुलना—सामान्यतः सूची के भौतिक स्वरूप निम्नलिखित हैं—

शीफ स्वरूप
कार्ड स्वरूप
पुस्तक स्वरूप

भौतिक स्वरूपों की तुलना आवश्यकता के आधार पर पृष्ठ 21से 25 में की गयी है।

निष्कर्ष—यह स्पष्ट है कि किसी एक भौतिक स्वरूप से समस्त अनिवार्यताओं की पूर्ति नहीं हो सकती है। हर स्वरूप के अच्छे कमजोर पहलू हैं। लेकिन सूची का कार्ड स्वरूप अब तक व्यवहार में सभी को मान्य रहा है। बीसवीं शताब्दी श्रीगणेश होते-होते ही कार्ड सूची से सूची के दूसरे स्वरूपों से बाजी मार ली। तब से बहुत समय बाद तक निःसन्देह कार्ड सूची की श्रेष्ठता दूसरी सूचियों की तुलना में कायम रही, पर अब पुनः सूची का पुस्तक स्वरूप कार्ड स्वरूप को धीरे-धीरे बदलने की चेष्टा कर रहा है।

पुस्तकालय सूचीकरण के सिद्धान्त

डॉ. रंगनाथन ने सूचीकरण के क्षेत्र में अपना सक्रिय योगदान दिया है। उनका मत यह है कि सूचीकरण सामान्य और विशेष सिद्धान्तों पर आधारित है। ये ही सूचीकरण के प्रदर्शक सिद्धान्त (गाइडिंग प्रिंसिपुल्स) हैं। ये अग्रलिखित हैं—

1. पुस्तकालय-विज्ञान के पाँच सिद्धान्त—पुस्तकालय विज्ञान के पाँच सिद्धान्त अग्रलिखित हैं—

(क) पुस्तकें उपयोग के लिए हैं।
(ख) प्रत्येक पाठक को उसकी अभीष्ट पुस्तक मिले।

(ग) प्रत्येक पुस्तक को उसका पाठक मिले।

(घ) पाठक का समय बचे।

(ङ) पुस्तकालय एक वर्द्धनशील संस्था है।

पुस्तकालय विज्ञान के उक्त पाँच आधार भूत सिद्धान्त सूचीकरण पर विशेष रूप से लागू होते हैं। अतः पुस्तकालय में संगृहीत पुस्तकों और अन्य अध्ययन-सामग्री की सूची या सूचियाँ इस तरह बनाई जायें जिनसे पुस्तकालय विज्ञान के सिद्धान्तों की पूर्ति हो सके।

2. मितखर्चता का सिद्धान्त—सूचीकरण का यह एक सामान्य सिद्धान्त है। इसका आशय यह है कि सूची बनाने में शक्ति-समय, स्थान और सामग्री इन सभी में मितखर्चता हो, किन्तु पुस्तकालय विज्ञान के पाँचों मूलभूत सिद्धान्तों को कोई हानि न पहुँचे।

3. स्थायित्व का सिद्धान्त—इस सिद्धान्त का आशय है कि संलेख के अग्र अनुच्छेद पर जो अंश चुन कर दिया जाये उसे कुछ स्थायी चीज का प्रतिनिधित्व करना चाहिए।

4. प्रचलन का सिद्धान्त—इस सिद्धान्त के अनुसार किसी संलेख के लिए चुना हुआ शीर्षक प्रचलित होना चाहिए।

5. सर्वाधिक प्रभावशीलता का सिद्धान्त—सूचीकरण का यह एक विशिष्ट सिद्धान्त है। इसका तात्पर्य है कि सूची के संलेखों के व्यवस्थापन में सर्वाधिक प्रभावशीलता के सिद्धान्त का पालन किया जाना चाहिए।

6. अविरोध का सिद्धान्त—सूचीकरण निश्चित नियमों के अनुसार किया जाय जिससे सूची में एकरूपता बनी रहे। श्री एकोम्ब महोदय का कथन ठीक ही है कि सूची का उच्च गुण अविरोधिता (एकरूपता) होना चाहिए, उन निपमों के साथ जिन पर कि वह आधारित हो।

7. सुसंगति का सिद्धान्त—सूचीकरण के नियमों का प्रयोग करने और बनाने में सुसंगति के सिद्धान्त का पालन किया जाना चाहिए, अर्थात् संलेख में जो अंश शामिल किए जाएँ वे उसके उद्देश्य के अनुरूप हों।

8. सुनिश्चितता का सिद्धान्त—इस सिद्धान्त का तात्पर्य यह है कि संलेख में कोई ऐसी सूचना न न शामिल की जाय जो संदिग्ध हो।

सूचीकरण की समस्याएँ

किताब एवं दूसरी पाठ्य सामग्री जो पुस्तकालय में पाठकों के प्रयोग के लिए संगृहीत की जाती है उसका निधायों पर अन्य पुस्तकों के साथ व्यवस्थित करने

के पूर्व सूचीकरण की दृष्टि से सावधानीपूर्वक निरीक्षण करना जरूरी है। यह प्रसूचीकार के लिए कई समस्याओं को दृष्टिगोचर करता है।

मार्गेरेट मन ने भी जैसा की स्पष्ट किया है कि सूचीकार को पाठक एवं लेखक के मध्य मध्यस्थ का कार्य करना चाहिए और इस तथ्य को ठीक तरह से समझ लेना चाहिए कि लेखक का पुस्तक लिखने का उद्देश्य क्या है और पाठक की आवश्यकता क्या है? सूचीकार को पुस्तकों की शैली तथा विषय-वस्तु को अच्छी तरह इस दृष्टि से समझ लेना चाहिए कि पाठक के लिए उनका क्या मूल्य है? और कहाँ तक अनेक स्तरों के अनेक पाठकों की जरूरत की पूर्ति उनसे हो सकती है, इस नजरिये से पाठक, उनके स्तर तथा आवश्यकता को ध्यान में रखते हुए सूची को पुस्तकों का विवरण प्राप्त करने के लिए एक सरल एवं स्वाभाविक विधि के रूप में प्रस्तुत करना चाहिए।

सूची का कार्य मात्र किसी ग्रन्थ विशेष या दूसरी पाठ्य सामग्री के स्थान का ज्ञान प्रदान करना नहीं है। इसका कार्य विशेष तरह से यह है कि—क्या अमुक पुस्तक पुस्तकालय में उपलब्ध है? अमुक पुस्तक के कौन से संस्करण पुस्तकालय के संग्रह में सुलभ है? अमुक लेखक की कौन-सी पुस्तकें पुस्तकालय में मौजूद हैं? इन प्रश्नों का उत्तर प्रदान करने की क्षमता सूची में अवश्य होनी चाहिए जिसे सर्वमान्य किया गया है। सभी सवालों का महत्व एक-सा नहीं है और सबका जवाब एक ही तरह से नहीं दिया जा सकता। जिस सूची से प्रथम प्रश्न का उत्तर दिया जा सकता है उससे दूसरे और तीसरे सवाल के उत्तर नहीं दिये जा सकते। पुस्तकों की शीर्षक कालान्तर के संस्करणों में परिवर्तित कर दी जाती है। लेखक के नाम भी अनेक ढंग के होते हैं और वे भी अपने नाम बदलते रहते हैं। यहाँ प्रथम तरह की समस्या यह है कि किस शीर्षक के अधीन सूची में किसी पुस्तक विशेष का संलेख प्रस्तुत किया जाय। इससे कठिन यह है कि किस शीर्षक विशेष के माध्यम से पाठक सूची का प्रयोग किस पुस्तक को प्राप्त करने के लिए करेगा इसलिए मुख्य संलेख के वरण की समस्या सूचीकरण की मुख्य समस्या है।

यूरोप की वर्तमान परम्परा के अनुसार किसी रचना को विशिष्टता प्रदान करने का सर्वोत्तम तथा बहुत अधिक महत्वपूर्ण तत्व उसका लेखक है जिसके अधीन पुस्तकों का संलेख सूची निर्माण के लिए किया जाता है।

इस दिशा में अभी तक ऐसा कोई अनुसन्धान नहीं किया जा सका है कि हर राष्ट्र के लेखकों का किस-किस कुलनाम से संलेख प्रस्तुत किया जाये। कुछ यूरोपीय राष्ट्रों तथा ब्राजील के लेखकों के कुलनाम को निश्चित करना सरल नहीं

है। कहीं-कहीं पर दो कुलनाम नामों का प्रयोग लेखक करते हैं। किस नाम को कुलनाम माना जाये, एक समस्या है। बहुत-सी पुस्तकें ऐसी हैं जो अपने शीर्षक के नाम से ही लोकप्रिय हैं। अरब की प्रसूचियों में अब भी शीर्षक के नाम से ही संलेख मुख्यँ रूप से प्रस्तुत किये जाते हैं।

सूची संलेख के साधनों की विशेषता, जिनके अनुसार संलेख प्रस्तुत किये जाते हैं एक कठिन समस्या उत्पन्न करता है। सूचीकार के लिए संलेख का साधन स्वयं पुस्तक है जो उतनी सूचना पाठक को देने के लिए पर्याप्त नहीं हो सकती जितना पाठक सूची से प्राप्त करने की उम्मीद रख सकता है। सूचीकार को सबसे पहले अपने पुस्तकालय की सूची देखनी पड़ती है अन्यथा एक लेखक की अनेक रचनाएँ कई स्थानों पर बिखर जायेंगी क्योंकि वह कभी-कभी अपने प्रारम्भिक संक्षिप्त नामों के अधीन लिखता है और कभी पूरे नामों से लिखता है। इससे एक लेखक विशेष को सूची में दो विभिन्न स्थानों पर विन्यास होने का भय बना रहता है। जबकि लाइब्रेरी ऑफ काँग्रेस पुस्तक को ही पूरी सूचना का साधन मानने का नियम निर्धारित करती है पुस्तक में प्रायः ऐसी कोई सूचना नहीं होती है कि लेखक ने पहले किसी अन्य नाम से रचनाओं का प्रकाशन कराया है। अर्थात् छद्मनाम से लिखने पर उसका असली नाम क्या है?

इन तथ्यों की खोज सूचीकार को कहाँ तक करनी है, कहाँ तक उसे सफलता मिल सकती है, एक कठिन कार्य है। जिन साधनों अर्थात् राष्ट्रीय सन्दर्भ वाङ्मयसूचियों, पुस्तकात्मक सन्दर्भ सामग्रियों तथा राष्ट्रीय पुस्तकालयों की प्रसूचियाँ तथा विषय वाङ्मयसूचियों जो इन तथ्यों को प्राप्त करने के सच्चे साधन हैं वे स्वयं कभी-कभी अधूरे होते हैं और सच्ची सूचना प्रदान नहीं कर सकते।

किसी लेखक विशेष की सभी रचनाओं को एक साथ विन्यस्त करना कठिन है और इससे कठिन किसी रचना के सभी संस्करणों का सम्बन्ध स्थापित करना है। नामों के वर्णविन्यास की समस्या भी सूचीकरण के कार्य को कठिन कर देती है, विशेषकर स्थिति में जब एक ही कुलनाम के विभिन्न वर्णविन्यास होते हैं। प्रायः यह उन राष्ट्रों के लेखकों के साथ होता है जो अंग्रेजी-भाषी राष्ट्रों के नहीं हैं, परन्तु उनकी रचनाएँ मुख्यतः अंग्रेजी भाषा में हैं।

किस वर्णविन्यास को मानक मानकर शीर्षक को सजाकर रखा जाय एक कठिनाई है जिसमें सुधार आवश्यक है। अब सवाल यह उठता है कि क्या सूचीकरण एक विज्ञान है? और क्या सार्वभौमिक प्रयोग एवं प्रचलन सम्भव है? मजबूत सैद्धान्तिक दृष्टिकोण की कमी में सूचीकरण को विज्ञान का स्थान प्रदान करना कठिन है।

सूचीकरण को कभी विज्ञान और कभी कला की संज्ञा दी जाती है। कटर ने इस तथ्य को स्पष्ट किया है और कहा–"सूचीकरण एक कला है, विज्ञान नहीं। अनुभव तथा सफल एवं विशुद्ध निर्णय का स्थान कोई नियमावली ग्रहण नहीं कर सकती है, लेकिन अनुभव के कुछ परिणामों को नियमावली के रूप में अच्छी तरह से निर्दिष्ट किया जा सकता है।"

जे. एच. क्वीन तथा एच. **डब्ल्यू.** एकम्ब ने अपनी पुस्तक "Manual of Cataloguing and Indexing" में यह स्पष्ट किया है कि "सूचीकरण कला नहीं है, क्योंकि अधिक वर्तमान शैक्षणिक विभाग के पुस्तकालय में सूची के अधीन स्वयं की अभिव्यक्ति से कठिनाई पैदा हो सकती है, और न यह विज्ञान ही है, क्योंकि यह निश्चित एवं अपरिवर्तनीय तथ्यों पर निर्भर नहीं है, तथाकथित पुस्तकालय विज्ञान की शाखाओं की तरह मात्र एक प्रविधि तथा तदर्थ प्रयोग है जिसमें शुद्धता, सुविधा एवं एकानुरूपता इसके मुख्य अवयव हैं।" सूचीकरण को वैज्ञानिक आधार देने में डॉ. रंगनाथन का अनोखा सहयोग है, जिन्होंने सूचीकरण उपसूत्रों तथा आदर्शमूलक सिद्धान्तों का उत्पादन कर सूचीकरण को कलात्मक एवं वैज्ञानिक आधार प्रदान किया है। सूची को उन्नत तथा प्रभावकारी संप्रेषण का साधन बनाने के लिए अनेक प्रयत्न राष्ट्रीय तथा अन्तर्राष्ट्रीय स्तर पर किये जा रहे हैं। अनेक समस्याओं के हल के लिए सार्वभौमिक पद्धतियों तथा युक्तियों का उत्पादन किया गया है जिसका विवेचन आगे चल कर मिलेगा।

ऐसा मत है कि सूची सम्पूर्ण वाङ्मयात्मक सन्दर्भों का अंग है, और सामान्य सन्दर्भ रचनाओं का एक प्रमुख साधन है जो उनसे पृथक होकर स्वतन्त्र रूप से कार्यरत नहीं हो सकता।

जॉली ने कहा कि–"सूची संप्रेषण का एक साधन है और संप्रेषण के सभी साधन स्वयं भाषा की तरह सामाजिक आदत है। सूची प्रयोग करने की प्रक्रिया एक सामाजिक आदत हैं। यदि सामाजिक आदत सरल है तो नई आदत जल्दी पैदा की जा सकती है। सूची एक अत्यन्त जटिल संप्रेषण विधि है। अतः यह प्रचलित आदतों पर आधारित होना चाहिए।" कहने का आशय है कि सूची में प्रचलित एक अनुरूपता तथा तर्कगत विशेषता को अपनाना चाहिए। जिससे प्रयोगकर्ता को सुविधा प्राप्त हो सके।

7

पुस्तक चयन

किताब पुस्तकालय की आधारशिला है। पुस्तकालय का मुख्य कार्य पुस्तकें इकट्ठी कर उन्हें सुरक्षित रूप में इस प्रकार रखे हैं कि पाठक उनका अधिकाधिक उपयोग कर सकें।

युनेस्को के घोषणा पत्र में कहा गया है—''सर्वांगपूर्ण सार्वजनिक पुस्तकालय को पुस्तकों, पत्रिकाओं, समाचार-पत्रों, चित्रों, फिल्मों, रिकार्डों आदि का संग्रह करना चाहिए और उनका प्रयोग करने में पाठकों का मार्गदर्शन करना चाहिए।''

वर्तमान के इस मुद्रण-कला युग में हर वर्ष विभिन्न भाषाओं में करोड़ों की संख्या में पुस्तकें प्रकाशित होती हैं इसलिए समृद्ध-से-समृद्ध पुस्तकालय के लिए भी सभी नवीन पुस्तकों का संग्रह वर्तमान व्यवस्था करना असम्भव साथ ही यह भी निश्चित है कि सभी प्रकाशित पुस्तकें संग्रहणीय नहीं होतीं। आज के इस प्रचारवादी युग में लोकप्रियता और अर्थलिप्सा से भरी, रंगीन कलात्मक आवरण युक्त, सस्ती पुस्तकें संग्रहणीय नहीं होतीं। आज के इस प्रचारवादी युग में सस्ती लोकप्रियता और अर्थलिप्सा से भरी, रंगीन कलात्मक आवरण युक्त, सस्ती पुस्तकें धड़ल्ले से लिखी जा रही हैं और प्रकाशित हो रही हैं। ऐसी पुस्तकें समाज के हित में नहीं हैं, क्योंकि इनमें जीवनोत्कर्ष का कोई सिद्धान्त नहीं रहता, लोक-कल्याण की भावनाएँ नहीं रहतीं। इसीलिए तो पुस्तकालय के लिए पुस्तक-चयन का सवाल उठता किसी वस्तु को पूर्ण रूप से ग्रहण नहीं करके आंशिक रूप से लेने की जहाँ बात आती है, वहीं चयन की जरूरत होती है।

हमारे देश में अनेक भाषाओं का समावेश है, इसलिए इसमें विभिन्न विषयों की लगभग 25000 पुस्तक प्रतिवर्ष प्रकाशित होती है।

यह तो निश्चित है कि सभी प्रकाशन सभी पुस्तकालयों के लिए उपयुक्त नहीं होगा। इसलिए शेष इसका अर्थ यह हुआ कि भारत की प्रमुख 14 भाषाओं में लगभग 10 से 12 हजार ऐसी पुस्तकें प्रतिवर्ष प्रकाशित होती हैं जो पुस्तकालय द्वारा ही व्यय की जा सकती हैं। इनमें सें लगभग 60 प्रतिशत पुस्तकें (उपन्यास तथा कहानी) की होती है। शेष में, अधिक संख्या धार्मिक, दार्शनिक और समाजशास्त्रीय विषयों की पुस्तकों की रहती है। तकनीकी पुस्तकों का प्रकाशन अभी हाल ही में आरम्भ हुआ है। पुस्तकों की छपाई-सफाई ज्यादातर अच्छी नहीं होती और पुस्तकालयों में लगातार उपयोग से उनमें से अधिकतर शीघ्र ही खराब हो जाती है।

किसी भी पुस्तकालय के लिए इन सभी पुस्तकों (10 से 12 हजार की संख्या) को खरीदना सम्भव व उपयोगी नहीं हो सकता, इसलिए अपनी-अपनी आवश्यकता, भाषा और आय के अनुसार पुस्तकों का चयन करना पड़ता है।

पुस्तक चयन में विभिन्न प्रकार के पुस्तकालयों में विभिन्न प्रकार की समस्याएँ होती हैं। विद्यालय, महाविद्यालय तथा विश्वविद्यालय पुस्तकालयों में पुस्तक चुनाव का कार्य उतनी समस्या नहीं है जितनी लोक पुस्तकालयों में। शैक्षणिक पुस्तकालयों में अधिकांश अध्यापकों द्वारा स्वीकृत तथा छात्रों के पाठ्यक्रम के अनुसार पुस्तकों का चुनाव होता है इसके अलावा सामान्य ज्ञान की कुछ पुस्तकों का चयन भी छात्रों के बौद्धिक विकास हेतु किया जाता है। विश्वविद्यालय अनुदान आयोग भी पुस्तकों की खरीद के लिए महाविद्यालय तथा विश्वविद्यालय को अतिरिक्त अनुदान देता है इसलिए उसके साथ अर्थ की समस्या नहीं होती। परन्तु सार्वजनिक पुस्तकालयों के साथ ऐसी परिस्थिति नहीं है। उन्हें अपनी नितान्त सीमित साधनों से ही पाठकों की माँग की पूर्ति करनी पड़ती है। शैक्षणिक पुस्तकालयो में पाठ्य-पुस्तकों की माँग अधिक होती है तथा सामान्य ज्ञान की कुछ पुस्तकों की माँग होती है। लेकिन सार्वजनिक पुस्तकालयों में पाठकों की माँग विभिन्न प्रकार की होती है। सार्वजनिक पुस्तकालयों में जहाँ आमदनी के सीमित साधन होते हैं वहीं पाठकों की माँग असीमित होती है।

इसलिए सार्वजनिक पुस्तकालयों के पुस्तकालयध्यक्ष के कार्यों में पुस्तक-चयन सर्वाधिक कठिन तथा महत्वपूर्ण कार्य है। श्री बेंरिविक सेयर्स कथनानुसार के "पुस्तकालयाध्यक्ष के कार्यों में पुस्तक-चयन बहुत ही उत्तरदायित्वपूर्ण और कठिन कार्य है। इसमें गम्भीर अवलोकन तथा निरन्तर प्रयत्न से हीं प्रवीणता आती है।"

दूसरे पुस्तकालयाध्यक्ष श्री डब्लू. डे. के कथानानुसार—"पुस्तक-चयन की सम पाठकों की अधिकतम संग्रह करने की है और संग्रह का काम सदैव अत्यन्त सावधानी से किया जाना चाहिए। इस कार्य के लिए चयनकर्ता को साहित्य का सम्यक् ज्ञान पुस्तक-चयन सम्बन्धी विविध उपादानों का व्यावहारिक ज्ञान होना चाहिए व उसे अपनी पाठकों की विशेष जरूरतों से परिचित व सहिष्णु और अनुभवी होना चाहिए।"

इसलिए पुस्तक-चयन का कार्य (1) कम मूल्य पर (2) अधिकाधिक पाठकों के लिए (3) उत्तम पाठ्य-सामग्री प्रस्तुत के ठोस सिद्धान्तों पर आधारित होना चाहिए।

चयन सिद्धान्त

उपर्युक्त सिद्धान्त के अनुसार पुस्तक-चयन के तीन अवयव हमारे सम्मुख आते हैं—(क) पाठक, (ख) पाठ्य-सामग्री, (ग) धन।

(क) पाठक—शैक्षणिक पुस्तकालयों के पाठक तो सीमित होते हैं—

1. प्राध्यापक
2. छात्र एवं अनुसंधानकर्ता

लेकिन लोक पुस्तकालयों के पाठकों तो असीमित होते है। उन्हें हम चार वर्गों में विभक्त कर सकते हैं—

1. वे, जो ज्ञान-प्राप्ति तथा मनोरंजन के लिए पुस्तकालय का उपयोग करते हैं। इसलिए उनकी माँग असीमित होती है।

2. वे, जो मात्र मनोरंजन हेतु ही पुस्तकालय का उपयोग करते हैं। ऐसे पाठकों की माँग मुख्यतः कथा-साहित्य की होती है।

3. वे, जो साक्षर तो होते हैं लेकिन पुस्तकालय का उपयोग नहीं करते हैं। हम उन्हें भी पाठकों की श्रेणी में रखते हैं क्योंकि आधुनिक पुस्तकालयों का दायित्व होता है कि ऐसे पाठकों में पठन-पाठन में दिलचम्पी उत्पन्न करे।

4. वे, जो नवसाक्षर या निरक्षर हैं और पुस्तकालय तथा पुस्तक की ओर लालच भरी नजर से देखते हैं लेकिन अपने सीमित ज्ञान अथवा आर्थिक कारणों से पुस्तकालय में नहीं आते हैं।

आधुनिक लोक पुस्तकालयों में इन चारों श्रेणी के पाठकों के लिए पाठ्य-सामग्री की व्यवस्था करनी होती है।

(ख) पाठ्य-सामग्री (पुस्तक)—डॉ. रंगनाथन द्वारा प्रतिपादित पुस्तकालय के पंच सूत्रों का पुस्तक-चयन से प्रत्यक्ष सम्पन्न है—

1. पुस्तकें उपयोग के लिए हैं।

2. प्रत्येक पाठक को पुस्तक मौजूद हो।

3. प्रत्येक पुस्तक को उसका पाठक मिले।

4. पाठक के समय की बचत हो।

5. पुस्तकालय एक विकासशील संस्था है।

इनमें प्रथम, द्वितीय, तृतीय तथा पंचम सूत्र का सीधा सम्बन्ध पाठ्य-सामग्री से है तो चतुर्थ सिद्धान्त भी पाठ्य-सामग्री के अलावा पाठक तथा व्यवस्था से है।

डॉ. रंगनाथन के इन सूत्रों को मद्दे नजर रखते हुए लोक पुस्तकालय के लिए पुस्तकों का चयन करते समय निम्नांकित बातों का ध्यान रखना चाहिए—

1. **पुस्तकें उपयोगी हों**—उपयोगी पुस्तकों का कार्य सम्पूर्ण समाज के हर मनुष्य के पास उपयोगी पुस्तकें पहुँचाकर मानवजीवन को समृद्धिशाली और विकसित बनाना है।" सामान्यतया आज की प्रकाशित पुस्तकों को हम उपयोगी और अनुपयोगी, दो रूपों में विभाजित कर सकते हैं। उपयोगी वह—जिसके पठन-पाठन से मनुष्य ज्ञान एकत्रित करें, उसकी बुद्धि विकसित हो और उसका मानसिक धरातल उन्नत हो। और, जिससे मनुष्य के हृदय और चरित्र को प्रेरणा नहीं मिले, पाठकों में मानवीय विचारों का संचरण नही हो, अपितु कुसंस्कारों का बीज वपन हो, उसे हम अनुपयोगी कह सकते हैं।

इसलिए यह कहा जा सकता है कि वैसी ही पुस्तकों का चयन किया जाय जो—

(क) जीवन को विकासशील तथा उन्नतिशील बनाने में सहायक हो।

(ख) समाज के प्रत्येक वर्ग के लिए समान रूप से लाभप्रद हो। जहाँ तक सम्भव हो, उनमें समाज के प्रचलित रीति-रस्म, व्यवहार, धर्म, संस्कृति आदि पर आक्षेप नहीं हों अपितु सुधार की भावनाएँ हों।

(ग) जिसमें समाज के प्रत्येक सदस्य की स्वाभाविक दिलचस्पी हो। इनके अलावा पुस्तकों का चयन करते वक्त चयनकर्ता को पुस्तक विशेष के सम्बन्ध में भी अलावा बातों का ध्यान रखना चाहिए—

(क) क्या इस पुस्तक में कुछ उत्तम रचनात्मक सामग्री है?

(ख) क्या इसका लेखक अपने विषय का विशेषज्ञ है?

(ग) क्या इसका संस्करण आधुनिकतम है?

(घ) क्या इसकी छपाई-सफाई सुन्दर और कागज व जिल्द मजबूत है?

(ङ) क्या इसका प्रकाशक प्रकाशन क्षेत्र में प्रसिद्ध है?

(च) क्या पुस्तक के प्रारम्भ में विषय-सूची और अन्त में अनुक्रमणिका दी हुई है?

2. पाठकों की अभिरुचि—चयनकर्ता को सिर्फ अपनी इच्छा के अनुसार ही पुस्तकों का चुनाव नहीं करना चाहिए, अपितु अपने साथ पाठकों की रुचि का ध्यान रखना चाहिए। इस सम्बन्ध में यह सिद्धांत है कि पुस्तकालयाध्यक्ष को अपने पाठकों के सामाजिक रीति-रिवाजों, मनोरंजनात्मक प्रवृत्तियों तथा व्यावसायिक कुशलता का ज्ञान होना चाहिए। तभी पुस्तकालयाध्यक्ष अपने पाठकों की इच्छा के अनुसार पुस्तकें इकट्ठा कर अपने पुस्तकालय की नींव मजबूत कर सकता है।

पाठकों की अभिरुचि का सही अन्दाजा निम्नांकित आँकड़ो से लगाया जा सकता है—

(i) प्रतिवर्ष जितनी पुस्तकें पढ़ने के उपयोग में आई हैं उनके विषयवार वर्गीकरण से जाना जा सकता है कि किस विषय की पुस्तकों की कितनी माँग है।

(ii) पुस्तकों के तिथि-पत्रक (Date-Slip) से यह ज्ञात हो सकता है कि कौन-कौन सी पुस्तकें कितनी बार व कितने समय के अन्तर से उपयोग में आयी है। इनसे भी पुस्तकों की माँग का सही उचित किया जा सकता है।

(iii) पुस्तकों का उपयोग करने वाले पाठकों से व्यक्तिगत सम्पर्क स्थापित कर उनकी दिलचस्पी की जानकारी प्राप्त की जा सकती है।

3. क्षेत्रीय आवश्यकता—पुस्तकालय जिस क्षेत्र में अवस्थित हो उस क्षेत्र की जरूरत को पुस्तक चयन करते समय मद्देनजर रखना चाहिए। उदाहरणार्थ ग्रामीण पुस्तकालय में ग्रामीण साहित्य को महत्व मिलना चाहिए। गाँवों में अधिकांश किसान बसते हैं, इसलिए यदि खेती में सुधार के सम्बन्ध की पुस्तकें हों तो ये गाँव की जनता के हित में होगी, कल्याण होगा। उन पुस्तकालयों में गहन गम्भीर पुस्तकों का संग्रह साधारणतया जनोपयोगी नहीं हो सकता है।

4. क्षेत्रीय साहित्य—पुस्तकालय में कुछ ऐसी भी पुस्तकें अवश्य रखी जाये, जो स्थायी महत्व रखती हैं और जिन पर समय का प्रभाव नहीं पड़ता है। ऐसी पुस्तकों का संग्रह पुस्तकालय के कोष के अनुसार अवश्य किया जाना चाहिए। उनका अधिक उपयोग हो सकेगा अथवा नहीं, यह नहीं सोचना चाहिए। ऐसी पुस्तकों से पुस्तकालय की प्रतिष्ठा व मर्यादा बढ़ती है और समाज का सम्मान पुस्तकालय को प्राप्त होता हैं।

6. आवश्यक साहित्य—ऐसी पुस्तकों का संग्रह भी जरूरी है, जो समाज तथा पुस्तकालय के लिए आवश्यक है, यथा—पंचाँग, शब्दकोश, विश्वकोश आदि।

7. सामयिक साहित्य—सामाजिक हलचलों का ज्ञान कराने वाली किताबें हर पुस्तकालय के लिए आवश्यक हैं। उदाहरण के लिए हम स्पुटनिक को ले सकते हैं। जिस समय रूस ने प्रथम बार स्पुटनिक छोड़ा था उस समय इसके संबंध के साहित्य की खोज हर एक पुस्तकालयों में होने लगी थी।

8. अप्राप्य पुस्तकें—मुद्रित अप्राप्य पुस्तकों व हस्तलिखित प्राचीन पुस्तकों का संग्रह एवं संरक्षण करना पुस्तकालय का उत्तरदायित्व है। यद्यपि यह अनिवार्य नहीं, लेकिन महत्व की वस्तु अवश्य है। इसलिए आवश्यक पुस्तकों के संग्रह से बची रकम को इसमें लगाना चाहिए।

अन्त में, यही कहा जा सकता है कि प्रत्येक पाठक के लिये पुस्तकें हों व प्रत्येक पुस्तक के लिए पाठक हों।

धन

पुस्तकक्रय करने के लिए निर्धारित रकम को मद्देनजर रखते हुए ही पुस्तकों की उपयोगिता और पाठकों की माँग के अनुसार पुस्तक-सूची तैयार की जानी चाहिए। चयनकर्ता को पूरा सतर्क रहना चाहिए कि उसे अपने सीमित बजट के अन्दर की उपर्युक्त शर्तों का ख्याल रखते हुए उत्तम तथा आवश्यक पुस्तकों का संतुलित संग्रह करना है ऐसा नहीं हो कि दो-चार विषयों की पुस्तकें खरीदने में ही उनका बजट खत्म हो जाय और बाकी विषयों की पुस्तकें खरीदी ही नहीं जा सकें।

इसलिए पुस्तक-चयन शुरू करने के पहले ही बजट का विभाजन कर लेना चाहिए कि किस विषय की पुस्तकें खरीदने में कितनी रकम खर्च की जा सकती है। पुस्तक-सूची तैयार करने के बाद भी चयनकर्ता को कुछ रकम सुरक्षित रखना चाहिए क्योंकि कितनी भी सावधानी से सूची तैयार की जाय, कुछ-न-कुछ दृष्टिचूक हो ही जाती है। पुस्तकों का संग्रह संतुलित रहे, सूची तैयार करते समय इसका पूरा ध्यान रखना चाहिए।

कथा साहित्य

पुस्तकालय-विज्ञान के एक विद्वान श्री ब्राउन, कथा साहित्य को अधिक महत्त्व नहीं देते। वे हर पाठक को गम्भीर व अध्ययनशील बनाना चाहते हैं; अतः वे पुस्तकालय में ऐसी ही विषय की पुस्तकें रखने के पक्ष में हैं जिनसे पाठकों की बुद्धि का विकास हो। परन्तु पुस्तकालय को जन अभिरुचि का ध्यान रखना पड़ता है, पाठकों पर किसी विषय को लेकर जबरदस्ती नहीं की जा सकती वह अपनी स्वयं अपनी मर्जी का मालिक होता है लादा नहीं जा सकता। हमारे देश में कथा साहित्य

की निन्दा कर पुस्तकालय लोकप्रिय नहीं बन सकता। अतः कथा साहित्य को प्रमुख स्थान देना होगा। अभी हाल में दिल्ली पब्लिक लाइब्रेरी की ओर से पुस्तकों के संबंध में लोगों की अभिरुचियों के सर्वेक्षण के आधार पर निष्कर्ष निकाला गया है कि पाठकों की मुख्य दिलचस्पी उपन्यास और कहानियों की ओर होती है। दिल्ली पब्लिक लाइब्रेरी की कुल पढ़ी गयी पुस्तकों में 70 प्रतिशत कथा साहित्य की पुस्तकें हैं।

कथा साहित्य के अलावा अन्य विषयों की कुल जितनी पुस्तकें पढ़ी गयी हैं उनमें लगभग आधी साहित्य, प्राविधिक ज्ञान और जीवनी संबंधी पुस्तकें हैं। विभिन्न भाषाओं और विषयों के अनुसार तैयार किये गये आँकड़ों से स्पष्ट चित्र सामने आता है कि नया पाठक वर्ग कल्पनामूलक साहित्य को सर्वाधिक पसंद करता है अब प्राविधिक विषयों की पुस्तकों का भी महत्त्व बढ़ता जा रहा है। प्राविधिक विषयों में चिकित्सा, इंजीनियरिंग, स्वास्थ्य, विज्ञान, रेडियो व सामान्य इंजीनियरिंग की अधिक माँग है।

पुस्तकें पसंद करने में सिर्फ पुस्तकों के विषय का ही नहीं अपितु उनकी भाषा, शैली और आकार का भी बहुत प्रभाव पड़ता है और पुस्तकों का चयन करते समय इन सभी बातों को ध्यान में रखा जाना आवश्यक है।

एक पुस्तक की अनेक प्रतियाँ—एक से अधिक प्रतियाँ रखने का सवाल कठिन है। यह निश्चित विचार है कि पुस्तकालय का संग्रह आनुपातिक तथा संतुलित हो, लेकिन पुस्तकालय की सबसे बड़ी जिम्मेदारी पाठकों की माँगों की पूर्ति करना है। पाठकों की माँगों और रुचि का लगातार अध्ययन करने वाले पुस्तकालयाध्यक्ष को पता रहता है कि किस पुस्तक की अधिक माँग है और तदनुसार उस पुस्तक की एक से अधिक प्रति खरीदी जा सकती हैं उदाहरण के लिए हम आज के कुछ श्रेष्ठ उपन्यासों को लें यथा—बलचनमा, मैला आँचल, परती-परिकथा आदि। अधिकतर पाठकों की माँग इन पुस्तकों के लिए होती हैं। जिस पुस्तकों की अधिक माँग होती है उनकी एक ही प्रति रखना पाठकों के लिए अन्याय होगा। सामान्यतः यह नियम प्रचलित है कि जिस पुस्तक की अधिक माँग हो, उसकी "सौ पाठक के लिए एक प्रति" होनी चाहिए। लेकिन अनावश्यक प्रतियाँ नहीं खरीदी जायं, इसके लिए पुस्तकालयाध्यक्ष को हमेशा सतर्क रहना चाहिए।

पुस्तकों की स्थानपूर्ति—(क) खराब पुस्तकों के स्थान पर नयी पुस्तकें खरीदकर रखने में भी पुस्तकालयों का बहुत व्यय होता है। इसलिए प्रत्येक नष्ट पुस्तक के स्थान पर नयी पुस्तकें खरीदी जायं, यह कोई जरूरी नहीं है। हाँ, जिन पुस्तकों की माँग रहे, उन्हें खरीदकर रखा जा सकता है।

(ख) गम्भीर पाठक पुस्तकों का नया से नया संस्करण खोजते हैं। आज की दुनिया की प्राविधिक गतिविधि जितनी तीव्रता से आगे बढ़ती जा रही है, उसे देखते हुए यह मानना इसलिए है कि वैज्ञानिक एवं प्राविधिक पुस्तकें बहुत जल्द पुरानी पड़ जाती हैं इएलिए उनका नया से नया संस्करण पुस्तकालय में रहना चाहिए।

परन्तु नया संस्करण खरीदते समय इस बात का पूरा ध्यान रखना चाहिए कि वस्तुतः वह पुनर्मुद्रण है अथवा संस्करण। हमारे यहाँ प्रकाशक पुनर्मुद्रण को भी संस्करण लिखते हैं।

(ग) अप्राप्य पुस्तकों की स्थानपूर्ति के लिए पुस्तकालयाध्यक्ष को अधिक परेशान नहीं होना चाहिए क्योंकि अप्राप्य पुस्तकों के लिए विक्रेता ज्यादा कीमत माँगने लगते हैं। जिस पुस्तक की पाठकों द्वारा अधिक माँग होगी, वह पुस्तक अप्राप्य (Out of Print) रहेगी ही नहीं। हाँ, अप्राप्य पुस्तकों में से भी कुछ ऐसी पुस्तकें होती हैं, जिनका साहित्य में स्थायी महत्त्व होता है, यदि वैसी पुस्तक समाप्त हो गयी हो अथवा खो गयी हो, तो उसकी स्थानपूर्ति के लिए पुस्तकालयाध्यक्ष को सचेत रहना चाहिए।

यौन साहित्य—वर्तमान में यह एक विवादग्रस्त सवाल है कि पुस्तकालयों में यौन साहित्य को किस सीमा तक जगह दी जाय। यौन साहित्य को स्वस्थ साहित्य की संज्ञा दी जाय अथवा नहीं? यह भी एक गम्भीर प्रश्न है। हमारे देश के प्रायः पुस्तकालय विज्ञानवेत्त इस ओर से चुप्पी साध लेते हैं लेकिन यह विचारणीय प्रश्न है। मेरे विचार से, युवक-युवतियों को यौन सम्बन्धी ज्ञान देना जरूरी माना जाता है, तो पुस्तकालय में भी यौन साहित्य को स्थान मिलना ही चाहिए, लेकिन हाँ, इतना बन्धन रहे कि उसका उपयोग अन्य पुस्तकों की तरह पाठक स्वेच्छा से नहीं कर सकें।

अमेरिका व यूरोप के देशों में ऐसी पुस्तकें एक निश्चित अलमारी में बन्द रहती हैं और सामान्यतया उपयोग में नहीं आतीं। श्री जौर्ज आर. बोल्टन के निर्देशानुसार ऐसी पुस्तकें खास अलमारियों में बन्द रहनी चाहिए और उसका 'डमी' (Dummy) खुली अलमारियों में रहे जिसके पृष्ठ पर लेखक व पुस्तक का नाम लिखा रहे तथा प्रथम कवर पर 'केवल वयस्कों' के लिए, पुस्तक बाहर नहीं जा सकती पुस्तक पढ़ने के इच्छुक पुस्तकालयाध्यक्ष से आवेदन-पत्र देकर प्राप्त कर सकते हैं।

पुस्तक चयन की सहायक सामग्रियाँ

अंग्रेजी पुस्तकों के चुनाव के लिए ब्रिटेन के प्रमुख पुस्तकाध्यक्षों द्वारा सम्पादित साप्ताहिक 'पब्लिशर्स सर्कुलर' जिसका वार्षिक संकलन 'इंगलिश कैटलॉग ऑफ बुक्स' कहलाता है व संयुक्त राज्य अमेरिका का "विल्संस

कैटलॉग' सर्वोत्तम साधन है। वैज्ञानिक एवं टेक्निकल पुस्तकों के लिए ब्रिटेन के 'एसलीब' Association of Special Library and Information Bureau. द्वारा प्रकाशित त्रैमासिक 'बुकलिस्ट' कथा साहित्य के लिए 'बेकर्स गाइड टू दी बेस्ट फिक्सन', बाल साहित्य के लिए स्टीवेन्सन का 'दी चाइल्ड बुक शेल्फ' तथा अमेरिका से प्रकाशित 'गाइड टू लिटरेचर फॉर चिल्ड्रेन' से मदद ली जा सकती है। अमेरिकन लाइब्रेरी एंसोसिएशन द्वारा प्रकाशित मासिक 'ए. एल. ए. बुक लिस्ट' उत्तम सामग्री है।

इसके अलावा ब्रिटेन और अमेरिका के विभिन्न प्रकाशकों तथा विक्रेताओं द्वारा प्रकाशित सूची पत्र एवं विभिन्न पत्र-पत्रिकाओं के समीक्षा स्तम्भ से अच्छा ली जा सकती है। भारत के भी विभिन्न प्रकाशक नियमित रूप से अपने प्रकाशनों की सूचियाँ एवं विक्रेता मौजूद पुस्तकों की सूची पुस्तकालयों को मुफ्त भेजते रहते हैं। पुस्तकालयों को विभिन्न प्रकाशकों तथा प्रमुख विक्रेताओं से पत्र व्यवहार द्वारा सीधा सम्पर्क कर सूची का संकलन करते रहना चाहिए।

भारतीय पुस्तकों के लिए कलकत्ता स्थित राष्ट्रीय पुस्तकालय द्वारा प्रकाशित 'इंडियन नेशनल बिब्लियोग्राफी' एवं प्रकाशकों द्वारा प्रकाशित पुस्तक-सूची के अतिरिक्त दैनिक पत्रों के साप्ताहिक अंकों व मासिक पत्रिकाओं के समीक्षा स्तम्भ से मदद ली जा सकती है। हिन्दी भाषा की पुस्तकों की सूचना देने वाली पत्रिकाएँ भी अब निकलने लगी हैं, जिनमें 'हिन्दी प्रचारक' 'प्रकाशन समाचार', 'पुस्तक जगत' आदि प्रमुख हैं। बिहार के शिक्षा विभाग द्वारा प्रकाशित 'हिन्दी ग्रन्थ सूची' एवं हिन्दी पत्रिकाओं की स्वीकृत सूची सर्वश्रेष्ठ साधन है। प्रमुख पुस्तकालयों के कैटलॉग भी अच्छे साधन है।

पाठकों की सलाह

इस कार्य में पाठकों के सुझाव बहुत महत्त्व रखते हैं। हर पुस्तकालय को एक सुझाव-पत्रक अथवा सुझाव पुस्तिका निश्चित स्थान पर रखनी चाहिए। 'पाठकों से निवेदन' शीर्षक सूचना रहे कि जो पुस्तकें उनके दृष्टि में महत्त्वपूर्ण हों और पुस्तकालय में प्राप्य न हों, उनका नाम व विवरण सुझाव-पत्रक में लिख दें।

हर पुस्तकालय में एक पुस्तक-चुनाव समिति का रहना जरूरी है जिसमें पुस्तकालय में रुचि रखने वाले प्रत्येक विषय के स्थानीय विद्वानों को शामिल करना चाहिए। इससे गम्भीर संतुलित पुस्तक-सूची बनाने में बहुत सहायता मिलती है।

8

पुस्तक प्रस्तुतीकरण

प्रत्येक कार्य की अपनी-अपनी प्रणाली होती है। पुस्तकालय-प्रशासन में भी कुछ निश्चित प्रणाली अपनाई जाती है। पुस्तक-चयन के उपरान्त उनकी सूची प्रस्तुत करना, आदेश-पत्रक तैयार करना, विक्रेताओं को आदेश देना तथा खरीदकर आने के बाद पुस्तकों को पाठकों के लिए प्रस्तुत करने तक कुछ निश्चित प्रक्रियाएँ होती हैं, जिन्हें पुस्तकालय-प्रशासन में 'प्रस्तुतीकरण' की संज्ञा दी गयी है।

पुस्तकों का चयन कर लेने के बाद पुस्तकालयाध्यक्ष को पुस्तकों की सूची बना लेनी चाहिए। सूची 5'' × 3'' माप के पत्रक अथवा साधारण कागज पर बनायी जाती है। पत्रक में सूची तैयार करने से अधिक सुविधा होती है। इस सूची में पुस्तक की साधारण जानकारियाँ—शीर्षक, लेखक, संस्करण, पृष्ठ, मूल्य, प्रकाशक का नाम, पता लिखा जाता है जिससे अस्वीकृत होने पर उन्हें आसानी से निकाला जा सके अथवा नयी पुस्तकों के सुझाव आने पर उसका नया पत्रक आसानी से अपने सही स्थान पर रखा जा सके। सूची तैयार कर पुस्तकालयाध्यक्ष को पुस्तक-चयन समिति अथवा पुस्तकालय के अधिकारियों की स्वीकृति प्राप्त करनी पड़ती है। समिति का निर्णय हो जाने पर स्वीकृति पुस्तकों के पत्रकों को एक जगह इकट्ठी कर उसकी अच्छी तरह जाँच कर लेनी चाहिए कि उनमें से कोई पुस्तक पुस्तकालय में तो नहीं है। तत्पश्चात् एक आदेश पत्र तैयार कर किसी अच्छे पुस्तक-विक्रेता को पुस्तक की आपूर्ति करने का आदेश देना चाहिए।

अर्जन—प्रायः सभी पुस्तकालयों में पुस्तकों की क्रय का अपना-अपना ढंग होता है। सामान्यतः सभी सरकारी पुस्तकालयों में टेंडर द्वारा पुस्तक खरीदने का

रिवाज प्रचलित है जिसके अनुसार पुस्तकों की सूची स्वीकृत होने पर विभिन्न पुस्तक-विक्रेताओं से टेंडर माँगे जाते हैं और सबसे अधिक कमीशन देने वाले विक्रेता को आदेश दिया जाता है। पुस्तक क्रय की यह प्रणाली बहुत ही अवैज्ञानिक तथा गलत है। पुस्तक पर प्रकाशक से कम कमीशन मिलता है, विक्रेता उन पुस्तकों को नहीं देते हैं। अच्छा तो यह होता है कि प्रतिवर्ष विभिन्न विक्रेताओं से सम्पर्क स्थापित कर कमीशन की एक सुविधाजनक दर पर लिया जाय और पुस्तकालयाध्यक्ष उसी के अनुसार वर्ष भर अथवा अधिक समय तक निश्चित या किसी भी अन्य विक्रेता से पुस्तक खरीदते रहें।

आदेश पत्र—आदेश पत्र तैयार करने के तीन तरीके हैं—

आदेश पत्र का नमूना

सर्वोदय पुस्तकालय, केन्दुआर
श्री व्यवस्थापक,
लोक भारती, भागलपुर-2

महोदय,

कृपया निम्नलिखित पुस्तकें उचित कमीशन काट कर देयक की दो प्रतियों के साथ दिनांक तक भेजने की कृपा करें।

पुस्तक नवीनतम संस्करण की हों।

क्रम संख्या	लेखक	शीर्षक	संस्करण	प्रकाशक	मूल्य
1					
2					
3					
4					

(1) खुदरे कागज पर (2) पत्रक पर (3) पुस्तक-विक्रेताओं द्वारा प्रस्तुत आदेश पत्र पर। अधिकतर पुस्तकालयों में से पुस्तकालयाध्यक्ष स्वीकृत पुस्तकों के लिए स्वतः आदेश पत्रक तैयार करते हैं, उसमें पुस्तक सम्बन्धी सारी सूचनाएँ, लेखक,

शीर्षक, कीमत, संस्करण, प्रकाशक—रहती है। इसकी दो प्रतियाँ तैयार की जाती हैं, जिनमें से एक पुस्तक विक्रेता को भेजी जाती है और दूसरी पुस्तकालय में रहती है। पुस्तक विक्रेता के यहाँ से पुस्तकें आ जाने पर इसी दूसरी प्रति से उनका मिलान किया जाता है।

कुछ पुस्तकालयों में स्वीकृत पुस्तकों के पत्रकों की नकल-प्रति ही पुस्तक विक्रेता के पास भेजी जाती है। पत्रक द्वारा आदेश देना ज्यादा सुविधाजनक होता है और आधुनिक पुस्तकालयों में यही प्रणाली प्रचलित है। इससे पुस्तक प्राप्त होने पर उनकी जाँच करने में सुविधा होती है।

पुस्तक विक्रेता—पुस्तकालयाध्यक्ष को चाहिए कि वह स्थानीय पुस्तक-विक्रेताओं से ही किसी एक अच्छे, पुस्तक-विक्रेता को नियत कर ले। अच्छे पुस्तक विक्रेता का चुनाव करते वक्त निम्नांकित बातों पर ध्यान देना चाहिए—

1. उसके पास भरपूर स्टॉक हो व पुस्तक व्यवसायी जगत में उसका सम्मान हो (2) वह पत्र-व्यवहार एवं आदेश पूर्ति में शीघ्रता करने वाला हो (3) जो पुस्तकें उसके पास नहीं हों उसे भी खोज कर देने की उसमें प्रवृत्ति हो। (4) वह ईमानदार एवं व्यवहार कुशल हो तथा (5) उसे पुस्तक व्यापार की पवित्रता का ख्याल हो।

पुस्तक प्राप्ति और उसकी जाँच—पुस्तक विक्रेता के यहाँ से पुस्तकें प्राप्त होने पर सबसे पहले उसकी जाँच करनी पड़ती हैं कि पुस्तक विक्रेता के देयकानुसार प्राप्त हुई है अथवा नहीं। साथ ही यह भी देखना पड़ता है कि वे सभी आदेश पत्र के अनुकूल हैं अथवा नहीं। अतः विक्रेता के यहाँ से आई पुस्तकों को देयक के क्रमानुसार अलग अलमारी में रखकर जाँच करने में सुविधा होती है।

(1) आदेश-पत्र एवं देयक को सामने रखकर प्राप्त हुई पुस्तकों का नाम, लेखक, संस्करण, मूल्यादि की जाँच कर लेनी चाहिए और जो ठीक हो उन पर निशान बना देना चाहिए। ऐसा करने से जो पुस्तकें प्राप्त नहीं हुई हैं उसका पता चल जाता है।

(2) कभी-कभी दूसरे लेखक की, उसी शीर्षक की पुस्तक आ जाती है जिसका पता भी इस तरह हो जाता है।

(3) देयक में कभी-कभी किसी पुस्तक के मुल्य में उलट-फेर या घट-बढ़ जाता है, इसका पता आसानी से चल जाता है।

(4) प्रत्येक पुस्तक की जाँच अच्छी तरह कर लेनी चाहिए। उनके ठीक हों, पृष्ठ पूरे हों, सिलाई मजबूत हो, आदि। फर्म की सिलाई ठीक है अथवा नहीं, इसकी जाँच कर लेनी चाहिए। डबर क्राउन या डबल डिसाइज में 16 पृष्ठों का फर्मा होता

है। अतः साधारणतया 17-33-49-65 इसी क्रम के पृष्ठों की जाँच कर लेनी चाहिए। पृष्ठ फटे नहीं हो तो उसे तरह चाकू से फाड़ देना चाहिए। फटे नहीं रहने पर पाठक उन्हें अंगुली या से फाड़ देते है फलस्वरूप पृष्ठ दीखने लगता है।

नामपत्र (लेबिल) लगाना

1. पुस्तक-पट्ट–पुस्तकों की जाँच के उपरान्त पुस्तक के आवरण पृष्ठ (कबर) के भीतरी भाग में पुस्तकालय का पुस्तक-पट्ट लगाया जाता है, जिस पर पुस्तकालय का नाम तथा प्रतीक-चिन्हे मुद्रित रहता है। कुछ पुस्तकालयों में इस पर प्राप्ति क्रमांक (Accession Number) भी लिख दिया जाता है कुछ पुस्तकालय, पुस्तक-पट्ट की जगह छेद भरी अक्षरों का मुद्रांक (परास्सम्प) पुस्तक के प्रथम पृष्ठ पर लगाते है।

सामान्यता अब अच्छे-अच्छे पुस्तकाल्य में पुस्तक-पट्ट प्रणाली ही अपनायी जाती है, जिसपर सिर्फ पुस्तकालय का नाम आकर्षक तथा सुन्दर तरीके से मुद्रित रहता है। यथा–

2. पुस्तक-लेबिल–हर किताब के पुश्त पर निचले भाग से डेढ इंच ऊपर, चौकोर अथवा अण्डाकार कागज का लेबिल सैंटा जाता है, जिसपर वर्गीकरण के पश्चात् पुस्तक का क्रामंक सर्मक (Call Number) (वर्गांक□+पुस्तकांक) लिखा जाता है। पुस्तक का रैपर उतार कर किताब के मूल किताब पर लेबिल लगाया जाता है।

3. तीथि-पत्र–पुस्तक के आखरी आवरण के अन्दर के भाग के सामने वाले सादे पृष्ठ पर तिथि पत्र लगाया जाता है इसमें पुस्तक की निर्गम अथवा आगम तिथि लिखी जाती है।

4. पुस्तक पाकेट–पुस्तक के अंतिम आवरण पृष्ठ जिल्द पर ऐ थैलानुमा अथवा त्रिकाणाकार लिफाफा लगाया जाता है। इसमें पुस्तक-पत्रक रखा जाता है। पाठकों को जब पुस्तक दी जाती है। पुस्तकपत्रक के स्थान पर इसमें सदस्य-पत्रक रख दिया जाता है।

पुस्तक पाकेट पर पुस्तक का प्राप्ति क्रमांक (Accession No.) तथा समंक Call No. लेखक एवं शीर्षक टंकित रहता है। कुछ पुस्तकालय अपने पुस्तकालय के लेन-देन विभाग के सामान्य नियम भी मुद्रित करा देते कुछ सिर्फ क्रमांक-समंक ही टंकित कराते है।

5. पुस्तक-पत्रक–हर किताब के लिए 5" × का एक पुस्तक-पत्रक तैयार किया जाता है, जो पुस्तक पाकेट में रखा जाता है लेखक का नाम ओर

शीर्षक लिखा रहता है। पुस्तक निर्गमित करते समय पत्रक के एक स्तम्भ में किताब उधार लेने वाले सदस्य की सदस्य संख्या व स्तम्भ में देय तिथि या निर्गत तिथि अंकित की जाती है।

6. संदर्भ पुस्तकों में प्रथम सादे पृष्ठ पर लाल स्याही से मुद्रित "संदर्भ-पुस्तक" का लेबिल लगाया जाता है।

7. जिस किताब में बहुमूल्य फोटो, चित्र आदि रहते हैं उनमें भी लाल स्याही मुद्रित कर्मचारियों के लिए निर्देश रहता है–"किताब लौटाते समय इस पुस्तक की जाँच कर लें।"

मुद्रांक लगाना

लेबिल चिपकाने के बाद पुस्तक पर मुद्रांक लगाया जाता है। मुद्रांक लगाने में सावधानी बरतने की आवश्यकता होती है।

(क) प्राप्ति मुद्रांक–पहले पृष्ठ पर लेखक और प्रकाशक के नाम के मध्य में प्राप्ति-मुद्रांक Accession Stamp लगाया जाता है, जिस पर पुस्तक का प्राप्ति क्रमांक और तिथि लिखी जाती है।

(ख) प्रत्येक पुस्तक में कम-से-कम तीन जगह–प्रारम्भ, मध्य और अन्त में पुस्तकालय का नाम का सादा मुद्रांक ऐसे स्थान पर लगाना चाहिए जहाँ लगाने से छपी पंक्तियाँ खराब नहीं हों।

(ग) पुस्तकाध्यक्ष को अपने पुस्तकालय की पुस्तकों के लिये एक गुप्त पृष्ठ निर्धारित कर लेना चाहिए, उस पृष्ठ पर पंक्तियों के मध्य या बांधी और हाशिये पर पुस्तकालय का सांकेतिक मुद्रांक लगा देना चाहिए। उदाहरणार्थ–भगवान पुस्तकालय, भागलपुर का 'भापुभ'। कहीं-कहीं गुप्त पृष्ठ पर प्राप्ति क्रमांक लिखने की प्रथा है।

सांकेतिक मुद्रांक लगाने से लाभ यह होता है कि यदि किसी तरह पुस्तक गायब हो जाय अथवा चोरी हो जाय और चोर प्रथम पृष्ठ या मुद्रांक वाले सभी पृष्ठों को गायब कर दे तो उसी सांकेतिक मुद्रांक के आधार पर उसे मुजरिम करार दिया जा सकता है।

गुप्त पृष्ठ पर प्राप्ति क्रमांक लिखने से लाभ यह होता है कि यदि किसी तरह प्रथम पृष्ठ समाप्त हो जाय तो उसी पृष्ठ पर प्राप्ति क्रमांक के आधार पर उस किताब के सही स्थान का निर्धारण किया जा सकता है।

(घ) पुस्तक के सभी चित्रों, चार्ट्स आदि पर पुस्तकालय का मुद्रांक लगा देना चाहिए।

प्राप्ति-क्रमांकन

नामपत्र साटने और मुद्रांक लगाने के बाद पुस्तकों को पुस्तकालय की प्राप्ति-पंजिका में दर्ज किया जाता है। पुस्तकें जिस क्रम में प्राप्त होती है उसी क्रम में उनको अंकित कर उसका प्राप्ति-क्रमांक निर्धारित किया जाता है। अंकित करने की इस प्रक्रिया को पुस्तकालय विज्ञान में क्रमांकन की संज्ञा दी गयी है। प्राप्ति-क्रमांकन से प्रत्येक हर किताब पुस्तकालय में एक निर्धारित स्थान और निश्चित संख्या निर्धारित हो जाती है।

प्राप्ति क्रम—अंकित करने की तीन प्रणालियाँ प्रचलित है—

1. पंजिका प्रणाली
2. पत्रक प्रणाली
3. देयक प्रणाली

इनमें से किसी भी प्रणाली को अपनायी जा सकती है, लेकिन उनमें प्राप्ति तिथि, प्राप्ति-क्रम-संख्या, लेखक, शीर्षक, प्रकाशक, प्रकाशन काल, प्राप्ति-साधन, मूल्य, पृष्ठ-संख्या आदि सूचनाएँ जरूर रहे। क्योंकि प्राप्ति-क्रम-सूची पुस्तकालय की पुस्तकों की मुख्य अन्वेषक सूची यानी पुस्तकों के सम्बन्ध में सारी सूचनाएँ देने वाली मुख्य सूची होती है। इसे पुस्तकालय की सभी पुस्तकों का प्राप्ति से आखरी निष्कासन तक का प्रामाणिक इतिहास कहा जा सकता है। इसलिए इसे लिखते अथवा टंकित करते समय काफी सावधानी की जरूरत है। सुन्दर एवं स्पष्ट अक्षरों में गाढे रंग की स्याही से इसे लिखना चाहिए।

पंजिका प्रणाली

यह प्रणाली प्राचीन काल से चली आ रही है। इसके लिए चिकने और मोटे कागजों की एक सुन्दर और मजबूत जिल्द बंधी पंजिका की जरूरत होती है, जिसके लिये निर्धारित कालम इस अग्लेलिखित है—

1. प्राप्ति तिथि 2. प्राप्ति-क्रमांक 3. लेखक 4. पुस्तक का नाम 5. प्रकाशन स्थान और प्रकाशन 6. प्रकाशन वर्ष 7. संस्करण 8. पृष्ठ 9. मूल्य 10. प्राप्ति साधन 11. वर्गाक 12. प्रत्याहरण तिथि 13. विशेष।

इस प्रकार की छपी-छपाई पंजिका बहुत कम कीमत पर मिलती है, उनका उपयोग किया जा सकता है। बड़े पुस्तकालयों को उपयुक्त कालम वाली स्वतन्त्र पंजिका छपवा लेनी चाहिए, इसमें लेखक, पुस्तक का नाम, प्रकाशक और प्रापित साधन का कालम बड़ा होना चाहिए।

प्राप्ति-क्रम-सूची

टंकण तन्त्र के प्रचलन से बन्धी-बन्धाई पंजिका के स्थान पर खुले पृष्ठ वाली प्राप्ति-क्रम-सूची रखने का प्रचलन आरम्भ हो गया है। इन पृष्ठों पर पुस्तक की प्राप्ति टंकित कर, उन्हें एक नत्थी में रख दिया जाता है या 55 हजार प्राप्ति क्रमांक तक एक साथ मोटे जिल्दों में बन्धवा ली जाती है।

तिथि	प्राप्ति क्रमांक	लेखक	शीर्षक	भाग	प्रकाशन वर्ष	प्रकाशक	प्राप्ति साधन	मूल्य	विशेष

बन्धी-बधाई पंजिका में हाथ से लिखना पड़ता है इसलिऐ उसके गन्दा होने या अधिक या कम स्याही फैलने का भय रहता है। इस नजर से खुले पृष्ठ वाली सूची अच्छी होती है। टंकण यन्त्र से साफ-साफ टंकित कर उसे पंजिका के रूप में बंधवा लिया जा सकता है।

पत्रक प्रणाली

पंजिका प्रणाली बहुत ही पुरानी प्रणाली है। आधुनिक पुस्तकाध्यक्ष पत्रक प्रणाली को ज्यादा महत्व देते है। पंजिका में जिल्द बंधा रहता है इसलिए पुस्तकालय से वापस ली गयी किताबों नाम इनसे हटाये नहीं जा सकते, किन्तु पत्रक (काडी) आसानी से अपने स्थान से हटा लिया जा सकता है। पंजिकर प्रणाली में लाभ यह है कि इसमें एक बार जो लिख दिया जाता है वह स्थायी रह जाता है क्योकि उसे कोई मिटा नहीं सकता लेकिन पत्रक आसनी से गायब किया जा सकता है। कोई भी व्यक्ति किताब गायब करने के साथ-साथ पत्रक भी गायब कर सकता है और पत्रक के आयब हो जाने के बाद किताब के अस्तित्व का भी पता नही चल सकता है।

इस कार्य के लिए साधारणतया 5'' × 3'' माप के पत्रक की जरूरत होती है, जिसमें निम्नांकित सूचनाएँ लिखी जाती है–

प्राप्ति-क्रमांक	प्राप्ति तिथि	वर्गांक
लेखक	शीर्षक	
प्रकाशन स्थान	प्रकाशक	
प्रकाशन वर्ष	मूल्य	प्राप्ति साधन
प्रत्याहरण संख्या एवं तिथि		
विशेष		

देयक प्रणाली

कार्य की और भी आसान बनाने के लिए आधुनिक पुस्तकालयों में देयक प्रणाली अपनायी जा रही है। पुस्तक-विक्रेता से प्राप्त देयक (Invoice) की अतिरिक्त प्रति पर ही हर किताब के नाम के सामने क्रमानुसार प्राप्ति क्रमांक लिख दिया जाता है और वही संख्या पुस्तक का प्राप्ति-क्रमांक हो जाती है।

इन देयकों की सुविधानुसार एक साथ बंधवा दिया जाता है जिससे वे इधर उधर गायब न हो जाय। यह आधुनिकतम प्रणाली है और इससे समय तथा श्रम, दोनों की बचत होती है।

अमेरिका के कुछ पुस्तकालयों ने तो एक कदम और आगे बढ़ाया हैं एक देयक की सभी पुस्तकों की गिनती एवं मिलान कर उस पर एक ही जगह प्राप्ति-क्रमांक थोक रूप में लिख दिया जाता है। उदाहरणार्थ 1570 पुस्तके पुस्तकालय में पहले से है, उसके बाद 30 पुस्तकें खरीदी है, जिनके लिये एक ही देयक आया है तो उस पर एक ही बार प्राप्ति क्रमांक 1571-1600 लिख दिया जाता है। पुस्तकों में देयक के क्रमानुसार प्राप्ति-क्रमांक लिखा जाता है। जरूरत होने पर विभिन्न पुस्तकों से विवरण प्राप्त करने हेतु देयक की मदद ली जाती है।

प्राप्ति-क्रमांक

पुस्तके जिस क्रम में पुस्तकलय में आती है, उनका नाम प्राप्ष्ति-क्रम-सूची में उसी क्रम में अंकित किया जाता है और तदनुसार उनकी जो संख्या निर्धारित होंती है वह उस पुस्तक का प्राप्ति-क्रमांक होता है। प्राप्ति-क्रमांक निर्धारण के सम्बन्ध में यह निश्चित विचार है कि पुस्तकालय में प्राप्त सभी पुस्तकों के लिए अलग-अलग संख्या निर्धारित की जोनी चाहिए। एक पुस्तक के विभिन्न भागों अथवा खण्डों को भी अलग-अलग संख्या मिलनी चाहिए। इतना ही नहीं, पुस्तक की अतिरिक्त

(Duplicate) प्रति के लिये भी अलग संख्या निर्धारित की जानी चाहिए। किसी विशेष प्राप्ति-क्रमांक से किसी खास पुस्तक का ही संकेत मिलना चहिये।

कुछ पुस्तकाध्यक्षों का विचार है कि यदि पत्रक प्रणाली अपनाई गई हो तो पुस्तकालय से वापस ली गई पुस्तकों अथवा गुम हुई पुस्तकों का प्राप्ति-क्रमांक नई आई पुस्तकों के लिए निर्धारित करने में कोई परेशानी नहीं होनी चाहिए। हाँ पंजिका प्रणाली में यह असम्भव है।

9

पुस्तकालय और सूचना तकनीकी

वर्तमान युग में सूचना को शक्ति की संज्ञा दी गई है। सूचना को आज आवश्यक वस्तु माना गया है क्योंकि किसी भी देश के बहुमुखी विकास हेतु अनुसंधान की जरूरत होती है और अनुसंधान तभी निष्पादित किया जा सकता है जब सूचना तथा सूचनात्मक सामग्रियाँ उपलब्ध हों। वर्तमान में जिन देशों में सूचना का बाहुल्य होता है वे सम्पन्न और मजबूत माने जाते है। यही कारण है कि पश्चिमी देश ज्यादा समृद्ध व शक्तिशाली हैं तथा जिन राष्ट्रों में सूचना का अभाव है वे सब विपन्न व अविकसित है। इसलिए किसी भी राष्ट्र के विकास तथा प्रगति तथा सम्पन्नता के लिए उस देश की सूचना तथा सूचना-पुस्तक का शक्तिशाली होना अत्यंत जरूरी है। इसलिए आज आधुनिक पुस्तकालयों या सूचना केन्द्रों का प्रमुख कार्य सूचना को समुचित तरीके से उचित समय पर उपयुक्त उपयोगकर्त्ताओं के लिए सुलभ करना तथा इसकी व्यवस्था करना होता है और इसलिए इस दिशा में आज कल सर्वत्र अधिक बल दिया जा रहा है।

कई क्रियाकलापों हेतु सूचना की अनिवार्यता समाज में आरम्भ से ही रही है। पुराने समय से लेकर आज तक समाज में सूचना की आवश्यकता तथा मांग निरन्तर बनी रही है एवं नित्य प्रति बढ़ती ही जा रही है। सूचना जो कभी कुछ ही व्यक्तियों तक सीमित रहती थी वहीं आज सूचना का विस्फोट हो रहा है।

सूचना अत्यधिक तेजी से आज पैदा हो रही है। आज सूचना मनुष्य के हर क्षेत्र तथा क्रियाकलाप में समा चुकी है मनुष्य सूचना के अभाव में समाज एवं राष्ट्र को विकसित एवं सशक्त होने में कठिनाई होती है। वैज्ञानिक एवं

तकनीकी अनुंसाधान हेतु सूचना अति आवश्यक सामग्री तो है ही साथ ही मनोरंजनात्मक क्रियाकलापों के लिए भी सूचना की महती जरूरत होती है। वैज्ञानिक एवं तकनीकी अध्ययन एवं अनुसंघनात्मक जो ज्ञान की खोज, सृष्टि, प्रसार एवं विकास की आधारशिलाएँ हैं सूचना के बगैर सफल और सार्थक तथा उपादेय साबित नहीं हो सकते हैं। इस प्रकार सूचना अनुसंधान और विकास के निष्पादन का एक साबित संसाधन बन चुकी है।

सूचना विज्ञान की आवश्यकता—सूचना विज्ञान की आवश्यकता पर विचार करते समय इसके प्रादुर्भाव के कारणों पर संक्षेप में नजर डालना उचित रहता है। सूचना विज्ञान की आवश्यकता के निम्नलिखित कारण हैं—

(1) द्वितीय महायुद्ध के पश्चात संसार में समाज की समस्याएँ जटिल हो गईं जिनके निदान हेतु अनुसंधान शुरू हुए जहाँ वैज्ञानिकों तथा अनुसंधानकर्त्ताओं को प्रलेखीकरण मदद पहुँचाने हेतु सूचना परिचार्य का विकास हुआ जिसमें सूचना विज्ञान की आवश्यकता हुई।

(2) अनुसंधानों से सम्बन्धित सूचनाओं के संग्रहण, व्यवसायीपन एवं प्रस्तुतीकरण करने हेतु कुछ वैज्ञानिक पद्धतियों की महसूस अनिवार्यता हुई।

(3) इन वैज्ञानिक पद्धतियों में उपयोगकर्त्ताओं एवं वैज्ञानिकों के श्रम एवं अमूल्य समय की बचत हेतु सूचना विज्ञान की आवश्यकता हुई।

सूचना विज्ञान और पुस्तकालय

पुस्तकालय विज्ञान तथा सूचना विज्ञान दोनों ही विकासोन्मुख विषय है इसलिए दोनों में आपस में संबंध परिवर्तित होता रहता है। यहाँ कुछ महत्वपूर्ण बिन्दुओं पर प्रकाश डाला गया है जो सूचना विज्ञान और पुस्तकाल के बीच सम्बन्ध को व्यक्त करता है।

1. पुस्तकालय विज्ञान में पुस्तकालय की सामान्य क्रियाओं, तकनीकियों आदि का अध्ययन किया जाता है। जबकि सूचना विज्ञान में शोध या विशिष्ट पुस्तकालय की जिन्हें हम सूचना केन्द्र कहते हैं की आधुनिक युक्तियों एवं तकनीकियों का अध्ययन किया जाता है।
2. पुस्तकालय विज्ञान का क्षेत्र अत्यधिक व्यापक है। जबकि सूचना विज्ञान का क्षेत्र सीमित है।
3. पुस्तकालय विज्ञान एक विषयी है। जबकि सूचना विज्ञान अन्तर्विषयी है।
4. पुस्तकालय विज्ञान पूरी तरह विकसित हो चुका है। जबकि सूचना विज्ञान विकासशील है और अनवरत् विकसित हो रहा है।

5. पुस्तकालय विज्ञान केवल पुस्तकों से ही सम्बन्धित विज्ञान है। जबकि सूचना विज्ञान में गणित, तर्कशास्त्र, भाषा, कार्य अन्वेषण प्रबन्ध अध्ययन आदि का मिश्रण है।
6. पुस्तकालय विज्ञान एक सामान्य विषय होता है। जबकि सूचना विज्ञान एक विशिष्ट विषय है।
7. पुस्तकालय विज्ञान के अध्येता सामान्य व्यक्ति होते हैं। जबकि सूचना विज्ञान के अध्येता विशिष्ट व्यक्ति होते हैं।

सूचना प्रौद्योगिकी एवं संचार प्रक्रिया

संचार के क्षेत्र में सूचना अपनी उपादेयता एवं महत्त्व के कारण ही ज्ञानार्जन का पहला सोपान मानी जाती है तथा मानव की प्रगति एवं विकास में भी सूचना शुरू से ही मुख्य आधार रही है। अतएव सूचना के साथ नये-नये पदों का संयोग कर उसके वास्तविक अर्थ का दिग्दर्शन किया जा रहा है। इनमें **सूचना तकनीकी** पद नया पद है जो आजकल बहुलता से सूचना के क्षेत्र में प्रयोग किया जा रहा है। सूचना तैयार होने के बाद सूचना का स्थानान्तरण तथा सम्प्रेषण तत्काल ही हो जाना चाहिए जिससे उसका उपयोग अन्य दूसरे उपयोगकर्ताओं द्वारा किया जा सके जिन्हें उसकी जरूरत है। सूचना का एक ही स्थान पर रहना और उसका उपयोगी नहीं होना भी सूचना स्थानान्तरण का एक अनिवार्य घटक है। इसलिए सूचना तथा सम्प्रेषण पद दोनों संगठित रूप से जुड़े हुए हैं यदि सूचना है तो सम्प्रेषण भी जरूर ही होगा। अतः व्यावहारिक दृष्टि से सूचना तथा सम्प्रेषण एक दूसरे से पृथक नहीं किये जा सकते हैं। आज सूचना सम्प्रेषण के क्षेत्र में काफी बदलाव हो गये हैं। पहले सूचना सम्प्रेषण के कार्य अन्वेषण अथवा वैज्ञानिकों को अपनी बौद्धिकता से स्वयं ही सम्पन्न करने पड़ते थे अर्थात् सूचना सम्प्रेषण एक मानवीय प्रक्रिया थी लेकिन उसमें समस्याएँ पैदा हो जाती थीं। एक उपयोगकर्ता अथवा सूचना के सृजनकर्ता से सूचना को दूसरे उपयोगकर्ता तक पहुँचने में कई तरह की बाधाएँ, समस्याएँ तथा व्यवधान उत्पन्न होती थीं। परन्तु सूचना तकनीकी ने आज सूचना सेवा तथा विज्ञान के क्षेत्र में पुस्तकालय की प्राचीन गृह-रक्षण वाले क्रिया-कलापों को पूर्ण रूप से परिवर्तित कर दिया है जिससे सूचना तकनीकी सूचना से संग्रहण, संवर्धन, सम्प्रेषण, प्रकीर्णन तथा पुनर्प्राप्ति आदि का एक नवीन विषय बन गया है।

सूचना तकनीकी ने आज पुस्तकालय सूचना सेवा के क्षेत्र में एक प्रमुख स्थान ग्रहण कर लिया है। सूचना तकनीकी की उपादेयता इस बात से भी प्रमाणित होती

है कि कोई भी विकसित देश सूचना तकनीकी के अस्तित्त्व एवं विकास को दुत्कार नहीं सकता है क्योंकि सूचना तकनीकी विकसित राष्ट्रों हेतु विभिन्न और विशिष्ट तरह की समस्याओं का निदान करने का एक संसाधन बन चुकी है तथा आज के इस विकसित युग में इसे विकसित कारकों में से एक माना जा रहा है। आज पुस्तकालय एवं सूचना केन्द्र सूचना तकनीकी के प्रभाव के कारण परिवर्तन के उत्तेजक दौर से गुजर रहे हैं जिससे कम्प्यूटर, माइक्रोप्रोसेसर, कापीयर तथा दूरसंचार की विकसित प्रविधियाँ पुस्तकालयों में प्रयोग में लाई जा रही हैं। सामान्य अर्थ में **सूचना तकनीकी** का आशय सूचना सेवा प्रदान करने में विविध तकनीकियों एवं प्रविधियों का उपयोग करने से होता है। वर्तमान में पुस्तकालयों में सूचना के प्रभावी संचालन हेतु सूचना तकनीकी के अधीन कम्प्यूटर के द्वारा ऑनलाइन सेवाएँ, दूरसंचार, फाइबर आप्टिक्स, माइक्रोग्राफी आदि सेवाएँ उपयोगकर्ताओं को प्रदान की जा रही हैं।

सूचना तकनीकी का क्षेत्र

सूचना तकनीकी के प्रमुख क्षेत्र अग्र हैं–

(1) दूरसंचार– सूचना तकनीकी के अनुप्रयोगों के सन्दर्भ में सबसे प्रथम नाम सूचना सेवा में दूरसंचार का आता है। दूरसंचार का मुख्य मौलिक उद्देश्य सूचना को एक स्थान से दूसरे स्थान तक पहुँचाने का होता है। दूरसंचार पद्धति में ज्यादातर सूचना के संवाहक के रूप में विद्युतीय तथा विद्युत-चुम्बकीय माध्यम के द्वारा संचालन किया जाता है जिससे सूचना का सम्प्रेषण सहजतापूर्वक अविलंब हो जाता है। दूरसंचार सूचना सम्प्रेषण में एक क्रान्तिकारी कदम रहा है। कई राष्ट्रों ने अपने संचार तंत्र को अधिक प्रभावशाली बनाने हेतु सेटेलाइट की स्थापना की है। सूचना के संचार तन्त्र की संसारव्यापी नेटवर्क की स्थापना की जा रही है। भारत में भी दो संचार तन्त्र INDONET एवं NICNET इस क्षेत्र में प्रमुख भूमिका निभा रहे हैं। पुस्तकालय तथा सूचना सेवा के क्षेत्रों में संचार तन्त्र पद्धति सूचना तकनीकी में एक अत्यंत उपयोगी कार्य हैं।

(2) नेटवर्क–नेटवर्क दूर-दूर विभाजित तथा रहने वाले व्यक्तियों में सूचना का संचार करने का एक माध्यम होता है। बहुत से व्यक्ति जो दूर रहते हैं या कार्य करते हैं नेटवर्क पर अपनी पाठ्य रिपोर्ट लिख सकते हैं जिससे वर्तमान अनुवाद से सभी लेखक अपनी पहुँच रख सकें। यह संचार प्रक्रिया में तीव्रता लाती है और

अदृश्य महाविद्यालय तथा कागजहीन सूचना पद्धति की भावना पर प्रभाव डालने में सफल होती है। सूचना, दूरदर्शन के चैनलों पर आज प्रसारित की जा रही है। व्हीडियोटेक्स (Videotex) सेवाओं का भी प्रयोग बढ़ रहा है जिससे टेलीफोन लाइनों पर दोनों तरफ से सूचना का आदान-प्रदान किया जाता है। नेटवर्कों पर DIA-LOG, BRS आदि रिमोट टर्मिनल्स पर सेवाएँ प्रदान की जा रही हैं।

(3) ऑनलाइन सेवाएँ—सूचना के ऑनलाइन अधिगम की सुविधा दूरसंचार नेटवर्क के द्वारा आज काफी लोकप्रिय हो चुकी है। ऑनलाइन सेवा की कई पद्धतियों सूचना सेवा के क्षेत्र में प्रचलित हैं इन सेवाओं में समुचित संख्या में डाटाबेसों को ऑनलाइन अधिगम के द्वारा प्रदान किया जाता है। इसमें सामान्य टेलीफोन के द्वारा अल्पगत व्यय के टर्मिनल्स से प्रत्येक डाटा केन्द्रों का अधिगम सुलभ हो जाता है। निजी रूप से वैज्ञानिकों को भी इस तरह की सुविधा उपलब्ध है। LOCKHEED/DIALOG आदि ऑनलाइन सेवाएँ यूरोप में ज्यादा प्रचलित हैं।

(4) इलेक्ट्रॉनिक प्रकाशन—प्रकाशन उद्योग भी सूचना तकनीकी से प्रभावित हुआ है। प्रकाशकों द्वारा कम्प्यूटर पर आधारित पाठ्य-प्रोसेसर (Text-Processers) प्रारम्भ किये गये हैं।

(5) सूक्ष्म प्रतिलिपिकरण—सूक्ष्म प्रतिलिपिकरण भी कम्प्यूटर तकनीकी में से एक है। उच्च गति के अन्वेषण हेतु असंख्य सूचना अभिलेखों को संग्रह करने की विधियों एवं तकनीकियों में यह तकनीकी अपना प्रमुख स्थान रखती है। इस क्षेत्र में COM सूचना के संग्रहण एवं पुनर्प्राप्ति के अति संवेदनशील यान्त्रिक साधन होते हैं ये सूचना को कम्प्यूटर द्वारा मैग्नेटिक टेप पर माइक्रोफिल्म में पढ़ने योग्य स्वरूप में बदल देते हैं एवं इसके पढ़ने की गति 300 पृष्ठ प्रति मिनट मैग्नेटिक टेप पर होती है।

मूल्यांकन

प्रायोगिता की दृष्टि से सूचना स्रोतों का मूल्यांकन अनिवार्य होता है Lois Shores ने सूचना स्रोतों के मूल्यांकन के लिए निम्नांकित मुख्य आधार बताए हैं—

(1) उद्देश्य—प्रत्येक दूसरी वस्तुओं की तरह सूचना स्रोतों का कोई न कोई उद्देश्य अवश्य होता है लेखक किसी न किसी उद्देश्य हेतु ही किसी कृति की रचना करता है। किसी भी सूचना स्रोत का उद्देश्य उसकी विषय-वस्तु, प्राक्कथन, अनुक्रमणिका आदि को देखकर पता लगाया जा सकता है। सूचना स्रोत के उद्देश्य हेतु यह देखना होता है कि—

(अ) इसमें जो जानकारी दी गई है उसका उपयोग क्या है?
(ब) यह जानकारी किस तरह के उपयोगकर्त्ताओं के लिए है?
(स) विद्यमान जानकारी का कितना उपयोग है?
(द) विद्यमान जानकारी कितनी महत्त्वपूर्ण है?

(2) प्राधिकरण प्रामाणिकता–किसी भी सूचना स्रोत के मूल्यांकन में उसकी अर्थात् लेखक तथा प्रकाशक इत्यादि का विशिष्ट महत्त्व होता है प्रकाशक प्रामाणिक है अथवा नहीं। अर्थात् प्रामाणिकता का आभास निम्नांकित बातों से होता है–

(अ) लेखक की योग्यता क्या है? अगर लेखक या सम्पादक का उद्‌भट विद्वान है तो उस सन्दर्भ स्रोत या सूचना स्रोत की प्रामाणिकता निर्विवाद उत्तम है।
(ब) सूचना स्रोत की रचना करते समय लेखक के क्या स्रोत थे? उसने प्राथमिक स्रोत की सामग्री का उपयोग किया है या द्वितीयक स्रोत की।
(स) सूचना स्रोत का प्रकाशन किस स्तर का है? प्रकाशक प्रख्यात है अथवा नहीं। प्रकाशक/सम्पादक/लेखक जितने प्रख्यात और विशिष्ट होंगे, वह सूचना स्रोत भी उतना ही प्रामाणिक एवं उच्च स्तरीय होगा।

(3) क्षेत्र–किसी भी सूचना स्रोत हेतु विषय का विस्तार क्षेत्र, विषय की व्यापकता तथा विषय सीमा अत्यधिक महत्त्वपूर्ण होते हैं। क्षेत्र की उपयोगिता का वर्णन सम्पादक/प्रकाशन प्रचार के लिए सूचना स्रोत की भूमिका में अथवा आवरण पर करते हैं। ज्यादातर सूचना स्रोत चुने हुए होते हैं। अतः स्रोत में क्या उपलब्ध है एवं किन-किन तथ्यों को छोड़ दिया गया है, का वर्णन आवश्यक होता है।

(4) शैली–यहाँ शैली से अर्थ लिखने का क्या तरीका है? अर्थात् सूचनाओं को किस तरह एकत्रित किया गया है एवं सूचनाएँ कैसी हैं, सूचनाओं की प्रकृति क्या है? ये प्रत्येक बातें इस बिन्दुओं में आती हैं।

(अ) सूचनाएँ नवीनतम हैं या पुरानी हैं।
(ब) सूचनाएँ सत्यता पर आधारित हैं अथवा नहीं।
(स) सूचनाएँ निष्पक्ष हैं अथवा नहीं।

(5) व्यवस्थापन–सूचना स्रोतों में सामग्री इस प्रकार व्यवस्थित होनी चाहिए जिससे उसमें से सूचना को सरलता से खोजा जा सके। इसके लिए–

(अ) सूचनाओं का व्यवस्थापन वर्णक्रम में शब्दकोश की भाँति होना चाहिए जिससे कोई भी उपयोगकर्त्ता सूचना को सहजता से प्राप्त कर सके।
(ब) यदि यह व्यवस्थापन वर्णक्रम में नहीं है तो लेखक, शीर्षक एवं विषय

अनुक्रमणिकाएँ देना अनिवार्य है।

(स) जिस वर्गीकरण पद्धति का प्रयोग किया जाय वह आसान होनी चाहिए।

(द) जहाँ-जहाँ अनिवार्य हो, वहाँ प्रति निर्देश प्रविष्टि देनी चाहिए।

(य) चार्ट, सारिणी, फोटो, चित्रों का उपयोग भी करना चाहिए।

(6) बनावट—किसी भी सूचना स्रोत के मूल्यांकन में उसका आरूप भी अत्यधिक महत्त्व रखता है सूचना स्रोत के आरूप से अभिप्राय यह है कि—

(अ) छपाई सुन्दर तथा कलात्मक होनी चाहिए।

(ब) जिल्दबन्दी मजबूत तथा टिकाऊ होनी चाहिए।

(स) बाहरी रूप एवं आकार आकर्षक होना चाहिए।

(द) प्रयोग में लिया हुआ कागज उत्तम श्रेणी का तथा टिकाऊ होना चाहिए।

(7) विशिष्ट लक्षण—अन्त में सूचना स्रोतों के दूसरे विशिष्ट लक्षणों का भी मूल्यांकन किया जाता है जिनमें मुख्य बातें निम्नवत् हैं—

(अ) आलेख Signified है अथवा नहीं।

(ब) सूचनाएँ पाठकों की माँग की पूर्ति करने में सक्षम हैं अथवा नहीं।

(स) प्रकाशन नियमित है अथवा नहीं।

(द) इसमें सामयिक सूचनाएँ हैं अथवा नहीं।

(य) सूचनाएँ तथ्यपरक एवं परिपूर्ण हैं अथवा नहीं।

सूचना तकनीकी : कम्प्यूटर अनुप्रयोग

वर्तमान समय सूचना तकनीकी के युग के नाम से जाना जाता है। कम्प्यूटर के खोज के बाद सूचना तकनीकी को विकास का पर्याय माना जाने लगा है। किसी राष्ट्र का विकास मुख्यतः उस राष्ट्र की अर्थव्यवस्था और सूचना तकनीकी पर निर्भर करता है। सूचना तकनीकी दो शब्दों से मिलकर बना है—सूचना + प्रौद्योगिकी। सूचना का तात्पर्य है तथ्य, ज्ञान व जानकारी और प्रौद्योगिकी का अर्थ है, "वह तकनीक जो सूचना को व्यवस्थित कर सम्प्रेषण योग्य बनाती है।" अतः सूचना तकनीकी वह तकनीक है जिसके द्वारा हम सूचना की विभिन्न प्रक्रियाओं में वर्तमान तकनीकी का प्रयोग कर सूचना के उपयोग और आवश्यकता को बढ़ा सकते हैं। ज्ञान के विस्फोट और सूचना सामग्रियों की बढ़ती हुयी मात्रा को संगृहीत करना पुस्तकालयों के लिए हमेशा से एक समस्या रहा है। पूर्व में साहित्य का प्रकाशन कम मात्रा में हुआ करता था जिसे पुस्तकालयों द्वारा उसे संगहित करना व पुनर्प्राप्त करना एक समस्या बन गया है। परन्तु वर्तमान समय में पुस्तकालयों द्वारा कम्प्यूटर

व सूचना प्रौद्योगिकी का उपयोग कर किसी भी सूचना को संसार के किसी भी भाग से संगृहीत कर पुनर्प्राप्त किया जा सकता है।

पुस्तकालयों में सूचना के संग्रह प्रसारण व पुनर्प्राप्ति हेतु सूचना प्रौद्योगिकी में कम्प्यूटर, इण्टरनेट, नेटवर्क, वर्ड प्रोसिसिंग, प्रफिक्स आदि प्रविधियों का प्रयोग किया जाता है। इनके द्वारा सूचनाओं का संसाधन, संग्रहण पुनर्प्राप्ति एवं प्रसारण ही सूचना तकनीकी का स्वरूप है। इसमें सूचना के व्यवस्थापन एवं प्रक्रियाकरण करने में दो प्रमुख साधन हैं–कम्प्यूटर तथा संचार तन्त्र। अतः इनमें प्रयुक्त तकनीक ही जो सूचना प्रबन्धन एवं सम्प्रेषण में प्रयुक्त होती है, सूचना प्रौद्योगिकी कही जाती है।

परिभाषाएँ

सूचना प्रौद्योगिकी को विभिन्न विद्वानों ने परिभाषित किया है। कुछ महत्त्वपूर्ण परिभाषाएँ इस तरह हैं–

1. ए. एलए. ग्लौसरी के अनुसार–"सूचना तकनीक से आशय सूचना के अधिग्रहण, संगठन, संग्रहण, पुनर्प्राप्ति एवं सम्प्रेषण में कम्प्यूटर एवं अन्य तकनीकों का प्रयोग करना है।"

2. केट वीहेन एवं डायना होमोस के अनुसार–"सूचना तकनीकी वह पद है, जो सूचना संग्रहण तथा अधिग्रहण से खुड़ी तकनीक को प्रस्तुत किये जाने हेतु प्रयुक्त किया जाता है। इसके अन्तर्गत कई आधुनिक तकनीकें, जैसे–कम्प्यूटर, दूरसंचार और माइक्रो इलेक्ट्रॉनिक्स आदि सम्मिलित होती हैं।

3. मोल के अनुसार–'कम्प्यूटर, दूरसंचार एवं माइक्रो इलेक्ट्रॉनिक्स का उपयोग करते हुए सूचना अधिग्रहण, भण्डार एवं संचार के विभिन्न साधन।"

4. वेबेस्टर न्यू एन्साइक्लोपीडिया के अनुसार–"सूचना तकनीकी विभिन्न तकनीकों का संयुक्त पद है जिसमें विभिन्न तकनीकों द्वारा सूचना के संचालन एवं स्थानान्तरण का कार्य किया जाता है, माध्यम के रूप में कम्प्यूटर दूरसंचार तथा माइक्रो इलेक्ट्रॉनिक्स शामिल है।"

5. रौले के अनुसार–"सूचना तकनीकी का अर्थ सूचना के एकत्रीकरण, संग्रहण, संचालन, प्रसारण तथा उपयोग से है। इसका आशय हार्डवेयर अथवा सॉफ्टवेयर से नहीं है, बल्कि इस तकनीक के द्वारा मानव की महत्त्वूपर्ण आवश्यकता एवं विभिन्न सूचनाओं की पूर्ति से है।"

6. हेरॉल्ड्स लाइबेरियन्स ग्लौसरी के अनुसार–"सूचना तकनीकी सूचना स्रोतों का विकास है, जिसे कम्प्यूटर एवं संचार माध्यमों द्वारा नियंत्रित किया जाता है।"

7. यूनेस्को के अनुसार—"सूचना तकनीकी से अभिप्राय ऐसी प्रौद्योगिकी से है जिसमें अभियांत्रिकी विषयों तथा प्रबन्ध तकनीकी का प्रयोग सूचना के नियन्त्रण एवं संचालन हेतु कियां जाता है। कम्प्यूटर एवं इसके उपयोग से मनुष्य तथा मशीन में अन्तर्सम्बन्ध स्थापित करते हुए सामाजिक, आर्थिक एवं सांस्कृतिक क्षेत्रों में उन्नति की जा सकती है।"

इस प्रकार सूचना प्रौद्योगिकी का क्षेत्र व्यापक है यह एक ऐसी तकनीक है, जिसने असम्भव को सम्भव बना दिया है। यह अपने में मात्र पाठात्मक ही नहीं बल्कि संख्यात्मक, दृश्यात्मक तथा संगणनात्मक प्रस्तुतीकरण को समेटे हुए हैं।

आवश्यकता

सूचना प्रौद्योगिकी वर्तमान समय की जरूरत है सूचना प्रौद्योगिकी को अपनाये बिना न तो हम सही तरह से सूचना का संचय कर सकते हैं और न ही उसे पुनर्प्राप्त कर सकते हैं।

पुस्तकालय द्वारा सूचना तकनीकी का उपयोग आधुनिक रूप से सूचना के संचयन व पाठकों को वर्तमान व उच्च तकनीकी सेवाएँ प्रदान करने हेतु किया जाता है। पुस्तकालयों ने सूचना तकनीकी का प्रयोग कर सही समय पर सही सूचना उपलब्ध करा पाठकों के समय की बचत की है।

पुस्तकालयों द्वारा सूचना प्रौद्योगिकी की जरूरत निम्न तरह से है—

(1) सूचना का यन्त्रेण पठनीय रूप (Machine Readable Form) में संचय हेतु।

(2) सूचना विस्फोट से पैदा हुई समस्याओं के निवारण हेतु।

(3) पाठकों के समय की बचत करने हेतु।

(4) पाठकों को आधुनिक एवं उपयुक्त सुविधाएँ प्रदान करने के लिए।

(5) सूचना तकनीकी की मदद से पाठकों को नवीनतम सूचना प्रदान की जा सकती है।

(6) सूचना प्रौद्योगिकी द्वारा पुस्तकालय सेवाओं का व्यापक रूप से प्रसार किया जा सकता है।

(7) सूचना तकनीकी द्वारा विश्व के किसी भी हिस्से से किसी भी पुस्तकालय एवं सूचना केन्द्र (नेटवर्क से जुड़े हुए) सूचना का आदान-प्रदान किया जा सकता है।

(8) पाठकों को यन्त्रेण पठनीय रूप में भी सूचना उपलब्ध कराई जा सकती है।

(9) पाठकों को प्रदान की जाने वाली सूचना प्रसार सेवा व सामयिक अभिज्ञान सेवा की गुणवत्ता में वृद्धि की जा सकती है।

(10) पाठकों को पुस्तकालय में आये बिना सूचना उपलब्ध करायी जा सकती है।

(11) सूचना तकनीकी संसाधन सहभागिता में बहुत मददगार हो सकती है।

(12) सूचना तकनीकी क्षेत्रीय, राष्ट्रीय एवं विश्व स्तर पर नेटवर्क स्थापित करने में सहायक हो सकती है।

(13) सूचना तकनीकी द्वारा पुस्तकालय की कई समस्याओं का समाधान किया जा सकता है।

(14) पुस्तकालय तथा सूचना केन्द्र के कार्यों को तीव्र गति से सम्पन्न किया जा सकता है।

प्रयोग का दायरा

कम्प्यूटर तकनीकी—सूचना प्रौद्योगिकी का कम्प्यूटर के क्षेत्र में महत्त्वपूर्ण उपयोग रहा है। कम्प्यूटर तकनीकी, संग्रह तकनीकी और सॉफ्टवेयर का समूह है। जैसे-जैसे कम्प्यूटर का विकास होता गया सूचना प्रौद्योगिकी का क्षेत्र भी व्यापक होने लगा, प्रारम्भ में कम्प्यूटर में वेक्यूम ट्यूब होते हैं। किन्तु पीढ़ी विकास के बाद इनका स्थान आई सी (IC) तथा माइक्रो प्रोसेसर ने ले लिया आधुनिक में कम्प्यूटर में चिप का प्रयोग होता है। कम्प्यूटर के विकास के साथ ही इसकी संग्रह क्षमता (Memory) में भी वृद्धि होती गयी आज अनगिनत सूचनाओं का समावेश एक ही कम्प्यूटर में किया जा सकता है।

सूचना नेटवर्क—सूचना तकनीकी का सबसे प्रमुख प्रयोग सूचना नेटवर्क के क्षेत्र में है। वर्तमान में सूचना नेटवर्क ने सम्पूर्ण संसार को एक लघु रूप प्रदान कर राष्ट्रों की परस्पर दूरियों को तकरीबन समाप्त कर दिया है। आज संपूर्ण विश्व सूचना नेटवर्क से इस तरह जुड़ा है कि सूचना के आदान-प्रदान और सूचना पुनर्प्राप्ति में किसी तरह की असुविधा नहीं होती है। इस कार्य के लिए कम्प्यूटर और दूरसंचार उपकरणों का प्रयोग किया जाता है। सूचना नेटवर्क ने मनुष्य की कार्य क्षमता को बढ़ाकर उसे द्रुत गति प्रदान कर रहा है। यह सभी सूचना तकनीकी के द्वारा ही सम्भव हुआ है।

दूरसंचार—सूचना तकनीकी का दूसरा मुख्य उपयोग दूरसंचार के क्षेत्र में है। दूरसंचार प्रक्रिया में सूचना को विद्युत चुम्बकीय तरंगो के द्वारा एक स्थान से दूसरे

स्थान पर भेजा जाता है। यह कार्य काफी द्रुत गति से किया जाता है। दूरसंचार में दूरी कोई मायने नहीं रखती है। वर्तमान में दूरसंचार क्रान्तिकारी परिवर्तन किये हैं। दूरसंचार में दूरी कोई मायने नहीं रखती है। वर्तमान में दूरसंचार के क्षेत्र में तीव्र गति से विकास हो रहा है। दूरसंचार में सेटेलाइट एक महत्त्वपूर्ण भूमिका निभाते हैं इनके द्रुत ही सूचना का प्रसारण एक स्थान से दूसरे स्थान तक बिना किसी व्यवधान के हो सकता है। इन सेटेलाइटों में ट्रान्सपोन्डर बैण्ड होते हैं तो सूचना के सम्प्रेषण को सरल व प्रयोग के लाय बनाते हैं। आज दूरसंचार का शक्तिशाली होना राष्ट्र के विकास का द्योतक माना जाता है। वर्तमान में दूरसंचार के क्षेत्र में जो विकास हो रहा है वह सूचना तकनीकी के द्वारा ही सम्भव हुआ है।

माइक्रोग्राफी—माइक्रोग्राफी के अधीन सूचना को कई माध्यमों (माइक्रोफिल्म, माइक्रोफिश, फिल्म स्ट्रिप, फिल्म रील आदि) में सूक्ष्म रूप में संचित किया जा सकता है और जरूरत के अनुसार उसे पुनर्प्राप्त किया जा सकता है। इस पद्धति में पुस्तकालय के असंख्य प्रलेखों को यन्त्रेण पठनीय रूप में प्रणाली किया जा सकता है। इसके माध्यम से सूचना को सीमित स्थान में संचित किया जा सकता है।

इलेक्ट्रॉनिक प्रकाशन—सूचना तकनीकी से प्रभावित होकर सूचना का प्रकाशन अब अपने पारम्परिक स्वरूप (पुस्तकों) के अलावा इलेक्ट्रॉनिक द्वारा भी होने लगा है। अगर दूसरे शब्दों में कहा जाये कि वर्तमान समाज पेपर रहित (Paperless) होता जा रहा है तो यह अतिशयोक्ति नहीं होगा। वर्तमान में संसारकोश, शब्दकोश, साहित्य आदि का प्रकाशन फ्लापी सी.डी.रोम आदि में किया जाने लगा है। एक 12 सेमी. आकार की सीडी में 1500 फ्लापी या 2100,000 पृष्ठों को समावेशित किया जा सकता है। वर्तमान में पुस्तकालयों को अब इलेक्ट्रॉनिक पुस्तकालय का रूप दिया जा रहा है। जिसमें सूचना को यन्त्रेण पठनीय रूप (Nachine readable form) में संचित किया जाता है।

इलेक्ट्रॉनिक पुस्तकालय—आज पूरे विश्व में इलेक्ट्रॉनिक पुस्तकालय पर लगातार शोध व विकास किया जा रहा है। संसार के कतिपय विकसित राष्ट्रों में इलेक्ट्रॉनिक निरन्तर ने कार्य करना भी प्रारम्भ कर दिया है। भारत में भी इस तरफ निरन्तर शोध व विकास जारी है। इस तरह के पुस्तकालय में सूचना की यन्त्रेण पठनीय रूप (Machine readable form) में संचित किया जाता है और यह पुस्तकालय ऑन लाइन सुविधा प्रदान करती है। जिससे सूचना को नेटवर्क के द्वारा ऑनलाइन प्राप्त किया जा सकता है। यह प्रत्येक कार्य सूचना तकनीकी के व्यापक उपयोग व निरन्तर विकास से ही सम्भव हो सके हैं।

उपादेयता

पुस्तकालय एवं सूचना केन्द्रों में सूचना प्रौद्योगिकी का उपयोग सूचना संग्रह एवं पुनर्प्राप्ति हेतु किया जाता है। इसको अपनाकर भिन्न-भिन्न कार्यों और सेवाओं में तीव्रता और एकरूपता लाई जा सकती है। सूचना प्रौद्योगिकी के उपयोग से–

(1) कर्मचारियों एवं प्रयोगकर्ताओं का समय बचाया जा सकता है।

(2) पुस्तकालय कार्मिकों द्वारा किये जा रहे कार्यों में तीव्रता लाई जा सकती है।

(3) अभिगम के समस्त पक्षों से पूछी गयी सूचनाएँ शीघ्रता से प्राप्त की जा सकती हैं।

(4) भविष्य की जरूरत के अनुरूप आँकड़ों को विश्लेषित किया जा सकता है।

(5) पुस्तकालय एवं सूचना गतिविधियों की दक्षता में कम्प्यूटरीकरण के द्वारा अभिबढ़ोतरी की जा सकती है।

(6) पुस्तकालय की विविध गतिविधियों से उत्पादकता में वृद्धि की जा सकती है।

(7) सूची को ज्यादा व्यापक बनाने की दृष्टि से अन्तर्राष्ट्रीय डाटाबेस में भी खोज की जा सकती है।

(8) प्रयोगकर्ता को उसकी अभिरुचि के विषय से सम्बन्धित पुस्तकों एवं सामयिक प्रकाशनों से वांछित संदर्भों की सूची शीघ्रता पूर्वक उपलब्ध कराई जा सकती है।

(9) सूचना सेवाओं की गुणवता में भी वृद्धि की जा सकती है।

(10) सूचना की गुणवत्ता में वृद्धि की जा सकती है।

प्रभाव

कम्प्यूटर एवं दूरसंचार प्रौद्योगिकी में हुए नवीनतम परिवर्तनों के परिणामस्वरूप पुस्तकालयों की मूलभूत परम्परागत कार्यों एवं सेवाओं में काफी परिवर्तन आया है। पुस्तकालयों द्वारा किये जाने वाले कार्य, जैसे–पुस्तक चुनाव, अवाप्ति, सूचीकरण, प्रलेखन सेवा, संदर्भ सेवा आदि में बहुत ज्यादा समय लगता था। जिन पुस्तकालयों एवं सूचना केन्द्रकों ने सूचना प्रौद्योगिकी को अपनाया है वहाँ सूचना को पाठकों तक पहुँचाने में देर नहीं होता। धीरे-धीरे सूचना प्रौद्योगिकी को पुस्तकालयों द्वारा अपनाया जा रहा है एवं इसके परिणाम भी सामने आ रहे हैं। वर्तमान में पुस्तकालय तथा

सूचना केन्द्रों का ऐसा कोई कार्य अथवा विभाग नहीं है जहाँ इसका प्रभाव न हो। इसके प्रभाव को भिन्न-भिन्न विभागों के कार्यों एवं सेवाओं में देखा जा सकता है—

(1) ग्रन्थ अधिग्रहण विभाग—इस विभाग के तहत ग्रन्थ चुनाव, आराष्ट्र, और अधिग्रहण के कार्य सम्पन्न होते हैं। सूचना प्रौद्योगिकी की मदद से इन कार्यों को अविलंब पूरा किया जा सकता है। कम्प्यूटर के द्वारा क्रय प्रक्रिया विधि, पूर्व आराष्ट्र खोजने, आराष्ट्र प्रेषित करने, ग्रन्थ में मदद मिलती है। इन कार्यों को पूरी करने हेतु कम्प्यूटर में अलग-अलग फाइल तैयार कर ली जाती है। जिनसे ग्रन्थ अधिग्रहण के कार्यों को सुविधापूर्वक तीव्रता से किया जा सकता है।

(2) सूचीकरण—पुस्तकालय एवं सूचना केन्द्र में कम्प्यूटर की मदद से सूचीकरण के कार्य को शीघ्रता से किया जा सकता है। इसके लिए भी जरूरत के मास्टर फाइल, अनुक्रमणिका फाइल आदि निर्मित की जाती हैं।

(3) सामयिकी नियन्त्रण—सूचना तकनीकी को प्रयोग में लाकर पत्र-पत्रिकाओं के अधिग्रहण पर भी नियन्त्रण किया जा सकता है। इसके द्वारा से नवीन सामयिकी प्रकाशनों के चुनाव, क्रय आराष्ट्रन, भुगतान, स्मरण-पत्र भेजने आदि विभिन्न कार्यों में सहायता मिलती है। इन कार्यों हेतु भी कम्प्यूटर में विविध तरह की फाइल तैयार की जाती है।

(4) ग्रन्थ आदान-प्रदान—कम्प्यूटर, बारकोड एवं इसके सॉफ्टवेयर की सहायता से ग्रन्थ आदान-प्रदान का कार्य सुविधापूर्वक तीव्रता से किया जा सकता है।

(5) सूचना सेवा—ग्रन्थालयों एवं सूचना केन्द्रों द्वारा उपलब्ध कराये जाने वाली विविध सेवाओं जैसे—सन्दर्भ सेवा, सूचना खोज सेवा, सारांशीकरण एवं अनुक्रमणीय सेवा, अद्यतन अभिज्ञता सेवा, चयनित प्रसार सेवा आदि में सूचना प्रौद्योगिकी उपयोगी होती है। ऑनलाइन पर ग्रन्थ इन प्रिंट की उपलब्धता ने विभिन्न प्राप्तिकरण सेवाओं की क्षमता में वृद्धि की है। माइक्रो प्रोसेसर के उपयोग से सिस्टम एवं फाइल प्रोसेसर के बीच सम्बन्ध स्थापित किया जाता है जिसकी मदद से नई सेवाओं हेतु सुविधाजनक खोज क्षमताएँ प्राप्त होती हैं।

पुस्तकालय एवं सूचना केन्द्रों के प्रबन्ध में सूचना तकनीकी का प्रभाव काफी ज्यादा अनुभव किया जा रहा है। संसाधन उपकरणों एवं टेलीकॉन्फ्रेसिंग प्रणालियों के प्रति सूचना केन्द्रों का झुकाव देखा जा सकता है। इन्टरनेट के अनुप्रयोग से पुस्तकालय एवं सूचना केन्द्रों की सेवाएँ ज्यादा सुव्यवस्थित एवं आसान हो गयी हैं। इस प्रकार आधुनिक तकनीकी ने ग्रन्थालयों एवं सूचना केन्द्रों को कई ऐसे उपकरण

उपलब्ध कराये हैं जो उपयोगकर्ताओं को दी जाने वाली सेवाओं में सुधार के उनके लक्ष्य को प्राप्त कराने में मददगार हैं।

पुस्तकालय स्वचालन

स्वचालन में अक्सर कम्प्यूटर का उपयोग होता है। अतः हम यह कह सकते हैं कि किसी क्रिया या पद्धति (System) को कम्प्यूटर के द्वारा स्वचालित रूप प्रदान करने को स्वचालीकरण कहा जाता है। पुस्तकालय में इसी स्वचालित तकनीक का प्रयोग, पुस्तकालय के विविध कार्यों जैसे–पुस्तकालय अर्ज, सीरियल कन्ट्रोल, कैटलॉग व सर्कुलेशन कन्ट्रोल आदि स्वचालित रूप प्रदान करने में किया जाता है। पुस्तकालय में स्वचालित रूप प्रदान करना एक ऐसी तकनीक है जिसके द्वारा पुस्तकालय में कम से कम समय व श्रम का व्यय किये बिना अधिकाधिक सूचना को प्राप्त किया जा सकता है एवं उसका प्रयोग किया जा सकता है। पुस्तकालय स्वचालीकरंण को अपनाने से पाठकों को तीव्रता सूचना प्राप्त होती है जिससे डॉ. रंगनाथन के नियम "पाठक का समय बचाइये" (Save the time of the reader) का पूरी तरह पालन होता है। वर्तमान में पुस्तकालय हेतु स्वचालीकरण तकनीक परम आवश्यक है। इससे न केवल पुस्तकालयों के कार्यों को शीघ्र पूरा किया जा सकता है अपितु पाठकों को श्रेष्ठ सुविधा उपलब्ध करायी जा सकती है।

पुस्तकालय में स्वचालीकरण की अनिवार्यता–किसी भी पुस्तकालय तथा सूचना केन्द्र का प्राथमिक उद्देश्य सूचना को अद्यतन व व्यवस्थित रूप में रखना तथा व उपलब्ध कराना है। स्वचालीकरण पुस्तकालंय के क्रियालापों में मानवीय श्रम प्रयास और समय की बचत करता है और पुस्तकालय की पद्धति को स्वचालित रूप प्रदान करता है। कुछ और भी कारण है जो स्वचालीकरण को पुस्तकालय में अनिवार्य बनाते हैं जैसे–

1. पुस्तकालय की वर्तमान सेवाओं को उन्नत करना और उसके साथ ही पुस्तकालय की नयी सेवाओं को प्रस्तुत करना। सेवाओं को उन्नत करने से न केवल पुस्तकालय के कार्य क्षेत्र में विस्तार किया जा सकता है बल्कि पुस्तकालय को एक उच्च स्थान प्रदान किया जा सकता है।
2. पुस्तकालय प्रबन्धन के एक नये स्तर को प्राप्त करना।
3. सेवाओं के प्रयोग से पुस्तकालय में स्टाफ को और ज्यादा प्रभावी रूप से उन्नत बनाया जा सकता है।
4. पुस्तकालय में स्वचालीकरण को अपनाये जाने से कार्य के दोहराव (Duplication) को रोका जा सकता है।

5. पुस्तकालय में नेटवर्क पद्धति केवल पुस्तकालय स्वचालीकरण के द्वारा ही सम्भव है। पुस्तकालय में कम्प्यूटर के द्वारा ही पुस्तकालय को लेन, देन और इंटरनेट द्वारा जोड़ा जा सकता है इस पद्धति को अपनाये जाने से न केवल समय की बचत होती है बल्कि सूचना को बहुत तीव्र गति से पुनर्प्राप्त किया जा सकता है जो बिना पुस्तकालय स्वचालीकरण के सम्भव नहीं है।

6. पुस्तकालय में स्वचालीकरण को अपनाने का एक मुख्य कारण यह है कि यह पुस्तकालय की संसाधन सहभागिता (Resource sharing) में बहुत काफी मददगार होता है। पुस्तकालय स्वचालीकरण के उपयोग से संसाधन सहभागिता के कार्यों को उचित प्रकार से और बहुत तीव्र गति से सम्पन्न किया जा सकता है।

7. पुस्तकालय स्वचालीकरण विविध सेवाओं को देने में खर्च किये धन के व्यय को कम करता है।

पुस्तकालय स्वचालीकरण के क्षेत्र

ग्रन्थालय में कई क्षेत्र (Area) हैं जिसमें स्वचालीकरण को अपनाया जा सकता है। पुस्तकालय स्वचालीकरण में कम्प्यूटर के द्वारा विभिन्न सेवाओं का संचालन किया जाता है। इस तकनीक में कम्प्यूटर का उपयोग इसकी विशेषताओं के कारण किया जाता है। कम्प्यूटर शक्ति, गति एवं उच्च क्षमता का परिचायक है। इसमें न केवल अधिकतक सूचना को संचित किया जा सकता है अपितु संकलित सूचना को अत्यधिक तीव्र गति से पुनर्प्राप्त किया जा सकता है। इसके द्वारा से सूचना सेवाओं का आयोजन सही प्रकार से किया जा सकता है।

पुस्तकालय (Libary) में कतिपय ऐसे क्षेत्र हैं जिसमें स्वचालीकरण को अपनाया जाता है जो इस प्रकार हैं—

1. पुस्तकालय नेटवर्क—**आधुनिक समय में पुस्तकालय नेटवर्क** (Library Network) की अवधारणा को पुस्तकालय स्वचालीकरण (Library Automation) के द्वारा ही मूर्त रूप दिया जा सकता है। पुस्तकालय नेटवर्क का तात्पर्य है कम्प्यूटरीकृत पुस्तकालयों का एक नेटवर्क जिसमें, राज्य, राष्ट्रीय व अन्तर्राष्ट्रीय स्तर पर स्थापित पुस्तकालयों की कम्प्यूटर प्रणालियां आपस में परस्पर जुडी हों और सभी सम्बन्धित पुस्तकालय आपस में एक दूसरे पुस्तकालयों की सूचना व संसाधनों का जरूरत के मुताबिक उपयोग कर सकें। पुस्तकालय नेटवर्क के द्वारा न केवल पुस्तकालय अपने कार्यों की गुणवत्त को श्रेष्ठ बना सकते हैं बल्कि पुस्तकालय में

पाठकों को भी अच्छी सेवा प्रदान कर सकते हैं। पुस्तकालय नेटवर्क की जरूरतों को देखते हुए भारत सरकार ने कई स्तर पर पुस्तकालय नेटवर्क स्थापित किये हैं जैसे–कैलिबनेट (CALIBNET-Calcutta Libary Network), डेलनेट (DELNET)-Developing Libraries Network), इनफ्लीबनेट (INFLIBNET)-Information and Library Network) आदि।

2. सूचना पुनर्प्राप्ति–पुस्तकालय स्वचालीकरण सूचना की पुनर्प्राप्ति में काफी काफी होती है। पुस्तकालय स्वचालीकरण इसके लिए तैयार किये गये सॉफ्टवेयर पर निर्भर करता है। सभी सॉफ्टवेयर में सूचना पुनर्प्राप्ति हेतु कई माध्यम (options) होते हैं। यह उपयोगकर्ता पर निर्भर करता है कि वह सूचना पुनर्प्राप्ति हेतु किस माध्यम का प्रयोग करता है। वर्तमान में सूचना का उत्पादन इतनी ज्यादा मात्रा में हो रहा है कि सूचना न केवल प्रकाशित रूप में बल्कि इलेक्ट्रानिक रूप में भी उपलब्ध हो रही है। इलेक्ट्रानिक रूप में संचित इस सूचना को कम्प्यूटर पर बैठे ही नेटवर्क के द्वारा पुनर्प्राप्त किया जा सकता है। इससे पाठकों के समय की भी बचत होती है तथा सूचना को अधिक शीघ्रता से प्राप्त किया जा सकता है।

3. पुस्तकालय के कार्यों में स्वचालीकरण–पुस्तकालय में अनेक तरह के कार्य होते हैं जैसे पुस्तकालय के तहत (चुनाव, राष्ट्र, प्राप्ति आदि) सूचीकरण, सीरियल कन्ट्रोल, प्रबन्धन सूचना, सर्कुलेशन कन्ट्रोल ऑन लाइन पब्लिक एक्सेस कैटलॉगिंग व इण्टर लाइब्रेरी लोन आदि पुस्तकालय में स्वचालीकरण को अपनाये बिना इन सभी कार्यों को मैनुअल करना पड़ता है। ताकि अत्यधिक समय व श्रम व्यय होता है और उसका प्रभाव पुस्तकालय की सेवाओं व पुस्तकालय व्यवस्था पर पड़ता है। ग्रन्थालय में स्वचालीकरण को अपनाने से इन सभी कार्यों को बहुत कम समय व श्रम व्यय किये पूरा किया जा सकता है एवं ग्रंथालय हेतु विकसित किसी एक साफ्टवेयर पर आधारित होता है और इस सॉफ्टवेयर को पुस्तकालयों के इन्हीं सब कार्यों व सेवाओं को सम्पन्न करने व गुणवत्ता बढ़ाने के लिए विकसित किया जाता है। जैसे सूचीकरण में कैटलॉग कार्ड बनाने हेतु इस प्रोग्राम (सॉफ्टवेयर) में पुस्तक का केवल फिजीकल डिस्क्रिप्शन देना होता है और पुस्तक का कैटलाग कार्ड स्वयं तैयार हो जाता है। इस प्रकार कैटलाग कार्ड में मैनुअल कार्य की अपेक्षा बहुत ही कम समय लगता है और गलती की सम्भावना भी शून्य होती है।

(4) सेवाओं में स्वचालीकरण–सेवाओं का अभिप्राय पाठकों को प्रदान की जाने वाली सेवाओं से है। पुस्तकालय स्वचालीकरण के द्वारा सामान्य और विशिष्ट

दोनों तरह की सेवा प्रदान की जाती है। पाठकों का पुस्तकालय में आने का मुख्य उद्देश्य सम्बन्धित सूचना व प्रलेख प्राप्ति होता है। एक पूर्ण व्यवस्थित कम्प्यूटरीकृत पुस्तकालय में अनेक कम्प्यूटर होते हैं जिसे पाठक एक साथ उपयोग कर सकते हैं। प्रलेख व सूचना की प्राप्ति पुस्तकालय पाठक कम्प्यूटर पर विभिन्न विधियों से प्रलेख व सूचना से सम्बन्धित जानकारी प्राप्त कर सकता है उसे यह भी जानकारी हो सकती है कि कोई प्रलेख पुस्तकालय में इस समय है या नहीं और यदि नहीं है तो किसके नाम जारी किया गया है। पुस्तकालय स्वचालीकरण के द्वारा ही पाठकों को अद्यतन सूचना प्राप्त हो सकती है जो किसी शोधार्थी के लिए बहुत महत्त्वपूर्ण होती है। पुस्तकालय स्वचालीकरण के द्वारा पाठकों की इण्टर लाइब्रेरी लोन सेवा, प्रतिलिपि सेवा आदि तेजी से प्राप्त हो सकती है।

पुस्तकालय स्वचालन हेतु सॉफ्टवेयर पार्सल

पुस्तकालय एवं सूचना केन्द्रों में प्रमुख रूप से सूचना संग्रहण एवं पुनर्प्राप्ति से सम्बन्धित सॉफ्टवेयर पार्सल की जरूरत होती है। विभिन्न तरह के कार्यों के सम्पादन की दृष्टि से इन्हें 6 समूहों में विभक्त किया जा सकता है, जो इस प्रकार है–

1. बेसिक सॉफ्टवेयर–इस पार्सल का उपयोग डाटा प्रविष्टि, सप्रमाणन, फाइलों को छाँटने एवं जोड़ने एवं सम्पादन में किया जाता है।

2. शुद्ध संसाधन सॉफ्टवेयर–पुस्तकालय एवं सूचना केन्द्रों में शुद्ध संसाधन सॉफ्टवेयर का प्रयोग हस्तपुस्तिका के निर्माण एवं उसे अद्यतन रखने हेतु तथा कतिपय सूचियों एवं सूची पत्रकों के निर्माण हेतु किया जाता है।

3. डाटाबेस प्रबन्ध पद्धति–इसका निर्माण श्रेष्ठ संग्रहण तथा पुनर्प्राप्ति हेतु किया जाता है। यह पद्धति विशेष तौरर पर डाटाबेस प्रबन्ध पद्धति के पदानुक्रमिक मॉडल एवं नेटवर्क की अवस्था में प्रयोग में आती हैं।

4. सूचना पुनर्प्राप्ति पैकेज–सूचना पुनर्प्राप्ति को किसी कम्प्यूटर पद्धति से अभिलेखों के संग्रहण एवं पुनर्प्राप्ति के रूप में परिभाषित किया जा सकता है। इसे पुस्तकालय एवं सूचना केन्द्रों में सूचना पुनर्प्राप्ति हेतु प्रयोग में लाया जाता है।

5. पुस्तकालय गृह कार्य सॉफ्टवेयर–कतिपय सॉफ्टवेयर ऐसे हैं जिनका निर्माण विशेष तौर पर पुस्तकालय एवं सूचना केन्द्रों के गृहकार्य, नित्य प्रति के कार्यों यथा-अधिग्रहण (Acquisition), सूचीकरण (Cataloguing), परिसंचरण (Circulation) तथा पत्रिका नियन्त्रण (Serial control) आदि महत्त्वपूर्ण कार्यों हेतु किया जाता है। इनमें से कतिपय एकीकृत पैकेज हैं जो पुस्तकालय के कई कार्य पूर्ण करते हैं जबकि दूसरे पैकेज विशेष कार्यों जैसे सूचीकरण एवं विविध तरह की सूचना के प्रबन्ध आदि से सम्बन्धित हैं।

6. ऑन लाइन पुनर्प्राप्ति पद्धति सॉफ्टवेयर–सभी ऑन लाइन पद्धति में अपना सॉफ्टवेयर होता है जो इसकी विविध प्रकार की गतिविधियों एवं क्रियाकलापों में मदद करता है।

पुस्तकालय सॉफ्टवेयर पार्सलों का मूल्यांकन एवं चयन

आधुनिक में पुस्तकालयों एवं सूचना केन्द्रों के प्रयोग हेतु सॉफ्टवेयर पैकेजों की संख्या में काफी बढ़ोतरी हुई है। पुस्तकालय एवं सूचना केन्द्रों की अनिवार्यता सम्पन्न होने वाले क्रियाकलापों एवं प्रदत्त सेवाओं को दृष्टि में रखते हुए इनका मूल्यांकन एवं इसके बाद चुनाव जरूरी है जिससे उचित सॉफ्टवेयर को खरीदा जा सके। इसके मूल्यांकन हेतु निम्नांकित बिन्दु महत्त्वपूर्ण हैं–

(1) **प्रायोजक अभिकरण के सम्बन्ध में जानकारी**–प्रायोजक अभिकरण के सम्बन्ध में प्रमुख जानकारी स्मरण है–

(i) प्रायोजक एजेन्सी जिसके अधीन सॉफ्टवेयर के निर्माता व वितरक आते हैं उनकी गुणवत्ता को स्मरण रखा जाना चाहिए।

(ii) प्रायोजक को दूसरे उत्पादों और उनके प्रयोग की सार्थकता को ध्यान में रखना।

(iii) सॉफ्टवेयर का दूसरे महत्त्वपूर्ण संस्थानों एवं संगठनों में कितना उपयोग किया जा रहा है।

(iv) सॉफ्टवेयर के वितरक द्वारा इसके लिए किस प्रकार की सहायक सेवाएँ प्रदान की जा रही हैं?

(2) **उच्च स्तरीय एकीकरण**–पुस्तकालय की नित्य प्रतिदिन के कार्यों एवं सेवाओं जैसे-परिग्रहण, सूचीकरण, परिसंचरण, पुस्तकालय सूची निर्माण आदि को कम्प्यूटरीकृत करने हेतु सॉफ्टवेयर में अलग-अलग मॉड्यूल बनाये जाते हैं। पुस्तकालय के इन समस्त कार्यों का शीघ्रतापूर्वक, सुचारु एवं सटीक रूप से पूरा करने हेतु समस्त मॉड्यूल्स के मध्य एकीकरण होना अनिवार्य है, जिससे एक मैनुअल की सूचना का दूसरे में प्रयोग किया जा सके। इसका समाकलन आवश्यक है।

(3) **डाटा निवेश की सुविधा**—पुस्तकालय कार्य में डाटा निवेश (Data Input) एवं डाटा नवीनीकरण की आवश्यकता पड़ती रहती है। सॉफ्टवेयर पार्सल में नये प्रलेखों से सम्बन्धित डाटा निवेश करने, नये कथ्यों को जोड़ने, गलतियों को सुधारने तथा गैर जरूरी डाटा को हटाने की सुविधा होनी चाहिए। प्रणाली में डाटा निवेश करने हेतु मार्क फॉरमेट (MARC Format) प्रयोग की सुविधा भी होनी चाहिए।

(4) **डाटा निर्गम की सुविधा**—सॉफ्टवेयर पार्सल का मूल्यांकन करते समय इस बात का स्मरण रखना चाहिए कि सिस्टम का प्रदर्शन स्वरूप (Deputy Format) पढ़ने और समझने में सुगम तथा उपयोगकर्ताओं की माँग के अनुरूप होना चाहिए जिससे आवश्यकतानुसार प्रकाशित सूचियों एवं सांख्यिकीय तथा अन्य प्रतिवेदनों का निर्माण सहजतापूर्वक किया जा सके।

(5) **अन्वेषण सुविधा**—पुस्तकालय में प्रयुक्त सॉफ्टवेयर के साधारण मॉड्यूलों के तहत खोज (Search) की व्यापक सुविधा होनी चाहिए जिससे संगृहीत सूचना में से जरूरत के मुताबिक कोई भी सूचना खोजी जा सके एवं उसकी पुनर्प्राप्ति की जा सके।

(6) **अनुकूलन का गुण**—पुस्तकालय सॉफ्टवेयर में अनुकूलन का गुण होना चाहिए। इसका आशय है कि विभिन्न सॉफ्टवेयरों में बनाये गये विविध डाटाबेसों से डाटा लेकर अपने डाटाबेस में विलय(Merge) करने का गुण होना चाहिए। इसे डाटा का हस्तांतरण अथवा डाटा आयात और निर्यात भी कहा जाता है। अन्तर्राष्ट्रीय मानकों तथा सी.सी.एफ. (Common Communication Format) का पालन करने से अनुकूलन का गुण लाया जा सकता है।

(7) **अन्य विचारणीय तथ्य**—उपरोक्त वर्णित कथ्यों के अलावा पुस्तकालय के बजट, पुस्तकालय के कार्यों एवं सेवाओं तथा पुस्तकालय में उपलब्ध उपकरणों को ध्यान में रखते हुए चयन किया जाना चाहिए।

10

आधुनिक पुस्तकालय में प्रयुक्त प्रमुख सूचना सेवा

प्रसार सेवा

पुस्तकालय जो ज्ञान का भंडार है के प्रसार के लिए कई तरह की सेवा प्रदान की जा रही है। प्रसार सेवा के कार्यों को सन्दर्भ विभाग के तहत रखा जा सकता है दोनों के कार्य सदृश हैं प्रसार कार्यों को क्रियान्वित करने का दायित्व कुछ सन्दर्भ सहायकों को दें और बे सम्बद्ध उपग्रन्थालयी के निर्देशन में ये कार्य करें। पुस्तकालय समिति को इस कार्य के लिए आवश्यकता नीति, नियम तथा प्रावधान की व्यवस्था करनी चाहिए।

उच्च शिक्षा और ज्ञान को सर्वसुलभ बनाने हेतु विश्वविद्यालय निम्नानुसार कार्यक्रम को क्रियान्वित करता है–

1. पत्राचार पाठ्यक्रम;

2. विशिष्ट कार्यों और वर्गों के लिए समय-समय पर संक्षिप्त पाठ्यक्रम और अध्यापन की व्यवस्था; तथा

3. प्रसार व्याख्यान।

प्रमुख प्रसार सेवा

परिचय पुस्तिका

पुस्तकालय विज्ञान के तृतीय सूत्र का निर्देश है कि पुस्तकालय में मौजूद

प्रत्येक अध्ययन सामग्री के लिए उपयुक्त पाठक उपलब्ध हो। इसे क्रियान्वित करने की जिम्मेदारी ग्रन्थालय के कर्मचारियों पर है। प्रचार कार्यों के माध्यम से इस दायित्व को पूरा किया जाता है। विश्वविद्यालय से सम्बन्धित सब लोगों को पुस्तकालय की गतिविधियों से अवगत रखने के लिए उपयोग में लाए जाने वाले माध्यमों के बारे में पूर्व प्रकाश डाला जा चुका है। उनमें से कुछ उपायों पर प्रसंगतः यहा पुनः लिखा गया है।

पुस्तकालय के विविध क्रियाकलापों, यथा– कार्यकाल, विभागों का संगठन चार्ट; पुस्तकालय सूची, संयोजन पद्धति का विस्तृत परिचय, सदस्यता सम्बन्धी सूचनाएँ प्रमुख कार्यकर्ता और उनका कार्यक्षेत्र, परिचालन पद्धति, पालनीय नियम तथा दण्ड विधान पर इसमें जरूरी सब सूचनाए दी जाती हैं। भूमिका में पुस्तकालय का संक्षिप्त इतिहास दिया रहना चाहिए। पुस्तिका का मुख-पृष्ठ आकर्षक हो। समस्त छात्र, अध्यापक एवं कर्मचारियों को पुस्तकालय का सदस्य बनते समय उसकी प्रति निःशुल्क दी जाती है। इसी प्रकार विशिष्ट अतिथियों तथा नागरिकों को जब वे पुस्तकालय का अवलोकन करने आते है, इसकी प्रति प्रदान की जाती है। अमेरिका के महाविद्यालय और विश्वविद्यालय ग्रन्थालयों में शिक्षकों को एक दूसरी परिचय पुस्तिका देने की प्रथा है। उसमें पुस्तकालय के कार्यों के प्रति खासकर ग्रंथ तथा पुस्तकालयोन्मुखी शिक्षा पद्धति के क्रियान्वयन के लिए उनके दायित्व पर प्रकाश डाला रहता है उसी में उनके लिए आवश्यक पुस्तकालय की अन्य सुविधाएँ भी दी जाती हैं। प्रत्येक शिक्षक को सदस्य बनते समय उसकी मुद्रित प्रति दी जाती है।

मुद्रित पुस्तकालय सूची

एतद् विषयों पर ग्रन्थालय में उपलब्ध प्रमुख ग्रन्थों की परिचयात्मक सूची दस साल में एक बार प्रकाशित करनी चाहिए और उनकी प्रति विनिमय के आधार पर और कीमत पर अन्य संस्थाओं और पुस्तकालयों को दें, जिससे वे उन ग्रन्थों का आवश्यकतानुसार उपयोग कर सकें।

संयोजन व्यवस्था और सन्दर्शिकाएँ

पाठकों को तत्काल अपनी पुस्तक प्राप्त करने के लिए संग्रहगार में ग्रन्थों का संयोजन वैज्ञानिक तरीके से विषय के ज्ञातिक्रम से किया जाए। स्थान-स्थान पर सन्दर्शिकाएँ लगी रहें। ये संदेर्शिक संयोजन व्यवस्था और विषयानुसार पुस्तकों का सही-सही स्थान सूचित करती है। कुछ रंग-बिरंगे आकर्षक अक्षरों में लिखे

संदर्शिकाएँ आचरण परक साधारण सूचनाएँ देने के लिए पुस्तकालय के प्रत्येक विभाग में लगाये जाते है। इनके लिए निम्नांकित उपयोग में लाई जाती है–

1. सम्पूर्ण संयोजन व्यवस्था की संदर्शिका;
2. सोपान या भूमिदर्शक संदर्शिका;
3. अन्तर्मार्गदर्शक संदर्शिका;
4. भूमि संदर्शिका;
5. निधानी संदर्शिका;
6. फलक संदर्शिका;
7. सामान्य निर्देश संदर्शिकाए, जैसे,
   (1) कृपया शांत रहे;
   (2) कृपया फर्श पर कलम नहीं झाड़ें;
   (3) धूम्रपान निषिद्ध है;
   (4) कृपया फलकों पर पुस्तकें स्वयं नहीं रखें;
8. अन्य संदर्शिकाएँ–पाठकों की सुविधा हेतु आवश्यकतानुसार अन्य कई प्रकार की सन्दर्शिकाएं विभिन्न स्थानों पर लगाई जाती हैं। संदर्शिकाएँ लगाना ही पर्याप्त नहीं है। स्थान संकोच को दूर करने के लिए जब फलकों पर किताबों को खिसकाया अथवा सरकाया जाता है, तब संदर्शिकाओं को तदनुसार ठीक लगाना चाहिए। पुराने तथा अस्पष्ट होने पर उन्हें परिवर्तित कर दें। पुस्तकों के पृष्ठभाग पर लगी लेबल निकल गई है, तो नया लगाएं। इसी प्रकार जिस ग्रंथ के पृष्ठभाग पर कम चौड़ा होने से क्रमांक संख्या सूचक लेबुल नहीं लगा है, उस पर शीर्षकाक्षरों का लेखन करना उपयोगी होता हैं। सन्दर्शिकाओं की व्यवस्था सम्बन्धी सभी कार्य अनुरक्षण विभाग के कर्मचारी करते हैं इन कार्यों के दैनिक निरीक्षण का दायित्व सम्बद्ध प्रभारी और उपग्रन्थालयी पर रहता है।

आवरण तथा नवीन पुस्तकों का प्रदर्शन

नये ग्रन्थों के आवरकों को ग्रन्थालय में प्रमुख स्थान पर प्रदर्शित करना चाहिए। इसी प्रकार नवीन पुस्तकों को एक सप्ताह तक प्रदर्शन फलकों पर सजा कर रखें।

सूचना और वृत्त पट्ट

पुस्तकालय के परिवर्तित कार्यक्रम, नये नियम, आदि की ओर पाठकों का

ध्यान आकर्षित करने के लिए सूचना पट्ट पर सूचनाएँ अंकित की जाती हैं। खास व्यक्ति, लेखक, विशिष्ट दिन, राष्ट्रीय और धार्मिक पर्व, सामयिक, वैज्ञानिक, शैक्षणिक और आर्थिक घटनाओं से सम्बद्ध विशिष्ट अध्ययन सामग्री, जैसे, शासकीय प्रकाशन, पुस्तिका, खास लेकर आदि की ओर पाठकों का ध्यान आकृष्ट करने के लिए वृत्त पट्ट उपयोग में लाये जाते हैं। विश्व के मनीषियों तथा विद्वानों के वचन तथा सुभाषित भी इन पट्टों पर सुन्दर अक्षरों में उद्‌धृत किए जाते हैं। इसके लिए ऐसे वाक्य विचार तथा वचन संग्रह रख लिए जाते हैं। वृत्त पट्टों को आकर्षक बनाने के लिए स्वच्छता, अंकित सूचनाओं की लघुता, रंग तथा चित्रों को उपयोग में लाना चाहिए।

पुस्तक प्रदर्शनी

विश्वविद्यालय पुस्तकालय में पुस्तकों की प्रदर्शनी तीन प्रकार से आयोजित की जाती है। वर्ष में एक दो बार विशेष मौकों पर विशिष्ट विषय या विविध विषयों पर पुस्तकालय स्वयं पुस्तकों की प्रदर्शनी आयोजित करता है। प्रदर्शित पुस्तकों की चित्रालेखित या मुद्रित रूप में अलग से सूची प्रकाशित कर वितरित की जाती है। नवीन प्रकाशनों की ओर पाठकों का ध्यान आकृष्ट करने के लिए शासकीय संस्था यथा– द नेशनल बुक ट्रस्ट आफ इंडिया और प्रमुख प्रकाश एवं विक्रेता समय-समय पर प्रदर्शनी आयोजित करते हैं। विदेशी संस्थाएँ जैसे, अमेरिका की सूचना केन्द्र और ब्रिटिश कौंसिल अपने देश की विचारधारा के प्रचार के लिए समय-समय पर देश के प्रमुख पुस्तकालयों मे अपने देश के प्रकाशनों को प्रदर्शित करते है। इसके अलावा पुस्तकालय में उपलब्ध अप्राप्त एवं महत्त्वपूर्ण मुद्रित एवं हस्तलिखित ग्रन्थों, चित्रों व कला सम्बन्धी साहित्य और सामग्री काँच की ढक्कन वाली प्रदर्शन मंजूषाओं में प्रदर्शित की जाती हैं पुस्तकालय के प्रदर्शन कक्ष में या अन्यत्र इन मंजूषाओं को रखा जाता है। उनमें ताला लगा रहता है। माँग किए जाने पर विशिष्ट पाठकों को नियमानुसार उनका उपयोग करने दिया जाता है।

विवरण पत्रिका और नई पुस्तकों की सूची

नई पुस्तकों और कार्यक्रमों के बारे में सूचना देने के लिए बड़े-बड़े विश्वविद्यालय पुस्तकालय पाक्षिक अथवा मासिक वृत्त पत्रिका प्रकाशित करते हैं। उदाहरण अंग्रेजी की इन पत्रिकाओं को देखा जा सकता है–

1. Haryed Library Bülletin
2. Yale's University Library Gazattee

3. Library Chronicle of University of Texas

इनमें नये ग्रन्थों की सूची के अलावा विशिष्ट लेख (फीचर आर्टिकल्स), पत्रिकाओं में प्रकाशित प्रमुख लेखों की विषयानुसार सूचनाए, पुस्तकालय जगत की सामयिक गतिविधि, जैसे, प्रमुख सन्दर्भ प्रश्न और उनके उत्तर जो हाल में दिये गये हैं, अध्ययन के प्रति छात्रों की अभिरुचि, पुस्तकालय, पुस्तक, शिक्षा, शोध कार्यों के बारे में इधर–उधर की बाते, आँकड़े, आदि प्रकाशित किए जाते हैं। पाठकों में पुस्तकालय चेतना जागृत रखना इन सबका मुख्य उद्देश्य है।

जो पुस्तकालय इस प्रकार की पत्रिका नहीं प्रकाशित करते हैं, वे नवीन पुस्तकों की मासिक सूची मुद्रित या चित्रालेखित रूप से प्रकाशित करते हैं। कुछ पुस्तकालंय नई पुस्तकों की सूची दैनिक पत्रों के साप्ताहिक विशेषांकों में प्रकाशित कराते हैं, ताकि प्रबुद्ध नागरिक भी उनसे परिचित हों।

वार्षिक प्रतिवेदन

जनता के धन का सदुपयोग दर्शाने का यह अच्छा माध्यम है। इसके अवलोकन से विश्वविद्यालय के नये और पुराने सदस्य व गणमान्य नागरिकों को यह ज्ञात होता है कि किस प्रकार पुस्तकालय अपना सारा काम सन्तोषपद तरीकों से कर रहा है पुस्तकालय की ओर जनता का ध्यान आकर्षित करने और इसके लिए धनीवर्ग से आर्थिक मदद प्राप्त करने के लिए वार्षिक प्रतिवेदन का प्रकाशन और प्रमुख लोगों में उसका वितरण पुस्तकालय प्रचार का एक भेद है। वार्षिक प्रतिवेदन में क्या-क्या बातें होनी चाहिए, यह सामान्य प्रशासन नामक अध्याय में विस्तार के साथ लिखा गया है।

व्याख्यान

इस विषय के महत्त्वपूर्ण नये ग्रन्थों और ज्ञान के संगठन, विकेन्द्रीकरण व विकास हेतु के लिए–विदेश में किए जाने वाले नवीनतम उपायों और प्रयासों पर प्रकाश डालने के लिए समय-समय पर ग्रन्थालय में व्याख्यान का आयोजन हो। व्याख्यान देने के लिए उनके प्रमुख कर्मचारियों के अलावा शिक्षकों और प्रख्यात विद्वानों, वैज्ञानिकों व ग्रन्थालयियों को आमन्त्रित करें। पुस्तकालय प्रचार की यह एक प्रभावशाली पद्धति है।

अध्ययन प्रवृत्ति बढ़ाने के उपाय

छात्रों में हमेशा अध्ययन के प्रति रुचि और प्रवृति बढ़ाने के लिए आजकल

अनेक उपाय किये जाते हैं। इस कार्य के लिए ग्रन्थालय एक प्रभावशाली स्रोत है। शिक्षार्थियों में अध्ययन की प्रवृत्ति बढ़ाने के लिए पुस्तकालय विविध उपायों को कार्यरूप देता है। यू. जी.सी. पुस्तकालय समिति ने इस विषय पर अपना अभिमत अंकित किया है। उनका संक्षिप्त परिचय आगे दिया है।

मुक्त प्रवेश प्रणाली

छात्र और अध्यापक सभी लोगों को अभीष्ट पुस्तक स्वयं चुनने के लिए पुस्तकालय के संग्रहगार को सबके लिए खोल देना चाहिए। संग्रहगार में पुस्तकें खुले फलकों पर वर्गीकृत क्रम से रखी हों। किसी प्रकार की बाधा या कठिनाई के बिना पाठकों को वहाँ पुस्तकें देखने और चुनने की सुविधा होनी चाहिए। उनके मार्गदर्शन के लिए वहाँ अथवा पास में सन्दर्भ ग्रन्थालयी विद्यमान हो। सेवापरक ग्रन्थालय के सन्दर्भ में पुस्तकालय विज्ञान के द्वितीय तथा तृतीय सूत्रों की यह खास माँग है इस व्यवस्था को प्रभावशाली व उपयोगी बनाने के लिए निम्नानुसारी सहायक व्यवस्था की जरूरत है–

1. पूर्वोपरि स्तर के छात्रों को पाठ्य तथा संस्तुत पुस्तकें प्राप्त करने के लिए संकाय या विभागीय स्तर पर शाखा पुस्तकालय की व्यवस्था की जाए। उन छात्रों को जो विशेष अध्ययन करने के लिए केन्द्रीय पुस्तकालय में आना चाहते हैं, विशेष आज्ञा ग्रहण करना आवश्यक हो।
2. दुर्लभ, बहुमूल्य कला संबंधी पुस्तकों, हस्तलिखित ग्रन्थों, अभिलेखों और विशिष्ट संग्रहों के लिए बन्द प्रणाली या आवश्यक पद्धति अपनाए।
3. ग्रन्थालय की सब खिड़कियों में मजबूत तथा बारीक जाली लगाएँ जिससे कोई बाहर पुस्तक फेक न सके।
4. आगमन एवं निर्गमन हेतु पुस्तकालय में एक ही द्वार हो और उसे सिर्फ आधा खोल रखें।
5. संग्रहार में पुस्तकों के रख-रखाव करने वाले कर्मचारी व सन्दर्भ सहायक पाठकों की गतिविधियों पर विशेष ध्यांन रखें।
6. अपराधी और असहयोगी पाठकों के दुष्कार्यों को विश्वविद्यालय में प्रचारित करें व आवश्यकतानुसार उन्हें सजा दें।
7. चोरी-छिपे पुस्तक बाहर ले जाने वाले पाठकों को पकड़ने के लिए जहाँ संभव हो वहाँ उपलब्ध यांत्रिक तरीकों को उपयोग में लाएँ; यथा–
   (1) Santronic-thief catching device General Nuclionics, Colum bus, Ohio, USA

(2) The Book Detective Bro-Dart Industries, New York, New Jer sey.

8. गलत रखी हुई पुस्तकों को यथास्थान रखने हेतु नियमित रूप से फलकों की जाँच की जानी चाहिए।
9. सेवा परक पुस्तकालयों में मुक्त प्रवेश की व्यवस्था न होने से सेवा की भावना व उसके द्वारा पाठकों में अध्ययन की प्रवृत्ति प्रभावशाली तरीके से बढ़ाना संभव नहीं है।
10. मुक्त प्रवेश प्रणाली को अधिक प्रभावशाली बनाने के लिए समय-समय पर संग्रहार के विषयों के स्थान को परिवर्तित कर दे.। इससे पाठकों में अप्रत्याशित पुस्तकों को देखने की उत्सुकता बढ़ेगी।
11. पाठकों की विशेषतः छात्रों की पुस्तक संबंधी माँग समय पर पूरा करने की कारगर व्यवस्था हो।
12. इस व्यवस्था से होने वाले लाभों की दृष्टि में रखते हुए इससे होने वाली कुछ क्षति हो अपरिहार्य मानना चाहिए।
13. पूर्वोपाधि और स्नातकोत्तर स्तर पर छात्रों के लिए प्रारंभिक परिचय अनिवार्य किया जाए।
14. फलकों पर से निकाली गई अनभीष्ट पुस्तकों को रखने के लिए जगह-जगह पर छोटी टेबुल या तिपाई की व्यवस्था हो, जिससे पाठक उन्हें फलक पर गलत स्थान पर न रखें।
15. इस व्यवस्था को उपयोगी करने के लिए ग्रन्थों का वर्गीकृत संयोजन जरूरी है। स्थान-स्थान पर संदर्शिकाएँ लगाएँ। पुस्तकों का दुबारा स्थापन स्वयं न करने के लिए संग्रहार में दो-तीन स्थानों पर बड़े-बड़े और आकर्षक अक्षरों में निर्देश अंकित करें।

उपर्युक्त उपायों की व्यवस्था न होने पर खुली प्रणाली में खुले तौर से पुस्तकों का दुरुपयोग होगा। यह निश्चित और अनुभूत सच है। अतः डॉ. रंगनाथन के कथानानुसार है कि अबोध प्रवेश पद्धति में पाठक तथा पुस्तकों में सम्पर्क स्थापित करने के लिए पाठकों को पुस्तकालय के अन्दर पूरी आजादी दी जाए। लेकिन ग्रन्थों को लाते और ले जाते समय द्वार पर कड़ी नजर रखें। मुक्त प्रवेश प्रणाली का यही अर्थ है। भारत में सम्प्रति अनेक विश्वविद्यालय पुस्तकालयों में मुक्त प्रवेश प्रणाली है और कुछ में बन्द प्रणाली है। जहाँ पहली पद्धति है, वहाँ उसके लिए जरूरी व्यवस्था और सम्बद्ध नियमों पर अव्यवस्था देखने में आती है और इससे पाठकों को बहुत असुविधा होती है। इन परेशानियों से बचने के लिए कुछ पुस्तकालय अर्ध प्रवेश पद्धति जरूरी

उपायों के क्रियान्वयन के साथ शैक्षणिक पुस्तकालय में मुक्त प्रवेश प्रणाली को अपनाना सार्वजनिक शिक्षा की माँग है। मुक्त प्रवेश प्रणाली के नये आलोचकों को विशेषकर शैक्षणिक पुस्तकालयों के सन्दर्भ में उपर्युक्त सभी बातों पर दुबारा विचार करना चाहिए।

लोकप्रिय विभाग

शैक्षाणिक पुस्तकालयों में सामान्य पाठकों में अध्ययन की प्रवृत्ति और गंभीर अध्ययन करने वाले परिश्रान्त पाठकों के मनोरंजन के लिए कुछ विशेष विभागों की स्थापना की जाती है। महाविद्यालय पुस्तकालयों में इस प्रकार के तीन लोकप्रिय विभाग स्थापित किये जाते हैं। उन पर आगे प्रकाश डाला है।

दैनिक पत्र कक्ष

दैनिक पत्र आधुनिक युग के नारद हैं। सारी दुनिया की बात आप उनसे घर बैठे जान सकते हैं। लेकिन संख्या में ये बहुत हैं और विविध उद्देश्यों के लिए उनमें से अनेक का अवलोकन जरूरी होता है। इसलिए अंन्य ग्रन्थालयों के जैसे विश्वविद्यालय पुस्तकालय में भी स्थानीय, राष्ट्रीय और प्रमुख विदेशी दैनिक पत्रों का रहना आवश्यक है। उन्हें पढ़ने के लिए पुस्तकालय के दूसरे खण्ड में व्यवस्था करे। चार-पाँच स्थानीय तथा राष्ट्रीय पत्रों को एक साथ अनेक लोगों को पढ़ने के लिए उनके लिए विहित कक्ष में समाचार पत्रधानी (स्टैण्ड) पर फैलाकर रखें। बाकी पत्रों को तदर्थ बनाये गये संचिकाओं (फाइल्स) में रखकर उक्त कक्ष में टेबलों पर उपलब्ध करें। शोध कार्य के लिए प्रमुख अखबारी की फाइल सुरक्षित रखनी चाहिए। इसके लिए ऐसे दैनिक पत्रों की अतिरिक्त प्रतियाँ खरीद लेनी चाहिए।

स्वच्छन्दानुशीलन कक्ष

आधुनिक पुस्तकालय न सिर्फ ज्ञान साधना की वेदी है, बल्कि साहित्यिक रसास्वादन की रम्य और मनोहारी स्थली भी है। अवकाश का सदुपयोग और परिश्रान्त मानसिक स्थिति को आकर्षक, मनोमुग्धकारी व सूचनाप्रद साहित्य के अवलोकन से ताजा और उत्साहवर्द्धक बनाने के लिए पुस्तकालय में एक अलग कक्ष रहता है। उसे स्वच्छन्दानुशीलन कक्ष कहते है। उसका नाम ही बतलाता है कि वह आराम कुर्सी पर बैठे अथवा मसनद पर पैर फैलाये तकिये के सहारे बैठकर जब तक चाहे तब तक मनोमुग्धकारी एवं ज्ञानवर्द्धक ग्रंथ पढ़ने का कमरा है। जी आर लिली के अनुसार इस प्रकार के अध्ययन का ध्यये तीन है—

1. छात्रों में अध्ययन के प्रति रुचि उत्पन्न करना और उन्हें अवकाश के समय आनन्द की प्राप्ति के स्रोत के रूप में पुस्तकों की ओर स्वभावतः आकृष्ट करना;

2. मनोरंजक अध्ययन हेतु ग्रंथ प्रदान करना तथा संस्करण, मुद्रण, जिल्दबंदी, चित्र एवं विवेचित विषयों के अलंकरण पक्ष का मूल्यांकन करना; और

3. अध्ययन काल में छात्रों को अपना व्यक्तिगत पुस्तकालय बनाने के लिए प्रोत्साहित करना।

इस कक्ष को पुस्तकालय के निचले खण्ड में स्थापित करे और इसमें आकर्षक तथा छोट-छोटे पुस्तक आधार एवं निधानियों पर भव्य सम्पुटों में प्रकाशित ग्रन्थों एवं लोकप्रिय पत्रिकाओं को प्रदर्शित कर रखें। आराम से कुर्सी पर बैठने और भारतीय ढंग से तकिये की व्यवस्था, सोफा सेट्स, अध्ययन दीप, (टेबुल लाइट), प्राकृतिक तथा अप्राकृतिक प्रकाश और हवा की सुन्दर व्यवस्था हो। कक्ष में वातायनों से प्राकृतिक छटा अन्दर की ओर झांकती रहे। इस कक्ष में पदार्पण करते ही पाठकों को एक स्वच्छता एवं शान्त वातावरण का अनुभव होना चाहिए। यहाँ साहित्य, संस्कृति, इतिहास, धर्म, दर्शन, अर्थशास्त्र, विज्ञान, मनोविज्ञान, जीवनी और यात्रा पर अंग्रेजी और प्रादेशिक भाषाओं में प्रकाशित साहित्यिक कृतियाँ अलंकृत ढंग से रखी रहे। उन विषयों पर उपलब्ध नई और पुरानी पुस्तकों को संग्रहार से चुनकर समय-समय पर इस कक्ष में रखे गये ग्रन्थों में परिवर्तन करते रहे। यह कक्ष हमेशा नये ग्रन्थों से सजा लगना चाहिए। दीवारों पर नवीन पुस्तकों के आवरकों को प्रदर्शित करे। सन्दर्भ सहायक बीच-बीच में इस कक्ष में आएँ, पाठकों की जिज्ञासा को समझें और उसे पूरा करें। प्रतिदिन पर्याप्त समय तक इस कक्ष को खोल रखना चाहिए।

पाठ्य पुस्तक विभाग

यह छात्रों का प्रिय विभाग है। विश्वविद्यालय में पूर्वोपाधि और स्नातकोन्तर स्तर पर पढ़ने वाले छात्रों की संख्या अधिक होती है। दूसरे शब्दों में वहाँ के सदस्यों में नब्बे प्रतिशत संख्या इन्हीं की होती है। पुस्तकालय के पाठकों में इन्हीं का बहुमत रहता है। इनकी पहली माँग पाठ्य एवं संस्तुत पुस्तको की होती है। ये ग्रंथ यदि इन्हें मिल जाते हैं, तो इनके सन्तोष की सीमा नहीं रहती। ऐसी स्थिति में भारतीय विश्वविद्यालय पुस्तकालयों में आजकल परिव्याप्त अशान्ति बहुत कुछ दूर हो जाएगी। जैसी कि पहले लिखा जा चुका है, परिचालन के लिए संकाय अथवा विभागीय स्तर पर पाठ्य पुस्तक ग्रन्थालय की व्यवस्था की जानी चाहिए। संकाय पुस्तकालय के वाचन कक्ष में पूर्वोधि स्तर के पाठ्य तथा संस्तुत पुस्तकों की कम

से कम दो-दो प्रतिया विमर्श हेतु रखें। केन्द्रीय पुस्तकालय में अधिकांश पाठक केवल गंभीर अध्ययन एवं शोध कार्य के लिए ही आएँ। स्नातकोतर पाठ्य एवं संस्तुत ग्रन्थों के अध्ययन हेतु यहाँ प्रभावशाली व्यवस्था होनी चाहिए। इसके लिए पुस्तकालय के निचले खण्ड में दो महाकक्ष हों। एक में विज्ञान और प्रौद्यगिक विधा तथा दूसरे में सामाजिक विज्ञान तथा मानवी के ग्रन्थों को रखें। स्नातकोत्तर स्तर की हर पाठ्य तथा संस्तुत पुस्तकों की कम से कम दो-दो प्रतियाँ यहाँ उपलबध रहें और छात्र-छात्राओं को उन्हें यही पढने के लिए दिए जाए। दोनों कमरों में पर्याप्त स्थान हो। एक साथ कम से कम पचास शिक्षार्थी अध्ययन कर सकें। इसके लिए जरूरी कुर्सी और टेबुल लगे रहे। कुर्सियाँ खूब मजबूत हों। छात्र अक्सर उनका गलत तरीके उपयोग करते हैं। पुस्तकें यहाँ बन्द अलमारियों में रखें। परिचय पत्र के आधार पर विधार्थियों को अभीष्ट ग्रंथ निकालकर देने की व्यवस्था हो। यह प्रबंध खुली प्रणाली के खिलाफ अवश्य है। लेकिन पुस्तकों की प्रतियां कम होने से अधिकाधिक माँग को न्याय संगत तरीके से सन्तुष्ट करने के लिए यह व्यवस्था अधिक उपयोगी है। निर्धारित ग्रन्थों के बारे में छात्र अच्छी तरह जानते हैं। इस कक्ष में उपस्थित ग्रन्थों की लेखक एंव व्याख सूची यहाँ उपलब्ध रहे। साथ ही सम्बद्व पाठ्यावली की दो-दो प्रतियाँ विमर्श के लिए रखी हों। इस विभाग को प्रतिदिन 10-12 घण्टे खुला रखना चाहिए। कुछ विश्वविद्यालय पुस्तकालयों में इसी कक्ष में पुराने प्रश्न पत्रों को रखने की व्यवस्था की जाती है। इसे बन्द करना चाहिए। विश्वविद्यालय उसे बेचने की व्यवस्था करे। यह उसके आमदनी का एक साधन है। सन्दर्भ के लिए उनकी एक-एक प्रति पुस्तकालय में रखी जा सकती है। पूर्वोपाधि स्तर के लिए पाठ्य ग्रंथ इन कक्षों में न रखें। शिक्षक और कर्मचारियों के उपयोग के लिए उनकी एक दो प्रतियाँ संग्रहगार में रखी जा सकती हैं।

ग्रंथ ऋण योजनाएँ

छात्रों को बहुमूल्य और जरूरी पाठ्य तथा संस्तुत पुस्तकों को पूरे सत्र अपने पास रखने के लिए विश्वविद्यालय अनुदान आयोग की वित्तीय मदद से भारत के कुछ विश्वविद्यालय पुस्तकालयों में एक नई योजना को कार्यरूप दिया है। पंतनगर कृषि विश्वविद्यालय और रुड़की इंजीनियरिंग विश्वविद्यालय में यह योजना लागू है।

इसके अनुसार पाठ्य पुस्तकों की कुछ अतिरिक्त प्रतियाँ पुस्तकालय में खरीद कर रखी रहती हैं, माँग किये जाने के बाद भी स्थानीय पुस्तक विक्रेता से इस प्रकार की पुस्तकों को खरीदा जा सकता है। सिर्फ पाँच प्रतिशत मूल्य पर उनकी प्रतियाँ

पूरे वर्ष के लिए छात्रों को दी जाती हैं। यह व्यवस्था बहुत उपयोगी है। अमेरिका के महाविद्यालय और विश्वविद्यालय पुस्तकालयों में 'रेण्टल कलेक्शन' के नाम से यह व्यवस्था उपयोग किया गया। इस संग्रह के लिए सिर्फ पाठ्य पुस्तकें ही नही हर प्रकार की पुस्तकें खरीदी जाती हैं और छात्र व अध्यापक दोनों को उधार पर दी जाती हैं। जब इन पुस्तकों की माँग कम हो जाती है, तब उन्हें ग्रन्थालय के मुख्य संग्रह में मिला दिया जाता है। मराठवाडा विश्वविद्यालय, महाराष्ट्र, ने अध्यापकों को शोध साहित्य क्रय करने के लिए अनुदान देने की एक नई व्यवस्था की है। यह योजना बहुत अच्छी है। इस योजना को शिक्षक और पुस्तकालय के माध्यम से दूसरों को भी उपयोगी बनाने के लिए अधोनिर्दिष्ट अनुबंध इसके साथ जोड़ना चाहिए :

1. इस योजना के तहत शिक्षकों द्वारा खरीदी जाने वाली पुस्तकों की प्रतियां एवं लम्बी अवधि तक उन्हें देने के लिए पुस्तकालय में मौजूद न हो;

2. खरीदी गई पुस्तकें शोध कार्य अथवा अध्ययन समाप्त होने पर पुस्तकालय को दे दी जाएं; और

3. शिक्षकों को इस कार्य के लिए नया अनुदान तब तक न दिए जाएं, जब तक वे पहले के अनुदान से खरीदी गई पुस्तकें पुस्तकालय मे जमा नहीं कर देते है।

इस व्यवस्था से अनुदान को अधिक उपयोग होगा और खरीदी गई पुस्तकें आखिर में पुस्तकालय की निजी सम्पत्ति होगी। एक शिक्षक का काम समाप्त हो जाने पर दूसरे शिक्षक और अन्य लोग भी उन पुस्तकों से लाभ प्राप्त कर सकेंगे।

इस ऋण योजना को स्थायी करने के लिए एक स्थायी धनराशि बनानी चाहिए। यूजीसी अनुदान के अतिरिक्त विश्वविद्यालय के पुराने छात्र और धनी-मानी व्यक्तियों से धन अर्जित कर इस फण्ड को स्थायी बनाया जा सकता है। इस प्रकार की विशेष धनराशि के लिए कार्ल एम.व्हाइट ने भी संस्तुति की है।

श्रव्य-दृश्य विभाग

अध्ययन की प्रवृत्ति बढाने में श्रव्य-दृश्य साधन कम उपयोगी नहीं होते हैं। विश्वविद्यालय पुस्तकालय में शैक्षणिक विषयों पर प्रमुख विद्वानों, नेताओं और मनीषियों के व्याख्यानों का टेपरिकार्डस रखने चाहिए। समय-समय पर श्रोतृशाला में पाठकों को उन्हें सुनाने की व्यवस्था हो। इसी प्रकार शिक्षा और सूचनाप्रद विशेषतः ग्रन्थ, ग्रन्थालय, उपयोगी वैज्ञानिक विषय, मनोरंजन आदि पर मौजूद चलचित्रों का प्रर्दशन आयोजित करें।

अध्ययन सूची का परिसंचरण

पश्चिमी देशों के उच्च शैक्षाणिक पुस्तकालयों में पाठ्य विषय तथा सामान्य अध्ययन के लिए समय-समय पर पुरानी और नयी ग्रन्थों की सूचियां संकलित की जाती हैं और छात्रों का ध्यान उनकी और आकृष्ट किया जाता है। यूजीसी पुस्तकालय समिति ने इसकी संस्तुति की है।

वाचन कक्ष तथा अध्ययन कक्ष

ग्रन्थालय में शिक्षार्थियों, शोध छात्रों और अध्यापकों को शान्ति और सुविधा के साथ अध्ययन करने के लिए स्वच्छन्दानुशील कक्ष के अलावा वाचन तथा अध्ययन कक्ष की व्यवस्था होना चाहिए।

वाचन कक्ष

अध्याय सात में विवेचित मिश्रित संयोजन व्यवस्था में भी अलग से वाचन कक्ष होना चाहिए। सामान्य संग्रहागार के पास विज्ञान और प्रौद्योगिक (टेकनोलॉजी) व सामाजिक विज्ञान तथा मानविकी के लिए दो अलग-अलग कक्ष हों। प्रत्येक कक्ष में कम से कम पचास पाठक एक साथ अच्छी तरह बैठकर पढ़ सके। इसी प्रकार शोध पत्रिका तथा सन्दर्भ ग्रन्थों के अवलोकन के लिए स्वतन्त्र व्यवस्था हो।

अध्ययन कक्ष

यह दो प्रकार का होता है। एक छोटे-छोटे कमरों के रूप में होता है और दूसरा अस्थाई विभाजक दीवार से घिरा छोटा स्थान। अंग्रेजी में इन दोनों को क्रमशः कैरल और क्युबिकल कहते हैं। पहला अध्यापकों के लिए और दूसरा शोध छात्र व विशेष अध्ययन करने वाले स्नातकोत्तर छात्रों के लिए सुरक्षित रखा जाता है। संग्रहगार में बाहर की दीवार के तरफ इस प्रकार के अध्ययन कक्ष बनाये जाते हैं। पुस्तक और पत्रिका दोनों के संग्रहागार में इस प्रकार की व्यवस्था होनी चाहिए।

छात्र और अध्यापक दोनों को इस प्रकार के कक्ष में अभीष्ट पुस्तक और पत्रिकाएँ ले जाने से पहले उनके ग्रंथ पत्रकों में अपना हस्ताक्षर और दिनांक अंकित कर सम्बद्ध कर्मचारी के पास उन्हें जमा करना और कार्य खत्म होने पर वहीं उन्हें जरूर वापस करना चाहिए। इस व्यवस्था से उनके द्वारा संग्रहीत पुस्तकों के बारे में एक स्थान पर सूचना मौजूद रहेगी और दूसरे पाठकों और सन्दर्भ सहायकों को पुस्तकों के खोजने में अनावश्यक रूप से परेशानी उठानी नहीं पडेगी। दूसरी बात

एक साथ एक व्यक्ति को आठ-दस से अधिक पुस्तकें और पत्रिकाओं के खण्डों को लेने की आज्ञा न दी जाए।

छात्रावास पुस्तकालय

जैसा कि अध्याय दो में विश्वविद्यालय पद्धति के संगठन अथवा ढांचे के प्रसंग में कहा जा चुका है हर छात्रावास में एक छोटी शाखा पुस्तकालय हो। छात्रों को अवकाश के समय अध्ययन में लगाये रखने में यह बहुत उपयोगी सिद्ध होता हैं। इस ग्रन्थालय का दैनिक प्रशासन छात्रों के हाथ में दें। यहां निम्न तीन चार प्रकार के पाठ्य ग्रंथ रखे जाएं–

1.विशेष अध्ययन के लिए तत्तद विषयों के संस्तुत ग्रन्थ;

2. सूचनाप्रद तथा मृदुसाहित्य-इस संग्रह के पुस्तकों को केन्द्रीय पुस्तकालय के संग्रह से बराबर परिवर्तित होता है;

3. एक-दो समाचार पत्र और कुछ चुनी हुई लोकप्रिय पत्रिकाएं;

4. पूर्वोपाधि स्तर के छात्रों के लिए पाठ्य पुस्तकों की प्रतियां।

इस पुस्तकालय को सुबह पांच बजे से नौ बजे तथा सांयकाल सात बजे से ग्यारह बजे तक खोलकर रखें।

परिक्षेत्र में पुस्तकालय की दुकान

छात्रों को अपनी पुस्तकों को क्रय करने के लिए विश्वविद्यालय के परिक्षेत्र में स्थानीय पुस्तक विक्रेता को एक छोटी-सी पुस्तक की दुकान लगाने की सुविधा देनी चाहिए। उसमें नये और पुराने दोनों प्रकार के ग्रंथ उपलब्ध हों। पाठ्य पुस्तकों के अलावा सामान्य ज्ञान, श्रेष्ठ साहित्यिक कृतियां, जीवनी, अच्छे उपन्यास आदि मृदुसाहित्य व लोकप्रिय पत्रिकाएं यहां छात्रों को खरीदने के लिए प्राप्त हों। प्रातः दस बये से सायं छह बजे तक यह दुकान खुली रहें।

छात्रों में अध्ययन की प्रवृत्ति बढ़ाने तथा पुस्तक खरीदने के लिए किए जाने वाले इन उपायों के अलावा अमेरिका के महाविघालय और विश्वविद्यालय में चुने हुए ग्रन्थों का अपना व्यक्तिगत पुस्तकालय बनाने के लिए छात्रों को पारितोषिक, उन्हें कम मूल्य पर पुस्तकें उपलब्ध कराना, आदि अनेक उत्साहवर्धक कार्य किये जाते है।

सार सेवाएँ

सार अनालोचित व संक्षिप्त होता है तथा उसमें लेख का मात्र विवरण ही नहीं होता अपितु उसके महत्त्वपूर्ण विषय-वस्तु व निष्कर्ष के सूचना-पक्ष को प्रदर्शित

किया जाता है। मौजूद साहित्य अथवा पाठ्य सामग्री में वृद्धि के कारण औसत विद्वान के लिए अब यह सम्भव नहीं होता है कि वह अपने क्षेत्रों में प्रकाशित प्रलेखों अथवा सूचनाओं से स्वयं को अद्यतन अथवा अवगत रख सके, इस प्रसंग में सार सेवाओं की महत्त्वपूर्ण भूमिका है, सार सेवाओं से सूचनाएँ तत्काल उपलब्ध होती हैं, ये बहुत उपयोगी उपकरण समझी जाती हैं।

सार (abstracts) का आरम्भ सम्पादित प्रलेख की आख्या, सम्पूर्ण ग्रंथपरक उद्धरण (full bibliographical citation) तथा अन्य सन्दर्भ आधार-सामग्री (other reference data) दिये जाते है। लेखक जिस संस्था अथवा फर्म से सम्बन्धित होता है उसका नाम एवं स्थान दिया जाता है। सार अंग्रेजी में प्रस्तुत किये जाते हैं। व वे हस्ताक्षरित होते हैं। सी ए (*CA*) के सम्बन्ध में अधोलिखित परिचय दिया गया है–

सार मुख्य प्रलेखों के प्रमुख तथ्यों का संक्षिप्त सूचनात्मक (informative) सारांश (summaries) होता है। सार के माध्यम से मूल साहित्य में पहुँचने में मदद मिलती है। इन्हें मूल साहित्य का स्थानापन्न (substitute) नहीं समझना चाहिए। सार परिशुद्ध (accuracy), स्पष्ट (clear), संक्षिप्त (concise), तथा सम्पूर्ण (complete) हो-ऐसा प्रयत्न किया जाता है। इसमें मूल प्रलेख के सूचनात्मक अन्तर्वस्तु (informational content) को उद्‌घाटित किया जाता है। सार में आलोचनात्मक या मूल्यांकनात्मक समीक्षा को प्रस्तुत नहीं किया जाता। प्रयोगशालात्मक अनुदेश-पुस्तिका (laboratory manuals) या रासायनिक आधार-सामग्री हस्तपुस्तिका (chemical data handbook) के रूप में इनका उपयोग नहीं किया जा सकता क्योंकि सार का मुख्य उद्देश्य तो किसी प्रलेख के विषय में शीघ्रता तथा शुद्धता से पाठकों को इतनी सूचना देना है जिससे स्वयं पाठक यह निर्णय ले सकें कि उन्हें प्रकाशन को देखने की जरूरत है अथवा नहीं।

सार के प्रकार

अनुक्रमणीकरण (Indexing) व सार सेवाओं का मुख्य अन्तर उनके स्वरूप (form) में होता है, यह समझना चाहिए कि दूसरे में सार संलग्न किया जाता है, सार की परिभाषा इस रूप में दी गयी है, "प्राथमिक प्रलेखी सूचना को (primary documentary information) अर्थात्-मूल रचना में प्रकट सभी तथ्यों को, सूचना अथवा रचना के मूल क्रम के अनुसार (यथासम्भव), लेखक की अपनी भाषा में सुगठित रूप में प्रस्तुत करना," मूल रचना के अन्तर्गत "कोई भी पुस्तक, शोध-प्रतिवेदन, पत्रिका में प्रकाशित कोई रचना, अभिभाषण, सम्मेलन की कार्यवाही, अन्तर्वीक्षा

(interview) आदि आ सकते हैं।"[1] मैजेल व अन्य लेखकों (Maizell and others) के अनुसार," साधारण रूप में सार (abstract) व संक्षेपण (condensation) है जिसमें किसी प्रलेख के उद्देश्य (objective), विषय-क्षेत्र व उपलब्धि को सुगठित रूप में प्रस्तुत किया जाता है, इस प्रकार की सूचना का सम्प्रेक्षण ज्यादातर अनुक्रमणीकरण प्रणाली के साथ होता है जो पुनःप्रलेख की अन्तर्वस्तु (content) की पहचान में सहायक होती है, नियमतः सार का उद्देश्य उन विशिष्ट समूह के पाठकों को लाभ पहुँचाना है जिन्हें मूल प्रलेख की अभिगम्यता (access) का साधन उपलब्ध नहीं भी हो सकता है।"[2] साधारण शब्दों में सार (abstract) को किसी प्रलेख का सारांश (summary) कह सकते हैं; इसके ग्रंथपरक विवरण यथोचित रूप में दिये जाते हैं, जिससे प्रलेख की खोज आसानी से हो सके, इससे सम्बन्धित प्रलेख पुस्तक, पत्रिका में प्रकाशित रचना अथवा अभिलिखित ज्ञान (recorded knowledge) आदि किसी भी रूप में हो सकते हैं।

सार मुख्य रूप से दो प्रकार के होते हैं यथा संकेत, सूचक सार (indicative) व सूचनात्मक सार (informative)

"संकेत सूचक सार में प्रलेख के विषय में संक्षिप्तता (briefly) से प्रकाश ड़ाला जा सकता है।

इसमें प्रलेख के अन्तर्वस्तु व इसके विषय-क्षेत्र का सारांश प्रस्तुत किया जाता है। इस संक्षिप्त सार में इतना कुछ दिया जाता है जिससे पाठक यह निर्णय ले सके कि उसे मुख्य प्रलेख पढ़ने की आवश्यकता है अथवा नहीं, परन्तु इस प्रकार के सार को मूल रचना स्थानापन्न (substitute) नहीं समझा जा सकता, वैसे सामयिक अभिग्यता से (current awareness services) प्रदान करने के लिए सार बहुत उपयोगी होता है।

"सूचनात्मक सार (informative abstract) अपेक्षाकृत लम्बा होता है। इसे आवश्यक आधार सामग्री (data) तथा निष्कर्ष प्रस्तुत किये जाते हैं। जिससे मूल प्रलेख को देखने की जरूरत नही रह जाती."[4] सूचनात्मक सात में अन्तर्वस्तु का सार प्रस्तुत किया जाता है जिसके अन्तर्गत मुख्य युक्तियाँ, योगदान (contribution) आधार-सामग्री, अन्तर्वस्तु के अन्य पहलू व शोध का निष्कर्ष आदि आते हैं, उपरोक्त प्रकार के सार से पाठक इस योग्य हो जाता है कि वह अमुक योगदान की मौलिकता प्राथमिकता की जाँच कर सके।

वैसे सूचनात्मक सार को मूल प्रलेख का स्थानापन्न नहीं समझना चाहिए, व्यावहारिक रूप से दोनों प्रकार के सार में कोई तीक्ष्ण भेद नहीं है।

इस प्रकार का सार उत्तम समझा जाता है जिसमें मुख्य पहलू, कार्यविधि, यु परिणाम व निष्कर्ष दिए जाते हैं

सामान्यता सार 50 से 150 शब्दों में किया जाता है।

उपयोगिता

(i) इससे उपभोक्ता (user) के समय की बचत होती है, क्योंकि पाठक को यह निर्देश मिलता है कि उसे क्या पढ़ना चाहिए.

(ii) इससे पूर्वव्यापी साहित्य (restrospective literatures) का सर्वेक्षण शीघ्रता (rapid) से हो सकता है।

(iii) इसके माध्यम से भाषा सम्बन्धी बाधा दूर हो जाती है क्योंकि पाठक के लिए अज्ञात भाषा में प्रकाशित सामग्री के सार को पाठक की ज्ञात भाषा में प्रस्तुत किया जा सकता है।

(iv) वर्गीकृत सार के माध्यम से एक विषय से जुड़ी सामग्री पाठक को इकट्ठी मिल जाती है जो वस्तुतः पत्रिकाओं में बिखरी रहती है।

सन्दर्भ सेवा

आधुनिक पुस्तकालयों को ज्ञान का भण्डार माना जाता है व ग्रन्थालय के ज्ञान के अधिक से अधिक सार्थक प्रयोग के लिए सक्रिय रहना आधुनिक ग्रन्थालयों का परम कर्त्तव्य माना गया है। अतः आधुनिक ग्रन्थालय अनेक प्रकार की ज्ञान तथा पठनीय सामग्रियों का संकलन एवं अधिग्रहण करते हैं। पाठ्य-सामग्रियों के अधिकाधिक उपयोग के लिए अनेक प्रकार की विधियाँ अपनाई जाती हैं। किन्तु बहुत से पाठक पुस्तकालय में अपनाई जाने वाली इन विधियों तथा तकनीकियों से अपरिचित होते हैं। इसलिए इसके कारण वे पाठ्य सामग्री को प्राप्त करने में असफल हो जाते हैं अथवा कठिनाई अनुभव करते हैं। इसलिए अब वहाँ एक ऐसी मानवीय सहायता की आवश्यकता होती है जो बीच में आने वाली मुश्किलों को दूर कर पाठक या उपयोगकर्ता का उसकी वांछित पुस्तक अथवा प्रलेख से सम्बन्ध स्थापित करा सके। यही मानवीय सहायता की ग्रन्थालयों में सन्दर्भ सेवा के नाम से जानी जाती है।

चाइल्ड्स के अनुसार—अध्येताओं को प्रसूची की कठिनाई से सुपरिचित कराने, उनके सवालों जवाब प्रदान करने में जितनी सम्भावित सेवा प्रदान की जाती है, उसे सन्दर्भ सेवा कहते हैं।

हाचिन्स के अनुसार—अन्वेषण करने वाले व्यक्तियों की प्रत्यक्ष रूप से व्यक्तिगत सहायता करना और सूचना सामग्रियों को सुलभ कराने के उद्देश्य से किये गये क्रियाकलापों को सन्दर्भ सेवा कहते हैं।

ए. एल. एच. पदावली के अनुसार—अध्ययन एवं अनुसन्धान के लिए सूचना के अन्वेषण एवं ग्रन्थालय के संसाधनों का उपयोग करने में प्रत्यक्ष रूप से पाठकों की सहायता करना ही सन्दर्भ सेवा कहलाता है।

डॉ. रंगनाथन के अनुसार—ग्रन्थालय में व्यक्तिगत सेवा के द्वारा प्रलेख एवं उपयोगकर्ता के बीच पारस्परिक सम्बन्ध स्थापित कराना ही सन्दर्भ सेवा कहलाता है।

उपर्युक्त परिभाषाओं से व सन्दर्भ की गरिमा, आवश्यकता, उपयोगिता को दृष्टिगत रखते हुए रंगनाथन इस तथ्य पर बल देते हैं कि सन्दर्भ सेवा ग्रन्थालयी कला की आधारशिला व ग्रन्थालय विज्ञान के पाँच सूत्रों की अन्तिम मानवीय अभिव्यक्ति है। सन्दर्भ सेवा में मुख्य तथ्य मानव व दृष्टिकोण तथा अभिकरण है। पाठकों द्वारा माँग किये जाने पर प्रत्यक्ष रूप से सेवा प्रदान करना सन्दर्भ सेवा का एक पक्ष है।

सन्दर्भ सेवा की जरूरत

पुस्तकालय में ज्ञान के उपयोग में से साधक सिद्ध होने के लिए सन्दर्भ ग्रन्थालयी अनेक प्रकार की सन्दर्भ सेवा के तरीकों से अध्येताओं की सेवा करता है जिससे उसे वांछित सूचना प्राप्त हो सके। निम्न कारणों से ग्रन्थालयों में सन्दर्भ सेवा की जरूरत अनुभव होती है।

1. ज्ञान का विस्फोट—सूचना आज अनेक प्रकार के स्वरूपों में यथा—पुस्तकों, पत्रिकाओं, सम्मेलन के प्रतिवेदनों, समाचार-पत्रों, आदि में निहित होती है। कहने का अभिप्राय यह है कि प्रकाशनों का जगत इतना विशाल है कि किसी भी अध्येता को सभी प्रकार की सामग्रियों से अवगत तथा परिचित होना व उन्हें प्राप्त कर लेना बड़ा जटिल कार्य है। इसलिए अध्येताओं को वांछित ज्ञान-सामग्रियों को ढूँढ़कर प्राप्त करने में मदद करना ही सन्दर्भ सेवा का कार्य माना जाता है।

2. शिक्षा का विस्तार तथा प्रसार—लोकतान्त्रिक प्रणाली में शिक्षा को एक आवश्यक कार्य माना जाता है परिणामस्वरूप सभी देशों में शिक्षा के क्षेत्र में विकास तथा विस्तार हुआ है। विश्व में जनसंख्या के साथ-साथ शिक्षितों की संख्या में भी बढ़ोत्तरी हुई है। शिक्षा के विस्तार के कारण ज्ञान करने व सीखने की प्रवृत्ति में विस्तार

एवं बदलाव आया है। शिक्षा का प्रसार कक्षाओं से बाहर आ चुका है अतः किसी न किसी रूप में ग्रन्थालयों की भूमिका मानी जाती है जिसके फलतः ग्रन्थालयों में सन्दर्भ सेवा की जरूरत होती है।

3. ग्रन्थालयों का विकास एवं प्रसार—पुस्तकालयों के प्रकारों एवं उद्देश्यों में अधिक बदलाव आया है लेकिन सभी का उद्देश्य पाठकों को उनकी वांछित सामग्री शीघ्र मौजूद कराना होता है। इसलिए विभिन्न प्रकार के ग्रन्थालयों में उपलब्ध ज्ञान-सामग्रियों का अधिक से अधिक उपयोग कराने के लिए मनुष्य अभिकरण की बहुत ही जरूरत होती है। इसलिए इस कारण से भी सन्दर्भ सेवा को अति आवश्यक सेवा माना जाता है।

4. अनुसन्धानों में उत्तरोत्तर वृद्धि—प्रत्येक देश में उसकी प्रगति बल विकास के लिए अनुसन्धान एवं विकास कार्यक्रमों पर अधिक बल दिया जाता है। शोध सम्बन्धों क्रियाकलापों के लिए आवश्यक एवं उपयुक्त सूचना एवं ज्ञान-सामग्रियों की आवश्यकता होती है जिसके लिए पुस्तकालयों पर निर्भर रहना पड़ता है। इसलिए सन्दर्भ विभाग CAS, SDI आदि सेवाओं का आयोजन करते हैं क्योंकि अनुसन्धानकर्ता के पास इतना वक्त नहीं होता कि वह इस असंख्य ज्ञान-सामग्री में से अपनी सामग्री खोज सके। इसलिए शोध के क्रियाकलापों में पर्याप्त वृद्धि के कारण सन्दर्भ सेवा का महत्त्व बढ़ गया है।

5. सूचना प्रसार तथा सम्प्रेषण में तेजी की आवश्यकता—शोध आलेखों की संख्या में लगातार वृद्धि हो रही है जो नियन्त्रण को इविटकोण से समस्यामूलक है। इसलिए किसी भी विषय के उच्चकोटि के अध्येता तथा विशेषज्ञ के लिए असम्भव है कि वह पुस्तकालय में निहित सभी प्रकार की सामग्रियों से परिचित हो सके। इसलिए विशेषज्ञों को उनकी अभिरुचि की सामग्रियों से अवगत रखने के लिए सन्दर्भ सेवा का आयोजन बहुत ही आवश्यक है।

6. ज्ञान-सामग्रियों का पुराना पड़ना एवं अप्रचलित होना—आज ज्ञान-सामग्रियाँ जल्दी ही पुरानी, अप्रचलित व अनुपयोगी सिद्ध होने लगती हैं जो विज्ञान के क्षेत्र को बहुत अधिक प्रभावित करती हैं। अगर एक वैज्ञानिक लगातार नवीनतम सांमग्रियों से अवगत रहने का प्रयास न करे तो उसका ज्ञान अप्रचलित, पुराना, अनुपयोगी व उत्पादन विहीन सिद्ध होने लगता है। अतः यह जरूरी है कि ज्ञान सामग्रियों के अप्रचलित होने के उनके उपयोग किए जाने का प्रयत्न किया जाय तो मात्र सन्दर्भ सेवा के द्वारा ही सम्भव हो सकता है।

7. सार्वभौमिक सम्पर्क—आज के समय में समय, दूरी व भाषा की कठिनाइयाँ अवरोधक तत्त्व नहीं रह गये हैं और सूचना के प्रसार तथा वितरण के क्षेत्र में ऐसे

साधन तथा विधियाँ उपलब्ध हैं जिनके द्वारा संसार के किसी भी कोने से सूचना शीघ्र-अतिशीघ्र प्राप्त की जा सकती है। अर्थात् विश्व के एक कोने में अनुसन्धान कर रहे व्यक्ति को दूसरे कोने के व्यक्ति से सम्पर्क रखना बहुत ही जरूरी हो गया है अर्थात् सार्वभौमिक सम्पर्क की आवश्यकता है जिसमें सन्दर्भ सेवा का योगदान महत्त्वपूर्ण है व जिसके अभाव में सार्वभौमिक सम्पर्क असम्भव लगता है।

8. सिद्धान्तों के उपयोग में समयावधि का प्रभाव—किसी अन्वेषण या सिद्धान्त के उद्भव, प्रतिपादन तथा उनका उपयोग व्यावहारिक रूप से किये जाने के बीच देर नहीं होना चाहिए। यथासम्भव इन सूचना सामग्रियों से शीघ्रातिशीघ्र विशेषज्ञों एवं अनुसन्धानकर्त्ताओं को अवगत करा देना चाहिए और यह तभी सम्भव है जब एक सुव्यवस्थित सन्दर्भ सेवा की व्यवस्था ग्रन्थालय में हो जिससे सूचना का प्रवाह तथा प्रसारण होता रहे।

सन्दर्भ सेवा के प्रकार

सन्दर्भ सेवा का आशय अध्येताओं को वांछित सूचना सामग्री सरलता तथा शीघ्रतापूर्वक उपलब्ध कराना होता है। डॉ. रंगनाथन के अनुसार सन्दर्भ सेवा अध्येता तथा उसके वांछित प्रलेख के मध्य व्यक्तिगत तरीके से सम्पर्क स्थापित करने की प्रक्रिया होती है। अध्येता का जिस प्रकार का तरीका होती है सन्दर्भ ग्रन्थालयी उसकी पूर्ति के लिए तदनुसार प्रयत्न करता है।

सन्दर्भ सेवा दो प्रकार की होती है—

1. उद्यत सन्दर्भ सेवा

2. विस्तृत सन्दर्भ सेवा

इन दोनों को डॉ. रंगनाथन ने व्यावहारिक रूप से स्पष्ट किया है व इनके अन्तर को भी स्पष्ट किया है। प्रथम प्रकार की सेवा उद्यत सन्दर्भ सेवा को त्वरित सन्दर्भ सेवा भी कहते हैं। सन्दर्भ सवालों का जवाब प्रदान करने में सन्दर्भ सेवा उनकी प्रकृति तथा गहनता के अनुसार उन्हें त्वरित सन्दर्भ सेवा तथा गहन सन्दर्भ सेवा की श्रेणियों में विभाजित कर सकते हैं।

1. उद्यत/त्वरित सन्दर्भ सेवा—डॉ. रंगनाथन ने उद्यत/त्वरित सन्दर्भ सेवा की व्याख्या तथा परिभाषा करते हुए कहा है कि उद्यत/त्वरित सन्दर्भ सेवा वह सन्दर्भ सेवा है जिसे कम से कम समय में सम्पन्न किया जा सकता है। अगर सम्भव हो तो पलयर में जिसे सम्पन्न कर सकते हैं। इस प्रकार उद्यत/त्वरित सन्दर्भ सेवा की अवधारणा में सेवा प्रदान करने की समयावधि मुख्य अवधारणा है। अर्थात् समयावधि कम से कम समय है। इस सेवा में सन्दर्भ प्रश्नों के उत्तर उद्यत सन्दर्भ सामग्रियों

से खोजकर शीघ्र एवं सरलतापूर्वक प्रदान किये जाते हैं। सन्दर्भ ग्रन्थालयी किसी भी प्रकार के प्रश्नों का उत्तर बिना किसी देर किए सन्दर्भ कृतियों से खोजकर शीघ्र प्रदान, करता है। कभी-कभी तो कुछ ही क्षणों में उत्तर प्राप्त हो जाता है। इस सेवा में सन्दर्भ विभाग में विशिष्ट प्रकार से व्यवस्थित करके रखा जाता है और जिनसे प्रश्नों का उत्तर खोजने में क्षणमात्र का समय लगता है।

उद्यत/त्वरित सन्दर्भ सेवा एक सीमा तक वस्तुतः तथ्यों की जानकारी देने (Fact Finding Service) की सेवा है। इस सेवा में प्रश्नों का उत्तर प्रदान करने के लिए सन्दर्भ साधनों का उपयोग किया जाता है। सन्दर्भ स्रोतों के अन्तर्गत विश्वकोश, शब्दकोश, अब्दकोश (Year books), जीवन-चरित्र कोश, गजेटियर, भौगोलिक शब्दकोश, वाङ्मय सूचियाँ निर्देशिकाएँ व अनुक्रमणिकाएँ आदि को शामिल किया जाता है।

उद्यत/त्वरित सन्दर्भ सेवा में पूछे जाने वाले प्रश्न निम्न प्रकार के हो सकते हैं जिनके उत्तर प्रदान करने में सन्दर्भ ग्रन्थालयी को बहुत कम समय क्षण मात्र लगता है।

(a) गंगा नदी की लम्बाई कितनी है?

(b) लन्दन विश्वविद्यालय के कुलपति का नाम क्या है?

(c) भारत में कितनी समाज सेवी संस्थाएँ हैं।

(d) राष्ट्रीय ग्रन्थालय का वर्तमान ग्रन्थालयी कौन है?

2. विस्तृत/गहन सन्दर्भ सेवा—सन्दर्भ सेवा का यह प्रकार आधुनिक युग की देन है। इसका उद्भव ही आधुनिक ग्रन्थालय सेवा की अवधारणा के कारण हुआ है। सन्दर्भ सेवा की गहनता की दृष्टि से सन्दर्भ कार्य के तथ्यों को प्राप्त करना, सन्दर्भ सामग्री प्राप्त करना, खोज, पाठक की सलाह आदि विभिन्न रूपों एवं प्रक्रियाओं में आयोजित करने का प्रावधान किया जाता है। वर्तमान युग को तथ्यों का युग कहा गया है और तथ्यों की खोज में अध्येता या पाठक सन्दर्भ विभाग पर सर्वाधिक आश्रित हैं। परिणामतः अनेक प्रकार के प्रश्नों की जानकारी तथा सहायता के लिए माँग की मात्रा इतनी अधिक हो जाती है कि उत्तर प्रदान करने के दृष्टिकोण उन प्रश्नों का वर्गीकरण करना जरूरी हो जाता है।

छोटे-मोटे प्रश्नों के उत्तर तो उद्यत/त्वरित सन्दर्भ सेवा में ही प्रदान कर दिये जाते हैं जिनमें बहुत कम समय या क्षण मात्र लगता है परन्तु विशेष समस्याओं के निदान हेतु पूछे गये प्रश्नों के उत्तर बहुत कम समय में नहीं प्रदान किए जा सकते हैं। ऐसे सन्दर्भ विभाग पर सर्वाधिक निर्भर रहते हैं। परिणामतः अनेक प्रकार के प्रश्नों की जानकारी एवं सहायता के लिए माँग की मात्रा इतनी अधिक

हो जाती है कि उत्तर प्रदान करने की दृष्टि से उन प्रश्नों का वर्गीकरण करना जरूरी हो जाता है।

छोटे-मोटे प्रश्नों के उत्तर तो उद्यत/त्वरित सन्दर्भ सेवा में ही प्रदान कर दिये जाते हैं जिनमें बहुत कम समय या क्षण मात्र लगता है परन्तु विशेष समस्याओं के निदान के लिए पूछे गये प्रश्नों के उत्तर बहुत कम समय में नहीं प्रदान किए जा सकते हैं। ऐसे सन्दर्भ प्रश्नों के उत्तर खोजने तथा प्रदान करने में सन्दर्भ स्रोतों के साथ-साथ मौलिक कृतियों का भी अवलोकन करना पड़ता है जिसमें अधिक समय लग सकता है। ऐसे प्रश्न व्यक्तिगत जरूरतों से जुड़े होते हैं व पृष्ठभूमि युक्त होते हैं।

सन्दर्भ सेवा की दृष्टि से इस प्रकार के प्रश्नों के उत्तर प्रदान करने में विस्तृत/गहन सन्दर्भ सेवा प्रदान करनी पड़ती है। इस प्रकार की सेवा में सामान्य पाठक न होकर विशेष प्रकार के पाठक यथा–विषय विशेषज्ञ, अनुसन्धानकर्त्ता, उच्चकोटि के अध्येता शामिल होते हैं। इस प्रकार की सेवा में किसी एक ही तथ्य की जानकारी की जरूरत नहीं होती व एक वस्तु की गहन खोज भी नहीं होती है। इसमें अनेक प्रक्रियाएँ, अनेक प्रकार की स्रोत-सामग्रियों तथा अन्य मौलिक सामग्रियों का अवलोकन आवश्यक होता है जिसमें पर्याप्त समय लगता है क्योंकि इस सेवा के अन्तर्गत आने वाले सवाल तथा समस्या भी विस्तृत एवं गहन होती हैं। अतः इस प्रकार की सन्दर्भ सेवा को विस्तृत/गहन सन्दर्भ सेवा कहा जाता है।

इस सेवा में सन्दर्भ ग्रन्थालयों को सम्पूर्ण सामग्रियों का पूर्ण ज्ञान जरूरी होता है। उसे विषय का ज्ञान होने के साथ-साथ स्रोत सामग्रियों व वाङ्मय सूचियों का भी ज्ञान होना बहुत जरूरी है क्योंकि इस सेवा के अन्तर्गत सामान्य पाठकों व छात्रों को मार्गदर्शन प्रदान करने के साथ-साथ परामर्श देना भी अत्यन्त जरूरी होता है। आवश्यकतानुसार तदर्थ वाङ्मयसूचियाँ (Adhoc Bibliographies) व सहायक ग्रन्थों की तालिका भी तैयार करनी पड़ती है। कहने का तात्पर्य यह है कि ऐसी सेवा में विषय स्रोतों व पाठकों की प्रकृति का ज्ञान होना भी अति आवश्यक है।

विस्तृत/गहन सन्दर्भ सेवा में प्रश्नों की प्रकृति किसी प्रकरण या समस्या के विशेष दृष्टिकोण से जुड़ी सामग्री होती है। निम्नांकित प्रश्न इस सेवा के अन्तर्गत पूछे जा सकते हैं, यथा–

(अ) उत्पादन पर आधुनिक प्रौद्योगिकी का प्रभाव,

(ब) प्रदूषण का मानसिक स्वास्थ्य का प्रभाव।

सन्दर्भ सेवा के नवीन आयाम

आज पहले की तुलना में ग्रन्थालय की कार्यपद्धति परिवर्तित हो गई है उसमें

नवीन सेवा पद्धतियों को अपनाया जा रहा है। सेवा के सन्दर्भ में ऐसी नवीन अवधारणाएँ उत्पन्न हो चुकी हैं जिनका अध्ययन तथा विश्लेषण रचना विचाराधीन है निम्न है–

1. सन्दर्भ ग्रन्थालयी बनाम सूचना वैज्ञानिक–सन्दर्भ ग्रन्थालयी जिनका ज्ञान सभी प्रकार के साधनों के बारे में सीमित बताया था अब उनका स्थान विशिष्ट सूचना वैज्ञानिकों द्वारा ग्रहण किया जा रहा है। वैसे तो सन्दर्भ सेवा कार्य साधारण रूप से कुछ स्तरों पर चलता रहेगा परन्तु अब इसका लक्ष्य नित्यप्रति के सामान्य कार्य की अपेक्षा गहन सूचना सुलभ कराना हो गया है। इसमें सूचना सामग्रियों को प्रदान करने के लिए वास्तविक अन्वेषण, विश्लेषण व उपयुक्त तरीके से सम्प्रेषण करने के कौशल की जरूरत पड़ती है। परिणामस्वरूप उच्चश्रेणी के सूचना वैज्ञानिकों के माध्यम से ही इस कार्य को सफलतापूर्वक सम्पन्न किया जा सकता है।

2. विशिष्टीकृत सूचना सेवा–छोटे-छोटे ग्रन्थालय जहाँ कमी स्तर की सन्दर्भ सेवा प्रदान की जाती रही है उनमें विस्तारशील सन्दर्भ सेवा का आयोजन सम्भव हो रहा है व सूचना केन्द्र या क्षेत्रीय पुस्तकालय जहाँ गहन सन्दर्भ सेवा प्रदान की जाती रही है वहाँ सूचना सेवा का विकसित रूप उपयोग में लाया जा रहा है। इन केन्द्रों में विशिष्ट क्षेत्रों में सेवा का आयोजन विशिष्टीकृत हो रहा है जिसके लिए विशिष्ट योग्यता तथा कल्पनाशील ग्रन्थालयी नियुक्त किये जा रहे हैं।

3. कम्प्यूटरीकरण कार्य–सन्दर्भ सेवा के क्षेत्र में यन्त्रीकरण हो रहा है जिसके लिए ग्रन्थालयों में एक नयी प्रणाली को जन्म दिया जा रहा है जिसे कम्प्यूटर प्रणाली कहते हैं। इस विधि में ऐसे उपकरणों तथा यन्त्रों का उपयोग किया जाता है जिनके द्वारा विशालतम एवं पर्याप्त विस्तृत सूचना सामग्रियों की जानकारी बड़ी तीव्रता के साथ प्राप्त की जा सकती है जो अब तक प्रयुक्त विधियों के माध्यम से सम्भव नहीं हो सकी थी।

4. सूचना सामग्रियाँ–सन्दर्भ स्रोत के परम्परागत प्रलेखों की तुलना में अब विभिन्न प्रकार के नवीन स्वरूपों में मुद्रित व अमुद्रित रूप में अनेक सूचना सामग्रियाँ संकलित की जाती हैं। ऐसी सामग्रियों को संसार के कोने-कोने से कम्प्यूटर के द्वारा संकलित तथा संगृहीत किया जाता है और उपयोगकर्ताओं द्वारा माँग किए जाने पर जल्दी-से-जल्दी सुलभ कराया जाता है।

5. सुगम अध्ययन–उपयोगकर्ता को संगृहीत सन्दर्भ ग्रन्थों का स्वयं अवलोकन कर पढ़ना पड़ता था जिसमें उनका अमूल्य समय तथा साथ ही श्रम खर्च होता था परन्तु अब अध्येता कम्प्यूटर के माध्यम से टेपरायटर, लाइटपेन टेलीविजन स्क्रीन के द्वारा संगृहीत सामग्रियों की जानकारी वार्तालाप कर प्राप्त कर सकता है जिससे

उसका अमूल्य समय समाप्त होने से तो बचता ही है साथ ही उसको इन सब बातों में श्रम भी नहीं करना पड़ता है।

6. नेटवर्क प्रणाली—ऑनलाइन सेवा, मैगनेटिक डिस्क, मैगनेटिक टेप आदि ऐसी श्रेणी तथा प्रकार के नवीनतम साधन हैं जो अध्येता को त्वरित गति सूचना प्रदान करते हैं। इसके अलावा अन्य साधनों के उपयोग से दूर-दूर स्थानों से सूचना पल भरों में मँगाकर सुलभ कराई जा रही है। कम्प्यूटर नेटवर्क प्रणाली इस क्षेत्र में अध्येताओं के उपयोग की अत्यन्त ही उपादेय अतः सुविधाजनक प्रणाली है। तथा आज प्रत्येक देश के प्रत्येक क्षेत्र में राष्ट्रीय तथा क्षेत्रीय स्तर पर कम्प्यूटर नेटवर्कों की स्थापना की जा रही है। इस क्षेत्र में अन्तर्राष्ट्रीय स्तर पर इंटरनेट नाम के कम्प्यूटर नेटवर्क की स्थापना हो चुकी है।

अतीत का सिंहावलोकन तथा भविष्य की परिकल्पना करने से यह स्पष्ट होता है कि सन्दर्भ सेवा का कोई एक सार्वभौमिक दर्शन (Universal Philosophy) या सैद्धान्तिक आधार नहीं है जो सर्वमान्य हो और समान रूप से व्यवहार में सभी जगह प्रचलित हो तथापि इसे अति आवश्यक तथा उपयोगी सेवा के रूप में आयोजित किया जाना श्रेयस्कर माना गया है जो आजकल अनेक रूपों व अनेक पद्धतियों में आयोजित की जाती है।

सूचना सेवा

संसार में हो रहे नित्यप्रति के अनुसंधान कार्यों में हो रही लगातार वृद्धि के साथ ही अभिलिखित ग्रन्थों की संख्या में अपार वृद्धि हो रही है जिसके कारण कोई भी उपयोगकर्ता, विशेषकर वैज्ञानिक एवं अनुसंधानकर्ता जिनके पास बल की बहुत कमी होता है, अपने वांछित साहित्य की खोज करने में बाधा एवं कठिनाई का एहसास करता है इसलिए इस कार्य के लिए एक ऐसी सेवा की आवश्यकता होती है जो मौजूद विशाल साहित्य में से उपयोगकर्ताओं के लिए हमेशा उपयोगी एवं महत्त्वपूर्ण सामग्री का चयन कर उसे सुलभ करा सके। यह कार्य सूचना सेवा के अन्तर्गत ही सम्पन्न किया जाता है। इसलिए हम कह सकते हैं कि ग्रन्थालयों अथवा सूचना केन्द्रों में उपयोगकर्ताओं को उनकी वांछित सामग्री जिस सेवा के अन्तर्गत मौजूद कराई जाती है वह सूचना सेवा कहलाती है।

सूचना सेवा के आयोजन की आवश्यकता

1. सामाजिक आवश्यकता—वर्तमान में सभी अनुसंधान सामाजिक तथा आर्थिक जरूरतों को ध्यान में रखकर किये जाते हैं क्योंकि आज की बढ़ती हुई

जनसंख्या एवं अपर्याप्त सामग्री के फलतः आवश्यकताओं की पूर्ति वास्तविक वस्तुओं से होना असम्भव है अतः हमें कृत्रिम वस्तुओं पर निर्भर रहना पड़ता है व कृत्रिम वस्तुओं के उत्पादन में हमें शोध कार्यों से प्राप्त परिणाम, सूत्र, सार, निष्कर्ष की जरूरत पड़ती है और यह तभी सम्भव है जब वैज्ञानिकों को कम से कम समय में उनकी वांछित सामग्री किसी भी तरह सूचना सेवा के माध्यम से मौजूद कराई जा सके।

2. साहित्यिक विस्फोट—आज कागज तथा मुद्रण के आविष्कार के फलतः विचार अभिव्यक्ति के साधनों में अत्यधिक बदलाव आ चुका है जिससे एक ओर प्रलेखों के उत्पादन में वृद्धि हुई है वहीं दूसरी ओर ग्रन्थों की अधिकता से उपयोगकर्ताओं को अपनी वाछित सामग्री इन प्रलेखों से प्राप्त करने में अत्यन्त असुविधा हुई है। इसलिए इन पाठकों की सहायतार्थ ग्रन्थालयों में नयी तकनीकियों सारांशीकरण, अनुक्रमणिकाकरण, रिप्रोग्राफी आदि का विकास किया गया है। इन्हीं के सम्मिलित रूप को सूचना सेवा कहते हैं।

3. संचार के स्रोत—आज अनुसंधान कार्य में हुई असाधारण वृद्धि व साहित्य के विस्फोट के कारण सूचना का प्रवाह, संचार व सम्प्रेषण अधिक मुश्किल हो गया है। चूँकि अनुसंधानकर्त्ताओं के पास अवांछनीय सामग्री को पढ़ने का समय नहीं होता है इसलिए अगर उन्हें केवल उनसे ही सम्बन्धित सूचना ही प्रदान की जाय तो उनके कीमती वक्त की बचत हो सकती है जो सिर्फ सूचना सेवा की व्यवस्था करने से ही सम्भव हो सकता है।

4. भाषा की विविधता—विश्व का साहित्य लगभग 40 भाषाओं में प्रकाशित हो रहा है जबकि कोई भी सामान्य व्यक्ति दो या तीन भाषाओं से अधिक का ज्ञान नहीं रखता है। इन अवस्थाओं में वह सभी साहित्य जो उसकी अपरिचित भाषाओं में प्रकाशित हुआ है तब तक निरर्थक ही रहेगा जब तक कि उसका समुचित उपयोग न हो जाये। सूचना सेवा के अन्तर्गत सूचना का न सिर्फ अनुक्रमणिकरण, सारांशीकरण व पुनर्प्रतिलिपिकरण ही किया जाता है, बल्कि उसे उस भाषा से अनुदित भी किया जाता है। इसलिए ऐसे साहित्य का भी सदुपयोग सूचना सेवा के माध्यम से सम्भव हो जाता है।

5. आर्थिक समस्या—विश्व में प्रकाशित सम्पूर्ण साहित्य को अपनी आर्थिक सीमाओं के कारण हर पुस्तकालय को अर्जन एवं अधिग्रहण करना सम्भव नहीं हो पाता है। इसलिए ऐसा साहित्य जो आर्थिक सीमाओं के कारण ग्रन्थालय में नहीं आ सका है उससे अनुसंधानकर्ता या उपयोगकर्ताओं वंछित रह जाते हैं। ऐसी

अवस्था में सूचना सेवा के द्वारा ऐसे साहित्य की प्रतिलिपियाँ तैयार करके उपयोगकर्ताओं को उनकी आवश्यकतानुसार मौजूद कराया जा सकता है। अतः अनुसंधान कार्यों पर जितना धन खर्च किया जाता है उसकी सार्थकता सिद्ध करने के लिए ग्रन्थालय में सूचना सेवाओं पर भी खर्च किया जाना चाहिए तभी अपेक्षित परिणाम प्राप्त हो सकते हैं।

सारांशीकरण

जब किसी प्रलेख में दिए गये विवरण अथवा कथन को संक्षेप में प्रस्तुत करते हैं तो साधारणतया उस संक्षिप्त विवरण को ही सारांश कहते हैं। सारांश एक ऐसा माध्यम है जिससे उपयोगकर्ता को यह पता चलता है कि उक्त प्रलेख में किन बातों पर प्रकाश डाला गया है। संक्षेप में किये हुए सार को ही हम सारांशीकरण कहते हैं। सारांशीकरण सेवा आजकल ग्रन्थालयों, सूचना तथा महत्त्वपूर्ण सेवा मानी जाती है।

सारांशीकरण के सिद्धान्त

(अ) आकार–सार का आकार कितना होना चाहिए अर्थात् सार कितने शब्दों में प्रस्तुत किया जाना चाहिए।

(1) बोर्को एवं वर्नियर के अनुसार सार 1–1000 शब्दों में होना चाहिए।

(2) प्रामाणिक आकार (धारावाहिकों के लिए) 50–150 शब्दों में।

(3) सूचनात्मक सार (DDC के अनुसार) 200–250 शब्दों में।

(4) 200–250 शब्दों में सर्वोत्तम माना जाता है।

(ब) लेखन शैली–

(1) सार सरलतम शैली में लिखा जाना चाहिए।

(2) विशिष्ट क्रिया कलापों (Methodology) को भूतकाल में लिखना चाहिए क्योंकि वे भूतकाल में ही सम्पन्न किए जाते हैं।

(3) लेकिन निष्कर्ष को हमेशा वर्तमान काल में प्रदर्शित करना चाहिए।

(स) शब्द–

(1) शब्दों के उपयोग में मितव्ययिता होनी चाहिए।

(2) शब्दों का क्रम व्यवस्थित होना चाहिए जिससे पाठकों द्वारा सरलता से पढ़ा तथा समझा जा सके।

(3) अनावश्यक शब्दों को छोड़ देना चाहिए। जैसे–The paper deals with आदि।

(द) वाक्य–

(1) वाक्य पूरे तथा संक्षिप्त होने चाहिए।

(2) प्रारम्भिक वाक्य (Opening) ऐसा होना चाहिए जिससे कि शीर्ष की पुनरावृत्ति न होकर क्योंकि इससे लाभ तथा हानियाँ दोनों ही होते हैं।

(य) भाषा–

(1) सरल भाषा का प्रयोग करना चाहिए।

(2) भाषा में तोड़-मरोड़ चिह्न (Symbols) व ट्रेड नामों (Trade Names) का प्रयोग आवश्यक न होकर ऐच्छिक होना चाहिए क्योंकि इससे लाभ तथा हानियाँ दोनों ही होते हैं।

(3) सार में मूल प्रलेख को पूर्णरूप से प्रदर्शित करना चाहिए।

उत्तम सारांश

किसी प्रलेख में निहित तथ्यों के संक्षिप्त रूप को सारांश कहते हैं। सारांश में कुछ विशेषताएँ होती हैं तभी वह उत्तम सारांश हो सकता है। ये विशेषताएँ निम्नवार होती हैं–

1. संक्षिप्तता–सारांशों की सबसे महत्त्वपूर्ण विशेषता उनका संक्षिप्त होना है अर्थात् मूल आलेख की अपेक्षा साराश अत्यन्त संक्षिप्त होना चाहिए। परन्तु यह मूल आलेख के मुख्य उद्देश्य तथा निष्कर्ष को पूर्ण व्यक्त करने की क्षमता जरूरी रखता हो। संक्षिप्त सारांश संक्षिप्त प्रतिरूप (Surrogate) के रूप में उपयोग करने में सुविधाजनक रहता है। संक्षिप्तता से न सिर्फ उपयोगकर्ता के ही समय की बचत होती है अपितु स्थान की भी बचत होती है जिससे इसके प्रस्तुतीकरण, मुद्रण प्रकाशन का खर्च भी कम हो जाता है। ऐतिहासिक पृष्ठभूमि की आवश्यकता सारांश में नहीं होती है क्यांकि उपयोगकर्ताओं का बौद्धिक स्तर पहले से ही उच्चश्रेणी का होता है।

स्थान की बचत करने के लिए सारांशों में प्रतीकों तथा सकेताक्षरों का प्रयोग किया जाता है अतः सारांशों को प्रस्तुत करने का प्रशिक्षण दिया जाना चाहिए। उपयुक्त तथा उचित मानकों तथा संकेताक्षरों एवं अन्य विधियों का उपयोग करने से सारांश स्वतः ही संक्षिप्त हो जाते हैं।

सारांश के आकार के विषय में भिन्नता है। कितने शब्दों में इन्हें प्रस्तुत किया जाना चाहिए वह मूल प्रलेख आश्रित होता है। परन्तु उत्तम सारांशों के आकार में एक शब्द से लेकर 1000 (एक हजार) शब्दों की भिन्नता होने का संकेत बोर्को तथा बर्नियर (Borko and Bernier) ने दिया है।

2. शुद्धता—मूल प्रलेख की विषयगत विशेषताओं के अनुसार सारांशों का विशुद्ध होना अति जरूरी है जिससे किसी भी प्रकार का संदेह उत्पन्न न हो सके। मानवीय क्रिया कलापों में गलतियों का होना स्वाभाविक है इसलिए इन गलतियों से बचने की युक्तियों का प्रयास सारकर्त्ता (Abstractor) को करना चाहिए। गलतियाँ होने की सम्भावना निम्न प्रकार की हो सकती है—

(अ) उद्धरण की त्रुटियाँ—सारांशों में ग्रंथात्मक उद्धरण अर्थात् सन्दर्भ बिलकुल शुद्ध तथा वास्तविक होने चाहिए जिससे मूल आलेख का अभिज्ञान (Indetification) आसानी से किया जा सके। अगर इस प्रकार की गलती होने से मूल आलेख प्राप्त नहीं हो पाता है तो सारांशों की उपयोगिता समाप्त हो जाती है इसलिए उद्धरण की गलतियों से बचने के उपाय करने चाहिए।

(ब) सारांशों के मूल पाठ की गलतियाँ (Errors in the Body of Abstraxts) सारांशीकरण करते समय विषय वस्तु की त्रुटियाँ अधिक होती हैं। अगर सारांशकर्त्ता प्रशिक्षित है तो ऐसी गलतियाँ कम हो सकती हैं। गणितीय आधार सामग्रियों व व्यक्तिवाचक नामों में त्रुटियाँ प्रायः होती रहती हैं। इसलिए इनका सत्यापन अवश्य कर लेना चाहिए।

3. स्पष्टता—सारांश में मात्र संक्षिप्तता तथा शुद्धता होना ही उत्तम गुण नहीं है अपितु इसमें स्पष्टता भी होनी चाहिए। अर्थात् सारांश स्पष्ट रूप से उपयुक्त शैली में प्रस्तुत किया जाना चाहिए जो पर्याप्त स्पष्ट और बोधगम्य हो। जहाँ तक सम्भव हो उसे पूर्ण वाक्यों में लिखा जाना चाहिए और ज्यादातर मूल लेखक के शब्दों का ही प्रयोग करना चाहिए। सारांशकर्त्ता के शब्द अस्पष्ट हो सकते हैं जो मूल लेखक के उद्देश्य को स्पष्ट करने में असमर्थ हो सकते हैं इसलिए इसका ध्यान सारांशकर्त्ता को रखना जरूरी होता है।

4. विश्वसनीयता—सारांशकरण एवं सारांश प्रस्तुतीकरण में इसके नियमों का पालन किया गया होना चाहिए जिससे सारांश की विश्वसनीयता समाप्त न हो। इसलिए सारांशकर्त्ताओं को इसके नियमों, तकनीकियों व सूत्रों का ज्ञान जरूर होना चाहिए।

5. प्रामाणिकता—सारांश में उल्लिखित तथ्यों, निष्कर्षों, सिद्धान्तों, आधार, सामग्रियों, तकनीकियों व विधियों को प्रामाणिक एवं मूल प्रलेख के अनुसार होना चाहिए। इसलिए सारांशकरण पत्रिका के सम्पादकों व इनसे सम्बन्धित अन्य लोगों को विशेषज्ञ एवं प्रशिक्षणयुक्त होना चाहिए। प्रामाणिकता बनाये रखने का प्रयास हमेशा किया जाना चाहिए।

डॉ. रंगनाथन ने सारांश की विशेषताओं तथा गुणों का उल्लेख करते हुए स्पष्ट किया है कि सारांश उच्चस्तरीय होना चाहिए। मौलिक आलेख में निहित सभी जरूरी सूचनाओं का सारांश में समावेश होना चाहिए।

अनुवाद सेवा

अनुवाद सेवा प्रलेखन का एक पक्ष होता है जिसका ज्ञान के प्रसार तथा उपयोग में महत्त्वपूर्ण योगदान होता है अतः अनुवाद सेवा का आयोजन आजकल पुस्तकालयों, प्रलेखन केन्द्रों तथा सूचना केन्द्रों में किया जाता है। अनुवाद सेवा का आयोजन धन की दृष्टि से व्ययसाध्य व समयसाध्य अधिक होने के कारण राष्ट्रीय तथा अन्तर्राष्ट्रीय स्तरों पर पारस्परिक मदद तथा सहकारिता का अनुभव किया गया था। इसके निवारण के लिए अनुवाद सेवा के संघ तथा उपकरण (Translation Pools & Tools) कहते हैं जिससे जरूरत पड़ने पर अनुदित प्रतियों को प्राप्त किया जा सकता है।

अंग्रेजी अनुवादों की दृष्टि से निम्न संघ विज्ञान तथा तकनीकि के क्षेत्र में पर्याप्त लोकप्रिय हैं।

1. राष्ट्रीय अनुवाद केन्द्र अमेरिका—राष्ट्रीय अनुवाद केन्द्र (NTC) की स्थापना 1953 में सहकारिता के माध्यम से जॉन क्रेटर पुस्तकालय (John Creter Library) शिकागो में की गई थी। यह केन्द्र अंग्रेजी भाषा-भाषी देशों के वैज्ञानिकों के लिए प्राकृतिक विज्ञान, आयुर्विज्ञान, भोतिक विज्ञान तथा सामाजिक विज्ञानों के अप्रकाशित एवं अंग्रेजी भाषा में अनुदित कृतियों का संग्रह एवं सूचना केन्द्र है। अनुवाद के क्षेत्र में वैज्ञानिकों के लिए यह केन्द्र अत्यधिक सूचनाप्रद अनुवाद के साधन का कार्य करता है।

NTC के अनुवाद से जुड़ी प्रकाशन एवं सेवाएँ (Tools)

(a) Author Lists of Translations

(b) Bibliography of Translations of Russian Scientific & Technical Literature

(c) Translation Monthly, 1955-58.

(d) Technical Translation, 1959-67.

(e) Index of Translation, English, 1969.

(f) Translations Register Index

2. अन्तर्राष्ट्रीय अनुवाद केन्द्र—अन्तर्राष्ट्रीय अनुवाद केन्द्र की स्थापना

1960 में यूरोपियन अनुवाद केन्द्र के नाम से की गई थी जो वर्तमान में नीदरलैन्ड में डेल्फ्ट (Delft) में कार्यरत है। 1975 में इसका नाम अन्तर्राष्ट्रीय अनुवाद केन्द्र (ITC) के नाम से प्रचलित है। इस केन्द्र का मुख्य लक्ष्य अनुवादों की अनावश्यक पुनरावृत्ति पर प्रतिबंध लगाना है। इसे अब अनेक राष्ट्रीय केन्द्रों का सहयोग तथा समर्थन प्राप्त है। इस केन्द्र का कार्य क्षेत्र अन्तर्राष्ट्रीय है।

ITC के प्रकाशन एवं सेवाएँ (Tools)

(a) World Trans Index से किया जा रहा है जो वर्ष में 10 अंकों में प्रकाशित होती है इसकी Source Index तथा Author Index भी प्रकाशित की जाती हैं।

(b) Journais in Translations का प्रकाशन ITC के सहयोग से BLLD द्वारा किया जाता है।

3. ब्रिटेन की अनुवाद एजेन्सियाँ–ब्रिटेन में अनुवादों का सबसे बड़ा संग्राहक BLLD (British Library Lending Devision) है जिसके सर्वाधिक अनुवाद रूसी भाषा में हैं। यह केन्द्र न सिर्फ अनेक स्रोतों से अनुवादों का संग्रह करता है लेकिन अनुवादों को प्रोत्साहित करता है जिसमें सम्पूर्ण अनुदित पत्रिकाएँ भी शामिल हैं। इसकी मुख्य अनुवाद पत्रिका NLL Translation Bulletin है।

(a) BLLD Announcement Bulletin

(b) BLLD Review

4. एसलिब (ASLIB)–ब्रिटेन में एक दूसरी संस्था एसलिब (ASLIB) है जो अनुवाद की जानकारी प्रदान करने में प्रमुख है। अनुवाद सेवा में यह BLLD से भी सहायत प्रदान करता है। इसके अनुवाद कार्य निम्नांकित हैं–

राष्ट्रकुल देशों के अप्रकाशित अनुवादों की अनुक्रमणिका ASLIB तैयार करता था जिसकी ब्रिटिश प्रतियों को यह विधिवत सूचनार्थ उपयोग करता था। यद्यपि मात्र यही सूचना ASLIB प्रदान करता है कि किस स्थान पर अनुदित प्रतियाँ मौजूद हैं।

5. कॉमनवेल्थ इंडेक्स ऑफ साइटीफिक ट्रांसलेशन–1946 में British Commonwealth Scientific Official Conference सम्पन्न हुई थी जिसमें उपरोक्त Index की योजना तैयार की गई इस योजना के क्रियान्वयन के लिए 1948 में संस्तुति की गई लन्दन में राष्ट्रकुल देशों के अनुदित प्रलेखों की सूचना संकलित करने के लिए अनेक एजेन्सियों को नियुक्त किया है। इस योजना में 10 देशों ने भाग लिया है।

6. विशिष्ट प्रकार के अनुवाद संघ–

(a) ट्रान्सटम की स्थापना यूरोपियन एटामिक इनर्जी कम्युनिटी व यू.एस. एटामिक इनर्जी अथारिटी के सम्मिलित सहयोग से एक सूचना कार्यालय के रूप में की गई है। इसका मुख्य उद्देश्य. पाश्चात्य देशों के अध्येताओं की अपरिचित भाषाओं में प्रलेखों की अनुदित प्रतियों की सूचना संग्रह करना है 1961 से इसने मासिक अनुक्रमणिका पत्रिका Transtom Bulletin का प्रकाशन किया है।

(b) इंडेक्स ट्रांसलेशन–यूनेस्को द्वारा प्रकाशित अनुदित पुस्तकों की विश्व की एक वृहत् सूचना स्रोत तथा वाङ्गमयसूची है जिसका प्रकाशन 1947 से किया जा रहा है। अनुदित कृतियों की जानकारी का यह एक अन्तर्राष्ट्रीय उपकरण है। इसका प्रकाशन वार्षिकी के रूप में किया जाता है जिसका विस्तार क्षेत्र अन्तर्राष्ट्रीय है।

भारत में अनुवाद सेवाओं की समस्याएँ

भारत में भाषा-शिक्षण को अधिक महत्त्व नहीं दिया जाता है जिसके फलतः भारतीय वैज्ञानिकों में विदेशी भाषाओं के ज्ञान में कमी होती है। भारतीय लोग विदेशी भाषा के नाम पर अधिकतर केवल अंग्रेजी भाषा से ही परिचित हैं। भारत में बहुत-सी क्षेत्रीय भाषाएँ बोली व विद्यालयों में पढ़ाई जाती हैं जो अनुवाद की समस्या को और कठिन कर देती हैं। भारत में अनुवाद सेवाओं में निम्न प्रकार की समस्याएँ उत्पन्न होती हैं–

1. अनुवाद प्राप्त होने में विलम्ब–व्यवहार में यह देखा गया है कि अनुवाद की माँग व उपलब्धि में अत्यन्त विलम्ब करना बहुत-सी समस्याएँ उत्पन्न करता है क्योंकि अधिक समय लग जाने से शोधकर्त्ता के अनुसंधान कार्यों में बाधा उत्पन्न होती है इसका प्रमुख कारण भारतीय वैज्ञानिकों में विदेशी भाषाओं की प्रवीणता का अभाव है।

2. अनुवादों की योग्यता–भारत में इन्सडॉक ही सिर्फ वैज्ञानिक साहित्य का अनुवाद करने की व्यवस्था करता है किन्तु इस संस्था के तैयार किए गए पैनल में अनुवादकों की योग्यताएँ उत्तम नहीं हैं क्योंकि उन्हें विदेशी भाषाओं का ज्ञान कम है। इन्सडॉक के अनुवादकों के पैनल के लिए जो वैज्ञानिक आवेदन करते हैं उनमें से सिर्फ 20% व्यक्ति ही विदेशी भाषा में निपुण होते हैं।

3. अन्य संस्थाओं का अभाव–राष्ट्रीय स्तर पर इन्सडॉक तथा आइस्लिक तथा क्षेत्रीय स्तर पर भारतीय विज्ञान संस्थान तथा सांख्यिकी संस्थान के अलावा भारत में अन्य कोई संस्था अनुवाद सेवाएँ प्रदान नहीं करती है। इसलिए अनुवाद

की समस्याएँ आती हैं जो विशेषकर राष्ट्रीय स्तर पर ज्यादा है। इन संस्थाओं का अभाव है। इनकी संख्या में वृद्धि की जानी चाहिए।

4. अनुवाद में विलम्ब—बहुत से अनुवादकर्त्ता पर्याप्त देरी के पश्चात् अनुदित प्रतियाँ प्रदान करते हैं क्योंकि वे अनुवाद कार्य में काफी समय लगा लेते हैं। इसके अलावा अन्य प्रक्रिया में भी समय बर्बाद होता है जैसे अनुदित प्रतियाँ इन्सडॉक में प्राप्त होती हैं उनका सम्पादकीय विभाग संशोधन के पश्चात् पुनः अनुवादकों को सुझावों सहित भेजता है इससे भी पर्याप्त विलम्ब होता है।

5. विशिष्टीकरण—अगर अनुवादक विषय होता है तो उसमें भाषा की प्रवीणता नहीं होती किन्तु भाषा की प्रवीणता होने पर वह अपने विषय क्षेत्र का ज्ञान नहीं रख पाता है अतः तकनीकि शब्दों पदावलियों को सही में प्रकट करना सम्भव नहीं हो पाता। भारत में भाषाओं की संख्या सर्वाधिक है।

6. अनुवादकों के पैनल में जल्दी-जल्दी परिवर्तन होना—इन्सडॉक में अनुवादकों का पैनल सिर्फ दो वर्षों के लिए बनाया जाता है इसलिए जब तक अनुवादक अनुवाद कार्यों में अभ्यस्त हो पाते हैं तब तक उनको स्वतंत्र कर दिया जाता है ऐसी स्थिति में निश्चित रूप से अनुवाद कार्यों की गुणवत्ता पर प्रभाव पड़ता है।

11

पुस्तकपरक नियन्त्रण एवं ग्रंथपरक सेवाएँ

ज्ञान एक गतिमान, बहुविध उपयोगी एवं व्यापक है अतएव यह निरंतर कई दिशाओं में प्रसारित होता है तथा विश्व देश राज्य के समस्त व्यक्तियों के लिए ज्ञान समृद्धि के नये द्वार खोलता है। द्वितीय विश्वयुद्ध के पश्चात् तीव्र गति से बढ़ रही जनसंख्या के जीवन यापन के लिए उद्योग, कृषि सहित अन्य क्षेत्रों में नवीनतम अनुसंधान हुए। तब से लेकर आज तक इन क्षेत्रों से जुड़े संसाधनों में निरन्तर बढ़ोतरी होती रही है। इस तरह यह नवीन ज्ञान शीघ्रातिशीघ्र यथातथ्य और पूरी तरह से काम में आ सके इसके लिए प्रभावी तथा सुसंगठित संचार तत्र की स्थापना आवश्यक है। प्रभावी संचार तन्त्र में न केवल उपयोगी सूचना को पाठकों तक पहुँचाया जा सकता है बल्कि नियमित बढ़ रहे अवांछनीय साहित्य पर भी अंकुश रखा जा सकता है। इस तरह के प्रभावी संचार तन्त्र के निम्नांकित मुख्य उद्देश्य हैं–

(1) वैज्ञानिक सूचना को अविलम्ब शोधकर्त्ताओं तक पहुँचाना।

(2) अवांन्छित एवं निम्न स्तरीय प्रकाशनों की रोकथाम द्वारा पाठ्य-सामग्री की मात्रा में कमी करना।

(3) समस्त विषयों एवं राष्ट्रों से सम्बन्धित प्रलेखों का पूरा समावेशन।

(4) प्रकाशनों के मूल रूप एवं उनके वितरण की प्रकृति का मानवीकरण।

पुस्तकपरक नियन्त्रण सूचना के विनियम एवं नियन्त्रण हेतु विश्वव्यापी तन्त्र को प्रेरित करता है। वस्तुतः पुस्तकपरक नियन्त्रण का अभिप्राय है बोध रूपों में उपलब्ध बोध का क्रमबद्ध पुस्तक सूचियों के माध्यम से प्रलेखों से सम्बन्धित सभी सूचनाएँ प्रभावकारी ढंग से प्राप्त करना। ऐसा अभिलेख तैयार करना ही पुस्तकपरक नियन्त्रण कहलाता है जो कि प्रलेखों या पत्रिकाओं की विषय-वस्तु का स्थान बताता है।

पुस्तक परक नियंत्रण की आवश्यकता आवश्यकता

इसकी आवश्यकता निम्न कारणों से है–

(1) सम्मान तथा पद पाने हेतु लिखे गये अवांछित निम्न स्तरीय प्रकाशनों की बाढ़।

(2) तीव्र साहित्यिक अभिवृद्धि।

(3) भाषा की विभिन्नता।

(4) प्रतिवेदन तथा पूर्व-प्रकाशित साहित्य की उत्पत्ति।

(5) वैज्ञानिकों की संकीर्ण विचारधारा।

(6) बजट सीमाएँ एवं सीमित विदेशी मुद्रा।

(7) संचार में फालतू खर्च तथा धीमीगति।

(8) वैज्ञानिकों के पास सीमित समय का होना।

(9) राष्ट्रों की सुरक्षा नीतियों का सूचना के स्वतन्त्र संचार में बाधक होना।

(10) सूचना संग्रहण तथा अनुक्रमणिकाकरण के लिए अन्तर्राष्ट्रीय मानक विधियों का अभाव।

(11) लेखों का अपने विषय के अलावा दूसरे विषय की पत्रिकाओं में प्रकाशित होना।

(12) वैज्ञानिक अन्वेषण में विषय-उद्देश्य की द्विरावृत्ति।

(13) सूचना के प्रकाशन में भेदभावपूर्ण नीति।

(14) सारांशीकरण में मोड़ (Slant) के कारण एक ही लेख के सारांश को कई विषयों की सारांशीकरण पत्रिकाओं में प्रकाशित होना।

(15) वैज्ञानिक संचार के ज्यादा-से-ज्यादा यन्त्रीकरण पर मतभेद।

(16) सूची बद्धत एवं सारांशीकरण सेवाओं की समावेशन सम्बन्धी अपूर्णता।

(17) साहित्य के वर्गीकरण में समरूपता का अभाव।

उपरोक्त कठिनाइयों एवं समस्याओं के कारण सभी तरह के प्रलेखों का ग्रन्थपरक नियन्त्रण अति आवश्यक हो जाता है। यद्यपि इसके लिए कोई पूरी तरह प्रभावी कार्यक्रम या उपाय नहीं खोजे जा सके हैं लेकिनं कुछ सीमित प्रयोग इस क्षेत्र में जरूर किए गये हैं।

विएनवर्ज का पुस्तकालय परक नियंत्रण

विएनवर्ज, 1963 में अमेरिका में नियुक्त एक पैनल के सभापति थे जो अमेरिका के वैज्ञानिक संचार व्यवस्था के अध्ययन हेतु बनाई की गई थी। उन्होंने

अनुभव किया कि वैज्ञानिक एवं तकनीकी सूचना प्रसारण के मार्ग में बाधक तत्त्व उपस्थित हैं। अतएव उन्होंने वैज्ञानिक सूचना सम्बन्धी दोषों के निदान हेतु सुझाव दिये तथा सरकार को सूचना प्रसारण में संलग्न संगठनों को मजबूत बनाने सम्बन्धी अनुरोध किए। ये सुझाव निम्नलिखित हैं–

(1) लेखकों से सम्बन्धित–विएनवर्ज ने लेखकों को मशविरा दिया कि वे अपने लेख इस प्रकार लिखें जिससे उनमें विद्यमान विचारों को उपयोजन एवं प्रसारण सुलभ हो सके। इस उद्देश्य हेतु उनको लेखों के शीर्षक में विशिष्ट एवं स्पष्ट शब्दों का प्रयोग करना चाहिए जिसके लेख के सारांश तथा विषय-वस्तु का स्पष्ट अनुमान लगाया जा सके। लेखकों को निरर्थक एवं निम्नस्तरीय लेख नहीं लिखने चाहिए।

(2) सम्पादकों से सम्बन्धित–सम्पादकों तथा निर्णायकों को चाहिए कि वे ऐसे लेखों को लेखकों को लौटा दें जिनके शीर्षक अधूरे या अस्पष्ट दिए गये हैं। लेखकों को लेख के साथ आधार शब्द (Key Words) देने के लिए भी कहा जाना चाहिए जिससे लेख के अन्त में अनुक्रमणिका दी जा सके। लेखक को आलेख के साथ सारांश भी देना चाहिए।

(3) सरकारी एवं गैर सरकारी संगठनों से सम्बन्धित–वे शासकीय एवं गैर सरकारी संगठन जो कि सूचना प्रसारण से जुड़े हैं, को उच्चस्तरीय सर्वेक्षणात्मक एवं सारांशात्मक पुस्तकों के लेखन तथा प्रकाशन को प्रोत्साहन देना चाहिए। वैज्ञानिक संगठनों के पुस्तक समीक्षकों को मदद मुहैया करनी चाहिए।

(4) तकनीकी विद्यालयों से सम्बन्धित–सभी तकनीकी विद्यालयों में स्नातकों के लिए विचारों को अच्छी तरह से संचार करना आवश्यक कर दिया जाना चाहिए जिससे वैज्ञानिक एवं अभियन्ता सटीक तथा स्पष्ट शब्दों में अपने विचार प्रकट कर सकें। उन्हें न मात्र अनिवार्य उपकरणों एवं तकनीकियों का ही ज्ञान होना चाहिए साथ ही उन्हें पाठ्यक्रम के साहित्य के प्रयोग में शिक्षित किया जाना चाहिए।

(5) केन्द्रीय निक्षेपागार की स्थापना–एक केन्द्रीय निक्षेपागार निर्मित किया जाना चाहिए जो कि विशिष्ट क्षेत्रों में प्रलेख प्राप्त करे तथा इन लेखों के सारांश निर्मित लगातार प्रसारित करे तथा आवश्यकता पड़ने पर लेख की प्रतिलिपि भी प्रदान करे तथा इस प्रकार यह एक वितरण केन्द्र के रूप में कार्य करें।

(6) सारांशीकरण पत्रिकाओं से सम्बन्धित–सारांशीकरण पत्रिकाओं के प्रकाशन में समरूपता होनी चाहिए तथा सारांश का आकार भी संक्षिप्त होना चाहिए।

वाङ्मयात्मक नियन्त्रण की धारणा में यूनीसिस्ट तथा मार्क प्रोजेक्ट विशेष रूप से उल्लेखनीय हैं। यूनीसिस्ट जो कि विश्वविज्ञान सूचना पद्धति (World Science

Information System) का संक्षिप्त रूप है सूचना नियन्त्रण के क्षेत्र में एक अग्रणी योजना है। मार्क-II योजना का मुख्य उद्देश्य पुस्तकपरक सूचना को मशीन द्वारा पढ़ने योग्य रूप (Machine Readable Form) में विनियम करना है जिससे शीघ्रतापूर्वक नवीन प्रकाशनों की सूचना प्रदान की जा सके।

ग्रंथपरक डाटाबेस एवं मार्क द्वितीय

ग्रंथपरक डाटाबेस

सूचना सेवा की दृष्टि से आधुनिक विज्ञान एवं तकनीकी के युग में प्रकाशित सूचना स्रोतों के साथ-साथ अप्रकाशित सूचना स्रोतों की जानकारी होना अति अनिवार्य है। अप्रकाशित सूचना स्रोतों में आजकल डाटाबेसों का काफी प्रचलन है। अमेरिका में इनका निर्माण एवं उत्पादन अधिक मात्रा में हो रहा है। अनेक Abstracting, Indexing तथा Bibliographical Services डाटाबेसों का निर्माण कर रही है जिसमें ऑनलाइन खोज (Online Search) सुविधा प्राप्त हो सके। डाटाबेसों के द्वारा इच्छित सूचना को खोजना अति आसान एवं कम खर्च वाला माना गया है। प्रकाशित सूचना सामग्रियों के इलेक्ट्रॉनिक स्वरूप को डाटाबेस कहते हैं जिनसे सामग्रियों की खोज कम्प्यूटर द्वारा की जाती है डाटाबेस यन्त्रेण पठनीय स्वरूपों में विद्यमान सूचना-सामग्री एवं स्रोतों की संचिका होती है। ऑनलाइन खोजों का आधार डाटाबेस ही होते हैं जिनके माध्यम से सूचना सामग्री को हासिल किया जाता है।

डाटाबेस या यन्त्रेण पठनीय संचिका सुव्यवस्थित एवं क्रमबद्ध सूचना का संग्रह होता है जो प्रायः कम्प्यूटर के मैग्नेटिक टेप अथवा डिस्क पैक में विद्यमान एवं समाहित होता है या डाटाबेस सूचना संग्रह का वह स्वरूप है जो कम्प्यूटर के मैग्नेटिक टेप या डिस्क में अभिलेखबद्ध है तथा जिसका अवलोकन करने हेतु यंत्र का उपयोग करना पड़ता है प्राविधिक रूप से डाटाबेस मुख्यतः सूचना संग्रह ही होता है। आरूप की दृष्टि से यह प्रकाशित स्वरूप में या सूक्ष्म स्वरूप अथवा मैग्नेटिक टेप में हो सकता है लेकिन डाटाबेस को सीमित दृष्टिकोण से कम्प्यूटर द्वारा पुनर्प्राप्ति में सहायक सामग्री के रूप में ही मान्य किया गया है इस परिप्रेक्ष्य में डाटाबेस एक संगणनात्मक अवधारणा (Computing Concept) है। अतः हम कह सकते हैं कि सूचना की कोई भी बृहत् संचिका जिसे कम्प्यूटर पद्धति में विद्यमान एवं समाहित किया जाता है डाटाबेस कहलाता है। डाटाबेस पुस्तकात्मक विवरण का अभिलेख होता है इसलिए इसे पुस्तकात्मक डाटाबेस कहते हैं लेकिन साधारण

बोलचाल में सामान्य अर्थ में मात्र डाटाबेस कहना ही अधिक लाभकारी एवं सरल होता है।

डाटाबेस की विविध

डाटाबेस साधारणतया कई श्रेणियों में विभाजित किये जा सकते हैं जैसे पुस्तकात्मक (Bibliographic), सारांश तथा अनुक्रमणिकाकरण सेवाएँ। लेकिन ये मुख्य रूप से दो प्रकार के होते हैं–

(1) सन्दर्भ डाटाबेस–पुस्तकसूचियों, सारांशीकरणों, अनुक्रमणिकाओं आदि सेवाएँ जिन्हें ऑनलाइन के द्वारा आयोजित किया जाता है उन्हें सन्दर्भ डाटाबेस कहते हैं इनके अधीन समस्त डाटाबेसों को शामिल किया जाता है जिनका पुस्तकालयी जगत अभिकरण (Approach) के रूप में उपयोग करता है। सन्दर्भ डाटाबेस अनिवार्य सूचना की प्राप्ति के लिए उनमें उद्धृत स्रोतों के मूल प्रलेखों पर दृष्टिपात करना पड़ता है क्योंकि मूलतः ये पुस्तकात्मक ही होते हैं इसमें ऑनलाइन के द्वारा सेवाओं को आयोजित किया जाता है।

Chemical Abstract, Physice Abstracts Biological Abstract तथा विल्सन कम्पनी की अनुक्रमणिकाकरण जिन्हें विल्सन ऑनलाइन कहते हैं डाटाबेसों के रूप में प्राप्त हैं।

(2) स्रोत डाटाबेस–स्रोत डाटाबेस वे होते हैं जिनसे मौलिक सूचना पूर्ण मूलपाठ के साथ प्राप्त हो जाती है और किसी दूसरे प्रयास की आवश्यकता नहीं होती है जैसा कि सन्दर्भ डाटाबेस में होता है स्रोत डाटाबेसों की संख्या ही आजकल अधिक है।

मार्क (MARC-II) डाटाबेस

Library of Congress ने 1966 में यन्त्रेण पठनीय प्रसूचीकरण आधार-सामग्री (Machine Readable Catalogue Data) को प्रदर्शित करने हेतु एक परीक्षण योजना (Pilot Project) शुरू की थी जिसे संक्षेप में मार्क (MARC) कहते हैं यह दो वर्ष तक चलने के पश्चात् 1968 में बन्द हो गयी। इसके पश्चात एक स्थायी सेवा शुरू की गयी जिसे मार्क द्वितीय (MARC-II) कहते हैं। इसका ग्राहक बनकर कोई भी पुस्तकालय यन्त्रेण पठनीय प्रसूचीकरण आधार-सामग्री मैगनेटिक टेप के रूप में प्राप्त कर सकता है जिसमें अमेरिकन तथा विदेशी प्रकाशनों का विवरण समाहित होता है।

इसे इसलिए यन्त्रेण पठनीय स्वरूप में तैयार किया जा रहा है जिससे सहजता से पुनः प्रसूचियों को तैयार करने और नेटवर्क के लिए डाटाबेस तैयार किया जा सके। सभी सप्ताह टेपों को पुस्तकालयों और नेटवर्क केन्द्रों पर भेजा जाता है। इन टेपों में एलसी (LC) द्वारा प्रक्रियाबद्ध आख्याओं के प्रसूचीकरण की सूचना विद्यमान होती है। आजकल एल सी (LC) की पत्रक प्रसूची डाटाबेस के रूप में सुलभ की जाती है।

मार्क-II के अभिलक्षण–(1) मार्क-II अन्तर्राष्ट्रीय प्रसूचीकरण के क्षेत्र में एक अद्वितीय प्रयास है।

(2) इसमें प्रलेखों के प्रसूचीकरण की व्यवस्था एक केन्द्रीय संगठन द्वारा की जाती है।

(3) इसमें पुस्तकों की अपेक्षा फिल्मों, मानचित्रावलियों तथा पत्रिकाओं एवं धारावाहिकों को भी सम्मिलित किया जाता है।

(4) इसमें न केवल 1969 के बाद की रचनाओं को टेपों में सुलभ किया जाता है बल्कि 1969 से पूर्वव्यापी रचनाओं को भी इस स्वरूप में उपलब्ध करने की योजना है।

(5) इसमें मैगनेटिक टेपों पर आधार सामग्रियों को अभिलेखबद्ध किया जाता है तथा मैगनेटिक टेपों से प्रकाशित प्रसूचियों को भी तैयार किया जाता है।

(6) ये मैगनेटिक टेपों की प्रतियाँ भी पुस्तकालयों को प्रदान करता है।

(7) पत्रकों के रूप में भी प्रसूचियों को तैयार किया जा सकता है।

(8) कम्प्यूटर की मदद से पुस्तक सूची को भी इसमें बनाया जा सकता है।

(9) संचयी अंकों तथा प्रकाशित पत्रकों को तैयार करने के लिए भी इसका प्रयोग किया जा रहा है।

(10) (BNB) भी (LC) की मदद से इसको विकसित कर इसका अनुपालन कर रही है।

(11) इसे क्रमशः ऑनलाइन के रूप में भी सुलभ करने का प्रयास चल रहा है।

(12) इसकी मान्यता एवं महत्ता दिन पर दिन बढ़ रही है।

(13) विश्व स्तर पर भी इसका प्रयोग पुस्तकात्मक नियन्त्रण हेतु किया जाता है।

ग्रंथपरक सेवाएँ

ग्रंथपरक सेवा की परिभाषा इस रूप में दी गयी है," किसी विशिष्ट आवश्यकता

की पूर्ति के लिए, किसी विशेष काल में, पुस्तक-सूची के लिए, विभिन्न साधन विधियाँ व सुविधाएँ प्रदान करना" इस प्रकार यह सेवा उन अंगों की ओर निर्देशित करती है जो उनके गुण का निर्धारण करता है। इस प्रकार की प्रत्येक सेवा का उद्देश्य किसी विशिष्ट आवश्यकता की पूर्ति करना है। इस सेवा की क्षमता का मूल्यांकन उस आधार पर किया जा सकता है कि यह उन जरूरतों की पूर्ति में कहाँ तक समर्थ हो पायी है जिसके लिए नियोजित की गयी थी।

ग्रंथपरक सेवा का वर्तमान रूप

ग्रंथपरक सेवाओं के इतिहास से यह पता चलता है कि समाज विज्ञान के क्षेत्र में विशेष ध्यान नहीं दिया गया, और हकीकत यह है कि मानविकी की बहुत हद तक निन्दा की गयी है। अब समाज विज्ञान के क्षेत्र में शोधकार्यों पर विशेष ध्यान दिया जा रहा है और इसके परिणामस्वरूपः ग्रंथपरक सेवाओं में सुधार होने लगे हैं।

ग्रंथपरक परिणामतः अब अधिक विशिष्टीकरण की ओर बढ़ रहे हैं तथा पुस्तक उत्पादन की वृद्धि के साथ उनके तालमेल में मुश्किल हो रही है। पत्रिकाओं की संयुक्त सूचियों के रूप में जो सहकारी प्रयास हुए हैं। वह आशाप्रद हैं।

अब अधिकांश देश अपनी राष्ट्रीय ग्रंथसूचियां प्रकाशित करने में जुट गये हैं। राष्ट्रीय ग्रंथसूचियों में देश में प्रकाशित कृतियों के साथ-साथ देश के सम्बन्ध में प्रकाशित उन कृतियों, जो कहीं और किसी देश में प्रकाशित हुई हो या देश के नागरिक द्वारा किसी अन्य देश में प्रकाशित की गयी हों, को भी सूचीबद्ध किया जाता है। सामयिक राष्ट्रीय ग्रंथसूचियां ज्यादातर राष्ट्रीय ग्रंथलय द्वारा प्रकाशित की जाती हैं। अनेक देशों में राष्ट्रीय ग्रंथसूचियां भी प्रकाशित की जाती हैं। अब पूर्वव्यापी ग्रंथसूचियों का संकलन-कार्य भी अधिक सन्तोषजनक रूप से होना आरम्भ हुआ है परन्तु इस प्रकार के कार्य अभी व्यक्तिगत ग्रंथसूचीकारों के व्यक्तिगत प्रयास पर आधरित हैं।

सामायिक राष्ट्रीय ग्रंथसूची किसी विशेष प्रकार की सामग्री तक ही सीमित होती है। ज्यादातर पुस्तकों तथा पुस्तकाओं, पत्रिकाओं, सरकारी प्रलेखों, विश्वविद्यालयी शोध-प्रबन्धों मानचित्रों, एटलसों, संगीतात्मक कृतियों, फिल्मों आदि के लिए अलग ग्रंथसूचियां निर्मित की जाती हैं।

विज्ञान के क्षेत्र में विशिष्ट विषयों से जुड़ी विभिन्न प्रकार की ग्रंथसूचियां निर्मित की जाती है। जिन देशों में विशिष्ट प्रकार की ग्रंथसूचियों का निर्माण हो रहा है, उन देशों में उल्लेखनीय कार्य हो रहे हैं। परन्तु इस प्रकार के कार्यों में विज्ञान पर ही जोर दिया जा रहा है।

अधिकतर देशों में पत्रिकाओं का अनुक्रमणीकरण क्रमबद्ध रूप से नहीं हो रहा है। जिन देशों में ग्रंथपरक परम्परा मजबूत है, वहाँ कार्य संगठित हैं। सार सेवाओं के सम्बन्ध में भी ऐसी ही स्थिति है।

कुछ विद्याओं में अनुक्रमणीकरण व सार सेवाएं अन्तर्राष्ट्रीय स्तर की हैं जो विशेष रूप से उल्लेखनीय हैं। परन्तु अन्य विद्याओं के सम्बन्ध में ऐसी स्थिति नहीं है। इसलिए अन्य विद्याओं के सम्बन्ध में भी उत्तम सेवा प्रदान की जानी चाहिए।

मानविकी

विज्ञान व समाज विज्ञान जैसे ज्ञान के दोनों क्षेत्रों की परिभाषाएं अब पूर्ण रूप से स्पष्ट होने लगी हैं परन्तु मानविकी को अभी भी मिश्रित विद्याओं के समूह के रूप में जाना जाता है, जिसमें एक ओर तो दर्शन शास्त्र, धर्म, ललित कला व उपयोगी काल है वहीं दूसरी ओर साहित्य व भाषा शास्त्र है। दूसरी जटिलता यह है कि दर्शन शास्त्र व भाषा शास्त्र मानविकी के ढांचे से बाहर अन्य विद्याओं के अधिक निकट हैं। ग्रंथपरक दृष्टिकोण से देखें तो यह कहा जा सकता है कि इस ज्ञान के क्षेत्र में जो एक तत्त्व इन विद्याओं को एक सूत्र में बाँधता है, वह मात्र सहजता एवं सुविधा है। मानविकी में जो विषय शामिल हैं उनकी प्रकृति के कारण वे ग्रंथपरिक विद्या के अधिक उपयुक्त नहीं है। कवियों को वैज्ञानिक कार्य-प्रणाली की विद्या के साथ नहीं बांधा जा सकता, इस क्षेत्र में जो कार्य हुए हैं, वे छिट-पुट प्रकृति के हैं। भाषा तथा साहित्य के क्षेत्र में अच्छे कार्य हुए हैं। किन्तु धर्म, दर्शन अथवा कला के क्षेत्र में इस प्रकार की स्थिति नहीं है। धर्म की अपेक्षा दर्शन के क्षेत्र को यथोचित रूप से समाविष्ट किया गया है। यूनेस्को के सहायता से 1952 में प्रकाशित **दि इंटरनेशनल बिब्लियोग्राफी ऑफ दि हिस्ट्री ऑफ रिलिजिअनस्** एक त्रैमासिक प्रकाशन है जिसमें पाशचत्य भाषाओं में प्रकाशित पुस्तकों के सार व सूचनाएं दी जाती है। इस का उपयोग **फिलोसफ़रस् इण्डेक्स** (Philosophiie's index) (1967/68) के साथ करना चाहिए। पत्रिका है जिसमें लगभग 270 दर्शन शास्त्र की पत्रिकाओं तथा फिलॉ रिसर्च आर-काइबूस (Philosophy research archives) में प्रकाशित रचनाओं की अनुक्रमणिका प्रदान की जाती है। फिलॉसफी डाक्युमेन्टेशन सेन्टर, बाउलिंग ग्रीन (Philosophy Documentation Centre, Bowiling Green) द्वारा आयोजित फिलॉसफ़रस इन्फॉरमेशन रिट्रीवूल सिस्टल (Philosopher's Information Retrieval System) एक कम्प्यूटर आधारित उपयोजन सेवा है। इसके अन्तर्गत आधार सामग्री का संग्रह किया जाता है व दर्शन

शास्त्र के किसी भी विषय पर ग्रंथसूचियां प्रदान की जाती हैं। ग्रथंपरक दृष्टिकोण से दर्शन शास्त्र में धर्म की तुलना में अधिक सेवाएं प्रदान की जाती हैं। भारतीय दर्शन व धर्म के सम्बन्ध में बहुत कम सेवाएँ उपलब्ध हैं। लुइस रेनो (Louis Rendn) कृत बिब्लिलयोग्रफी वेदीक (Bibliographic Vedique) के प्रकाशन के पश्चात् (जो लगभग चार दशक पूर्व प्रकशित हुई थी) आर. एन. दंडेकर (R.N.. Dandenkar) (3 खण्डों में प्रकाशित) की वेदिक बिब्लियोग्राफी (Vedic bibliography) सामने आई जो एक प्रमुख कृति समझी जा सकती है। इसलाम सम्बन्ध अध्ययन के क्षेत्र में स्थिति उतनी दयनीय नहीं है। जे. डी. पियरसन कृत **इंडेक्स इस्लामिकुस** (Index islamicus, 1906-1955) (1958) व उसके अन्य पूरक खण्डों में जो उसे अद्यतन बनाते हैं, आवधिक रचनाओं, अभिनन्दन ग्रथों व अन्य संकलित कृतियों की अनुक्रणिका दी जाती है। यहां यह ध्यान देने की बात है कि इण्डेक्स इसलामिक्स सिर्फ इसलाम (धर्म तथा दर्शन के रूप में) तक ही सीमित नहीं है, अपितु इस्लाम सम्बन्धी अध्ययन में जो विषय व्यापक रूप से आते हैं, यह उन तक सीमित है।

बहुत पहले से ही उपलब्ध है। इसमें अनुक्रमणीकरण की एक विचित्र पद्धति का अनुसरण किया जाता है। उदाहरण के तौर पर प्रदर्शनियों को कलाकार के अन्तर्गत अनुक्रमणीकरण किया जाता है लेकिन किसी रचना में व्यक्त निदर्शनाओं को रचना के अन्तर्गत ही अनुक्रमणीकरण किया जाता है। मुख्य पाठ विहिन निदर्शनाओं को लेखक के नाम के अन्तर्गत अनुक्रमणीकरण किया जाता है। मेट्रोपोलिटन म्यूजियम ऑफ आर्ट (न्यूयाकी) लाइब्रेरी (Metropolitan Museum of Art (New York) (Library) के महत्त्वपूर्ण संग्रह के शब्दकोशीय कॉर्ड सूची का मेट्रोपोलिटन म्यूजियम ऑफ आर्ट (न्यूयाकी) लाइब्रेरी Metropolitan Museum of Art (New York) (Library) के महत्त्वपूर्ण संग्रह के शब्दकोशीय कॉर्ड सूची का फोटोग्राफी विधि से पुनरुत्पादन कार्य-कला के क्षेत्र में अत्यन्त व्यापक पूर्वव्यापी ग्रंथसूची है जी. के. हॉल बोस्टन द्वारा इसकी **लाइब्रेरी कैटेलॉग** (Library Catalog) (25 खण्डों में प्रकाशित, 1960) प्रकाशित है। निस्सन्देह मेट्रोपोलिटन म्यूजियम विश्व के बहुमूल्य संग्रहों में एक है। इसके व्यापक संग्रह की तुलना कठिन है। लेकिन सभी व्यावहारिक दृष्टिकोण से कला क्षेत्र में भारत का अथवा भारत से सम्बन्धित योगदान नगण्य है।

भाषा व साहित्य के क्षेत्र में अच्छी तरह ध्यान दिया गया है-इसकी चर्चा हम ऊपर कर चुके हैं ये दोनों क्षेत्र आपस में इतने घुले-मिले हैं कि अनेक ग्रंथ प्रलेखन

सूचियाँ दोनों क्षेत्रों का समाविष्ट करती हैं। इस क्षेत्र में अधोलिखित दो प्रकाशन प्रमुख हैं–

प्रथम प्रकाशन में मध्य काल से वर्तमान काल तक सामग्री समाविष्ट की जाती है और यूरोपीय भाषा पर विशेष जोर दिया जाता है दूसरा प्रकाशन अपने व्यापक अन्तर्राष्ट्रीय समावेशन के कारण प्रसिद्ध है। बुलेटिन सिन्यालेतीक (1961-) (Bulletin Signaletique) भाषा शास्त्र के क्षेत्र में अन्तर्राष्ट्रीय स्तर की अत्यन्त व्यापक सारपत्रिका है। इन दो युगल क्षेत्रों में मौजूद आवधिक प्रकाशनों में **एम. एल. ए. इन्टरनेशनल बिब्लियोग्राफी** (1921 वार्षिक) (*MLA international bibliography*) के पूरक के रूप में अमरीका के मॉडर्न लैंग्विज एसोसिएशन *(Modern Languages Association of America)* द्वारा प्रकाशित एक महत्त्वपूर्ण प्रकाशन है। इस प्रकाशन का समावेशन व्यापक है। इस वर्गीकृत ग्रंथसूची में विभिन्न ग्रंथ स्रोतों से व भाषा तथा साहित्य के क्षेत्रों में प्रकाशित 1,000 से अधिक पत्रिकाओं से सामग्री ली जाती है। भाषा शास्त्र के क्षेत्र से जुड़ी सभी आवधिक ग्रंथसूचियों से एम. एल. ए. (MLA) का अधिकतम उपयोग किया जाता है। आरम्भ में इस प्रकाशन का अमरीकी अभिस्थापन (orientation) था परन्तु 1963 के बाद अन्य यूरोपीय भाषाओं की पुस्तकों तथा रचनाओं को शामिल किया जाने लगा। पूर्वव्यापी ग्रंथसूची के दृष्टिकोण से भी इन दोनों क्षेत्रों में अच्छी सामग्री मौजूद है।

अंग्रेजी साहित्य के क्षेत्र में अधोलिखित कृतियाँ व्यावहारिक रूप से सम्पूर्ण क्षेत्र को समाविष्ट करने का प्रयत्न करती है–

मानविकी के अन्य क्षेत्रों की अपेक्षा में साहित्यिक ग्रंथसूचियों पर विशेष ध्यान दिया गया है। ब्रिटिश म्यूजियम की पूर्वकाल की भाषावार सूचियों का सन्दर्भ के रूप में अधिकतम प्रयोग किया जाता है। समकालीन साहित्यिक कृतियों के लिए नेशनल यूनियन कैटलॉग (Naional Union Catalog) (भारत से प्रकाशित) में विस्तृत समावेशन प्रस्तुत किया जाता है। साहित्य अकादमी द्वारा प्रकाशित नेशनल बिब्लियोग्राफी ऑफ इंडिययन लिटरेचर (National bibligraphy of india) अत्यन्त उपयोगी प्रकाशन है। इसमें साहित्यिक मूल्य की कृतियाँ, दर्शन तथा धर्म, समाज विज्ञान, इतिहास, भाषा तथा साहित्य के क्षेत्र में प्रसिद्ध तथा महत्त्वपूर्ण कृतियों का समावेश किया गया है।

12

पुस्तकालय अधिनियम

पुस्तकालय अधिनियम सार्वजनिक पुस्तकालयों की संगृहीत सामग्री की सुरक्षा, विकास तथा उसके उचित प्रयोग को और इस संस्था तथा इसकी सेवाओं को स्थायित्व प्रदान करने की वैधानिक पृष्ठभूमि है। वर्तमान सार्वजनिक पुस्तकालय जैसी संस्था वर्तमान प्रजातंत्रीय युग की एक अभूतपूर्व देन है। किसी भी राष्ट्र की सर्वांगीण उन्नति का एक मात्र आधार साक्षरता तथा शिक्षा-प्रसार को ही बताया गया है और यदि कोई ऐसी संस्था है जो इन दोनों का माध्यम हो सके तो उसे विद्यालय कहा जा सकता है लेकिन अनुमानतः सौ सालों के अनुभव के बाद विभिन्न शिक्षाशास्त्रियों तथा राज्य-कार्य-संचालन करने वाले नेताओं ने एकमत हो कर यह बात स्वीकार कर ली है कि सिर्फ शिक्षा संस्थाएँ शिक्षा-प्रसार और साक्षरता को स्थायित्व प्रदान करने में स्वयं सक्षम नहीं हैं। साथ ही साथ पुस्तकालय-आन्दोलन के परिणामस्वरूप उन्हें यह भी अनुभव होने लगा है कि शिक्षा-संस्थाओं को छोड़ने के पश्चात् साक्षरता को बनाये रखना, प्रारम्भिक शिक्षाओं में मदद पहुँचाना तथा जल्दी से जल्दी सामूहिक रूप से तथा शिक्षात्मक तरीके से जरूरी जानकारी प्रसारित करना सार्वजनिक पुस्तकालय जैसी संस्था ही कर सकती है। ऐसी संस्था की सेवाओं को तभी स्थायित्व तथा कार्यक्षमता प्राप्त हो सकती है जबकि उसका आर्थिक आधार मजबूत हो, प्रशासन पक्ष नियमित और सबल हो तथा जनता की सहानुभूति प्राप्त करने तथा उसमें पुस्तकालय के प्रति रुचि उत्पन्न करने की पर्याप्त क्षमता हो। यह तभी हो सकता है जबकि उसके पीछे कोई वैधानिक आधार हो। इसलिए सार्वज़निक

पुस्तकालया की स्थापना, रख-रखाव एवं विकास के लिए पुस्तकालय अधिनियम सभी राष्ट्रों के लिए आवश्यक है।

किसी भी राष्ट्र में पुस्तकालय-सेवा को सर्वसुलभ बनाने के लिए तथा उस राष्ट्र के साहित्य के संरक्षण और विकास के लिए पुस्तकालय-कानून को साधारण तौर पर दो स्तरों पर बनाया जा सकता है–(1) राष्ट्रीय स्तर और (2) प्रांतीय स्तर। राष्ट्रीय स्तर पर बनाये गये पुस्तकालय-कानून में पुस्तकालय-सेवा के औचित्य को वैधानिक रूप से स्वीकार किया जाता है और राष्ट्र की प्रादेशिक इकाइयों को पुस्तकालय-सेवा प्रदान करने की व्यवस्था के लिये प्रोत्साहित किया जाता है। प्रांतीय स्तर पर बनाये गये पुस्तकालय-कानून में कंपनी सीमा के अधीन अनेक तरह की जरूरी पुस्तकालय-सेवा की व्यवस्था तथा प्रसार का कार्य आ जाता है। इन दोनों स्तरों पर बने पुस्तकालय-कानून में जनसंख्या का घनत्व, साक्षरता का स्तर, लोगों के रहन-सहन का स्तर, पूर्व प्रचारित पुस्तकालय-सेवाओं का परिणाम, यातायात और आर्थिक स्थिति आदि का सर्वेक्षण करके जरूरतानुसार पुस्तकालय अधिकारी, पुस्तकालय इकाई, अर्थव्यवस्था, पुस्तकों का संग्रह तथा पुस्तकालय-सेवा प्रकार की सुनिश्चित व्यवस्था की जाती है।

विश्व के समस्त राष्ट्रों में जनता के माध्यम से पुस्तकालयों के विकास में मदद मिलती रही है किन्तु जन सहयोग की तुलना में ज्यादा महत्त्वपूर्ण है शासकीय सहयोग क्योंकि शासन एक सशक्त तथा प्रभुतासम्पन्न माध्यम है। यह पूरे राष्ट्र की जनसंख्या, साक्षरता का स्तर, जलवायु, निवासियों के व्यवसाय, अध्ययन की रुचियों और यातायात के साधनों आदि का सर्वेक्षण करके उसके आधार पर पुस्तकालय कानून बना सकता है। राष्ट्र में एक राष्ट्रीय पुस्तकालय पद्धति (नेशनल लाईब्रेरी सिस्टम) लागू करके पुस्तकालय सेवा को आर्थिक अभाव से मुक्त करके पुस्तकालय सेवा को स्थायित्व प्रदान कर सकता है शासन द्वारा कानून न बना कर पुस्तकालयों को मात्र अनुदान देने से पुस्तकालय सेवा को स्थायित्व प्राप्त नहीं हो सकता क्योंकि परिस्थितिवश अनुदान में कटौती होने पर पुस्तकालय सेवा तितर-बितर जाती है।

सामाजिक, बौद्धिक, राजनीतिक और आर्थिक स्तर को ऊँचा करने के लिए हर उन्नतिशील तथा उन्नत राष्ट्र में वहाँ के सार्वजनिक पुस्तकालय आज अपना महत्त्वपूर्ण योगदान दे रहे हैं। उनकी रिपोर्टों तथा कार्य-विवरणों से स्पष्ट होता है कि राष्ट्र के अन्य क्षेत्रों की तरह यह क्षेत्र भी अपने में आत्मनिर्भर तथा पूर्ण नहीं है। सेवाओं के द्वारा पूर्ण संतोष प्रदान करने के लिए यहाँ भी क्षेत्रीय, राष्ट्रीय तथा अन्तर्राष्ट्रीय सहकारिता की जरूरत होती है। यह सहकारिता भी सन्तोषपूर्ण तरीके

से तभी प्राप्त हो सकती है जबकि उसे वैधानिक रीति से नियमितता प्रदान कर दी जाय। इसके अलावा किसी भी राष्ट्र की सांस्कृतिक, साहित्यिक तथा वैज्ञानिक सामग्री का संग्रह कापी राइट ऐक्ट द्वारा ही हो सकता है जिसकी व्यवस्था पुस्तकालय कानून के अधीन रहती है। इस दृष्टिकोण से पुस्तकालय कानून का महत्त्व है।

अन्तर्राष्ट्रीय पुस्तकालय संनिर्माण

संयुक्त राष्ट्र शैक्षणिक वैज्ञानिक तथा सांस्कृतिक संनिर्माण—Unesco के निम्नलिखित उद्देश्य हैं—

(*a*) पुस्तकालयों के विकास कार्यक्रमों को प्रमुखता देना;
(*b*) अध्ययन तथा भ्रमण सूचना के लिए जगत-केन्द्र के रूप में कार्य करना;
(*c*) वैज्ञानिक ज्ञान तथा सूचना का संग्रह तथा प्रसारण करना;
(*d*) शिक्षा, विज्ञान तथा संस्कृति को प्रोन्नत करना;
(*e*) सामान्य समस्याओं के लिए एक मंच प्रदान करना;
(*f*) सदस्य-राष्ट्रों के मध्य ज्ञान के विभिन्न क्षेत्रों के विकास-विषयक सूचनाओं के विनिमय में मदद देना;
(*g*) भावी सूचना नेटवर्क की परियोजना तथा संचालन के लिए आवश्यक विशिष्ट मानवीय संसाधनों का विकास करना;
(*h*) कलाकारों, संगीतकारों, दार्शनिकों आदि के मध्य बौद्धिक सहयोग के लिए अनुकूल स्थितियों को बढ़ावा देना आदि।
(*i*) दुर्लभ हस्तलिखित ग्रंथों का सम्मत सामान्य भाषा में अनुवाद करने में सहायता देना;
(*j*) राष्ट्रीय स्मारकों तथा दुर्लभ पाण्डुलिपियों के संरक्षण के लिए सलाह देना;
(*k*) राष्ट्रीय तथा क्षेत्रीय सूचना नीतियों का विकास करना;
(*l*) सूचना स्थानान्तरण के संस्थीय और मानक अवयवों को बढ़ावा देना;

गतिविधियां—विज्ञान सारांशीकरण पर अन्तर्राष्ट्रीय सम्मेलन पेरिस, जून 1949—Unesco के इस प्रथम सम्मेलन में 29 राष्ट्रों के प्रतिनिधियों ने भाग लिया। इस सम्मेलन में सारांशीकरण की भाषा एवं प्रस्तुती, उनका वर्गीकरण से सम्बन्ध, अनुक्रमणीकरण और प्रतिलिप्याधिकार प्रलेखों के चयन एवं संचयन सम्बन्धी यान्त्रिकी तरीकों पर विचार विमर्श हुआ। सम्मेलन में अनुशंसित कुछ बातों पर अमल भी किया गया है।

वाङ्मयात्मक सेवाओं के सुधार पर अन्तर्राष्ट्रीय सम्मेलन पेरिस, नवम्बर 1950–इसमें 'राष्ट्रीय वाङ्मय की प्रकृति और कार्यक्षेत्र तथा इसका अन्तर्राष्ट्रीय स्तर पर समन्वय, पर विचार-विमर्श किया गया। इस पर सहमति उपस्थित की गई कि हर राष्ट्र अपनी राष्ट्रीय सन्दर्भग्रन्थ सूची बनायेगा। यूनेस्को हर राष्ट्र को अपना वाङ्मयात्मक केन्द्र स्थापित करने में सहायता देगा। राष्ट्रीय समूहों तथा अन्तर्राष्ट्रीय निकायों के कार्यों के तालमेल के लिए सन्दर्भ ग्रंथ सूची, प्रलेखन तथा पारिभाषित शब्दावली पर एक अन्तर्राष्ट्रीय परामर्शदात्री समिति का निर्माण किया गया। 1966 में इसका पुनर्निर्माण कर इसका नाम 'प्रलेखन, पुस्तकालयों तथा अभिलेखगारों पर अन्तर्राष्ट्रीय परामर्शदात्री समिति' रखा गया। इस समिति ने निम्नलिखित कार्यक्रमों को महत्ता देने की अनुशंसा की–

(*i*) क्षेत्रीय, राष्ट्रीय तथा अन्तर्राष्ट्रीय सेवाओं में बढ़ोतरी;

(*ii*) पारम्परिक तथा नवीन पद्धतियों के प्रयोग के लिए सामान्य न्यूनतम मानकों की स्थापना;

(*iii*) व्यावसायिक कार्यक्रमों के लिए सामान्य न्यूनतम मानकों की स्थापना;

(*iv*) नई प्रलेखात्मक तकनीकों विशेषता Data Processing का प्रयोग तथा मूल्यांकन आदि।

यह महत्त्वपूर्ण कार्यक्रम, प्रलेखन, पुस्तकालय तथा अभिलेखागार विभाग के माध्यम से लागू किया गया। सन्दर्भ-ग्रन्थ सूचियों तथा प्रलेखन में मानकीकरण, पुस्तकालय तथा प्रलेखन कार्य में मशीनीकरण और स्वचालन का कार्य मुख्यतया व्यावसायिक गैर राजकीय संस्थाओं जैसे ICSU, FID, ISO, IFLA, IFIP आदि के अनुबन्धों के माध्यम से सम्पूर्ण संशोधन किया गया।

सन् 1967 में Libraries Division में सुधार किया गया और इसका नाम 'Documentation, Bibliothequeset Archives' रख दिया गया। इस विभाग ने 1971 से यूनेस्को के प्रकाशनों तथा प्रलेखों की Computerised Documentation सेवा प्रदान करने का कार्य शुरू किया हुआ है।

यूनेस्कों के सबसे महत्त्वपूर्ण दो योगदान अग्रलिखित हैं–

(*i*) जगत् विज्ञान सूचना प्रद्धति कार्यक्रम

(*ii*) राष्ट्रीय सूचना पद्धति कार्यक्रम

Unisist, Unesco तथा ICSU का विज्ञान तथा तकनीकी के क्षेत्र में संयुक्त कार्यक्रम है। Unisist के कार्य निम्न तरह है–

(*a*) वैज्ञानिक तथा तकनीकी सूचना के क्षेत्र में जरूरी विकास के लिए पदप्रदर्शन करना;

(*b*) राष्ट्रीय तथा अन्तर्राष्ट्रीय स्तर पर सूचना सहभागिता का बढ़ावा देना तथा समन्वित करना;

(*c*) उन्नतिशील राष्ट्रों को उनकी वैज्ञानिक तथा तकनीकी जानकारी की जरूरतों को पूरा करने में मदद करना;

(*d*) वैज्ञानिकों तथा टेक्नालॉजिस्ट्स को प्रकाशित सूचना उपलब्ध कराना; आदि।

UNISIST की परामर्शदात्री समिति की बैठक मई 1975 तथा Steering Committee की बैठक अक्तूबर 1975 में हुई जिनमें ऐसे कदम उठाये गये जो Unisst के कार्यक्रम के कार्यक्षेत्र को विस्तार देते हैं। उदाहरणतया सूचना तन्त्र/पद्धति में विकास; अन्तर्सम्बन्ध पद्धति पर जोर; आदर्शक कार्य; शिक्षा, प्रशिक्षण तथा भावों विकास की परियोजनायें आदि।

UNISIST सामान्य सूचना कार्यक्रम का एक अभिन्न अंग बन गया है जिसकी स्थापना सन् 1976 में हुई थी। सामान्य सूचना कार्यक्रम के पाँच विषय निर्धारित किये गये हैं–

(*i*) सूचना व्यवस्था के तरीकों, मानकों में अभिवृद्धि।

(*ii*) विशिष्ट सूचना पद्धतियों के विकास में मदद।

(*iii*) विशिष्ट सूचना पद्धति का विकास।

(*iv*) सूचना विशेषज्ञों तथा उपभोक्ताओं हेतु शिक्षा तथा प्रशिक्षण।

(*v*) क्षेत्रीय, राष्ट्रीय तथा अन्तर्राष्ट्रीय स्तरों पर सूचना नीतियों तथा योजनाओं को बनाना।

सामान्य सूचना कार्यक्रम से सदस्य राज्यों को, राष्ट्रीय सूचना नीति तथा योजना बनाने, पुस्तकालय तथा सूचना विकास के समन्वय के लिए राष्ट्रीय ढांचा स्थापित करना, विकास कार्यों पर वित्त व्यय करना, कर्मचारियों को शिक्षित तथा प्रशिक्षित करना आदि में अत्यधिक मदद मिली है। सामान्य सूचना कार्यक्रम हेतु अन्तर्राज्यीय परिषद् का पाँचवां सत्र पेरिस में नवम्बर 1984 में किया गया जिसमें सामान्य सूचना कार्यक्रम की गतिविधियों पर विस्तार से चर्चा की गई।

राष्ट्रीय सूचना पद्धति कार्यक्रम 'राष्ट्रीय प्रलेखन पुस्तकालयों तथा अभिलेखागारों की मूलभूत आवश्यकताओं के लिए योजना' पर अन्तर्राज्यीय सम्मेलन सितम्बर 1974 का पीछा करते हुए Unesco ने राष्ट्रीय सूचना पद्धति का पक्ष लिया। NATIS का कार्य है–

राजनीतिक, आर्थिक, वैज्ञानिक, शैक्षणिक, सामाजिक तथा सांस्कृतिक गतितिविधियों में व्यस्त व्यक्तियों को सम्पूर्ण समाज के लाभ के लिए जरूरी जानकारी प्राप्त करना व सुनिश्चित करना है।

NATIS का उद्देश्य है–राष्ट्र की सूचना विषयक जरूरतों से परिचय करना और यह सुनिश्चित करना कि वे सस्ती और तीव्रता तथा सरलता से पूर्ण रूप में पूरी हो रही है।

Insdoc के द्वारा नवम्बर 1985 में दिल्ली में Thesaurus निर्माण तथा उपयोग पर एक 'यूनेस्को क्षेत्रीय कार्यशाला' आयोजित की गई। दिसम्बर 1984 में 'सूचना प्रस्तुतीकरण उपकरणों' पर यूनेस्को कार्यशाला का Graz, Austria में आयोजन किया गया। इस कार्यशाला का उद्देश्य था : IV + V पद्धतियों के प्रयोग के विषय में हिस्सेदारों को निर्देश देना तथा उन्हें कम्प्यूटरीकृत सूचना पद्धतियों की समर्थता सम्बन्धी सामान्य ज्ञान प्रदान करना, जिससे उन्हें सूचना कार्य के लिए Hardware तथा Software के चुनाव में सरलता हो सके, इसके साथ ही इस क्षेत्र में कम्प्यूटर लागू करने की योजना तथा विकास में भी मदद मिलेगी।

Unesco, International Standards तथा Standard-like Materials के प्रयोग में अभिवृद्धि के लिए क्षेत्रीय, राष्ट्रीय तथा अन्तर्राष्ट्रीय स्तरों पर सम्मेलनों का आयोजन करता है।

FID के साथ सहयोग कर Unesco ने एक International Information System on Research in Documentation (ISORID) की स्थापना की है जिसका उद्देश्य है : अनुसन्धान गतिविधियों पर सूचना का संग्रहण, व्यवस्था, विश्लेषण तथा प्रसारण करना; प्रलेखन, पुस्तकालयों तथा अभिलेखागारों के विकास के लिए प्रयत्न करना।

संस्थाओं तथा विशेषज्ञों के मध्य सहयोग बढ़ाने के लिए ISORID ने अग्रलिखित सन्दर्भ कृति भी तैयार की है :

'ISORID : International Directory of Institutions Active in the Field of Research in Information, Libraries and Archies.'

Unesco के अनेक मार्गदर्शी परियोजनाओं तथा सहायता मार्गदर्शी परियोजनाएँ, सिलोन में प्रलेखन तथा पुस्तकालय सेवाओं सम्बन्धी मार्गदर्शी परियोजना, विशेषज्ञों, क्षेत्रीय कोर्सों, सम्मेलनों तथा संगोष्ठियों के माध्यम से विकास तथा प्रशिक्षण सेवाओं का निर्माण आदि।

राष्ट्रीय पुस्तकालय संनिर्माण

भारतीय राष्ट्रीय वैज्ञानिक प्रलेखन केन्द्र—INSDOC की स्थापना 1952 में दिल्ली में हुई। भारत सरकार ने सन् 1952 में INSDOC की स्थापना दिल्ली में यूनेस्को की तकनीकी सहायता से की। यह केन्द्र विज्ञान तथा तकनीकी के हर क्षेत्र में जानकारी उपलब्ध कराता है। शुरू में नेशनल फिजीकल लैबोरेट्री और इन्सडॉक दोनों ही वैज्ञानिक और औद्योगिक अनुसंधान परिषद् की इकाई थे परन्तु सन् 1963 से INSDOC एक स्वतन्त्र इकाई के रूप में कार्य कर रहा है।

कार्य—INSDOC के मुख्य कार्य अग्र हैं—

(*i*) सभी वैज्ञानिक सामयिक प्रकाशनों का अर्जन कर उन्हें सुरक्षित रखना।

(*ii*) उपलब्ध सूचना के आधार पर उपभोक्ताओं के सवालों के उत्तर देना।

(*iii*) वैज्ञानिकों तथा इंजीनियरों को उनकी उपयोगिता के लेखों के विषय में सूचना देना।

(*iv*) वैज्ञानिक तथा तकनीकी लेखों के सार तैयार कर उनको मासिक बुलेटिन के रूप में प्रकाशित करना।

(*v*) राष्ट्र में प्रकाशित तथा अप्रकाशित वैज्ञानिक अनुसन्धान शोध प्रबन्धों का संग्रह करना।

(*vi*) व्यक्तिगत स्तर पर लेखों व अन्य महत्वपूर्ण सामग्री की फोटोकॉपी तथा अनुवाद्य सेवाएँ प्रदान करना।

(*vii*) राष्ट्र में किये जाने वाले वैज्ञानिक कार्यों तथा उपलब्धियों का दूसरे राष्ट्रों में प्रचार करना तथा उन्हें वहां सुलभ कराने में एक माध्यम के रूप में कार्य करना आदि।

गतिविधियां—INSDOC निम्नलिखित गतिविधियों में संलग्न है—

(*i*) प्रलेख अर्जन सेवा—इस सेवा का उपयोग अनुसंधान संस्थाओं, उद्योगों, विश्वविद्यालयों, राजकीय विभागों आदि के माध्यम से किया जाता है। यह प्रार्थना पर उपभोक्ताओं के पास वैज्ञानिक लेखों की प्रतियाँ माइक्रोफिल्म अथवा फोटोकापी के रूप में भेजता है।

(*ii*) अनुवाद्य सेवा—INSDOC द्वारा प्रार्थना पर विदेशी भाषाओं की वैज्ञानिक पुस्तकों के अनुवाद प्रदान किये जाते हैं। यहाँ पर 23 भाषाओं में अनुवाद करने की व्यवस्था है। लगभग 14000 पृष्ठ हर साल अनुवाद किये जाते हैं। INSDOC ने एक अनुवाद पुस्तिका का भी निर्माण किया है। INSDOC अनेक निर्माणों द्वारा किये गये अनुवादों की अणु-फिल्म प्रतियाँ भी सुरक्षित रखता है।

(*iii*) छाया प्रतिलिपि सेवा—INSDOC का Reprographic Section प्रलेखों की छाया प्रतिलिपियाँ तथा अणु-फिल्म प्रतिलिपियाँ प्रदान करता है।

(*iv*) सन्दर्भ-ग्रंथ सूची तथा सूचना सेवा—माँग पर INSDOC वैज्ञानिकों के लिए अनेक विषयों पर सन्दर्भ-ग्रंथ-सूचियाँ तैयार करता है। ये प्रलेखों की जानकारी मात्र होती हैं जिनमें पुस्तकों के सन्दर्भ, पत्रकार के लेख पेटेन्ट्स, स्पेसिफिकेशस आदि शामिल होते हैं।

(*v*) प्रलेख प्रति प्रदाय सेवा—उपभोक्ताओं के लिए उनके इच्छित प्रलेख अन्य पुस्तकालयों से कर्ज पर मंगाये जाते हैं। इस सेवा में दिल्ली, बंगलौर, मद्रास तथा कलकत्ता के अनेक से पुस्तकालय मदद देते हैं। कभी-कभी प्रलेख विदेशी से भी मंगाये जाते हैं।

(*vi*) सूचना की पुनः प्राप्ति—INSDOC में Indian Science Abstracts की मासिक लेखक तथा विषय अनुक्रमणिकाएँ और Cumulative वार्षिक लेखक तथा विषय अनुक्रमणिकाएँ 1966 से कम्प्यूटरीकृत हो रही है। INSDOC, Chemical Abstracts Condensates (CAC) तथा INSPEC, Magnetic Tapes से नियमित रूप से SDI (Selective Disemination of Information) सेवाएँ प्रदान कर रहा है। यह केन्द्र India Science Abstracts, Russian Science Digest, National Index of Translation आदि सामयिक प्रकाशनों तथा वैज्ञानिक धारावाहिकों का राष्ट्रीय संघ सूची के माध्यम से जानकारी का फैला रहा है।

(*vii*) संघ सूची—इन्सडॉक द्वारा वैज्ञानिक सामयिक प्रकाशनों तथा अनुक्रमिकों की 18 संघ सूचियों की शृंखला प्रकाशित हो चुकी है। उदाहरणतार्थ—

(*i*) Catalogue of Serials in the Institute of Science Library, Bangalore, January, 1966.

(*ii*) Catalogue of Serials in the Indian Statistical Institute, Calcutta, August, 1966.

(*iii*) Catalogue of Serials in the National Science Library, Delhi, October, 1965.

(*iv*) Regional Union Catalogue of Scientific Serials, Banglore, June, 1967.

(*v*) Regional Union Catalogue of Scientific Serials : Delhi Medical Libraries, November, 1967.

(*vi*) Regional Union Catalogue of Scientific Serials : Mysore, September, 1968.

(*vii*) Union Catalogue of Serials in the Geological Survey of India Libraries, July, 1969.

(*viii*) Union List of Current Scientific Serials in India, December, 1981 etc.

निर्देशिकाएँ : INSDOC ने निम्नलिखित Directories का प्रकाशन किया है–

(*i*) Directory of Indian Scientific Periodicals, 1964.

(*ii*) Directory of Indian Scientific Research Institutions in India, 1969.

(*iii*) Directory of Scientific Research in Indian Universities, 1974.

(*iv*) Directory of Current Research Projects in CSIR Laboratories, 1972.

(viii) पुस्तकालय विज्ञान पत्रिका–INSDOC में संघ सूचियाँ, अनुक्रमणिकाओं और निर्देशिकाएँ का निर्माण करने में Computer का उपयोग किया जाता है।

(ix) पुस्तकालय विज्ञान पत्रिका–INSDOC द्वारा 'Annuals of Library Science and Documentation (Q)' पत्रिका का प्रकाशन किया जाता है।

(x) राष्ट्रीय विज्ञान पुस्तकालय–INSDOC द्वारा National Science Library का निर्माण किया जा रहा है जिसके अग्रलिखित उद्देश्य हैं–

(*i*) भारतीय लेखकों की पुस्तकों तथा भारतीय भाषाओं के सामयिक प्रकाशनों का संग्रह करना।

(*ii*) जो पुस्तकें पुस्तकालय में उपलब्ध नहीं है उनको प्राप्त करने का प्रयत्न करना।

(*iii*) सन्दर्भ ग्रंथ, अनुसंधान प्रतिवेदन, सम्मेलन कार्यवृत्त, शोध प्रबन्ध आदि संग्रहित करना।

(xi) क्षेत्रीय केन्द्र बंगलौर–UNESCO की तकनीकी सहायता से INSDOC का एक क्षेत्रीय केन्द्र बंगलौर में 1964 में स्थापित किया। यह केन्द्र प्रलेख अर्जन सेवा, सन्दर्भ-ग्रन्थ सूची, फोटोग्राफी सेवाएँ आदि उपलब्ध करता है।

(xii) National Science Foundation—US–INSDOC ने सन् 1967 में United Stated States National Science Foundation के साथ विदेशी भाषा के प्रलेखों का आदि से अन्त तक अनुवाद करने का समझौता किया।

(xiii) रसियन वैज्ञानिक सूचना केन्द्र–इसका निर्माण INSDOC द्वारा 1971 में किया गया। इसके उद्देश्य इस तरह हैं–

USSR में विज्ञान तथा तकनीकी के क्षेत्र में प्रकाशित सामयिक साहित्य का अर्जन करना तथा उसे भारत में वैज्ञानिकों, विशेषज्ञों तथा उच्चतर शिक्षा तथा अनुसंधान में व्यस्त संस्थाओं को उपलब्ध कराना।

इस अनुबन्ध के अधीन सोवियत वैज्ञानिकों से सामयिक प्रकाशनों के 350 शीर्षकों के लगभग 3000 प्रकाशन हर साल मिलते हैं।

(xiv) प्रशिक्षण कार्यक्रम—INSDOC द्वारा प्रलेखन तथा रिपोग्राफी में सन् 1964 से द्विवार्षिक प्रशिक्षण दिया जा रहा है। इसके अलावा इस केन्द्र में विभिन्न संस्थाओं के पुस्तकालयाध्यक्षों, प्रलेखन कर्त्ताओं तथा सूचना वैज्ञानिकों को आवेदन पर In-Service प्रशिक्षण दिया जाता है।

(xv) सहयोग—INSDOC, FJD (International Federation for Information Documentation) का एक राष्ट्रीय सदस्य है। जनवरी 1985 से FID की Informatics Activities Committee ने भारत में INSDOC, दिल्ली में कार्य करना आरम्भ किया। INSDOC का Unesco से भी घनिष्ठ सम्बन्ध है। यह केन्द्र जगत् कार्यक्रमों जैसे ISDS, CODATA आदि में भी योगदान देता है।

भारत में ISI के साथ प्रलेखन तथा रिप्रोग्राफी के मानक तैयार करने में भी योगदान देता है।

(xvi) ISDS के लिए भारतीय केन्द्र—भारत सरकार ने INSDOC को Indian National Centre for International Serials Data System (ISDS) का स्थान दिया है जो कि एक अन्तर्राज्यीय संस्था है, और जो अन्तर्राष्ट्रीय केन्द्र तथा 44 राष्ट्र क्षेत्रीय केन्द्रों के नेटवर्क करने के लिए उत्तरदायी है।

Indian National Centre for International Serials Data System भारत में प्रकाशित Serials के व्यवस्थित पंजीकरण तथा उन्हें ISBN प्रदान करने का दायित्व रखता है।

(xvii) प्रकाशन—INSDOC अग्रलिखित प्रकाशन प्रकाशित कर रहा है—

(*i*) Indian Science Absracts (F)

(*ii*) National Index of Translation (M)

(*iii*) Contents Lists of Sorient Scientific Periodicals (M)

(*iv*) Accession List of Russian Scientific Publications (Bi-M)

(*v*) Annuals of Library Science and Documentation (Q)

(xviii) सेमिनार तथा सम्मेलन—INSDOC ने पुस्तकालय तथा प्रलेखन समस्याओं पर अनेक से सम्मेलन, संगोष्ठियाँ आदि प्रायोजित की हैं।

भारत में INSDOC प्रलेखन सेवा कार्य सही व शान्तिपूर्वक कर रहा है। फिर भी वैज्ञानिकों तथा तकनीशियनों को और अच्छी तथा कारगर सेवाएँ प्रदान करने के लिए इसकी गतिविधियों में सुधार की जरूरत है। सामयिक प्रकाशनों की राष्ट्रीय संघ सूची अभी तक अपेक्षित है। इसी तरह Directory of Indian Scientific Periodicals और Directory of Scientific Research Institutions in India के संशोधित संस्करण (Revised Editons) भी प्रकाशित होने चाहिए। अनुवाद तथा फोटोकापी सेवाओं की वर्तमान दरें काफी ऊंची हैं। इन सभी पर दुबारा विचार करने की जरूरत है।

2. प्रतिरक्षा वैज्ञानिक सूचना तथा प्रलेखन केन्द्र—सन् 1958 में Defence and Research Development Organization के द्वारा Scientific Information Bureau की स्थापना की गई। सन् 1967 में इसका पुनर्गठन कर इसका नाम प्रतिरक्षा वैज्ञानिक सूचना तथा प्रलेखन केन्द्र कर दिया गया। यह DRDO की एक इकाई के रूप में कार्य कर रहा है।

DESIDOC के पुस्तकालय में लगभग 45000 पुस्तकें, 40000 तकनीकी प्रतिवेदन तथा लगभग 14000 सामयिक प्रकाशन हैं। इसमें Patents तथा Standards भी उपलब्ध हैं।

(i) अनुहिस्सा—DESIDOC में कार्य अच्छी तरह रूप से चलाने के लिए इसे विभिन्न अनुहिस्सों में बाँटा गया है जैसे—पुस्तकालय अनुहिस्सा, प्रलेखन, अनुहिस्सा, प्रलेखन प्रतिलिपि अनुहिस्सा, अनुवाद्य अनुहिस्सा, प्रकाशन अनुहिस्सा, तकनीकी अनुहिस्सा तथा प्रशासकीय अनुहिस्सा आदि।

(ii) कार्य—इसके प्रमुख कार्य हैं—

(*i*) यह केन्द्र वैज्ञानिक तथा तकनीकी जानकारी का एकत्रीकरण तथा प्रस्तुतीकरण कर उसको विभिन्न DRDO संस्थाओं तथा प्रयोगशालाओं और रक्षा मन्त्रालय की अन्य संस्थाओं को प्रसारित करता है।

(*ii*) रक्षा से संबंधित जरूरतों के अनुसार सूचना विज्ञान शोध और विकास कार्य को गति प्रदान करता है।

(*iii*) परामर्शदात्री सेवाएँ प्रदान करता है।

(*iv*) प्रलेखन तथा सूचना विज्ञान में प्रशिक्षण कार्यक्रम आयोजित करता है।

(*v*) DRDO की पुस्तकालय और सूचना गतिविधियों में आवश्यकता अनुसार बदलाव करता है।

(iii) सेवाएँ—

(i) यह केन्द्र चयनित सूचना प्रसारण (SDI) सेवा लागू करता है जो DRDO और रक्षा मन्त्रालय के अधिकारियों तक ही सीमित होती है।

(ii) इसमें एक अनुवाद्य बैंक भी है जो अनुवाद्य सेवाएँ प्रदान करता है।

(iii) माँग पर पाठ्य सामग्री खोज कर उपस्थित करता है।

(iv) फोटोप्रतिलिपि सेवाएँ करता है।

(v) निम्नलिखित प्रकाशन निकालता है–

(a) Desidoc Bulletin (Bi-M) इसमें DESIDOC द्वारा प्रदत्त सेवाओं का वर्णन मिलता है।

(b) Patents Information Alerts (Bi-M)

(c) Defence Reports Abstracts (Bi-M) इसमें NASA, NTIS, RAND (USA), DRIC (UK) के प्रतिवेदन शामिल किये जाते हैं।

(d) Desido List (Bi-M)

(e) State of Art Reports

समसामयिक जरूरतों को पूरा करने के लिए DESIDOC ने DRDO मुख्यालय सेनाभवन में एक तकनीकी सूचना केन्द्र की भी स्थापना की है। 1986 में DESIDOC ने प्रतिरक्षा सूचना सेवा पर एक राष्ट्रीय सेमीनार भी किया।

3. राष्ट्रीय सामाजिक विज्ञान प्रलेखन केन्द्र–सन् 1969 में भारत सरकार द्वारा भारतीय समाज विज्ञान अनुसंधान परिषद् (ICSSR) की स्थापना की गई। ICSSR ने 1970 में एक समाज विज्ञान प्रलेखन केन्द्र की स्थापना की जिसको 'राष्ट्रीय सामाजिक विज्ञान प्रलेखन क़ेन्द्र' (NASSDOC) नाम दिया गया।

(i) उद्देश्य–इस केन्द्र के अग्रलिखित उद्देश्य हैं–

(i) सामाजिक विज्ञान के क्षेत्र में शोध कार्यों में सहयोग देना।

(ii) आधार सन्दर्भ सामग्री-माइक्रोफिल्मस तथा माइक्रोफिश आदि का एकत्र करना।

(iii) समाज विज्ञान Serials के पुराने Volumes का एक निक्षेपागार पुस्तकालय स्थापित करना।

(iv) एक आधार सामग्री पुस्तकालय तथा फोटोकापी इकाई स्थापित करना।

(v) समाज विज्ञान प्रलेखन के क्षेत्रीय केन्द्र स्थापित करना।

(vi) भारतीय विश्वविद्यालयों द्वारा समाज विज्ञानों में प्रकट किये शोध प्रबन्धों को एकत्रित करना।

(vii) समाज विज्ञान Serials की संघ सूची तैयार करना।

(*viii*) विभिन्न संस्थाओं तथा केन्द्रों को वाङ्मयात्मक तथा प्रलेखन सेवा उपलब्ध कराना।

(ii) संग्रह—इस केन्द्र में राष्ट्र में प्रकाशित सामाजिक विज्ञान विषयक सभी पत्रिकाएँ उपलब्ध हैं। भारतीय सामाजिक विज्ञान सामयिक प्रकाशनों के अनुमानतः सभी सामयिक अंक मंगाये जाते हैं। समाज विज्ञान में लगभग 2000 सामयिक प्रकाशन इस केन्द्र में आ रहे हैं। अनुमानतः एक लाख समाज विज्ञान सामयिक प्रकाशनों के पुराने Volumes इसमें उपलब्ध हैं। अब तक अनुमानतः 2500 शोध प्रबन्ध मिल चुके हैं। इसके अलावा सम्मेलनों, परिसंवादों तथा कार्यशालाओं के प्रकाशन भी इस केन्द्र में संग्रहित किये जाते हैं। इस केन्द्र में समाज विज्ञान में शोधविधि, महिलाओं के स्तर और ICSSR द्वारा वित्तीय सहायता प्रदत्त प्रकाशनों का लगभग 9500 ग्रंथों का संग्रह उपलब्ध है।

(iii) सन्दर्भ स्रोत—सामयिक विज्ञानों की सन्दर्भ सामग्री जैसे विषयगत शब्दकोश, विश्वकोश, सन्दर्भ ग्रंथ सूचियाँ, अनुक्रमणिकाएँ तथा सार इस केन्द्र के पुस्तकालय में अच्छी मात्रा में उपलब्ध हैं।

(iv) अन्तः पुस्तकालय संसाधन केन्द्र—ILRC सन् 1958 में जवाहर लाल नेहरू विश्वविद्यालय, दिल्ली के सहयोग से स्थापित किया गया। यह केन्द्र स्थानीय पुस्तकालयों से ऐसे प्रलेख मंगाता है जो उनके लिए पुराने तथा कभी-कभार उपयोग में आने वाले होते हैं परन्तु अनुसंधान के लिए जरूरी होते हैं, जैसे—सामयिक प्रकाशन, समाचार पत्र, सरकारी रिपोर्ट्स आदि।

(v) माइक्रोफार्म में प्रलेख—इस केन्द्र के पुस्तकालय में बहुत से प्रकाशन माइक्रोफार्म में उपलब्ध हैं जैसे—

(*i*) Annuals of Indian Administration
(*ii*) Anthropological Society of Bombay, Journal
(*iii*) Bombay Geographical Papers (UK)
(*iv*) Economic Working Papers (UK)
(*v*) Psychological Abstract
(*vi*) Sharma, RA : A Bibliography of Mughal India, 1526-1707
(*vii*) A Selective number of Ph.D. these and Research Reports etc.

प्रकाशन—

(*i*) Acquisition up-to-date (M)
(*ii*) Conference Alert (Q)
(*iii*) Indian Diary of Events (Q)

(*iv*) Social Science Research (Q)
(*v*) Index to Select Newspapers n English (M)
(*vi*) Review of Contents (Bi-M)
(*vii*) Social Science News (Bi-M)
(*viii*) सामाजिक विज्ञान समाचार (M) (हिन्दी में)

(vi) क्रिया कलाप–

(*i*) CSSR प्रकाशनों का विनिमय।
(*ii*) सन्दर्भ सामग्री का संग्रह : इसमें भारतीय विश्वविद्यालयों द्वारा स्वीकृत Doctoral Thesis तथा भारत पर विदेशी Thesis; ICSSR द्वारा ली गई परियोजनाओं (Projects) की शोध रिपोर्ट्स; ICSSR द्वारा सहायता प्रदत्त सम्मेलनों में प्रस्तुत किये गये प्रपत्र आदि जवाहरलाल नेहरू विश्वविद्यालय दिल्ली का सन्दर्भ सामग्री संग्रहण आता है।
(*iii*) JLN University, Delhi के सहयोग से अन्तः पुस्तकालय संसाधन केन्द्र स्थापित करना।
(*iv*) विद्वानों को अध्ययन अनुदान प्रदान करना।
(*v*) आन्ध्र प्रदेश के मुक्त विश्वविद्यालय के विद्यार्थियों के लिए B. lib. & Information Science की कक्षाओं का आयोजन करना।
(*vi*) International Bulletin of Bibliographies on Education के लिए आधार सामग्री प्रदान करना।
(*vii*) ICSSR के प्रकाशनों को मूल्य पर अथवा निःशुल्क पूर्ति करना।
(*viii*) पुस्तक प्रदर्शनियों में हिस्सा लेना।

(vii) सेवाएँ–

(*i*) Duplicating तथा फोटो कापी सेवाएँ प्रदान करना।
(*ii*) आवेदन पर विशिष्ट विषयों पर वाङ्मय सूचियाँ तैयार करना।
(*iii*) अनुक्रमणीकरण सेवाएँ प्रदान करना।
(*iv*) विद्वानों को दिल्ली से बाहर Document Supply Service प्रदान करना।
(*v*) सामाजिक विज्ञान संस्थाओं को प्रलेखन तथा जानकारी केन्द्र खोलने के लिए सलाह देना।
(*vi*) स्टाफ को सम्मेलनों, गोष्ठियों में हिस्सा लेने के लिए सुविधाएँ प्रदान करना।
(*vii*) Staff को Refresher Courses के लिए Depute करना।
(*viii*) उपभोक्ताओं के लिए अन्य पुस्तकालयों से पुस्तकों तथा प्रलेखों की फोटोकापियाँ मंगाना।

(*ix*) ICSSR कार्यक्रम : यह कार्यक्रम भी NASSDOC के हैं–

(*a*) सामाजिक विज्ञान सामयिक प्रकाशनों की संघ सूची का प्रकाशन।

(*b*) दिल्ली के पुस्तकालयों के समाचार पत्रों की संघ सूची तैयार आरम्भ हुई।

(*c*) सामाजिक विज्ञान Serials की संघ सूची बनाना।

(*d*) Area Studies Bibliographies : यह परियोजना 1979 में शुरू की गई थी।

(*e*) भाषा सन्दर्भ-ग्रंथ सूचियाँ बनाना।

(*f*) महात्मा गान्धी सन्दर्भ-ग्रन्थ सूची बनाना।

(*g*) NASSDOC की सेवाओं का कम्प्यूटरीकरण करना।

4. राजा राम मोहन राय न्यास/प्रतिष्ठान (RRRLF)–इस न्यास की स्थापना सन् 1972 में राजा राम मोहन राय की याद में हुई। राजा राम मोहन राय ने अपना पूरा जीवन प्रौढ़ शिक्षा तथा समाज कल्याण में बिताया। इस RRRLF का मुख्यालय कलकत्ता में स्थित है। यह एक स्वायत्त संस्था है।

(i) उद्देश्य–RRRLF के अग्रलिखित उद्देश्य हैं–

(*i*) सार्वजनिक पुस्तकालय आन्दोलन को गतिमान बनाना।

(*ii*) नवाक्षरों तथा ग्रामीण लोगों में अध्ययन प्रवृत्ति को जगाना।

(*iii*) एक राष्ट्रीय पुस्तकालय नीति बनाना तथा उस नीति को केन्द्रीय तथा राज्य सरकारों द्वारा अपनाने के लिए कोशिश करना।

(*iv*) राष्ट्र के अनेक राज्यों में पुस्तकालय कानून पारित करवाने के लिए कोशिश करना।

(*v*) राष्ट्रीय पुस्तकालयों, राज्य केन्द्रीय पुस्तकालयों, जिला पुस्तकालयों आदि को अन्तः पुस्तकालय आदान-प्रदान (ILL) द्वारा जोड़कर एक राष्ट्रीय पुस्तकालय तन्त्र स्थापित करना।

(*vi*) पुस्तकालयों को आर्थिक तथा तकनीकी मदद पहुँचाना।

(*vii*) भारत तथा विदेशों में पुस्तकालय विकास के लिए कोशिश करना।

(*viii*) सरकार को पुस्तकालय विकास कार्यक्रम में सलाह देना।

(*ix*) राष्ट्र में क्षेत्रीय पुस्तकालय सेवा केन्द्रों का निर्माण करना।

(*x*) पुस्तकालय तथा जानकारी विज्ञान में अनुसन्धान को गति प्रदान करना।

(ii) संविधान–क्योंकि RRRLF भारत सरकार के संस्कृति विभाग, मानवीय संसाधन विकास मन्त्रालय के अधीन स्थापित किया गया है, इसलिए इसका अध्यक्ष मानवीय संसाधन विकास मन्त्री अथवा उसके द्वारा नामांकित व्यक्ति होता है। इसकी

एक कार्यकारिणी समिति होती है अध्यक्ष द्वारा होती है। इसके अतिरिक्त एक पूर्णकालिक निर्देशक, चार विशिष्ट पुस्तकालयाध्यक्ष, भारंतीय पुस्तकालय संघ का प्रतिनिधि आदि तथा मानवीय संसाधन विकास मन्त्रालय के प्रतिनिधि आदि इसके कुल 22 सदस्य होते हैं। इसका पंजीकरण West Bengal Societies Registration Act के अधीन किया गया है। इसको सभी वित्तीय सहायताएं भारत सरकार द्वारा दी जाती है।

(iii) गतिविधियां तथा कार्यक्रम–

(*i*) यह न्यास पुस्तकालयों को वित्तीय सहायता देता है।

(*ii*) यह स्वैच्छिक संस्थाओं को पुस्तकालय चलाने के लिए वित्तीय सहायता देता है।

(*iii*) राज्य केन्द्रीय तथा जिला पुस्तकालयों को निःशुल्क पुस्तकें बाँटता है।

(*iv*) बच्चों के लिए बाल पुस्तकालय खोलता है।

(*v*) प्रलेख तथा अन्य श्रव्य-दृश्य सामग्री खरीदने के लिए अनुदान देता है।

(*vi*) बालभवनों तथा नेहरू युवा केन्द्रों को पुस्तकालय चलाने के लिए अनुदान देता है।

(*vii*) नये पुस्तकालय खोलने तथा देहाती पुस्तक निक्षेप केन्द्र चलाने तथा चल पुस्तकालय सेवा प्रदान करने के लिए Matching Grants देता है।

(*viii*) सम्मेलन, संगोष्ठियों के आयोजन, पुस्तक संचयन पुस्तक प्रदशर्नियों, जिला स्तर से नीचे के पुस्तकालयों के भवनों के विस्तार के लिए भी Matching Grants देता है।

(*ix*) जिला तथा राज्य केन्द्रीय पुस्तकालयों में रेडियो, दूरदर्शन तथा वीडियो आदि खरीदने के लिए अनुदान देता है।

(*x*) 'राष्ट्रीय पुस्तकालय नीति' पर इस न्यास के Working Group ने 1983 में एक प्रारूप तैयार किया था। इस प्रारूप के आधार पर संस्कृति विभाग, भारत सरकार ने एक 'Draft Policy Statement' जारी की और प्रो. डी.पी. चट्टोपाध्याय की अध्यक्षता में एक समिति का मई 1986 में समिति' का निर्माण किया। इस तरह यह कहा जा सकता है कि यह सदान पुस्तकालयों के विकास के लिए सराहनीय कार्य कर रहा है।

(iv) प्रकाशन–इस न्यास के अग्रलिखित प्रकाशन हैं–

(*i*) Books for the millions at their Doorstep.

(*ii*) Directories of Public Libraries in India.

(*iii*) Indian Libraries : Trends and Perspectives.

(*iv*) Granthna

(*v*) Newsletter

5. राष्ट्रीय विज्ञान तथा तकनीकी सूचना केन्द्र—इसकी स्थापना 1977 में की गई थी। यह केन्द्र भारत सरकार के विज्ञान तथा तकनीकी विभाग के अधीन आता है। विज्ञान तथा तकनीकी के क्षेत्र में इसका विशिष्ट स्थान है।

(i) उद्देश्य—NISSAT के निम्नलिखित उद्देश्य हैं—

(*i*) जानकारी तकनीकी के क्षेत्र में अनुसंधान तथा विकास में सहायता तथा प्रोत्साहन देना।

(*ii*) विज्ञान तथा तकनीकी के क्षेत्र में वर्तमान तथा अहम जरूरतों को पूर्ण करने हेतु सूचनाएँ संग्रहित करना।

(*iii*) विज्ञान तथा तकनीकी में उपलब्ध जानकारियों का ज्यादा से ज्यादा उपयोग सुनिश्चित करना।

(*iv*) राष्ट्रीय वैज्ञानिक सूचना केन्द्रों के मध्य समन्वय स्थापित करना।

(*v*) शैक्षणिक प्रशिक्षण तथा अनुसन्धान कार्यक्रमों में सहभागिता को बढ़ावा देना।

(*vi*) सूचना का स्थान निर्धारण करने के लिए नयी-नयी तकनीकी का विकास करना।

(*vii*) वैज्ञानिक सूचना के विनिमय को राष्ट्रीय तथा अन्तर्राष्ट्रीय स्तर पर प्रोत्साहन देना।

(ii) कार्य—NISSAT का कार्य अग्रलिखित तीन स्तरों में बँटा हैं—

(*i*) Sectoral System

(*ii*) Regional System

(*iii*) Special Service System

यह अपने क्षेत्र की सूचना सेवा को गति प्रदान कर उसकी क्षमता में बढ़ोतरी करता है। विज्ञान और तकनीकी क्षेत्र में उपलब्ध वर्तमान तथा भावी स्रोतों, तकनीकों तथा सेवाओं के बीच समन्वय स्थापित करता है।

यह राष्ट्रीय सूचना उपयोग के लिए मानक तैयार करता है।

यह सूचना सेवा से सम्बन्धित कर्मचारियों तथा प्रयोक्ताओं के प्रशिक्षण की व्यवस्था करता है।

यह सम्मेलनों, संगोष्ठियों, प्रदर्शनियों तथा कार्यशालाओं का आयोजन करता है।

यह INSDOC की सहायता से प्रलेखन आपूर्त्ति, वाङ्गमय सूची तथा विराष्ट्रों से आँकड़े प्राप्त करता है।

(iii) निसात के क्षेत्रीय केन्द्र–

	क्षेत्र	संस्थान
(*i*)	चर्म तकनीकी	केन्द्रीय चर्म शोध संस्थान, मद्रास
(*ii*)	खाद्य तकनीकी	केन्द्रीय खाद्य टेक्नालॉजिकल शोध संस्थान, मैसूर
(*iii*)	औषधि तथा भेषज	केन्द्रीय औषधि शोध संस्थान, लखनऊ
(*iv*)	मशीन टूल्स	केन्द्रीय मशीन टूल्स संस्थान, बंगलौर
(*v*)	टेक्सटाईल्ज़ तथा अलाईड विषय	अहमदाबाद टेक्स्टाईल इन्डस्ट्री शोध संघ, अहमदाबाद
(*vi*)	कैमिकल्स	राष्ट्रीय कैमिकल लेबोरेट्री, पुणे
(*vii*)	बीब्लियोमिट्रिक	इन्डियन नेशनल साईन्टिफिक एण्ड डाक्यूमेन्टेशन सेन्टर, नई दिल्ली
(*viii*)	कम्पैक्ट डिस्क	नेशनल एअरोनौटिकल लेबोरेट्री, बंगलौर

उपर्युक्त क्षेत्रीय केन्द्रों के अलावा निसात में अग्रलिखित संस्थाओं को भी शामिल किया गया है–

(*i*) भाभा एटोमिक रिसर्च सेन्टर–मुम्बई–नाभकीय सूचना सेवा।

(*ii*) प्रकाशन तथा सूचना निर्देशालय CSIR Delhi—औषधीय वनस्पति सूचना

(*iii*) नैशनल बोटैनिकल गार्डन, लखनऊ–आर्थिक वनस्पति सेवा।

(*iv*) बौटैनिकल सर्वे ऑफ इण्डिया, नई दिल्ली–वनस्पति विज्ञान सिद्धान्त सूचना सेवा।

ये सभी केन्द्र प्रलेख आपूर्त्ति पेटेन्ट खोज, प्रकाशन, विशिष्ट सन्दर्भ-ग्रंथ सूचियों का संकलन, अनुवाद, रिप्रोग्राफी औद्योगिक पूछताछ सेवाएँ प्रदान करते हैं।

NISSAT एक मात्र ऐसी एजेन्सी है जो पुस्तकालयों को CDS/ISIS बिना शुल्क बाँटने के लिए UNESCO द्वारा अधिकृत की गई है। निसात ने राष्ट्रभर में स्थायी आधार पर On Line Search सुविधाएँ स्थापित करने का कार्य हाथ में लिया हुआ है।

निसात ने संसाधन सहभागिता के माध्यम से विज्ञान तथा टैक्नालॉजी विषयक सूचना संसाधनों की अच्छी उपयोगिता सुनिश्चित करने के लिए Metropolitan Networks को विकसित करने का उपक्रम किया है। CMC Ltd Calcutta ने CALIBNET पूरा किया। इसी तरह दिल्ली में DELNET स्थापित किया गया है।

आज मानव जीवन के हर क्षेत्र, हर कार्य तथा हर स्तर पर कम्प्यूटरीकरण की जरूरत का एहसास हो रहा है। इसीलिए निसात कम्प्यूटर आधारित वाङ्मय जानकारी प्रस्तुतीकरण के सभी पक्षों को अत्यधिक महत्ता दे रहा है।

प्रकाशन–

(*i*) Current Indian Literature

(*ii*) Patent highlights and Industry highlights.

(*iii*) Buyers Guides

(*iv*) Directories of Agents, Research, Foreign Collaborations.

आधुनिक समय में प्रत्येक उपभोक्ता सुगम, सहज एवं तीव्र सूचना प्राप्त करने की चाह रखता है। इसकी व्यवस्था करना निसात का मूल उद्देश्य है। विज्ञान और तकनीकी के विभिन्न क्षेत्रों में क्षेत्रीय केन्द्र स्थापित कर तथा इन केन्द्रों में कार्यरत सदस्यों के लिए शैक्षिक एवं प्रशिक्षण कार्यक्रम चला कर निसात ने सूचना तकनीकी के विकास को नई दिशा दी है। जिससे वैज्ञनिक तथा टेक्नालॉजिकल समुदाय की सूचना विषयक बढ़ती हुई मांगों को पूर्ति करना बहुत हद तक संभव हो गया है।

❐❐❐